新選明文東洋古典大系

新完譯

大學章句大全

張基槿 譯註

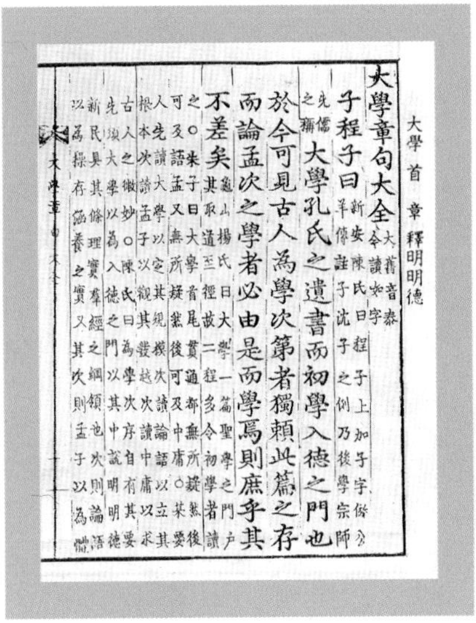
大學首章 釋明明德

大學章句大全大舊音泰今讀如字

子程子曰新安陳氏曰程子上加子字倣公羊傳註子沈子之例乃後學宗師先儒之稱大學孔氏之遺書而初學入德之門也

於今可見古人為學次第者獨賴此篇之存

而論孟次之學者必由是而學焉則庶乎其

不差矣龜山楊氏曰大學一篇聖學之門戶其取道至徑故二程多令初學者讀之○朱子曰大學首尾貫通都無所疑然後可及語孟又無所疑然後可及中庸○某要人先讀大學以定其規模次讀論語以立其根本次讀孟子以觀其發越次讀中庸以求古人之微妙○陳氏曰為學次序自有其要先須大學以為入德之門以其中說明明德新民具其條理實羣經之綱領也次則論語以為操存涵養之實又其次則孟子以為體

明文堂

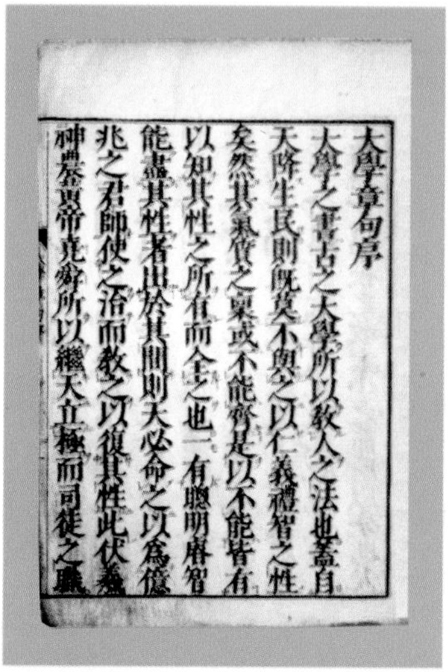
大學章句序
大學之書古之大學所以教人之法也蓋自
天降生民則既莫不與之以仁義禮智之性
矣然其氣質之稟或不能齊是以不能皆有
以知其性之所有而全之也一有聰明睿智
能盡其性者出於其間則天必命之以爲億
兆之君師使之治而敎之以復其性此伏羲
神農黃帝堯舜所以繼天立極而司徒之職

▲**대학**(大學) 서문(序文). 국립도서관 소장.

▲**공자 시교도**(孔子示教圖) 단(壇) 위의 중앙이 공자로 인(仁)을 정치·윤리상의 이상으로 덕치(德治) 정치를 강조한 그는 만년에는 교육과 저술에 전념하였다.

▼**서경**(書經) 채침집전(蔡沈集傳).

▼**논어**(論語) 주희(朱熹) 집주(集注) 서설(序說).

▼**맹자**(孟子) 주희(朱熹) 집주(集注). 이상 국립도서관 소장

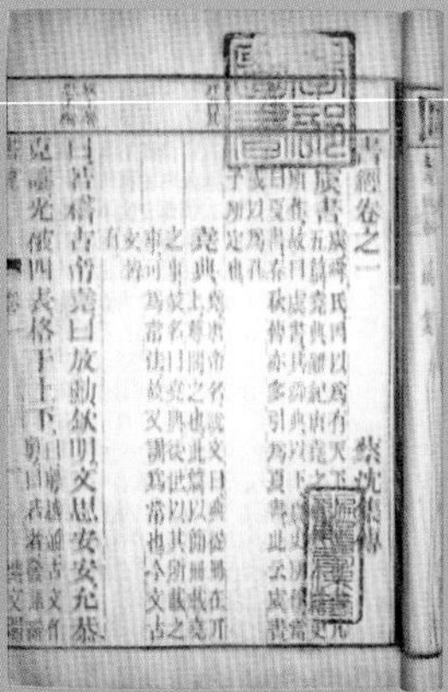
書經卷之一 蔡沈集傳
虞書
堯典
曰若稽古帝堯曰放勳欽明文思安安允恭
克讓光被四表格于上下

論語序說
史記世家曰孔子名丘字仲尼其先宋人
父叔梁紇母顔氏以魯襄公二十二年
庚戌之歲十一月庚子生孔子於魯昌
平鄕陬邑爲兒嬉戲常陳俎豆設禮容
及長爲委吏料量平
爲司職吏畜蕃息 適周問禮
於老子旣反而弟子益進昭公二十五

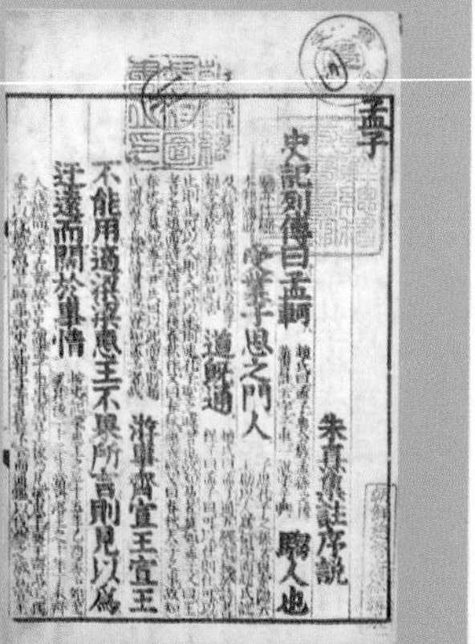
孟子
朱熹集註序說
史記列傳曰孟軻 鄒人也
受業子思之門人 道旣通
游事齊宣王宣王
不能用適梁梁惠王不果所言則見以爲
迂遠而闊於事情

▲**문왕**(文王) 주(周)나라 문왕은 무왕(武王)의 아버지로 하늘이 천명(天命)을 내려 천하를 다스리게 하였다. 《대학》에는 《시경》 대아(大雅) 문왕편이 인용되어 있다.

▼**맹자상**(孟子像) 전국(戰國)시대의 철인(哲人). 기원전 372~280년. 증자(曾子)와 증자의 제자들은 《대학》의 바른 해석과 주석을 하였는데 맹자는 증자의 학문을 계승했다.

▲**요제상**(堯帝像)
요(堯)임금은 순(舜)임금과 함께 성제(聖帝)로 일컬어진다. 《서경(書經)》 우서(虞書)에는 요전편(堯典篇)이 있다. 13세기 말, 남송(南宋) 마린(馬麟) 그림. 대북 고궁박물관 소장.

▲**주자**(朱子) 1130~1200년. 주자는 《대학장구(大學章句)》에 주(註)를 달아 새로 편찬하였고, 성리학(性理學)을 집대성하였다.

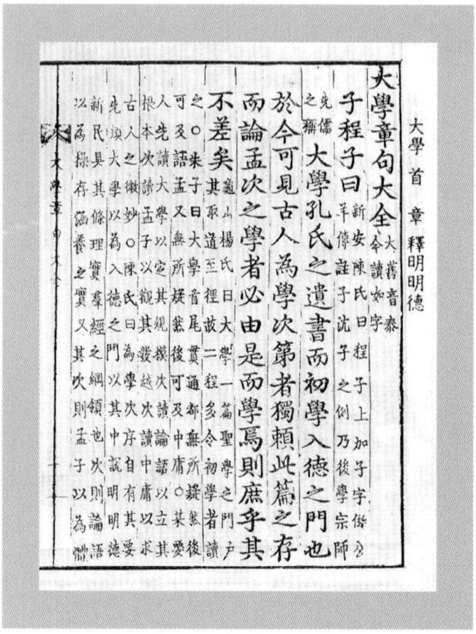

大學 首 章 釋明明德

大學章句大全 大舊音泰今讀如字

子程子曰 新安陳氏曰程子上加子字倣公羊傳註子沈子之例乃後學宗師先儒之稱

大學孔氏之遺書而初學入德之門也

於今可見古人為學次第者獨賴此篇之存

而論孟次之學者必由是而學焉則庶乎其

不差矣 龜山楊氏曰大學一篇聖學之門戶其取道至徑故二程多令初學者讀之○朱子曰大學首尾貫通都無所疑然後可及語孟又無所疑然後可及中庸○某要人先讀大學以定其規模次讀論語以立其根本次讀孟子以觀其發越次讀中庸以求古人之微妙○陳氏曰為學次序自有其要先須大學以為入德之門以其中說明明德新民具其條理實羣經之綱領也次則論語以為操存涵養之實又其次則孟子以為體

▲**대학장구대전**(大學章句大全) 이 책의 원본인 책 앞에 '영조(英祖)의 서문'이 있는 '경진신간(庚辰新刊) 내각장판(內閣藏板)'의 영인본.

▼**정호**(程顥:왼쪽)**와 정이**(程頤:오른쪽) 형 정호와 동생 정이는 이정자(二程子)라고도 불리는데 《대학》의 글귀를 다시 추리고 보충하여 《대학》의 기본적인 의미와 요강을 밝혀냈다.

역자 서문

이 책은 《대학장구대전(大學章句大全)》의 전문(全文)을 한글로 풀이한 책이다. 원본은 책 앞에 '영조(英祖)의 서문'이 있는 '경진신간(庚辰新刊) 내각장판(內閣藏板)'의 영인본이다.

《대학장구대전》은 주자(朱子)가 새로 편찬하고 주(註)를 달은 《대학장구(大學章句)》에 다시 여러 학자들의 소주(疏註)를 붙인 책으로, 명(明)나라 학자 호광(胡廣) 등이 칙명을 받고 편찬한 《사서대전(四書大全)》의 하나다.

그러나 주자의 《대학장구》같이 통일된 체계나 사상으로 치밀하게 편찬된 책이 아니다. 단 《대학장구대전》에 기재된 여러 학자들의 풀이나 사상은 주자의 《대학장구》를 바르게 읽고 깊이 알기 위해서는 귀중한 자료가 되고 동시에 길잡이가 될 것이다.

역자는 그와 같은 기본자료를 학자에게 제공하려는 의도로 이 책을 저술했다. 그러나 《대학장구대전》은 백화체(白話體)가 끼어있고 또 과도하게 압축되고 또 생략된 부분이 많아서 이해하기 어려운 글이다. 그러나 《대학장구》를 깊이 연구하기 위한 필수의 기본자료이기에, 어려움을 무릅쓰고 이 책을 저술했다.

2004. 7. 16. 玄玉蓮齋에서 장기근 씀

범 례(凡例)

- 경문(經文) : 다음 같은 체제로 기술했다.
  ① 한문 원문, ② 한자음과 토, ③ 한글 풀이, ④ '어구 설명', ⑤ 필요한 경우에는 '참고'를 덧붙였다.
- 장구집주(章句集註) : 대체로 경문의 체제와 같다. 단 '② 한자음과 토'는 달지 않았다. 그 이유는 '서당식 토달아 읽기'를 지양(止揚)하고 '한문을 한문으로 읽는 공부'를 하기 위해서다.
- 대전소주(大全疏註) : ① 한문 원문, ② 한글 풀이, ③ 필요한 경우에는 '어구 설명'과 '참고'를 덧붙였다.
- 전문(傳文) : 경문(經文)의 체제와 같다.
  ① 한문 원문, ② 한자음과 토, ③ 한글 풀이, ④ 자세한 '어구 설명', ⑤ 필요한 경우에는 '참고'를 덧붙였다.
- 전문(傳文)의 〈장구집주〉와 〈대전소주〉 : 대체로 경문의 경우와 같다.
- 한글 번역 : 경색(梗塞)한 직역을 피하고, 뜻이 잘 통하는 한글 풀이를 했다. 그 뒤에는 문자(文字), 성운(聲韻) 및 문법(文法)에 대한 학식이 다양하게 활용되었다.
- 장절(章節) : 원칙적으로 《대학장구대전》을 따랐다.
- 차례에서 편의상 경문은 원문 첫구절을 제목으로 적어넣었고, 전문은 전체적인 풀이 내용을 적어넣었다.

차 례

영조대왕어제서(英祖大王御製序)

(1) 夫三代盛時 設庠序學校而敎人 此正禮記所云 家有塾 黨有庠 州有序 國有學者也 故人生八歲 皆入小學 於大學則天子之元子衆子 以至公卿大夫元士之適子 與凡民之俊秀者 及其成童 皆入焉 可不重歟.

무릇 하(夏)·은(殷)·주(周) 3대가 성할 때에는 상(庠)·서(序)·학교(學校)를 세워 사람을 교육했다. 이것이 바로 《예기(禮記)》에서 '집에는 숙(塾)이 있고, 마을〔黨〕에는 상(庠)이 있고, 주(州)에는 서(序)가 있고, 나라〔國〕에는 학(學)이 있다'고 말하는 것이다.

고로 사람이 태어나 여덟 살이 되면 다 소학(小學)에 들어가 (기본 교양을 배운다). 대학(大學)에는 천자의 원자(元子)나 여러 아들, 공경(公卿)·대부(大夫)·원사(元士)의 적자 및 서민 중에서 준수한 사람과 그들의 성장한 자식이 들어가 (학문을 배우니) 그 얼마나 중대한 일인가.

(2) 大學之書 有三綱焉 曰明明德 曰新民 曰止於至善也 有八條焉 曰格物 曰致知 曰誠意 曰正心 曰修身 曰齊家

曰治國 曰平天下也 次序井井 條理方方 其學問之道 紫陽朱夫子序文詳備 以予蔑學 何敢加一辭 然是書與中庸 相爲表裏 次序條理 若是瞭然 而學者 其猶書自書 我自我 可勝歎哉.

《대학》이라는 책에는 '삼강령(三綱領)'이 있다. 즉 '명명덕(明明德)·신민(新民)·지어지선(止於至善)'이다.

또 '팔조목(八條目)'이 있다. 즉 '격물(格物)·치지(致知)·성의(誠意)·정심(正心)·수신(修身)·제가(齊家)·치국(治國)·평천하(平天下)'다.

《대학》의 가르침은 차서가 정연하고 조리가 정연하다. 그 학문의 도리는 자양(紫陽)의 주자 선생의 서문에 자세하게 적혀 있으므로 나의 얕은 학식으로 어찌 감히 말을 더 붙이겠는가.

허나 《대학》과 《중용(中庸)》은 서로 표리가 되며, 차서와 조리가 바르고 또 명료하다. (그러나) 배우는 사람들이 (깊이 터득하지 못하고) 책은 책대로 자기는 자기대로 (따로 분리되니) 참으로 한탄할 일이다.

(3) 噫 明德在何 卽在我一心 明明德之工在何 亦在我一心 若能實下工夫 正若顔子所云舜何人余何人者也 而三代以後 師道在下 學校不興 莫能行灑掃之敎 故筋骸已强 利欲交中 在我之明德 不能自明 旣不能格致 又何以誠意 旣不能正心 又何以修身 不能格致 不能誠正 家齊國治 其何望哉 其何望哉.

헌데, 명덕(明德)은 어디에 있는가. 바로 나의 마음에 있으며 명덕을 밝히는 공부도 역시 나의 마음에 달려 있는 것이다. 만약 능히 착실하게 공부를 하면 바로 안자(顔子 : 顔回)가 말한 바와 같이, 순임금과 같이 나도 선현이 될 수 있는 것이다.

그러나 3대 이후로 사도(師道)가 떨어지고 학교가 흥하지 못해, '물 뿌리고 비질하는[灑掃]' 소학의 교육을 행하지 못했으므로 사람들은 근육과 골격이 강해지고 아울러 이득을 취하려는 욕심에 엉켜서, 자기의 명덕을 스스로 밝히지 못한다.

먼저 격물(格物)·치지(致知)를 못하니 어찌 성의(誠意)를 하는가. 먼저 정심(正心)을 하지 못하니 어찌 수신(修身)을 하는가. 격물·치지와 성의·정심을 못하니 어찌 제가(齊家)·치국(治國)·평천하(平天下)를 바라겠는가. 어찌 바랄 수 있으랴.

(4) 予於十九歲 始讀大學 二十九歲入學也 又講此書 而自顧其行 其亦書自我自 心常忸焉 六十三 視學明倫堂也 先讀序文 仍令侍講官及儒生 次第以講 其日卽甲子也 與朱夫子作序文之日 偶然相符 日雖相符 功效愈邈 尤切靦然 望七之年 因追慕 行三講而欲取反約 以中庸 循環以講 因經筵官之請 繼講此書 自此以後 庸學將輪回以講.

나는 19세에 《대학》을 읽기 시작했으며 29세에 학문연구에 들어가 《대학》을 다시 강론했다. 그러나 자신의 행실을 돌이켜보면 글과 행동이 일치하지 않았으므로 마음으로 항상 부끄럽게 여겼다.

63세에 명륜당(明倫堂)에서 시학(視學)할 때에, 먼저 서문을 읽고 이어 시강관(侍講官)이나 유생(儒生)들로 하여금 차제를 따라 강론을 하게 했으니, 그날이 바로 갑자(甲子)라, 주자가 서문을 쓴 날이며 우연히 같은 날이었다. 비록 날은 일치했으나 공부의 효험은 아득하여 더욱 절실하게 부끄러웠다.

70을 바라보는 해에 성현들을 추모하는 뜻으로《대학》을 세 번 강론하고 아울러 자신을 반성하고 단속하기 위하여《중용》을 돌려가며 강론하다가 경연관(經筵官)의 청으로 계속해서 대학을 강론했다. 그 이후로는《중용》과《대학》을 번갈아 강론하게 되었다.

* 恧(부끄러울 뉵), 邈(멀 막), 靦(부끄러워할 전)

(5) 少時講此 未見其效 暮年重講 其何望效 尤爲慨然者 紫陽序文 豈不云乎 一有能盡其性者 天必命之 以爲億兆之君師 以予晩學凉德 旣無誠正之工 亦無修齊之效 而白首衰耗 三講此書 豈不自恧乎 然孔聖云 溫故而知新 若能因此而知新 於予豈不大有益也哉 仍作序文 自勉靈臺 歲戊寅十月甲寅 序

어려서 이 책을 강독했을 때도 효험을 보지 못했거늘 늙어서 거듭 읽는다고 무슨 효험을 바라겠는가. 더욱 개탄할 바를 주자가 서문에서 말하지 않았는가.

"한 사람이라도 천성을 다하는 사람이 있으면 하늘은 반드시 그에게 명을 내려 억조 만민의 임금이자 스승으로 삼는다."

나는 늦게 배우고 덕이 없음으로 해서 성의(誠意)와 정심(正心)

의 공부도 없고 또한 수신(修身)과 제가(齊家)의 효험도 없다. 그러면서 백발이 되고 노쇠한 지금 이 책을 세 번이나 강론하는 일이 어찌 부끄럽지 않으냐. 그러나 성현 공자께서 '온고이지신(溫故而知新)'이라 하셨으니, 혹 이로 인하여 '지신(知新)'하면 나에게도 크게 도움이 되지 않겠는가. 이에 서문을 지어 스스로의 영대(靈臺 : 心靈)를 면려(勉勵)하노라.

무인(戊寅)년, 10월 갑인(甲寅)일 씀.

* 戊寅(무인) — 서기 1758년.

독대학법(讀大學法)

주자(朱子)는 《대학(大學)》을 중시하고 '《대학》을 읽고 공부하는 법'을 자세히 설명했다. 그것이 이 '독대학법'이다.

주자가 강조한 대학 공부는 글을 읽고 뜻을 아는 것으로 끝나지 않는다. 우선 대학의 총체적인 기본원리와 체계를 숙지해야 한다. 그리고 대학의 강목(綱目), 즉 삼강령(三綱領)과 팔조목(八條目)의 깊은 뜻이 마음속에 함양되고 몸에 익어서 행실로 나타나야 한다.

대학 공부의 목적은 '수기치인(修己治人)'이다. 나 자신의 인격을 수양하고 나아가서 모든 사람을 잘살게 하는 덕치(德治)에 참여해야 한다.

《대학》의 기본강령인 삼강령을 예로 들면 다음과 같다.

먼저 '자신의 명덕을 밝혀야 한다[明明德]'. 다음에 '천하 만민을 사랑하고 그들이 스스로 새롭게 혁신되게 교화해야 한다[親民=新民]'. 끝으로 '자기와 만민이 함께 지극한 선의 경지에 가서 머물러야 한다[止於至善]'.

이 3단계를 실천하는 것이 곧 '수기치인(修己治人)'이며 동시에

'내성외왕(內聖外王)'이다.

그러므로 '대학 공부'는 '평생에 걸친 실천적인 자기수양'이며 동시에 '만백성을 혁신하고 진정한 평화세계를 창건(創建)하는 평천하(平天下)'에 직결된다.

이와 같은 고차원의 '대학 공부의 방법[讀大學法]'을 주자는 크게 아홉 개의 단(段)으로 나누었고 다시 한 단을 절(節)로 나누어 기술했다.

이 책에서는 한문해독의 편의를 위해서 '한 절'을 다시 '구(句)'로 세분하고 다음과 같이 표시했다. 즉 '제1단의 1절 1구'를 (1-1-1)로 표시했다.

'독대학법'은 원칙적으로 원문 다음에 한글풀이를 하고 다음에 필요한 경우에만 간략하게 설명을 덧붙였다.

〔제1단〕 총 6절

(1-1-1) 朱子曰 語孟隨事問答 難見要領.

주자가 말했다. "논어와 맹자는 수시로 어떠한 사항을 놓고 문답한 내용을 기술한 책이므로 (전체적인) 요령을 알기 어렵다."

어구 설명 ㅇ語孟(어맹)－《논어》와 《맹자》. ㅇ隨事問答(수사문답)－수시로 어떤 사항을 놓고 문답한 (내용을 기술한 책이다). ㅇ難見要領(난견요령)－(그러므로 《논어》와 《맹자》로는 경학의 총체적인) 요령을 알기 어렵다. 요령은 '핵심이 되는 긴요한 강령'의 뜻.

(1-1-2) 惟大學 是曾子述孔子說古人爲學之大方 而門人又傳述 以明其旨 前後相因 體統都具.

오직 《대학》만은 공자가 증자에게 '옛사람들의 학문공부의 대강과 방도'를 말한 것을 증자가 기술하고 다시 증자의 문인들이 그 요지를 밝히고 풀이하고 전한 글이다. 그와 같은 《대학》의 글은 앞과 뒤가 잘 이어지고 또 총체와 세목이 두루 잘 통합되어 있다.

어구 설명 ○惟大學(유대학)－오직 《대학》은. ○是曾子述孔子說(시증자술공자설)－증자가 공자의 말을 기술한 책이며, 즉 《대학》의 경문(經文)을 말한다. ○古人爲學之大方(고인위학지대방)－옛사람들의 학문 수양의 대강과 방도(《대학》의 경문은 공자가 증자에게 말한 바 옛사람들의 학문 수양의 대강과 방도를 증자가 기술한 글이라는 뜻). ○而門人又傳述以明其旨(이문인우전술이명기지)－그리고 증자의 문인들이 다시 증자가 경문에 대해 풀이한 (傳文을) 기술하여 그 뜻을 밝힌 것이다. 즉 《대학》의 '전문(傳文) 10장'을 말한다. ○前後相因(전후상인)－앞과 뒤가 서로 논리적으로 잘 이어지고. ○體統都具(체통도구)－총체와 세목이 통일적으로 두루 갖추어져 있다. 즉 삼강령(三綱領)과 팔조목(八條目)이 체계적으로 잘 통합되어 있다.

(1-1-3) 翫味此書 知得古人爲學所向 却讀語孟便易入 後面工夫雖多 而大體已立矣.

그러므로 《대학》을 깊이 읽고 그 뜻을 잘 음미하면 옛사람들이 학문공부를 한 기본방향을 알 수 있을 것이다. 그런 다음에 다시 《논어》와 《맹자》를 읽으면 쉽게 들어가고 또 이해할 수 있을 것이다. 그 다음에도 공부할 것이 많지만 그만하면 (즉《대학》《논어》《맹자》를 잘 알면) 대체는 이미 섰다고 말할 수 있다.

어구 설명 ㅇ翫味此書(완미차서)－이 책, 즉《대학》을 깊이 읽고 그 뜻을 잘 음미하면. ㅇ知得古人爲學所向(지득고인위학소향)－옛사람들이 학문 공부를 한 기본방향을 알 수 있다. ㅇ却讀語孟(각독어맹)－그런 다음에 다시《논어》와《맹자》를 읽으면. ㅇ便易入(편이입)－즉 쉽게 들어가고 또 이해할 수 있을 것이다. ㅇ後面工夫雖多(후면공부수다)－그 다음에도 공부할 것이 많지만. ㅇ而大體已立矣(이대체이립의)－그만하면 (즉《대학》《논어》《맹자》를 잘 알면) 대체는 이미 섰다고 말할 수 있다.

(1-2-1) 看這一書 又自與看語孟不同 語孟中 只一項事 是一箇道理 如孟子說仁義處 只就仁義上說道理 孔子答顏淵以克己復禮 只就克己復禮上說道理.

《대학》을 보는 것은 또한 자연히《논어》나《맹자》를 보는 것과 같지 않다.《논어》와《맹자》에서는 다만 한 가지 사항에 대해서 한 가지 도리를 말하고 있을 뿐이다. 예를 들면 맹자가 '인의'를 논할 때에는 '인의'에 대한 도리만을 말하고 있으며, 공자가《논어》에서 안연의 '극기복례'에 대한 질문에 답할 때에는 다만 '극기복례'에 대한 도리만을 말하고 있다.

어구 설명 ㅇ看這一書(간저일서)－《대학》을 보는 것은. ㅇ又自與看語孟不同(우자여간어맹부동)－또한 자연히《논어》나《맹자》를 보는 것과 같지 않다. ㅇ語孟中(어맹중)－《논어》와《맹자》에서는. ㅇ只一項事(지일항사)－다만 한 가지 사항에 대해서. ㅇ是一箇道理(시일개도리)－한 가지

도리를 (말하고) 있을 뿐이다. '시(是)'는 '유(有)'와 같다. ㅇ如孟子說仁義處(여맹자설인의처)—예를 들면 맹자가 인의를 논할 때에는. ㅇ只就仁義上說道理(지취인의상설도리)—인의에 대한 도리만을 말하고 있으며. ㅇ孔子答顔淵以克己復禮(공자답안연이극기복례)—공자가 안연의 '극기복례'에 대한 질문에 답할 때에는. ㅇ只就克己復禮上說道理(지취극기복례상설도리)—다만 '극기복례'에 대한 도리만을 말한다.

(1-2-2) 若大學却只統說 論其功用之極 至於平天下 然天下所以平 却先須治國 國之所以治 却先須齊家 家之所以齊 却先須修身 身之所以修 却先須正心 心之所以正 却先須誠意 意之所以誠 却先須致知 知之所以至 却先須格物.

그러나 《대학》은 도리어 통합적으로 말한다. 그리고 《대학》이 논하는 공용의 극치는 '평천하'에까지 이른다. 그러나 천하를 평화롭게 하기 위해서는 도리어 먼저 모름지기 나라를 잘 다스려야 한다. 나라를 잘 다스리기 위해서는 도리어 먼저 모름지기 집안을 가지런하게 해야 한다. 집안을 가지런하게 하기 위해서는 도리어 먼저 모름지기 자신을 잘 수양해야 한다. 자신을 잘 수양하기 위해서는 도리어 먼저 모름지기 마음을 바르게 해야 한다. 마음을 바르게 하기 위해서는 도리어 먼저 모름지기 뜻을 성실하게 세워야 한다. 뜻을 성실하게 세우기 위해서는 도리어 먼저 모름지기 바르게 사물의 도리를 알아야 한다. 사물의 도리를 바르게 알기 위해서는 도리어 먼저 모름지기 모든 사물의 실상을 객관적으로 파악하고 아울러 그 이치를 깊이 연구해야 한다.

어구 설명 ㅇ若大學(약대학)－그러나 《대학》은. '약(若)'은 '만약 (혹은) 같음'의 뜻이다. 그러나 여기서는 가볍게 풀이한다. ㅇ却只統說(각지통설)－도리어 통합적으로 말한다. ㅇ論其功用之極(논기공용지극)－대학이 논하는 공용의 극치는. ㅇ至於平天下(지어평천하)－'평천하'에까지 이른다. ㅇ然天下所以平(연천하소이평)－그러나 천하를 평화롭게 하는 바탕은. '소이(所以)'는 '바탕, ……하는 연유, ……하기 위해서' 등으로 풀이한다. ㅇ却先須治國(각선수치국)－도리어 먼저 모름지기 나라를 잘 다스려야 한다. ㅇ國之所以治(국지소이치)－나라를 잘 다스리기 위해서는. ㅇ却先須齊家(각선수제가)－도리어 먼저 모름지기 집안을 가지런하게 해야 한다. ㅇ家之所以齊(가지소이제)－집안을 가지런하게 하기 위해서는. ㅇ却先須修身(각선수수신)－도리어 먼저 모름지기 자신을 잘 수양해야 한다. ㅇ身之所以修(신지소이수)－자신을 잘 수양하기 위해서는. ㅇ却先須正心(각선수정심)－도리어 먼저 모름지기 마음을 바르게 해야 한다. ㅇ心之所以正(심지소이정)－마음을 바르게 하기 위해서는. ㅇ却先須誠意(각선수성의)－도리어 먼저 모름지기 뜻을 성실하게 세워야 한다. '뜻을 성실하게 세우다[誠意]'는 곧 오늘날의 말로 '목적의식을 착한 본성이나 천도를 바탕으로 성실하게 세운다'는 뜻이다. 이와 반대되는 악덕한 목적의식이 바로 '간악한 술수나 폭력으로 동물적·이기적 탐욕을 채우려는 욕심이나 생각'이다. ㅇ意之所以誠(의지소이성)－성실하게 뜻을 세우기 위해서는. ㅇ却先須致知(각선수치지)－도리어 먼저 모름지기 바르게 사물의 도리를 알아야 한다. ㅇ知之所以至(지지소이지)－사물의 도리를 바르게 알기 위해서는. ㅇ却先須格物(각선수격물)－도리어 먼저 모름지기 모든 사물의 실상을 객관적으로 파악하고 아울러 그 이치를 깊이 연구해야 한다. (이상 팔조목에 대한 깊은 해석은 경문 해석에 있음)

(1-3-1) 大學是爲學綱目 先讀大學 立定綱領 他書皆雜說在裏許 通得大學了 去看他經 方見得 此是格物致知事 此是誠意正心事 此是修身事 此是齊家治國平天下事.

《대학》은 바로 배움의 강목이 되는 책이다. 먼저 《대학》을 읽고 강령을 굳게 세우면 다른 책 속에서 논한 잡다한 설들이 모두 (《대학》의 강령) 속에 포함되게 마련이다. 그러므로 《대학》을 통달하고 난 다음에 다른 경서들을 읽으면 그때에 비로소 이것이 바로 '격물치지'로구나, 이것이 바로 '성의정심'이로구나, 이것이 바로 '수신'이로구나, 이것이 바로 '치국평천하'로구나 하고 (모든 것을) 알게 된다.

어구 설명 ㅇ大學是爲學綱目(대학시위학강목)－《대학》은 배움의 강목이 되는 책이다. ㅇ先讀大學(선독대학)－먼저 《대학》을 읽고. ㅇ立定綱領(입정강령)－강령을 굳게 세우면. ㅇ他書皆雜說(타서개잡설)－다른 책에서 논한 잡다한 설이나 이론들이 모두. ㅇ在裏許(재리허)－(《대학》의 강령) 속에 포함되게 마련이다. '허(許)'는 '아마도 ……할 것이다'의 뜻. ㅇ通得大學了(통득대학료)－《대학》을 다 통달하고 난 다음에. ㅇ去看他經(거간타경)－다른 경서들을 읽어야. ㅇ方見得(방견득)－비로소 (……을) 알게 된다. ㅇ此是格物致知事(차시격물치지사)－이것이 바로 '격물치지'라는 것을, 이렇게 하는 것이 바로 '격물치지'이구나 하고 알게 된다는 뜻. '차시(此是)…… 사(事)'가 다 '방견득'의 목적어이다. ㅇ此是誠意正心事(차시성의정심사)－이것이 바로 '성의정심'이라는 것을. ㅇ此是修身事(차시수신사)－이것이 바로 '수신'이라는 것을. ㅇ此是齊家治國平天下事(차시제가치국평천하사)－이것이 바로 '치국평천하'라는 것을 (알게 된다).

(1-4-1) 今且熟讀大學 作間架 却以他書塡補去.

먼저 《대학》을 충분히 익혀 (《대학》으로 하여금) 기둥을 세우고 다른 책으로 사이를 메워나가야 한다.

어구 설명 ○今且熟讀大學(금차숙독대학)－(지금) 먼저 《대학》을 깊이 읽고. '금(今)'은 '당장에, 만약' 등의 뜻도 있다. ○作間架(작간가)－사이사이에 세우는 기둥으로 삼는다. 즉 '《대학》의 강령을 학문 수도의 근본 기둥으로 삼는다'는 뜻. ○却以他書塡補去(각이타서전보거)－그리고 다른 책을 가지고 기둥과 기둥 사이를 메워나가야 한다.

(1-5-1) 大學 是通言學之初終 中庸 是指本原極致處.

《대학》은 학문의 처음과 끝을 통틀어 말한 책이고, 《중용》은 천지인(天地人)의 근본과 도리의 극치를 지시한 책이다.

어구 설명 ○大學是通言學之初終(대학시통언학지초종)－《대학》은 학문의 처음과 끝을 통틀어 말한 책이다. ○中庸是指本原極致處(중용시지본원극치처)－《중용》은 천지인 삼재(三才)의 근본과 도리의 극치를 지시한 책이다.

(1-6-1) 問欲專看一書 以何爲先 曰先讀大學 可見古人爲學首末次第 不比他書 他書非一時所言 非一人所記.

어떤 사람이 "오직 한 권만을 읽고자 할 때에 어느 책을 먼저 읽어야 합니까?"하고 묻자, 주자가 대답했다. "먼저 《대학》을 읽어라. 옛사람이 글공부했던 처음과 끝의 순서와 단계를 알 수 있다. (그런 점에서) 《대학》은 다른 책과 비교할 수 없다. 다른 책은 일시의 한 말을 적은 것이 아니고 또 한 사람이 쓴 것도 아니다."

어구 설명 ㅇ問(문)－어떤 사람이 묻자. ㅇ欲專看一書(욕전간일서)－오로지 한 권의 책을 읽으려고 할 때. ㅇ以何爲先(이하위선)－무슨 책을 먼저 읽어야 합니까? ㅇ曰(왈)－주자가 대답했다. ㅇ先讀大學(선독대학)－먼저 《대학》을 읽어라. ㅇ可見古人爲學首末次第(가견고인위학수말차제)－(그러면) 옛사람이 글공부를 했던 처음과 끝의 순서와 단계를 알 수 있다. ㅇ不比他書(불비타서)－(그런 점에서) 《대학》은 다른 책과 비교할 수 없다. ㅇ他書非一時所言(타서비일시소언)－다른 책은 일시의 말을 적은 것이 아니고. ㅇ非一人所記(비일인소기)－또 한 사람이 기술한 것도 아니다.

〔제2단〕 총 1절

(2-1-1) 又曰 看大學 固是着逐句看去 也須先統讀傳文教熟 方好從頭仔細看 若專不識傳文大意 便看前頭亦難.

주자가 또 말했다. "《대학》을 읽을 때에는 마땅히 구절을 따라서 차근차근 읽어가야 한다. 동시에 또한 먼저 전체를 통틀어 읽고 '전문 10장'의 글과 뜻을 깊이 익혀야 한다. (그런 다음에 다시) 처음부터 자세히 읽어야 한다. 만약 '전문 10장'의 글뜻을 충분히 알지 못하면 앞의 '경문'도 역시 이해하기 어렵게 된다."

어구 설명 ㅇ又曰(우왈)－주자가 또 말했다. ㅇ看大學(간대학)－《대학》을 읽을 때에는. ㅇ固是(고시)－마땅히. ㅇ着逐句看去(착축구간거)－구절을 따라서 차근차근 읽어가야 한다. ㅇ也須先統讀(야수선통독)－그러나 역시 먼저 전체를 통틀어 읽어야 한다. ㅇ傳文教熟(전문교숙)－'전문 10장'의 글과 그 뜻을 깊이 익혀야 한다. ㅇ方好從頭仔細看(방호종두자세간)－(그런 다음에 다시) 처음부터 자세히 읽어야 한다. ㅇ若專不識傳文大意(약전불식전문대의)－만약 '전문 10장'의 뜻을 모르면. ㅇ便看前頭亦難(변간전두역난)－앞의 경문도 역시 알기 어렵다.

〔제3단〕 총 5절

(3-1-1) 又曰 嘗欲作一說教人 只將大學 一日去讀一遍 看他如何是大人之學 如何是小學 如何是明明德 如何是新民 如何是止於至善 日日如是讀 月來日去自見 所謂溫故而知新 須是知新 日日看得新方得却不是道理解新 但自家這箇意思長長地新.

주자가 또 말했다. "나는 전에 한마디 말을 정해서 남을 교육하려고 생각했는데 그게 바로 다음과 같은 말이다. '오직《대학》을 하루에 한번씩 읽어라.《대학》을 읽고 깨닫고 알아야 한다. 무엇이 (혹은 어떻게 하는 것이) 대인의 학문인가? 무엇이 (혹은 어떻게 하는 것이) 소학인가? 무엇이 (혹은 어떻게 하는 것이) 명덕을 밝힘인가? 무엇이 (혹은 어떻게 하는 것이) 백성을 새롭게 함인가? 무엇이 (혹은 어떻게 하는 것이) 지극한 선의 경지에 가서 머무름인가? (이상을 매일 《대학》을 읽고 깨달아야 한다)' 매일 이와 같은 태도로 《대학》을 읽고 깨달으면 날이 가고 달이 지나는 사이에 스스로 모든 도리를 알게 될 것이다. 이것을 이른바 '온고지신'이라고 했으니 모름지기 날로 새로운 것을 알고 또 날마다 새로운 도리를 볼 수 있어야 비로소 (《대학》 공부를) 제대로 한 것이라 말할 수 있다. 그러나 (객관적으로 존재하는) 도리 자체를 새롭게 해석한다는 뜻이 아니다. 다만 (모든 사물에 대하고 처리하는 주체로서의) 나 자신의 뜻과 생각을 언제까지나 발전적으로 새롭게 하라는 뜻이다."

어구 설명 ㅇ又曰(우왈)－주자가 또 말했다. ㅇ嘗欲作一說敎人(상욕작일설교인)－나는 전에 한마디 말을 정해서 남을 교육하려고 생각했었는데 (그 말이 바로 다음과 같은 말이다). ㅇ只將大學(지장대학)－오직 《대학》을. ㅇ一日去讀一遍(일일거독일편)－하루에 한번씩 다 읽어라. ㅇ看他(간타)－《대학》을 읽고 (다음과 같은 것을 깨닫고 알아라). ㅇ如何是大人之學(여하시대인지학)－무엇이 (혹은 어떻게 하는 것이) '대인의 학문'인가? ㅇ如何是小學(여하시소학)－무엇이 (혹은 어떻게 하는 것이) '소학'인가? ㅇ如何是明明德(여하시명명덕)－무엇이 (혹은 어떻게 하는 것이) '명덕을 밝힘'인가? ㅇ如何是新民(여하시신민)－무엇이 (혹은 어떻게 하는 것이) '백성을 새롭게 함'인가? ㅇ如何是止於至善(여하시지어지선)－무엇이 (혹은 어떻게 하는 것이) '지극한 선의 경지에 가서 머무름'인가? (이상을 매일 《대학》을 읽고 깨닫고 알아야 한다). ㅇ日日如是讀(일일여시독)－매일 (이와 같은 태도로) 《대학》을 읽고 깨달으면. ㅇ月來日去自見(월래일거자견)－날이 가고 달이 지나는 사이에 스스로 (모든 도리를) 알게 될 것이다. ㅇ所謂溫故而知新(소위온고이지신)－이른바 '온고지신'이라고 했으니. ㅇ須是知新(수시지신)－모름지기 날로 새로운 것을 알고. ㅇ日日看得新(일일간득신)-날마다 새로운 도리를 볼 수 있어야. ㅇ方得(방득)-비로소 (《대학》의 공부를) 제대로 한 것이다. ㅇ却不是道理解新(각불시도리해신)-그러나 (그것은 객관적으로 존재하는) 도리 자체를 새롭게 해석한다는 뜻이 아니다. ㅇ但自家這箇意思(단자가저개의사)-다만 (모든 사물에 대하고 처리하는 주체로서의) 나 자신의 뜻과 생각을. ㅇ長長地新(장장지신)-언제까지나 발전적으로 새롭게 하라는 뜻이다.

(3-2-1) 讀大學 初間也只如此讀 後來也只如此讀 只是初間讀得 似不與自家相關 後來看熟 見許多說話須着如此做 不如此做自不得.

《대학》을 읽는 태도는 초기에도 그와 같은 태도로 읽고 후기에도 같은 태도로 읽는다. (즉 초기나 후기나 읽고 공부하는 태도는 같다) 그러나 초기에는《대학》을 읽어도 (글의 내용이) 나와 서로 관련이 있는 것 같지 않게 느껴진다. 뒤에 갈수록 가르침이 몸에 배고 익으므로《대학》의 말들을 반드시 그대로 해야 한다는 것을 알게 된다. (《대학》의 가르침이 몸에 배고 익었으므로) 그렇게 안하려 해도 안할 수 없게 되는 것이다.

어구 설명 ㅇ讀大學(독대학)-《대학》을 읽는 태도는. ㅇ初間也只如此讀(초간야지여차독)-초기에도 그와 같은 태도로 읽고. ㅇ後來也只如此讀(후래야지여차독)-후기에도 같은 태도로 읽는다. 즉 초기나 후기나 같은 태도로 읽는다. ㅇ只是初間讀得(지시초간독득)-다만 초기에는《대학》을 읽어도. ㅇ似不與自家相關(사불여자가상관)-(글의 내용이) 나와 서로 관련이 있는 것 같지 않게 생각된다. ㅇ後來看熟(후래간숙)-그러나 뒤에 깊이 읽고 무르익으면. ㅇ見許多說話須着如此做(견허다설화수

착여차주)－《대학》의 모든 가르침을 모름지기 그대로 해야 한다는 것을 알게 된다. '여차(如此)'는 '그와 같이, 즉 그대로'의 뜻으로 푼다. ㅇ不如此做自不得(불여차주자부득)－그렇게 안하려 해도 안할 수가 없게 된다. '자부득'은 '스스로 안된다'. 《대학》의 가르침이 깊이 몸에 배고 익어서 안하려고 해도 안할 수 없다는 뜻.

(3-3-1) 讀書不可貪多 當且以大學爲先 逐段熟讀精思 須令了了分明 方可改讀後段 看第二段 却思量前段 令文意連屬却不妨.

독서는 탐욕스럽게 많이 읽으려고 하면 안된다. 마땅히《대학》을 제일 먼저 읽어야 한다. 단락을 하나하나 숙지하고 그 뜻을 정밀하게 음미하고 모름지기 하나하나를 분명하게 이해하고 터득해야 한다. 그런 다음에 다시 다음의 단락을 읽어야 한다. 다음 단락을 읽을 때에는 되돌려 전단의 글뜻을 생각하고 문장의 뜻을 연속시켜야 더욱 걸리지 않고 (잘 통한다).

어구 설명 ㅇ讀書不可貪多(독서불가탐다)－독서는 탐욕스럽게 많은 책을 읽으려고 하면 안된다. 이때의 '독서'는 '배우고 덕을 쌓는 글공부'의 뜻이다. (책을 많이 읽었다고 인격수양이 되는 것이 아니다) ㅇ當且以大學爲先(당차이대학위선)－마땅히 《대학》을 제일 먼저 읽어야 한다. ㅇ逐段熟讀精思(축단숙독정사)－단락을 하나하나 숙지하고 그 뜻을 정밀하게 음미하고. ㅇ須令了了分明(수령료료분명)－모름지기 하나하나를 분명하게 이해하고 터득해야 한다. '요료(了了)'는 백화(白話)로 '하나하나를 충분히 이해한다'는 뜻. ㅇ方可改讀後段(방가개독후단)－그런 다음에 비로소 다음의 글을 읽어야 한다. ㅇ看第二段(간제이단)－그 다음 단락을 읽을 때에는. ㅇ却思量前段(각사량전단)－되돌려 전단의 글뜻을 생각하고. ㅇ令文意連屬却不妨(영문의연속각불방)－문장의 뜻을 연계해도 무방하다.

(3-4-1) 問大學稍通 方要讀論語 曰且未可 大學稍通 正好着心精讀 前日讀時 見得前 未見得後面 見得後 未見得前面 今識得大綱體統 正好熟看 讀此書功深 則用博.

어떤 사람이 "《대학》에 약간 통달한 다음에 바야흐로 《논어》를 읽어야 할까요?"하고 묻자 주자가 다음과 같이 대답했다. "그것 또한 안된다. 《대학》에 약간 통달했을 때에 더욱 마음을 착실하게 가다듬고 정밀하게 깊이 생각해야 한다. (그렇게 하면) 전에 《대학》을 읽을 때에는 앞은 알되 뒤는 잘 몰랐거나 뒤는 알되 앞은 잘 몰랐을 것이지만 그러나 지금은 《대학》의 대강과 체계를 통괄하여 알게 되었으니 바야흐로 더욱 깊이 읽는 것이 좋다. 《대학》을 읽는 공부가 깊어지면 그 활용도 넓어진다."

어구 설명 ㅇ問(문)－어떤 사람이 (다음과 같이) 물었다. ㅇ大學稍通方要讀論語(대학초통방요독논어)－《대학》에 약간 통달한 다음에는 비로소 《논어》를 읽어야 할까요? ㅇ曰(왈)－(주자가 다음과 같이) 대답했다. ㅇ且未可(차미가)－그것 또한 안된다. ㅇ大學稍通(대학초통)－《대학》에 약간 통달했을 때가. ㅇ正好(정호)－바로 '……하기 좋을 때다', 혹은 '……함이 좋다.' ㅇ着心精讀(착심정독)－마음을 착실하게 가다듬고 정밀하게 읽어야 한다. '독(讀)' 속에는 '읽고 깊이 생각하고 수양한다'는 뜻이 포함되어 있다. ㅇ前日讀時(전일독시)－전에 《대학》을 읽을 때에는. ㅇ見得前未見得後面(견득전미견득후면)－앞은 알되 뒤는 잘 몰랐거

나. ㅇ見得後未見得前面(견득후미견득전면)－뒤는 알되 앞은 잘 몰랐을 것이다. ㅇ今識得大綱體統(금식득대강체통)－그러나 지금은 《대학》의 대강과 체계를 통괄하여 알게 되었으니. ㅇ正好熟看(정호숙간)－바야흐로 더욱 깊이 읽고 몸에 익혀야 한다. ㅇ讀此書功深則用博(독차서공심즉용박)－《대학》을 읽고 그 공부가 깊어지면 그 활용도 넓어진다. 〔《대학》 공부는 곧 수기치인(修己治人)이다. 나의 명덕(明德)을 밝히고 신민(新民)하고 또 평천하(平天下)하는 것이다〕

(3-4-2) 昔尹和靖 見伊川半年 方得大學西銘看 今人半年 要讀多少書 某且要人讀此 是如何 緣此書却不多 而規模周備 凡讀書 初一項須着十分工夫了 第二項只費得八九分工夫 第三項便只費得六七分工夫 少間讀漸多 自通貫 他書自著不得多工夫.

옛날에 윤화정, 즉 윤돈(尹焞)은 이천선생, 즉 정이(程頤)를 만나고 (글공부를 한 지) 반년이 지나서 비로소 《대학》과 《서명》을 읽을 수 있었다. 오늘 글 배우는 사람들은 무턱대고 많은 책들을 읽으려고 한다. 내가 또 사람에게 《대학》 읽기를 요청하는 것은 왜 그래서인가? 《대학》은 분량은 많지 않으나 규모가 두루 갖추어져 있기 때문이다. 무릇 독서할 때에는 기본 핵심이 되는 첫 대목을 충분히 공부하고 익혀야 한다. 그러면 그 다음의 대목은 8, 9분 정도의 힘을 들여도 알게 되고 또 그 다음의 대목은 6, 7분 정도의 힘을 들여도 알게 된다. (이런 식으로 《대학》을) 얼마간을 읽고 아울러 점차로 여러번 거듭하면 (《대학》의 전체 체계와 그 깊은 뜻을) 스스로 통달하고 꿰뚫게 된다. 그러므로(《대학》을 통달하면) 다른 책은 자연히 많은 시간을 들이지 않고도 알게 된다.

어구 설명 ㅇ昔尹和靖(석윤화정)－옛날에 윤화정, 즉 윤돈(尹焞)은. ㅇ見伊川半年(견이천반년)－이천, 즉 정이(程頤)를 만나고 (글공부를 한 지) 반년이 지나서. ㅇ方得大學西銘看(방득대학서명간)－비로소 《대학》과 《서명》을 읽을 수 있었다. ㅇ今人半年(금인반년)－오늘 글을 배우는 사람들은. ㅇ要讀多少書(요독다소서)－(무턱대고) 많은 책들을 읽으려고 한다. ㅇ某且要人讀此(모차요인독차)－내가 또한 사람에게 《대학》 읽기를 요청하는 것은. ㅇ是如何(시여하)－왜 그래서인가? ㅇ緣此書却不多而規模周備(연차서각부다이규모주비)－《대학》은 분량은 많지 않으나 규모가 두루 갖추어져 있기 때문이다. '연(緣)'은 '인(因 : 인할 인)'과 같은 뜻. ㅇ凡讀書(범독서)－무릇 독서할 때에는, 혹은 독서하는 요령은. ㅇ初一項須着十分工夫了(초일항수착십분공부료)－(기본 핵심이 되는) 첫 대목을 충분히 공부하고 익혀야 한다. ㅇ第二項只費得八九分工夫(제이항지비득팔구분공부)－그러면 그 다음의 대목은 8, 9분 정도의 힘을 들여도 (알게 된다). ㅇ第三項便只費得六七分工夫(제삼항변지비득육칠분공부)－또 그 다음의 대목은 6, 7분 정도의 힘을 들여도 알게 된다. ㅇ少間讀漸多(소간독점다)－(이런 식으로 《대학》을) 얼마간을 읽고 또 점차로 여러번 거듭하면. ㅇ自通貫(자통관)－(《대학》의 전체 체계와 그 깊은 뜻을) 스스로 통달하고 꿰뚫게 된다. ㅇ他書自著不得多工夫(타서자착부득다공부)－(《대학》을 통달하면) 다른 책은 자연히 많은 시간을 들이지 않고도 (알게 된다). '공부(工夫)'는 여기서는 '시간, 틈'의 뜻.

(3-5-1) 看大學 俟見大指 乃及他書 但看時 須是更將大段 分作小段 字字句句 不可容易放過 常時

暗誦默思 反覆硏究 未上口時 須敎上口 未通透時 須敎通透 已通透後 便要純熟 直待不思索時 此意常在心胸之間 驅遣不去 方是此一段了 又換一段看 令如此數段之後 心安理熟 覺工夫省力時 便漸得力也.

먼저 《대학》을 읽고 공부를 하되 《대학》 전체의 대강과 향방이 보일 때까지 공부를 지속해야 한다. 그런 다음에 다른 책을 읽는 것이 좋다. 허나 《대학》을 읽을 때에도 다시 큰 단락을 작은 단락으로 나누어 (그 뜻을 충분히 음미하고) 한 글자 혹은 한 구절의 뜻도 허술하게 넘기면 안된다. 그리고 항상 암송하고 조용히 깊이 생각하고 반복해서 연구해야 한다. 《대학》의 글이 미처 입에 오르지 못하였으면 입에 오르게 해야 하고, 또 미처 (《대학》 전체의 뜻이 앞뒤로) 뚫리고 통하지 않으면 모름지기 꿰뚫고 통하게 해야 한다. 이미 꿰뚫고 통하게 된 다음에는 충분히 무르익게 하고 (의식적으로 혹은 애써) 생각하지 않아도 그 뜻이 항상 마음이나 가슴속에 살아 있으며 쫓아버릴 수 없게 되어야 한다. (그렇게 된 다음에) 비로소 그 한 단락의 공부를 마치고 다시 다른 한 단락의 글로 넘어가 공부해야 한다. 이와 같이 모든 단락의 글을 충분히 읽고 익히면 마음속이 편안하고 이치도 무르익게 되고 아울러 '공부하는 데 힘이 들지 않는구나 하고' 깨닫게 되는 그때에 (비로소) 더욱 (《대학》에 대한) 실천력을 얻게 될 것이다.

어구 설명 ㅇ看大學(간대학)-(먼저) 《대학》을 읽고 공부를 하되. ㅇ俟見大指(사견대지)-《대학》 전체의 대강과 향방이 보일 때까지 공부를 지속하고, '기다릴 사(俟)'를 '……할 때까지 지속하고'로 풀이한다. ㅇ乃及他書(내급타서)-그런 다음에 다른 책을 읽는 (것이 좋다). ㅇ但看時(단간시)-허나 (《대학》을 먼저) 읽을 때에도. ㅇ須是(수시)-모름지기 ……해야 한다, '수시'는 뒤에도 다 걸린다. ㅇ更將大段(경장대단)-(《대학》 전체의 대강과 향방을 알게 된 다음에) 다시 《대학》의 큰 단락을. ㅇ分作小段(분작소단)-작은 단락으로 나누어 (그 뜻을 충분히 음미하고). ㅇ字字句句(자자구구)-한 글자 혹은 한 구절의 뜻도. ㅇ不可容易放過(불가용이방과)-허술하게 넘기면 안된다. ㅇ常時暗誦默思(상시암송묵사)-항상 암송하고 조용히 깊이 생각하고. ㅇ反覆硏究(반복연구)-반복해서 연구해야 한다. ㅇ未上口時(미상구시)-(《대학》의 글이) 미처 입에 오르지 못하였으면, 줄줄이 외우게 되지 못하였으면. ㅇ須敎上口(수교상구)-입에 오르게 해야 한다, 줄줄이 외우게 만들어야 한다. ㅇ未通透時(미통투시)-미처 (《대학》 전체의 뜻이 앞뒤로) 뚫리고 통하지 않으면. ㅇ須敎通透(수교통투)-모름지기 꿰뚫고 통하게 해야 한다. ㅇ已通透後(이통투후)-이미 꿰뚫고 통하게 된 다음에는. ㅇ便要純熟(변요순숙)-즉 충분히 무르익게 하고. ㅇ直待(직대)-오직 기다린다. 앞의 '사(俟)'와 마찬가지로 '……할 때까지, ……해야 한다'는 뜻. ㅇ不思索時(불사삭시)-(의식적으로 혹은 애써) 생각하지 않아도. ㅇ此意常在心胸之間(차의상재심흉지간)-그 뜻이 항상 마음이나 가슴속에 살아 있으며. ㅇ驅遣不去(구견불거)-쫓아버릴 수 없게 되어야 한다. (그렇게 된 다음에) ㅇ方是此一段了(방시차일단료)-비로소 그 한 단락의 공부를 마치고. ㅇ又換一段看(우환일단간)-다시 다른 한 단락의 글로 넘어가 공부해야 한다. ㅇ令如此數段之後(영여차수단지후)-이와 같이 모든 단락의 글을 충분히 읽고 익히면. ㅇ心安理熟(심안리숙)-마음속이 편안하고 이치도 무르익게 되고. (아울러) ㅇ覺工夫省力時(각공부성력시)-'공부하는 데 힘이 들지 않는구나 하고' 느껴지는 그때에. ㅇ便漸得力也(변점득력야)-(비로소) 더욱 (《대학》에 대한) 실천력을 얻게 될 것이다.

〔제4단〕 총 2절

(4-1-1) 又曰 大學是一箇腔子 而今却要塡敎他實 如他說格物 自家須是去格物後 塡敎他實 著誠意亦然 若只讀得空殼子 亦無益也.

주자가 또 말했다. 《대학》은 하나의 몸통이다. 즉 (체계적으로 삼강령과 팔조목을 갖춘 기본이론이다. 그 체계와 강목을 충분히 알고 익혔으니) 이제부터는 (실천적인 행동으로 그 강령과 조목을) 알차게 채워야 한다. 예를 들면 《대학》에서 '격물'이라고 한 뜻을 (깊이 알고 연구했으니 이제는) 나 자신이 모름지기 (실천적으로) '격물'함으로써, (《대학》의 몸통이 되는 강목을) 알차게 메워나가야 한다. '성의'를 실천적인 행실로 나타내는 것 역시 같다. (《대학》을 알차게 실천하지 않고) 빈 껍데기 글로만 읽어버린다면 또한 아무런 이익도 없을 것이다.

어구 설명 ㅇ大學是一箇腔子(대학시일개강자)-《대학》은 하나의 몸통이다. (《대학》은 전체 체계와 삼강령과 팔조목을 갖춘 기본 체계이며 이론이라는 뜻). 앞에서는 '작간가(作間架)'라고 했다. ㅇ而今却要塡敎他實(이금각요전교타실)-(《대학》의 몸통이 되는 강목을 충분히 알고 익혔으니) 이제부터는 (실천적인 행실로 그 강령과 조목을) 알차게 채워야 한다. ㅇ如他說格物(여타설격물)-예를 들면 《대학》에서 '격물'이라고 한 뜻을

(깊이 알고 연구했으니 이제는). ㅇ自家須是去格物後(자가수시거격물후)—나 자신이 모름지기 (실천적으로) '격물'함으로써. ㅇ塡敎他實(전교타실)—(《대학》의 몸통이 되는 강령과 조목을) 알차게 메워나가야 한다. ㅇ著誠意亦然(저성의역연)—'성의'를 실천적인 행실로 나타내는 것 역시 같다. ㅇ若只讀得空殼子(약지독득공각자)—(《대학》을 알차게 실천하지 않고) 빈 껍데기 글로만 읽어버린다면. ㅇ亦無益也(역무익야)—또한 아무런 이익도 없을 것이다. '격물(格物)·성의(誠意)'의 깊은 뜻풀이는 경문 풀이에 있음.

(4-2-1) 讀大學 豈在看他言語 正欲驗之於心如何 如好好色 惡惡臭 試驗之吾心 果能好善惡惡如此乎 閒居爲不善 是果有此乎 一有不至 則勇猛奮躍不已 必有長進 今不知如此 則書自書 我自我 何益之有.

《대학》 공부는 어찌 그 문자만을 보고 읽는 것뿐이겠느냐? (글의 내용이) 어떻게 (자신의) 마음에 나타나는지 (스스로) 시험해 보아야 한다. (전문 6장에서) '본성적으로 미색을 좋아하고 악취를 싫어한다'고 배웠으면 (나 자신이 선을 즐겨 행하고 반대로 악을 멀리하는지 스스로) 마음으로 시험해 보아야 한다. 과연 능히 선을 좋아서 행하고 악을 미워하고 피하는가를 (스스로 증명해야 한다. 또 전문 6장에서) '소인은 틈이 나면 나쁜 짓을 한다'고 했거늘 (나 자신도) 과연 그러한가? (스스로 시험하고 증명해 보아야 한다) 만약에 하나라도 (《대학》의 가르침에) 미치지 못한 데가 있으면 즉시 용감히 분발하고 나서서 (자기 수양을 하고) 반드시 크게 정진해야 한다. (《대학》 공부를 한) 지금에도 여전히 그렇게 자신을 다스리지 못하면 즉 '책은 책대로 나는 나대로'일 것이니 (《대학》 공부가) 무슨 도움이 있겠는가?

어구 설명 ○讀大學(독대학)-《대학》 공부는. ○豈在看他言語(기재간타언어)-어찌 그 문자를 읽는 것뿐이겠나, '재(在)'를 언제나 '……에 있다'고 번역하면 뜻이 안 통할 때가 있다. '재'는 '어조사 재(哉)'와 어원(語源)이 같으며 '단정의 뜻'을 나타내는 경우도 있다. ○正欲驗之於心如何(정욕험지어심여하)-(《대학》의 내용이) 어떻게 (자신의) 마음에 나타나는지 (스스로) 시험해 보아야 한다. ○如好好色 惡惡臭(여호호색 오악취)-(본성적으로) 미색(美色)을 좋아하고 악취(惡臭)를 싫어하듯이 (나 자신이 선을 즐겨 행하고, 반대로 악을 멀리한다는 뜻, 전문 6장에 있다). ○試驗之吾心(시험지오심)-(스스로) 마음으로 시험해 보고 또 증험(證驗), 즉 증명해야 한다. ○果能好善惡惡如此乎(과능호선오악여차호)-과연 능히 선을 좋아서 행하고 악을 미워하고 피하는가를 (스스로 실증해야 한다). ○閒居爲不善(한거위불선)-(전문 6장에서) '소인은 틈이 나면 나쁜 짓을 한다고' 말했거늘. ○是果有此乎(시과유차호)-(나 자신도) 과연 그러한가? (스스로 시험하고 증명해 보아야 한다) ○一有不至(일유부지)-만약에 하나라도 (《대학》의 가르침에) 미치지 못한 데가 있으면. ○則勇猛奮躍不已(즉용맹분약불이)-즉시 용감히 분발하고 나서서 (자기 수양을 하고) 멈춤이 없어야 한다. ○必有長進(필유장진)-반드시 크게 정진해야 한다. ○今不知如此(금부지여차)-(《대학》 공부를 한) 지금에도 여전히 그렇게 자신을 다스리지 못하면. '지(知)'는 '깨닫고 알고 행하다'의 뜻. ○則書自書我自我(즉서자서아자아)-즉 책은 책대로 나는 나대로 (서로 분리된 상태로 있다면). ○何益之有(하익지유)-(《대학》 공부가) 무슨 도움이 되겠는가?

〔제5단〕 총 1절

(5-1-1) 又曰 某一生 只看得這文字透 見得前賢所未到處 溫公 作通鑑 言平生精力盡在此書 某於大學 亦然 先須通此 方可讀他書.

주자가 또 말했다. 나는 한평생 줄곧 《대학》의 글을 보고 읽었으며 그래서 전의 현인들이 미처 도달하지 못한 경지를 꿰뚫어 알게 되었다. 사마온공은 《자치통감》을 완성하고 '평생의 정력을 이 책에 다 쏟았다'고 말했거늘 나도 역시 《대학》에 (나의 모든 정력을 쏟은 점이) 같다. 반드시 먼저 《대학》을 통달한 다음에 비로소 다른 책을 읽어야 한다.

어구 설명 ㅇ又曰(우왈)－주자가 또 말했다. ㅇ某一生只看得這文字(모일생지간득저문자)－나는 한평생 줄곧 《대학》의 글을 보고 읽었다. ㅇ透見得前賢所未到處(투견득전현소미도처)－그래서 전의 현인들이 미처 도달하지 못한 경지를 꿰뚫어 알게 되었다. ㅇ溫公作通鑑(온공작통감)－사마온공(즉 司馬光)은 《자치통감》을 완성하고. ㅇ言平生精力盡在此書(언평생정력진재차서)－'평생의 정력을 이 책에 다 쏟았다'고 말했으나. ㅇ某於大學亦然(모어대학역연)－나도 역시 《대학》에 (나의 모든 정력을 쏟은 점이) 같다. ㅇ先須通此(선수통차)－반드시 먼저 《대학》을 통달하고. ㅇ方可讀他書(방가독타서)－비로소 다른 책을 읽도록 함이 좋다.

〔제6단〕 총 1절

(6-1-1) 又曰 伊川舊日敎人 先看大學 那時未解說 而今有註解 覺大段分曉了 只在仔細看.

또 말했다. 정이(程頤), 이천선생이 전에 사람들에게 먼저 《대학》을 읽으라고 했을 때는 (《대학》에 대한 깊은 뜻을) 미처 풀고 설명하지 못했다. 그러나 지금에는 (《대학》에 대한) 주해가 있으므로 대체의 뜻을 분간하고 알 수 있다고 생각한다. 그러니 다만 자세하게 읽고 깊이 익혀야 한다.

어구 설명 ㅇ又曰(우왈)－또 말했다. ㅇ伊川舊日敎人先看大學(이천구일교인선간대학)－이천선생, 즉 정이(程頤)가 전에 사람들에게 먼저 《대학》을 읽으라고 가르쳤다. (혹은 읽게 했다) ㅇ那時(나시)－그때에는. ㅇ未解說(미해설)－(《대학》에 대한 깊은 뜻을) 미처 풀고 설명하지 못했다. ㅇ而今有註解(이금유주해)－그러나 지금에는 (《대학》에 대한) 주해가 있으므로. ㅇ覺大段分曉了(각대단분효료)－대체의 뜻을 분간하고 알 수 있다고 생각한다. '대단(大段)'은 '기본이 되는 대체의 뜻'. ㅇ只在仔細看(지재자세간)－(그러므로 오늘 《대학》을 공부하는 사람들은) 오직 자세하게 읽고 연찬(硏鑽)해야 한다.

〔제7단〕 총 1절

(7-1-1) 又曰 看大學 且逐章理會 先將本文念得 次將章句來解本文 又將或問來參章句 須逐一令記得

反覆尋究 待他浹洽 旣逐段曉得 却統看溫尋過.

또 말했다. 《대학》을 읽고 공부할 때에는 우선 장을 따라, 각 장의 뜻을 이해해야 한다. (그러기 위해서는) 먼저 본문을 읽고 다음에 장구를 가지고 본문의 뜻을 풀이하고 다시 '혹문의 말'을 가지고 장구를 참고해야 한다. (앞에서부터) 장의 글을 하나하나 기억해 나가면서 반복해서 (전체의 뜻을) 찾고 연구하고 (글의 뜻이) 몸에 충분히 젖을 때까지 공부해야 한다. (그리고 또) 각 문단의 뜻을 잘 알았으면 다시 《대학》 전체의 체계와 의미를 통합적으로 충분히 몸에 익혀야 한다.

어구 설명 ○且逐章理會(차축장리회)－우선 장을 따라 차근차근 이해하고 공부하되, 매장의 뜻을 이해해야 한다. ○先將本文念得(선장본문념득)－먼저 본문을 읽고. ○次將章句來解本文(차장장구래해본문)－'장구'를 가지고 본문의 뜻을 해석하고. ○又將或問來參章句(우장혹문래참장구)－또 '혹문의 글'을 가지고 장구를 참고한다. ○須逐一令記得(수축일령기득)－모름지기 매장의 글을 잘 기억해야 한다. ○反覆尋究(반복심구)－여러 번 반복해서 (깊은 뜻을) 찾고 연구하여. ○待他浹洽(대타협흡)－(《대학》의 깊은 뜻이, 물이 스며들 듯이) 몸에 푹 젖을 때까지 공부해야 한다. '대(待)'는 '……할 때까지'로 푼다. 浹(두루 미칠 협), 洽(푹 적실 흡). ○旣逐段曉得(기축단효득)－(그런 식으로 공부를 해서) 앞에서부터 문단 하나하나를 잘 알았으면. ○却統看溫尋過(각통간온심과)－다시 《대학》 전체의 체계와 뜻을 통합적으로 살피고 찾아서 몸에 푹 익게 해야 한다.

〔제8단〕 총 1절

(8-1-1) 又曰 大學一書 有正經 有章句 有或問 看來看去 不用或問 只看章句便了 久之 又只看正經便了 又久之 自有一部大學 在我胸中 而正經亦不用矣 然不用某許多工夫 亦看某底不出 不用聖賢許多工夫 亦看聖賢底不出.

또 말했다. 한 권의 《대학》 속에는 '정경(正經)·장구(章句)·혹문(或問)'이 적혀 있다. (그러나 《대학》 책을) 많이 읽으면, '혹문의 글'은 필요없게 되고 '장구'만 보아도 된다. 또 오래 (《대학》을 공부하면) '정경'만 읽어도 된다. (그리고 또) 오래 지나면 《대학》 전체가 나의 가슴속에 살아있으므로 '정경'마저도 필요없게 된다. 그러나 내가 공부한 것만큼 공부하지 않으면 내가 도달한 경지를 벗어나지 못할 것이며, 성현이 공부한 것만큼 공부를 하지 않으면 성현이 도달한 경지를 벗어나지 못할 것이다.

어구 설명 ㅇ大學一書(대학일서)－《대학》이라고 하는 한 권의 책, 즉 '한 권의 《대학》 속에는'. ㅇ正經(정경)－정식으로 《대학》의 원문이 되는 경문(經文). ㅇ章句(장구)－'경문의 뜻을 밝히는 문장이나 구절', 즉 '주자가 재정리한 구절과 주석'을 '장구집주(章句集註)'라고 한다. ㅇ或問(혹문)－경문이나 장구에 대한 의문을 제자가 물으면 주자가 대답했으며, 그 문답을 적은 것을 '대학혹문(大學或問)'이라고 한다. 이 책 《대학장구대전(大學章句大全)》의 '대전소주(大全疏註)'의 대부분이 '혹문'의 풀이다. ㅇ看來看去(간래간거)−《대학》을 수없이 많이 읽어서 (문리나 뜻을 스스로 알게 되면). ㅇ不用或問(불용혹문)−'혹문' 같은 이차적인 주석은 필요없게 된다. ㅇ只看章句便了(지간장구변료)−다만 장구만 읽어도 된다. ㅇ久之(구지)−(《대학》 공부를) 오래 하면. ㅇ又只看正經便了(우지간정경변료)−또 다만 '경문'만을 보아도 된다. ㅇ自有一部大學在我胸中(자유일부대학재아흉중)−자연히 《대학》 책 한 권이 나의 가슴속에 살아있게 되므로. ㅇ而正經亦不用矣(이정경역불용의)−역시 '경문'도 필요없게 된다. ㅇ然不用某許多工夫(연불용모허다공부)−그러나 내가 한만큼 많은 공부를 하고 시간을 들이지 않으면. '공부(工夫)'는 '오랫동안 노력하고 공부하고 몸에 배고 실천한다'는 뜻. ㅇ亦看某底不出(역간모저불출)−역시 나 정도 이상으로 나가지 못한다. '간불출(看不出)'은 '그 이상을 보지 못한다' 혹은 '《대학》을 보는 안목이 나 이상이 될 수 없다.' '모저(某底)'는 '나의 정도, 경지, 나만큼'으로 풀이한다. ㅇ不用聖賢許多工夫(불용성현허다공부)−성현만큼 공부하고 시간을 들이지 않으면. ㅇ亦看聖賢底不出(역간성현저불출)−역시 성현의 경지 이상이 될 수 없다.

〔제9단〕 총 3절

(9-1-1) 又曰 大學解本文 未詳者 於或問中詳之 且從頭逐句理會 到不通處 却看或問 乃註脚之註脚.

또 말했다. 《대학》의 본문 해석 중 자세하지 못한 것은 '혹문'에서 자세히 말했다. 처음부터 구절을 따라 읽고 이해를 하되 잘 통하지 않는 부분은 '혹문'을 보아야 한다. '혹문'은 각주의 각주라 하겠다.

어구 설명 ㅇ大學解本文未詳者(대학해본문미상자)－《대학》의 본문 해석에서 상세하지 못한 것은. ㅇ於或問中詳之(어혹문중상지)－'혹문' 중에서 상세히 말하였다. ㅇ且從頭逐句理會(차종두축구리회)－역시 (경문이나 장구를) 처음부터 차근차근 읽고 이해를 해나가되. ㅇ到不通處(도불통처)－잘 통하지 않는 것은. ㅇ却看或問(각간혹문)－도리어 '혹문'을 보아야 한다. ㅇ乃註脚之註脚(내주각지주각)－혹문은 각주의 각주다.

(9-2-1) 某解書 不合太多 又先準備學者 爲他設疑說了 所以致得學者看得容易了.

내가 《대학》을 해석함에 있어 (다른 설과) 맞지 않는 점이 퍽 많을 것이다. (그러므로) 먼저 배우는 사람들로 하여금 (나의 학설을 알게 하기 위한) 예비로 그들을 위한 의문을 설정하고, 그에 대한 대답을 적었으니, (그것이 곧 '대학혹문'이다) 그렇게 한 이유는 배우는 사람으로 하여금 알기 쉽게 하기 위해서다.

어구 설명 ㅇ某解書不合太多(모해서불합태다)－내가 풀이한 글은 (다른 사람들의 설과) 맞지 않는 점이 퍽 많을 것이다. ㅇ又先準備學者(우선준비학자)－또한 배우는 사람을 위한 예비로, 즉 '나의 독특한 설을 배우는 사람들로 하여금 알게 하기 위한 예비책으로'의 뜻. ㅇ爲他說疑說了(위타설의설료)－그들을 위해서 (그들이 제기할만한) 의문을 미리 설정하고 (그 해답을) 말했다. 그것을 적은 것이 곧 '대학혹문'이다. ㅇ所以致得學者看得容易了(소이치득학자간득용이료)－그 이유는 학자들로 하여금 쉽게 알 수 있게 하기 위해서다. '치득(致得)'은 '……하다', '간득용이(看得容易)'는 '쉽게 보고 알다'의 뜻이다. 새로운 문법체계에서는 '득용이(得容易)'를 보어(補語)로 친다.

(9-3-1) 人只說 某說大學 等不略說 使人自致思 此事大不然 人之爲學 只爭箇肯與不肯耳 他若不肯向這裏 略亦不解致思 他若肯向此一邊 自然有味愈詳愈有味.

어떤 사람은 그릇되게 말한다. '나의《대학》강설은 대략을 말하고 나머지를 스스로 생각하게 하지 않는다.' 그러한 비판의 말은 사실과 크게 다르다. 사람의 글공부는 오직 본인의 태도 여하에 달려있다. 만약 본인이 적극적으로 배우려 하지 않는다면 내가 대략을 말해주면 그는 깊은 뜻을 해독하지 못하고 또 스스로 생각하지도 않을 것이다. 반대로 본인이 적극적으로 배우려 한다면 (자상한 설명을) 맛있게 여기고, 자상하면 자상할수록 더욱 (글의 깊은 맛을 알고) 좋아할 것이다.

어구 설명 ㅇ人只說(인지설)－다른 사람이 비난한다. ㅇ某說大學等(모설대학등)－주자의《대학》등에 대한 강술은. ㅇ不略說使人自致思(불략설사인자치사)－대략만 말하고 나머지를 각자로 하여금 생각하게 하지 않았다. (즉 지나치게 자세하게 말을 많이 했다는 뜻) ㅇ此事大不然(차사대불연)－그런 비난은 사실과 크게 다르다. ㅇ人之爲學(인지위학)－사람의 글공부는. ㅇ只爭箇肯與不肯耳(지쟁개긍여불긍이)－오직 하겠는가 안 하겠는가에 따라 차이가 난다. 의역해서 '적극적 혹은 소극적인 태도에 따라 다르다'로 풀었다. ㅇ他若不肯向這裏(타약불긍향저리)－본인이 그 쪽을 가기를 싫어한다면, 즉 적극적으로 배우기를 싫어한다면. ㅇ略亦不解致思(약역불해치사)－내가 간략하게 말해주면 역시 깊은 뜻을 해독하지 못하고 또 스스로 생각하지도 않을 것이다. ㅇ他若肯向此一邊(타약긍향차일변)－그가 적극적으로 학문을 하려고 하면. ㅇ自然有味(자연유미)－(나의 자상한 해석이) 자연히 맛이 난다. ㅇ愈詳愈有味(유상유유미)－더욱 자세하게 풀이하면 더욱 그 맛이 좋게 된다.

대학장구서(大學章句序)

대학장구서는 주자(朱子)가 쓴 '대학장구의 서문'이다. 이 서문은 '중용장구서(中庸章句序)'와 함께 주자학(朱子學)의 귀중한 자료가 되는 명문이다. 《대학》에 대한 주자의 사상을 깊이 알기 위해서는 이 서문의 뜻을 깊이 음미해야 한다. 이 책에서는 '대학장구서'의 본문과 '한글풀이' 및 '어구설명'을 자세히 붙이고 또 '대전소주(大全疏註)'의 원문과 한글풀이를 실었다. 단 한문강독의 편의를 위해 단락을 잘게 나누었다.

(1) 大學之書 古之大學 所以教人之法也.

《대학》이라는 책은 옛날의 태학에서 사람을 교육하던 바 (도덕 정치의) 법도를 기술한 것이다.

어구 설명 ㅇ大學之書(대학지서)－《대학》이라고 하는 책은, 혹은 《대학》의 글은. ㅇ古之大學(고지대학)－옛날의 대학에서. 대학을 옛날에는 '태학(太學)'이라고 읽었다. 국가의 최고학부로 순(舜)임금 때는 상상(上庠)이라 일컬었고, 하(夏)에서는 동서(東序), 은(殷)에서는 우학(右學), 주(周)

에서는 동교(東膠)라고 불렀다. ㅇ所以敎人(소이교인)－사람을 교육하는 바, 사람을 교육하는 바탕이 되는. ㅇ所以敎人之法也(소이교인지법야)－사람에게 (도덕 정치의) 법도와 기본원리를 가르친 바. '대학지서(大學之書)'는 '주어', '소이교인지법야'가 '술어', '고지대학(古之大學)'은 '부사적 수식어'이다. 즉 '《대학》이라고 하는 책은 옛날의 대학에서 사람을 교육한 바탕이 되는 방법과 법식을 (적은 책이다)'. 옛날의 대학에서는 주로 '수기치인(修己治人)의 법도(法度)'를 가르쳤다. 그것을 적은 책이 '《대학》이란 책'이다. '법도'는 '기본 원리와 방법 및 방식을 다 포함한 뜻'이다.

(2) 蓋自天降生民 則旣莫不與之 以仁義禮智之性矣.

아마 하늘이 강림하시어 사람을 낳고 살게 해주었을 때부터 이미 모든 사람에게 '인의예지'의 도덕적 본성을 다 주었을 것이다.

어구 설명 ㅇ蓋(개)－발어(發語) 조사(助詞). 문장 앞에서 다음의 어구(語句)를 강조한다. '무릇, 대개' 등으로 풀이한다. 여기서는 '아마 ……했을 것이다'로 풀이했다. ㅇ自天降生民(자천강생민)－하늘이 강림(降臨)하시어 백성을 낳고 살게 해주었을 때부터. 한편 '자천강생민'을 '하늘이 사람을 내렸을 때부터'로 풀이할 수도 있다. 이때의 '생민(生民)'은 '백성, 창생'의 뜻. ㅇ則旣(즉기)－이미 (그때부터). ㅇ莫不與之(막불여지)－주지 않은 게 없다. 즉 모든 사람에게 다 주었다. ㅇ以仁義禮智之性矣(이인의예지지성의)－'인의예지(仁義禮智)의 도덕적 본성'을 (다 주었다). '이(以)'는 목적어 앞에 붙이는 개사(介詞). '인의예지'가 '여(與 : 주다, 부여하다)'의 목적어.

참고 **여기서 말하는 성(性)의 뜻**

주자학(朱子學)은 성리학(性理學)이라고도 하며 '성(性)'을 중시한다. 주자가 말하는 '성'은 특히 사람의 경우에는 '천리(天理)를 터득하고 실천하는 선본성(善本性) 혹은 도덕성(道德性)'의 뜻을 핵심으로 한다. 그러므로 주자는 '성은 곧 이이다〔性卽理〕'라고 말했다. 그러나 여기서 말하는 '성'의 뜻을 오늘의 말로 알기 쉽게 표현하면 '순수이성(純粹理性), 혹은 인의예지(仁義禮智) 등의 윤리 도덕을 실천하는 도덕성'과 같은 뜻으로 파악할 수 있다. 다음의 '대전소주(大全疏註)'를 참고하기 바란다. 앞으로 성에 대해서 더 어렵고 깊은 뜻을 배우게 된다.

大全疏註 ① 朱子曰 天之生民 各與以性 性非有物 只是一箇道理之在我者耳 仁則是箇溫和慈愛底道理 義則是箇斷制裁割底道理 禮則是箇恭敬撙節底道理 智則是箇分別是非底道理 凡四者具於人心 乃是性之本體.

주자가 말했다. 하늘이 사람을 낳고 살게 했으며 또 모든 사람에게 본성을 갖추게 했다. 본성은 실재하는 물체가 아니고 오직 내가 지니고 있는 도리일 뿐이다. 인(仁)은 곧 온화 자애의 도리이고, 의(義)는 곧 제재하고 재단하는 도리이고, 예(禮)는 곧 공경하고 억제하는 도리이고, 지(智)는 곧 시비를 분별하는 도리이다. 이 네 가지는 다 사람의 마음속에 갖추어진 본성적 본체이다.

어구 설명 ㅇ撙(준)－누르다.

大全疏註 ② 雲峯胡氏曰 朱子四書 釋仁曰 心之德愛之理 義曰 心之制事之宜 禮曰 天理之節文人事之儀則 皆兼

體用 獨智字 未有明釋 嘗欲竊取朱子之意 以補之曰 智則心之神明 所以妙衆理而宰萬事者也 番易沈氏云 智者涵天理動靜之機 具人事是非之鑑.

운봉 호씨가 말했다. 주자는 사서에서 '인(仁)은 마음의 덕이고 사랑의 도리이다. 의(義)는 마음으로 제재하고 사물을 바르게 처리함이다. 예(禮)는 천리의 절도를 따른 문화 양식이고 인간 만사를 다스리는 예의범절이다'라고 해석했다. (주자의 해석에는) 체(體)와 용(用)이 다 포함되어 있다. 그러나 오직 지(智)에 대한 분명한 풀이가 없다. 나는 전에 외람하게 주자의 의도를 바탕으로 다음과 같이 뜻풀이를 보충코자 한 바가 있다. '지는 마음의 신명으로 모든 도리를 신묘하게 터득하고 만물을 주재하는 바탕이다.' 번역 심씨는 말했다. '지는 바로 천리(天理)의 동정(動靜)의 기미(機微)를 포함하고 아울러 인간 만사의 시비를 감별(鑑別)하는 기능을 구비하고 있다.'

大全疏註 ③ 新安陳氏曰 書云惟皇上帝 降衷于下民 若有恒性 六經言性 自此始 謂天降生民而與之以性 亦本書之意而言.

신안 진씨가 말했다. 《서경(書經)》에 '바로 하느님이 사람에게 충심(衷心)을 내려주시어 사람들이 한결같은 본성을 지니게 되었다'고 말했으니, 육경에서 본성을 말한 것은 그로부터 시작한 것이다. 여기서 '하늘이 강림하여 백성을 낳고 본성을 주었다'고 말한 것도 역시 《서경》의 뜻을 바탕으로 한 것이다.

(3) 然其氣質之稟 或不能齊 是以不能 皆有以知 其性之所有而全之也.

그러나 각자 타고난 기질이 다 같을 수 없으며 따라서 (모든 사람이) 다 같이 자기도 도덕적 본성을 지니고 있음을 알지 못하고 또 온전하게 발휘하지도 못하는 것이다.

어구 설명 ㅇ然其氣質之稟(연기기질지품)－그러나 각자 타고난 기질이. '기(其)'는 '각자, 저마다의 (기질)', '줄 품(稟)'은 하늘로부터 받은. ㅇ或不能齊(혹불능제)－어쩌다가 다 같을 수 없다. ㅇ是以不能(시이불능)－(기질적 차이가 있으므로) 그래서 '……을 할 수 없다'. ㅇ皆有以知其性之所有(개유이지기성지소유)－모든 사람이 다 자기가 (도덕적 본성을) 가지고 있다는 것을 알지도 (못하고). 앞의 '불능(不能)'에 걸린다. ㅇ而全之也(이전지야)－또한 도덕성을 온전하게 발휘하지도 못한다. 앞의 '불능'에 걸린다.

참고 **기(氣)와 질(質)의 뜻**

여기서는 초보적인 뜻풀이를 하겠다. 사람의 육신을 형성하고 활동케 하는 가장 작은 인소(因素)를 기(氣)라고 부른다. 기가 응집된 것을 질(質)이라 한다. 인간의 몸을 구성하고 있는 바탕이 기와 질이다. '인의예지(仁義禮智)'의 도덕성은 육신을 통해 행동으로 나타나게 마련이다. 이때에 기질이 혼탁한 사람은 도덕을 지각(知覺)하고 실천하기가 어렵다. 반대로 기질이 청명한 사람은 도덕을 잘 알고 잘 실천한다. (점차로 깊고 어려운 내용을 배우게 된다)

大全疏註 ① 新安陳氏曰 性之所有 卽仁義禮智是也 性無智愚賢不肖之殊 惟氣有淸濁 淸者能知 而濁者不能知 故不能皆知 質有粹駁 粹者能全 而駁者不能全 故不能皆全 知性之所有屬知 全性之所有屬行 知行二者 該盡一部大學 意寓於此矣.

신안 진씨가 말했다. 본성이 지니고 있는 것은 곧 '인의예지'의 도덕성이다. 본성 자체는 '지혜롭고 우둔하고 현명하고 못났다' 등의 차등이 없다. 다만 기(氣)에는 '맑거나 탁한' 차이가 있다. 그래서 기가 맑으면 (도리를) 잘 알고 행할 수 있으나, 기가 탁하면 (도리를) 알고 행하지 못한다. 그러므로 (앞에서) '불능개지(不能皆知)'라고 말한 것이다. 사람의 기질(氣質)에는 순수(純粹) 혹은 잡박(雜駁)의 차이가 있다. 기질이 순수한 사람은 (도덕성을) 온전하게 발휘할 수 있으나, 기질이 잡박한 사람은 (도덕성을) 온전하게 발휘하지 못한다. 그러므로 (앞에서) '불능개전(不能皆全)'이라고 말한 것이다. '본성이 지니고 있는 것이 도덕성임을 아는 것'은 지(知)에 속하고 '본성이 지니고 있는 도덕성을 행하는 것'은 행(行)에 속한다. '알고 행하는 것이 대학공부의 전부'라고 말하는 뜻이 바로 이에 있는 것이다.

(4) 一有聰明睿智 能盡其性者 出於其間 則天必命之 以爲億兆之君師 使之治而敎之 以復其性.

(많은 사람들 중에서 어쩌다가) 총명하고 예지를 가지고 능히

본성을 다 발휘하고 행할 수 있는 (그런 사람이) 나타나면 하늘은 반드시 그에게 명을 내려서 억조 만민의 임금이자 스승으로 삼고 그로 하여금 (만민을) 다스리고 또 교화해서 (모든 사람들로 하여금) 각자의 본성을 원상대로 회복하게 한다.

어구 설명 ㅇ一(일)－어쩌다가 한 사람. ㅇ有聰明睿智(유총명예지)－총명하고 또 예지를 가지고. ㅇ能盡其性者(능진기성자)－능히 본성을 다 발휘하고 행할 수 있는 (그런 사람). ㅇ出於其間(출어기간)－그 속에 나타나면, 즉 많은 사람이 사는 세상에 (뛰어난 한 사람이) 나타나면. ㅇ則天必命之(즉천필명지)－(그러면 즉) 하늘은 반드시 그에게 명을 내려서. ㅇ以爲億兆之君師(이위억조지군사)－억조 만민의 임금이자 스승으로 삼고. ㅇ使之治而敎之(사지치이교지)－그로 하여금 (만민을) 다스리고 또 교화해서. ㅇ以復其性(이복기성)－(모든 사람의) 본성을 원상대로 회복케 한다. 즉 본성으로 주어진 도덕성을 발휘하고 행하게 교화한다. 하늘이 사람에게 준 착한 본성을 되찾게 하는 것이 덕치교화(德治敎化)이다.

참고 **천명(天命)의 뜻**

'천명'은 '하늘이 절대적인 명령으로 내려주다'의 뜻이다. 그러므로 피조물(被造物)인 사람의 경우는 '하늘로부터 내려 받은 것'의 뜻이 된다. 사람의 본성(本性)은 하늘이 준 것이다. 단 주자학에서는 '살아있는 인격신'을 믿지 않고 '하늘을 절대선(絶對善)의 도리'라고 철학적으로 풀이한다. 그러므로 여기서 '하늘이 명하여 그를 임금과 스승 되게 했다[天必命之 以爲億兆之君師]'라고 한 것은 '사실적으로 그렇게 된다. 즉 세상의 운세가 돌아가고 만민이 받들다'의 뜻이다. 실지로 하늘이 소리를 내고 명령을 내리는 것이 아니다. 덕이 높은 성인(聖人)을 만민이 따르고 받들어 임금으로 삼으면 그것이 곧 천명이다.

大全疏註 ① 問何處見得天命處 朱子曰 此也如何知得 只是才生得一箇恁地底人 定是爲億兆之君師 便是天命之也 他旣有許多氣魄才德 決不但已必統御億兆之衆 人亦自是歸他 如三代已前聖人 都是如此 至孔子方不然 雖不爲帝王 然也閑他不得 也做出許多事來 以敎天下後世 是亦天命也.

'어떻게 하늘이 명한 줄 알 수 있습니까?'하고 묻자 주자가 대답했다. '그것을 어떻게 알 수 있는가? 다만 그럴 만한 사람이 태어나면 반드시 억조 만민의 임금이자 스승이 될 것이니 곧 하늘이 명한 것이니라. 그런 사람은 본래 뛰어난 기백과 재덕을 가지고 있으므로 결단코 자기가 억조 만민을 통치하고 다스릴 뿐만 아니라 모든 사람들도 자진해서 그에게 귀의하는 것이다. 3대 이전의 성인들이 다 그와 같았다. 공자에 이르러 비로소 그렇지 않게 되었다. 비록 공자는 제왕이 되지는 못했으나 그러나 (하늘이) 그를 내버려둘 수 없어 많은 일을 만들어서 천하 만민과 후세의 사람들을 교화하게 했던 것이다. 이것도 역시 천명이다.'

大全疏註 ② 新安陳氏曰 聰明叡智 能盡其性者 是就淸濁粹駁不齊中 指出極淸粹者言之 聰明叡智 生知之聖也 與知其性相應 能盡其性 安行之聖也 與全之相應.

신안 진씨가 말했다. '총명하고 예지가 있어 그 본성을 다 하는 사람'이란 곧 (기질적으로) 청탁 수박이 같지 않은 (많은 사람 속에서) 지극히 청수한 사람을 지적해냈음을 말한 것이다. '총명예지(聰明叡智)'는 '생이지지(生而知之)하는 성인'으로 '그 본성을 안다[知其性]'는 구절과 대응하고, '능히 그 본성을 다함[能盡其性]'은 '편안하게 행하는 성인[安行之聖]'으로 '(본성적인 도덕성을) 완전하게 한다[全之]'는 구절과 대응한다.

어구 설명 '지기성(知其性)' '전지(全之)'는 '서 3'에 있다.

大全疏註 ③ 常人必先知其性 方可望以全其性 故於中下一而字 聖人合下生知安行 不待知而方全 故只平說 天必命之 以爲億兆之君師 君以治之 師以敎之 變化其氣質 而復還其本性 以上四箇性字 須融貫看透 三代以前 聖賢之君 君師之責兼盡 三代以後 君道有略得之者 而師道則絶無矣.

보통 사람은 반드시 먼저 (자기에게도 착한) 본성이 있음을 알아야 비로소 본성을 온전하게 행하기를 바랄 수 있다. 그래서 ('知其性之所有而全之也'라고) 중간에 '이(而)'자를 써넣은 것이다. 그러나 성인은 '생지(生知)와 안행(安行)'이 일치하며, '지(知)를 기다리지 않고' '온전하게 행한다.' 그래서 그냥 '천필명지 이위억조지군사(天必命之 以爲億兆之君師)'라고 말했다. (고대의 聖賢君王들은) 임금으로서는 백성을 다스리고 스승이 되어서는 백성을 교화한다. (그래서) 백성들의 기질을 변화시키고 그들의 착한 본성을 회복시켰던 것이다. (그러므로) 앞의 여러 글에 있는 네 개의 '성(性)'자를 함께 융합하고 관통해서 보아야 한다. 3대 이전의 성현군왕은 임금과 스승의 직책을 겸해서 다 실천했다. 그러나 3대 이후에는 임금의 도리에는 어느 정도 행한 바 있으나 스승의 도리는 단절되고 없어졌던 것이다.

참고 복기성(復其性) — 본성으로 돌아감

주자는 '학문과 본성을 되찾고 돌아감[復其性]'을 강조한다. 이 서문에서는 '뛰어난 사람을 억조 만민의 임금이나 스승 되게 하고 만민을 다스리고 또 가르쳐서 모든 사람들로 하여금 저마다의 착한 본성을 회복하고 실천케 한다.(以爲億兆之君師 使之治 而教之 以復其性)'고 말했다. 한편 '《논어》의 주석'에서는 다음과 같이 말했다. '학(學)은 본받고 따라서 행한다는 뜻이다. 인간의 본성은 다 착하다. 그러나 깨닫고 앎에 앞서는 사람 혹은 뒤지는 사람의 차이가 있다. 그러므로 후각자는 반드시 선각자의 행동을 본받고 따라서 행동을 해야 하며, 그러면 선을 밝혀 낼 수가 있으며 아울러 본연의 착한 본성으로 돌아갈 수가 있다.(學之爲言效也 人性皆善 而覺有先後 後覺者 必效先覺之所爲 乃可以明善 而復其初也)' 또 《대학(大學)》의 '명명덕(明明德)'의 풀이에서도 다음과 같이 말했다. '고로 학자가 마땅히 명덕을 나타내고 밝혀서 처음의 선본성을 회복하고 복귀해야 한다.(故學者當因其所發而遂明之以復其初也.)'

(5) 此伏羲神農 黃帝堯舜 所以繼天立極 而司徒之職 典樂之官 所由設也.

그러므로 복희·신농·황제 및 요임금·순임금이 천명을 받고 천도를 계승하고 지극한 법도를 세우고 (천하를 다스릴 때에) 사도의 직이나 전악의 관을 설치했던 것이다.

어구 설명 ㅇ此(차)－그러므로 (즉 백성을 교화해서 착한 본성을 되돌려 주고자 했기 때문에). ㅇ伏羲(복희)－삼황(三皇)의 첫 번째 성군(聖君), 신화적 인물이다. 여와(女媧)와 짝을 이룬 인류의 시조이며 동시에 땅을 안정되게 하여 인류의 삶을 보호해 준 신이다. 특히 복희는 팔괘(八卦)를 고안하고 우주의 도리와 현상을 해명했다. ㅇ神農(신농)－두 번째 성군. 농기구를 만들어 농사를 짓고, 의약(醫藥)으로 병을 고치게 지도했다. ㅇ黃帝(황제)－세 번째 성군. 부족을 통합하여 국가를 만들어 중국민족의 조상으로 숭앙된다. ㅇ堯(요)－오제(五帝)의 한 사람. 무위자연(無爲自然)의 덕치를 펴고, 천하를 총명하고 덕있는 순(舜)에게 선양(禪讓)했다. ㅇ舜(순)－대효(大孝)로 알려졌으며, 이웃 사람들을 덕으로 교화했다. 요제(堯帝)로부터 천하를 물려받았으며, 역시 덕치를 했고 나중에는 치수(治水)의 공을 세운 우(禹)에게 선양했다. 특히 요순(堯舜)시대를 태평성대로 내세운다. ㅇ所以(소이)－'……한 이유이다.' ㅇ繼天立極(계천립극)－하늘의 도리와 뜻을 계승하고 최고의 도덕적 규범이나 법도를 세우다. 입극(立極)은 천도를 기준으로 최고의 도덕률이나 법도를 세우다. 즉 최고선의 중정지도(中正之道)를 세우다. ㅇ司徒之職(사도지직)－사도의 직. '사도'는 '백성을 교육하는 장관'에 해당한다. 요임금 때에는 순(舜)이 사도가 되어 백성을 교육했으며, 순임금은 설(契)을 사도에 임명하고 윤리 도덕을 가르치게 했다. ㅇ典樂之官(전악지관)－음악과 교육을 관장하는 벼슬, 순임금이 기(夔)를 전악(典樂)에 임명했다. 《예기》 왕제(王制)에 있다. '악관(樂官)의 장이 선왕이 정한 시서예악(詩書禮樂)에 따라 선비들을 교육한다. 봄, 가을에는 예와 악을 가르치고, 겨울과 여름에는 시와 서를 가르친다.(樂正順先王始書禮樂以造士 春秋交以禮樂 冬夏教以詩書)' ㅇ所由設也(소유설야)-(그런 이유로 해서, 사도와 전악을) 설치했던 것이다.

* 삼황(三皇)·오제(五帝) 같은 성왕(聖王), 성제(聖帝)는 곧 하늘을 대신해서 천도천리를 실천한 임금들이다.

大全疏註 ① 書舜典 帝曰 契汝作司徒 敬敷五教在寬 又曰 夔命汝典樂 教胄子.

상서 순전에 있다. 임금이 말했다. '설아! 그대가 사도가 되어 정성껏 오교(五教)를 가르치고 넓게 펼쳐라. 그러나 백성들에게 관대하게 하라.' 또 말했다. '기야! 그대에게 전악의 직책을 명하노라, 지도자들의 아들들을 잘 가르쳐라.'

어구 설명 ㅇ五教(오교)-오륜(五倫)과 같은 뜻. ㅇ胄子(주자)-장차 벼슬을 물려받을 경(卿)이나 대부(大夫)의 큰아들.

大全疏註 ② 朱子曰 天只生得許多人物 與爾許多道理 然天却自做不得 所以必得聖人 爲之修道立教 以教化百姓 所謂裁成天地之道 輔相天地之宜是也.

주자가 말했다. 하늘은 다만 허다한 사람이나 물체를 낳고, 모든 것에게 허다한 도리를 부여해 줄뿐이다. 그러나 하늘 자신은 그 이상의 일을 할 수가 없다. 그러므로 성인으로 하여금 (하늘을 대신해서) 일을 하게 하는 것이다. (이에 성인이) 도를 닦고 가르침을 세워서 백성들을 교화한다. 그렇게 하는 것이 이른바 '천지의 도를 마름하고 성취하여 천지의 선(善)을 도와서 나타나게 함이다'.

어구 설명 ㅇ裁成天地之道(재성천지지도) 輔相天地之宜(보상천지지의)－《역경(易經)》 태괘(泰卦) 대상(大象)에 다음과 같이 있다. '천지교태(天地交泰) 후이재성천지지도(后以財成天地之道) 보상천지지의(輔相天地之宜)'.

大全疏註 ③ 古者敎法 禮樂射御書數 不可闕一 就中樂之敎尤親切 夔敎胄子 只用樂 大司徒職 也是用樂 蓋是敎人朝夕從事於此物 東得心長在這上面 蓋爲樂 有節奏學他底 急也不得 慢也不得 久之都換了他情性.

고대의 교육하는 법도에서는 육예(六藝), 즉 '예악사어서수(禮樂射御書數)' 중에서 하나도 빠뜨릴 수 없다. 그 중에서도 음악교육을 특히 친절하게 했다. 기(夔)가 주자(胄子)를 교육할 때에는 다만 음악만을 썼고 대사도(大司徒)도 역시 음악만으로 교육했다. 아마도 사람을 교육할 때에 조석으로 음악을 다루어서 마음이 언제나 음악에 묶여 있게 하려고 했을 것이다. 대개 음악에는 절주가 있으므로 음악학습은 급하게도 못하고 느리게도 못하고 (반드시 절주를 맞춰야 하므로) 음악을 오래 배우면 그의 성정(性情)이 바르게 될 것이다.

大全疏註 ④ 雲峯胡氏曰 司徒之職 統敎百姓 典樂之官 專敎胄子.

운봉 호씨가 말했다. 사도의 직책은 모든 백성을 통괄해서 가르친다. 전악의 관직은 제왕이나 경대부의 맏아들을 전적으로 가르친다.

大全疏註 ⑤ 新安陳氏曰 上文說其理 此實之以其事 天生民而賦與之 不能教之 聖君代天立標準 以主教於上 而設司徒及典樂之官 以掌教於下 此時教已立 而教之法未備 學之名未聞也.

신안 진씨가 말했다. 앞에서는 도리를 말하고 여기서는 실질적 교육을 말했다. 하늘이 백성을 낳고 착한 본성을 부여해 주었으나 (하늘은 직접) 사람을 교육할 수 없으므로 성인이 하늘을 대신해서 교육하는 제도를 세우고 주로 위를 가르쳤다. 그리고 사도나 전악의 관직을 설치해서 아랫사람들의 교육을 관장케 했다. 이미 그때에 교육이 있었으나 단 교육의 법도가 미처 갖추어지지 않았으며 또 학교의 이름도 아직은 없었던 것이다.

(6) 三代之隆 其法寖備 然後王宮國都 以及閭巷 莫不有學.

하(夏) · 은(殷) · 주(周) 세 왕조가 융성했을 때는 모든 법도와 법식이 점차로 구비되었다. 그래서 왕궁이 있는 국도는 물론 지방의 마을에 이르기까지 학교가 없는 곳이 없었다.

어구 설명 ㅇ三代之隆(삼대지륭)－하(夏) · 은(殷) · 주(周) 세 왕조가 융성했을 때. ㅇ其法寖備(기법침비)－모든 법도와 법식이 점차로 잘 구비되었다. 寖(점차, 두루 퍼질 침). ㅇ然後(연후)—그래서. ㅇ王宮國都(왕궁국도)—국왕의 궁전이 있는 국도. ㅇ以及閭巷(이급여항)—지방의 마을에 이르기까지. '여(閭)'는 25가(家)가 모여 있는 촌락, '항(巷)'은 거리. 시골의 마을, 촌락마다 마을의 문〔閭(이문 려)〕이 있고, 문 옆에 학교가 있었다. ㅇ莫不有學(막불유학)—학교가 없는 곳이 없었다. '옛날의 교육기관은 집에는 숙, 나라에는 학이 있었다.(古之敎者 家有塾 國有學)'(《禮記》 學記) '소학은 궁이나 공관의 남방 왼쪽에 있고, 대학은 교외에 있었다.(小學在公宮南之左 大學在郊)'(《禮記》 王制)

(7) 人生八歲 則自王公以下至於 庶人之子弟皆入小學而敎之 以灑掃應對進退之節 禮樂射御書數之文.

사람이 태어나 8세가 되면 군왕·공경으로부터 서민의 자제에 이르기까지 모두 소학에 입학시키고 그들에게 '물 뿌리고, 소제하고, 어른에게 응대하는 예절과 행동거지의 절도'와 아울러 '예절·음악·활쏘기·말이나 수레 몰기·글 쓰기·수학' 등의 교양과목을 교육했다.

어구 설명 ㅇ人生八歲(인생팔세)—사람이 태어나 8세가 되면. ㅇ則自王公以下至於(즉자왕공이하지어)—즉 왕이나 공경 이하 ……에 이르기까지. ㅇ庶人之子弟(서인지자제)—서민의 자제에 (이르기까지). ㅇ皆入小學(개입소학)—다 소학에 입학시키고. ㅇ而敎之(이교지)—교육을 했다. ㅇ以灑掃應對進退之節(이쇄소응대진퇴지절)—물 뿌리고〔灑〕, 청소하고〔掃〕, 어른에게 응대하는 예의 범절〔應對〕과 기타 진퇴의 절도〔進退之節〕 등을 (교육하다). '이(以)'는 목적어 앞에 오는 개사(介詞). 灑(뿌릴 쇄). ㅇ禮樂射御書數之文(예악사어서수지문)—'예의범절이나 의례 의식, 음악,

활쏘기, 말이나 수레 몰기, 글 쓰기, 수학' 등의 교양을 (교육했다). '예악사어서수'를 육례(六藝)라고 했다.

大全疏註 ① 朱子曰 古者小學 已自是聖賢坯樸了 但未有聖賢許多知見 及其長也 令入大學 使之格物致知 長許多知見.

주자가 말했다. 옛날의 소학을 마치면 이미 자신이 성현의 원자재(原資材)가 된 것이다. 그러나 아직도 성현으로서의 허다한 지식과 견문이 부족하다. 그러므로 성장하기를 기다려 대학에 입학하게 하고 그로 하여금 '격물치지(格物致知)'하고 더욱 많은 지식과 견문을 늘여준다.

어구 설명 ○坯(배)－아직 굽지 않은 질그릇 기와. ○樸(박)－통나무. '배박(坯樸)'은 가공하기 전의 재료의 뜻.

大全疏註 ② 番易齊氏曰 灑掃 內則所謂 鷄初鳴 灑掃室堂及庭 曲禮所謂 爲長者糞 加帚箕上 以袂拘而退 以箕自向而扱之之類 是也 應對 內則所謂 在父母之所 有命之 應唯敬對 曲禮所謂 爲長者負劍 辟咡詔之 則揜口而對之類 是也 進退 內則所謂 在父母之所 進退周旋愼齊 曲禮所謂 凡與客入者 每門讓於客之類 是也.

번역 제씨가 말했다. '쇄소(灑掃)'는 '《예기(禮記)》 내칙편(內則篇)'에 있듯이 '닭이 처음 울면 (일어나) 방과 마루 및 뜰에 물 뿌리고 청소함'과 같이하고, 또 '《예기》 곡례편(曲禮篇)'에 있듯이 '어른을 위해 오물을 치울 때에는 비를 쓰레받기 위에 얹고 소매로 가리고 물러나며 쓸고 쓰레받기를 자기에게 돌려서 쓸어 담는 것과 같이 함'을 말한다. '응대(應對)'는 '《예기》 내칙편'에 있듯이 '부모님이 계신 자리에서 분부를 내리시면 즉시 '네'하고 대답하고 공손하게 응대하고' 또 '《예기》 곡례편'에 있듯이 '어른이 몸을 숙이고 얼굴 가까이 대고 말씀을 하시면 (자식은 손으로) 입을 가리고 대답하는 것과 같이 함'을 말한다. '진퇴(進退)'는 '부모님이 계신 자리에서는 나가거나 물러나거나 뒤로 돌거나 할 때에 자세를 신중하게 하고' 또 '《예기》 곡례편'에 있듯이 '손님과 함께 들어올 때는 문마다 손님에게 양보하는 것과 같이 함'을 말한다.

어구 설명 〈原註〉 ㅇ負置之於背(부치지어배)－'부(負)'는 등에 (물건을) 메고 있듯이 몸을 낮게 구부린다는 뜻. ㅇ劍挾之於旁(검협지어방)－'검(劍)'은 (칼을 곁에 차듯이) 곁에 가까이 다가오다의 뜻. ㅇ口耳之間曰咡(구이지간왈이)－입과 귀 사이를 '이(咡)'라고 한다. ㅇ辟咡詔之(벽이조지)－얼굴을 가까이 대고 말을 한다. ㅇ傾頭與語(경두여어)－머리를 숙이고 말을 한다.

大全疏註 ③ 禮習於度數之節文 所以敎之中也 樂明於聲音之高下 所以敎之和也 射法一弓挾四矢 驗其中否 以觀德行 御法一車乘四馬 御者執轡立於車上 欲調習不失驅馳之正 書書字之體 可以見心畫 數算數之法 可以盡物變.

'예(禮)'는 법도와 품계를 조절하는 문화적 예의를 익히는 것이므로 따라서 (예의범절에) 맞게 교육해야 한다. '악(樂)'은 소리의 고하를 밝히는 것이므로 따라서 (전체적인) 조화를 교육해야 한다. '사(射)'의 법도는 한 활에 네 개의 화살을 메겨 쏘아서 과녁에 맞힌 것을 검증하여 그의 덕행을 살피는 것이다. '어(御)'의 법도는 한 수레에 네 마리의 말을 매달고 모는 사람이 고삐를 잡고 수레 위에 서서 (네 마리의 말을) 곧바로 몰아 달리게 하는 데 실수가 없도록 조련하는 것이다. '서(書)'는 쓴 글자의 모양으로 마음의 획을 볼 수 있으며, '수(數)'는 산수의 법도로써 사물의 변화를 헤아릴 수 있기 때문에 (이상의 六藝를) 배우게 한다.

大全疏註 ④ 周禮 大司徒所以教萬民而賓興之者 始以六德 繼以六行 後及於六藝 非八歲以上者 所能盡究其事 不過使曉其名物而已 故上三者 言節有品節存焉 下六者言文 文者名物之謂也 非其事也.

주례에 '대사도는 만민을 가르치고 선비를 흥하게 하는 사람이다. 처음에는 육덕을 가르치고 다음에 육행으로 이어지게 하고 마지막으로 육례를 익히게 한다'고 했다. (이와 같은 육덕, 육행 및 육례는) 여덟 살 이상 된 성인도 능히 그와 같은 일들을 다 끝까지 구명하고 실천할 수 있는 일이 아니다. 오직 (사물이나 덕행의) 이름만을 알게 함에 불과하다. 그러므로 (서문 (7)에서 말한 소학의 가르침 중의) 앞의 세 가지 즉 '쇄소·응대·진퇴지절(灑掃應對進退之節)'도 (소학에서 가르칠) 절도를 말한 것이며 (어려서 지켜야 할) 품계와 절도가 있음을 밝힌 것이다.

또 다음에 말한 육예도 (소학에서 배워야 할) 글을 말한 것이고 (그 글은) 다만 (육례에 대한) 사항과 명칭을 알게 하는 것으로 (깊은 경지의) 실천 사항을 말한 것이 아니다.

어구 설명 ㅇ周禮(주례)-주(周)나라의 관직 제도를 적은 책으로 주공(周公)의 저술이라고 전함. ㅇ大司徒(대사도)-교육을 담당하는 최고의 관직. ㅇ賓興(빈흥)-여기서는 선비를 채용한다는 뜻. ㅇ六德(육덕)-사람이 지켜야 할 여섯 가지 덕. 지(知)·인(仁)·성(聖)·의(義)·충(忠)·화(和). 혹은 인(仁)·의(義)·지(智)·용(勇)·예(禮)·신(信). ㅇ六行(육행)-효(孝)·우(友)·목(睦)·인(姻)·임(任)·휼(恤). '육덕·육행'에는 다른 설도 있다.

大全疏註 ⑤ 勿軒熊氏曰 按大戴記 保傅篇 古者年八歲 出就外舍 學小藝焉 履小節焉 束髮就大學 學大藝焉 履大節焉. 註曰 小學爲庠門 一作虎闈 大學在王宮之東 束髮謂成童 尙書大典曰 公卿之太子 元士之嫡子 年十三入小學 二十入大學 白虎通曰 八歲入小學 十五入大學 此太子之禮也 按年數互有不同 而朱子獨以白虎通爲斷.

물헌 웅씨가 말했다. 《대대기》 보부편에 있다. '옛날에는 8세에 집밖의 학사에 가서 기본적인 교양과목을 배우고 작은 예절을 실천한다. 그리고 속발(束髮)하면 대학에 들어가 큰 교양과목을 학습하고 큰 예절을 실천한다.' 주에 다음과 같이 있다. '소학은 상문(庠門)이니 혹은 호위(虎闈)라고도 한다. 대학은 왕궁 동쪽에 있다. 속발은 성동(成童)을 말한다.' 《상서대전》에 있다.

'공경의 맏아들이나 원사(元士)의 적자는 나이 8세에 소학에 들어가고 20세에는 대학에 들어간다.' 한편 《백호통》에는 '8세에 소학에 가고 15세에 대학에 간다'고 했다. 서로 연령이 같지 않다. 그러나 주자는 《백호통》의 설을 취했다.

어구 설명 ㅇ大戴記(대대기)－서한(西漢)의 대덕(戴德)이 지은 책. ㅇ白虎通(백호통)－동한(東漢)의 대학자 반고(班固)가 칙명을 받고 학자들을 백호전(白虎殿)에 모아놓고 오경(五經)에 관한 의문점을 토론하여 바로잡은 책.

(8) 及其十有五年 則自天子之元子衆子 以至公卿大夫元士之適子 與凡民之俊秀 皆入大學 而教之以窮理正心 修己治人之道 此又學校之教 大小之節所以分也.

15세가 되면 천자의 원자나 왕자 및 공경대부와 원사의 적자, 기타 서민의 준수한 아들들이 다 대학에 들어가서 '궁리정심과 수기치인의 도리'를 배운다. 이것이 또한 학교 교육의 크고 작은 것이 나누어진 이유이다.

어구 설명 ㅇ及其十有五年(급기십유오년)－나이가 15세가 되면. ㅇ則自天子之元子衆子(즉자천자지원자중자)－즉 천자의 왕세자 및 기타의 왕자로부터. ㅇ以至公卿大夫元士之適子(이지공경대부원사지적자)－공(公)·경(卿)·대부(大夫)·원사(元士)의 적자. '원사'는 임금에 직속하고 있는 관리. ㅇ與凡民之俊秀(여범민지준수)－아울러 모든 백성의 준수한 아들에 이르기까지. ㅇ皆入大學而教之(개입대학이교지)－모두 대학에 입학시키고 교육했다. ㅇ以(이)－……을, 목적어 앞에 오는 개사(介詞). ㅇ窮理

正心(궁리정심)－도리를 강구하고 마음을 바르게 함. ㅇ修己治人之道(수기치인지도)－자기를 수양하고 남을 다스리는 도리를 (교육했다). ㅇ此又學校之教(차우학교지교)－이것 (즉 연령에 따라) 또한 학교 교육이 (소학·대학으로 나뉘고). ㅇ大小之節(대소지절)－대소의 절차가. '대소'에는 전후(前後), 상하(上下) 등의 차등과 순서도 다 포함된다. ㅇ所以分也(소이분야)－나누어지는 이유이다.

大全疏註 ① 新安陳氏曰 凡民 惟賢者得入大學 不比小學則無貴賤賢愚皆得入也.

신안 진씨가 말했다. 백성들은 오직 현명한 사람만이 대학에 입학할 수 있었다. 소학에 귀천·현우 모두가 들어갈 수 있는 것과 같지 않았다.

大全疏註 ② 新安陳氏曰 三代有小學大學之教法 未有書也 天子元子 繼世有天下 衆子 建爲諸侯 公卿大夫元士適子 將有國家之責 皆在所教 民之俊秀 他日亦將用之 以佐理天下國家者也 窮理知之事 正心以下行之事.

신안 진씨가 말했다. 3대에는 소학과 대학의 교육 법식(기관)은 있었으나 별도의 책은 없었다. 천자의 원자는 자리를 계승하고 천하를 다스린다. 천자의 여러 아들들은 제후로 내세운다. 공경·대부 및 원사의 적자들은 장차 국가의 직책을 담당한다. 각지에서 가르친 백성들의 준수한 자들도 장차 천하 국가의 다스림을 보좌할 사람들이다. 궁리는 지에 속하고 정심 이하 (즉 수기치인은) 행에 속한다.

(9) 夫以學校之設 其廣如此 敎之之術 其次第節目之詳 又如此 而其所以爲敎 則又皆本之人君躬行心得之餘 不待求之民生日用彛倫之外.

대학 설치의 (뜻과 목적이) 이렇게 넓고 크다. 대학 교육의 방법이나 순서 및 과목 등도 역시 이와 같이 상세하다. 아울러 교육의 바탕도 '임금이 몸소 도를 실천하고 마음으로 터득한 나머지 넘쳐 나오는 덕'에 두었으며 또 '백성들이 일상생활에서 따르고 지킬 윤리도덕 밖의 것'을 구하고자 한 것도 아니다.

어구 설명 ㅇ夫(부)－발어(發語)의 조사(助詞), '허기는'이라고 풀어도 된다. ㅇ以(이)－……하므로, ……하니깐, '학교지설(學校之設)'에서 '우여차(又如此)'에까지 걸린다. 그러나 다음에 '이기소이위교(而其所以爲敎 : 대학 교육을 하는 이유와 바탕)'가 있으므로 앞에서는 번역할 필요가 없다. ㅇ學校之設(학교지설)－(나라에서) 대학을 세우고 교육하는 목적이나 취지 및 그 뜻이. ㅇ其廣如此(기광여차)－이와 같이 넓고 크며. ㅇ敎之之術(교지지술)－'술'은 '교육 방법, 순서, 절차, 과목 내용' 등을 다 포함한다. ㅇ其次第節目之詳(기차제절목지상)－진행상의 순서나 내용상의 세목이 (그와 같이) 자세하다. ㅇ又如此(우여차)－또한 그처럼, 이와 같이. ㅇ而其所以爲敎(이기소이위교)－그리고 대학 교육의 바탕이. ㅇ則又皆本之(즉우개본지)－또 모두가 ……을 근본으로 하고 있다. ㅇ人君躬行心得之餘(인군궁행심득지여)－임금이 몸소 도(道)를 실천하고 마음으로 터득한 나머지 우러나오는 덕(德)에 (두고 있다). '여(餘)'는 '넘쳐 나오는 덕행(德行)'. ㅇ不待求之(부대구지)－ ……을 구하기를 기대하지 않는다. ㅇ民生日用彛倫之外(민생일용이륜지외)－백성들이 살아가기 위한 일상적인 인륜 도덕 밖에 (높고 어려운 것을 구하기를 기대하는 것이 아니다. 대학 교육은 사람들로 하여금 본래 지니고 있는 착한 본성을 회복시키고 일상의 윤리 도덕을 따르고 행하게 하는 평범한 교육'이라는 뜻. 하늘은 모든 사람에게 '착한 도덕성'을 주었다. 그러므로 누구나 다 윤리 도덕을 실천할 수 있다).

大全疏註 ① 新安陳氏曰 上言學校施教之法 此言君身爲立教之本 卽所謂爲億兆君師 繼天立極者也 躬行心得 謂躬行仁義禮智之道 心得仁義禮智之德 卽行道而有得於心也 彝倫常理也.

신안 진씨가 말했다. 앞의 구절은 대학을 세우고 교육을 하는 법도를 말한 것이다. 뒤의 구절은 임금이 몸소 입교의 근본이 되야 함을 말한 것이다. 즉 앞의 '대학장구서 (4)'에서 말한 바 '억조 만민의 임금이자 스승이 되어 하늘을 이어받고 지극한 법도를 세우다'를 거듭 말한 것이다. '궁행심득(躬行心得)'은 '인의예지의 도리를 몸소 실천하고 마음으로 인의예지의 덕을 얻음이다.' 즉 '도를 행하고 마음으로 덕을 얻는다는 뜻이다.' 이륜(彝倫)은 일상적으로 따르고 행할 윤리도덕이다.

(10) 是以當世之人 無不學 其學焉者 無不有以知其性分之所固有 職分之所當爲 而各俛焉以盡其力.

그러므로 그 당시의 사람들은 배우지 않은 사람이 없었다. 그렇게 배웠으므로 모든 사람이 '저마다 본성 속에 특별히 주어진 고유의 도덕성이 있다는 것과 각자 자기의 직책을 당연히 실천해야 한다는 것'을 잘 알았으며 또 각자가 노력하고 힘을 다하여 행할 바를 수행했다.

어구 설명 ㅇ是以(시이)－그러므로. ㅇ當世之人無不學(당세지인무불학)－그 당시의 사람들은 배우지 않은 사람이 없었다. ㅇ其學焉者(기학언자)－배운 사람은, 혹은 '그렇게 배웠으니깐'으로 풀어도 된다. ㅇ無不有以知(무불유이지)－알지 못함이 없었다, 누구나 다 알다. ㅇ其性分之所固有(기성분지소고유)－본성 속에 특별히 주어진 고유의 도덕성이 있음을 (누구나 다 알다). '성분(性分)'은 '하늘이 특별히 나눠 준 본성 속의 도덕성'의 뜻. ㅇ職分之所當爲(직분지소당위)－'각자가 지키고 행할 직분과 분수를 당연히 행해야 한다'는 것을 (누구나 다 알고). ㅇ而各俛焉(이각면언)－그리고 각자 저마다 노력하고. 俛(힘쓸 면). ㅇ以盡其力(이진기력)－각자 자기의 힘을 다하여 실천했다.

大全疏註 ① 雲峯胡氏曰 前說上之爲敎 此說下之所以爲學.

운봉 호씨가 말했다. 앞의 '서 (9)'는 윗사람의 가르침을 말하고 여기서는 아랫사람의 배움을 말한 것이다.

大全疏註 ② 新安陳氏曰 性分固有 卽仁義禮智 是理是體 職分當爲 如子職分當孝 臣職分當忠之類 是事是用 知性分職分 是知之事 俛焉盡力 是行之事 如前知性之所有而全之 相照應.

신안 진씨가 말했다. '성분고유(性分固有)'는 곧 '인의예지(仁義禮智)'로 이는 이(理)이고 체(體)에 해당한다. '직분당위(職分當爲)'는 예를 들면 '자식의 직분은 당연히 효도하는 것이고, 신하의 직분은 당연히 충성을 바침과 같은 것'이며 이는 행할 일이며 용(用)에 해당한다. '성분과 직분(性分職分)'을 아는 것은 지(知)에 해당하는 일이고 '힘쓰고 진력함(俛焉盡力)'은 실행하는 일이며, 이는 앞에서 말한 '지성지소유(知性之所有) 이전지(而全之)'와 서로 대응한다.

(11) 此古昔盛時 所以治隆於上 俗美於下 而非後世之所能及也 及周之衰 賢聖之君不作 學校之政不修 教化陵夷 風俗頹敗 時則有若孔子之聖 而不得君師之位 以行其政教 於是獨取先王之法 誦而傳之 以詔後世.

그래서 고대의 태평성세에는 위로는 덕치를 융성하게 펼쳤고 아래로는 백성의 풍속이 아름다웠던 것이다. 그때는 (도덕이 쇠퇴한) 후세가 능히 좇을 수 있는 (그런 낮은 차원의) 세상이 아니었다.

주나라가 쇠퇴함에 이르러 현명하고 성덕을 갖춘 임금이 나타나지 않았으며 옛날같이 소학과 대학의 제도와 교육이 잘 시행되지 않고, 덕치의 교화가 무너져 쇠퇴하고 백성의 기풍이나 풍속이 퇴폐하고 타락했다. 그때에 공자 같은 성인이 나타났으나 '임금이면서 스승인 자리'를 얻지 못했으므로 덕치와 교화를 아울러 시행하지 못하고, 공자는 다만 스승으로서 선왕들의 덕치의 법도를 취해서 그들의 역사적 기록을 가르치고 전했으며 후세로 하여금 도통을 이어가게 했다.

어구 설명 ㅇ此古昔盛時(차고석성시)－그래서 고대의 세상이 흥성했을 때에는. ㅇ所以(소이)－……할 수 있었다. ㅇ治隆於上(치륭어상)－위로는 덕치(德治)가 흥성했고. 隆(풍성할 륭). ㅇ俗美於下(속미어하)－아래로는 백성의 풍속이 아름다웠다. ㅇ而非後世之所能及也(이비후세지소능급야)－그러므로 후세가 도저히 미칠 수 없을 만큼 도덕적으로 높은 세상이었다. * '고대'를 실재했던 '이상적인 덕치의 시대'로 보고 그 '고대의 덕치'를 기준으로 한다. ㅇ及周之衰(급주지쇠)－주가 쇠퇴함에 이르러. 주나라 초기에는 대체로 덕치를 폈다. 그러나 포사(褒姒)에 미혹된 제12대 유왕(幽王)이 견융(犬戎)에게 살해되고, 다음의 평왕(平王)이 낙양(洛陽)으로 천도한 다음 점차로 제후들이 대두한 춘추시대(春秋時代) 이후에는 주나라가 쇠약해졌다. ㅇ賢聖之君不作(현성지군부작)－현명하고 성덕을 갖춘 임금이 나타나지 않았다. '작(作)'을 '나타나다, 나서다'라고 푼다. ㅇ學校之政不修(학교지정불수)－(옛날같이 소학과 대학의) 제도와 교육이 잘 시행되지 않고. ㅇ教化陵夷(교화릉이)－덕치의 교화가 무너져 쇠퇴하고. '능이'는 '높은 산이 무너져 낮게 되다'의 뜻. ㅇ風俗頹敗(풍속퇴패)－백성의 기풍이나 풍속이 퇴폐하고 타락했다. ㅇ時則有若孔子之聖(시즉유약공자지성)－그때에 공자 같은 성인이 나타났다. ㅇ而不得君師之位(이부득군사지위)－그러나 '군사'의 자리를 얻지 못했다. 여기서 말하는 '군사'는 '임금이면서 동시에 스승'이라는 뜻. ㅇ以行其政教(이행기정교)－(공자가 군사가 되어) 덕치와 교화를 아울러 시행하지(못했다). ㅇ於是獨取先王之法(어시독취선왕지법)－그래서 (공자는) 다만 (스승으로서) 선왕들의 덕치의 법도를 취해서. '선왕'은 '요(堯)·순(舜)·우(禹)·탕(湯)·문왕(文王)·무왕(武王)·주공(周公)'을 말한다. ㅇ誦而傳之(송이전지)－그들의 역사적 기록을 가르치고 전했다. '전(傳)'은 '깊은 뜻을 해석하고 전수한다'는 뜻. ㅇ以詔後世(이조후세)－(선왕이 남긴 덕치의 道統을) 후세에 전달하고 이어가게 했다.

大全疏註 ① 新安陳氏曰 皇帝生當天地氣運盛時 所以達 而

在上 以身爲敎 而道行於當世 孔子當天地氣運衰時 不免窮 而在下 以言爲敎傳諸其徒 而道明於後世而已.

신안 진씨가 말했다. 삼황(三皇)과 오제(五帝) 같은 성군(聖君)은 천지의 기운이 성한 때에 태어났으므로 현달(顯達)해서 임금자리에 올라 몸소 백성을 교화하고 도를 세상에 실행했다. 그러나 공자는 천지의 기운이 쇠할 때를 당해 궁핍을 면하지 못하고 아래에 있으면서 언론을 통해 제자에게 가르침을 전하고 도를 후세에 밝히게 했을 뿐이다.

(12) 若曲禮少儀內則弟子職諸篇 固小學之支流餘裔 而此篇者則因小學之成功 以著大學之明法 外有以極其規模之大 而內有以盡其節目之詳者也.

'곡례·소의·내칙·제자직' 같은 여러 편의 글은 원래가 《소학》의 지류와 말단에 속하는 가르침이다. 그러나 이 《대학》의 글과 가르침은 소학에서 실천적으로 배우고 익힌 공부나 성과를 바탕으로 하는 (높은 경지의) '대학의 밝은 법도'를 적은 (글이다). 《대학》은 밖으로는 지극히 그 규모가 방대하게 전개되고 (동시에) 내면적으로 (마음 다스리는 법에 있어) 그 절차와 조목이 상세하게 다 기술되어 있다.

어구 설명 ㅇ若(약)－다음과 같은 것은. ㅇ曲禮(곡례)－《예기(禮記)》에 있다. '길흉빈군가(吉凶賓軍嘉)' 등 오례(五禮)에 대한 기록. ㅇ少儀(소의)－《예기》에 있다. 상견례(相見禮)나 음식 연회(宴會)에 대한 예의를 적을 글. ㅇ內則(내칙)－《예기》에 있다. 부녀의 예법을 적은 글. ㅇ弟子

職(제자직)－《관자(管子)》에 있다. 스승을 섬기는 학생 제자들의 예법. ㅇ諸篇(제편)－이들 여러편의 글들은. ㅇ固小學之支流餘裔(고소학지지류여예)－원래가 《소학》의 지류와 말단에 속하는 가르침이다. ㅇ而此篇者(이차편자)－그러나 이 《대학》의 글과 가르침은. ㅇ則因小學之成功(즉인소학지성공)－즉 소학에서 실천적으로 배우고 익힌 공부나 성과를 바탕으로 한. ㅇ以著大學之明法(이저대학지명법)－'대학의 밝은 법도'를 적은(글이다). '저(著)'는 '밝히다, 저술하다'. 전체의 주어는 앞에 있는 '차편자(此篇者)'다. '대학지명법'은 좁게는 '명명덕(明明德)의 법', 크게는 '삼강령(三綱領)과 팔조목(八條目)'을 다 포함한다. ㅇ外有以極其規模之大(외유이극기규모지대)－밖으로는 지극히 그 규모가 방대하게 전개되고, 즉 '수신・제가・치국・평천하'로 확대된다. ㅇ而內有以盡其節目之詳者也(이내유이진기절목지상자야)－그러나 동시에, 내면적으로 (마음 다스리는 법에 있어서는) 그 절차와 조목이 상세하게 다 기술되어 있다. 즉 '격물・치지・성의・정심'해야 수신(修身)한다고 자세하게 그 단계를 기술했다.

大全疏註 ① 番易齊氏曰 曲禮少儀內則 見禮記 弟子職 見管子 此四篇作於春秋時 三代小學之全法 僅存其一二 故曰支流餘裔 支流水之旁出而非正流者 餘裔衣裾之末也.

번역 제씨가 말했다. '곡례・소의・내칙'은 《예기(禮記)》에 있으며, '제자직(弟子職)'은 《관자(管子)》에 보인다. 이들 네 편은 춘추시대(春秋時代)에 저술된 것이다. (그 속에는) 3대(代)에 소학(小學)의 교육법의 극히 일부분만이 남아있다. 그래서 '지류여예(支流餘裔)'라고 한 것이나. '지류'는 곁으로 흐르는 물줄기로 정류(正流)가 아니다. '여예'는 옷자락의 끝자락을 뜻한다.

大全疏註 ② 問 外有以極其規模之大 內有以盡其節目之詳

朱子曰 這箇須先識得 外面一箇規模如此大了 而內做工夫 以實之 凡人爲學 便當以明德新民至於至善 及明明德於天下者 爲事 不成 只要獨善其身便了 須是志於天下 所謂志伊尹之所志 學顔子之所學也 所以大學第二句 便說在新民.

'《대학》이 밖으로는 규모가 크고 안으로는 조목이 상세하게 갖추었다'고 한 말에 대해서 묻자 주자가 대답했다. '그것은 먼저 (《대학》에서 실현하려는) 외면적 규모가 그와 같이 크다는 것을 인식하고 내면적으로 공부를 해서 실질적으로 실현하라는 뜻이다. 모든 사람이 배우는 목적은 마땅히 '명덕(明德)·신민(新民)·지어지선(至於至善)'하고 '명덕을 천하에 밝히는 것을' 실천해야 한다. 그러나 안되면 '자기 혼자만이라도 착하게 살아야 하며(只要獨善其身便了)' (그러기 위해서는) 모름지기 뜻을 천하에 두고 이른바 이윤(伊尹)과 같은 뜻을 지니고 또 안자(顔子)와 같이 배우고 행해야 한다. 그래서 《대학》 제2구절에서 '백성을 새롭게 한다(新民)'고 말한 것이다.

大全疏註 ③ 新安陳氏曰 規模之大 指三綱領 節目之詳 指八條目 孔子時 方有大學一章之經.

신안 진씨가 말했다. '규모가 크다고 말한 것'은 '삼강령(三綱領)'을 지적한 것이고, '조목이 자세하다고 말한 것'은 '팔조목(八條目)'을 지적한 것이다. 공자 때에는 비로소 대학 1장의 경문만이 있었다.

大全疏註 ④ 東陽許氏曰 規模節目 以三綱八條對言 則三綱爲規模 八條爲節目 謂八條卽三綱中事也 獨以八條言之 則平天下爲規模 上七條爲節目 平天下 是大學之極功 然須是有上七條節節做工夫 行至于極然後 可以平天下.

동양 허씨가 말했다. '규모(規模)와 절목(節目)'은 '삼강(三綱)과 팔조(八條)'를 바탕으로 하고 대립적으로 말한 것이다. 삼강은 규모가 되고, 팔조는 절목이 된다. 팔조는 곧 삼강 중의 사항이다. 독립적으로 팔조만을 말하면 평천하(平天下)는 규모가 되고, 그 앞의 칠조(七條)는 절목이 된다. 평천하는 《대학》 공부의 마지막 목표점이다. 그러나 모름지기 앞의 칠조목의 하나하나를 완성하는 공부가 최고에 이르러야 평천하도 가능하게 된다.

(13) 三千之徒 蓋莫不聞其說 而曾氏之傳 獨得其宗 於是作爲傳義 以發其意 及孟子沒 而其傳泯焉 則其書雖存 而知者鮮矣 自是以來 俗儒記誦詞章之習 其功倍於小學 而無用 異端虛無寂滅之敎 其高過於大學 而無實.

공자의 제자 3천 명이 있었으며 아마 그들 모두가 공자의 가르침을 들었을 것이다. 그러나 증자의 전승만이 유독 공자의 근본 종지를 터득했으며 이에 증자와 증자의 제자들이 《대학》에 대한 바른 해석과 주석을 하고 《대학》의 뜻을 바르게 들추어내고 밝혔던 것이다.

(그후 증자의 학문을 계승한) 맹자가 죽은 다음에는《대학》에 대한 바른 해석과 전승도 없어졌다. 그래서《대학》의 글이 비록 남아 있어도《대학》을 바르게 알고 중요시한 사람은 거의 없었다.

맹자가 죽고 도통이 단절된 이후에는 저속한 유학자들이 글을 외우거나 읽기만하고 또 아름답게 문장을 쓰는 데 전념했으며, 그 힘이《소학》공부보다 배가 더 될 것이다. 그러나 아무런 공용이 없었다. 한편 이단의 학문인 도교나 불교는 지나치게 허무와 사멸을 주장하고 또 그 가르침과 이론이 대학보다 훨씬 높고 어렵지만 알맹이가 없고 비현실적이었다.

어구 설명 ㅇ三千之徒(삼천지도)－공자의 제자 3천 명이 있었으나.《사기(史記)》공자세가(孔子世家)에 '공자는 시서예악(詩書禮樂)을 가르쳤으며, 그 제자가 무릇 3천 명이다'라고 있다. ㅇ蓋(개)－아마 그들 모두가, 대개 모든 제자가. ㅇ莫不聞其說(막불문기설)－공자의 가르침을 듣지 않은 사람이 없을 것이다. 거의 모든 제자들이 공자의 가르침 (특히《대학》에 대한 가르침을) 다 들었을 것이다. ㅇ而曾氏之傳(이증씨지전)－그러나 증자(曾子)와 그 학파(學派)의 전승(傳承)만이. ㅇ獨得其宗(독득기종)－유독 공자의 근본 종지(宗旨)를 터득했다. 공자의 고제(高弟) 72명 중 특히《대학》의 가르침의 종지와 핵심을 바르게 알고 전승한 학파가 증자학파였다. ㅇ於是作爲傳義(어시작위전의)－그래서 증자와 그의 제자들이《대학》에 대한 바른 해석과 주석을 저술했던 것이다. '전의(傳義)'는 경서(經書)의 뜻을 바르게 전술하고 자세하게 주석(註釋)한다는 뜻. '전(傳)'이라고도 한다. ㅇ以發其意(이발기의)－그래가지고《대학》의 뜻을 바르게 발명(發明)했다. '발명'은 '바른 뜻을 밝혀낸다'는 뜻. ㅇ及孟子沒(급맹자몰)－맹자가 죽은 다음에는. ㅇ而其傳泯焉(이기전민언)－《대학》에 대한 바른 해석과 전승도 없어졌다. ㅇ則其書雖存(즉기서수존)－

그래서 《대학》의 글은 비록 있었으나 (《예기》 42편의 글이다). ㅇ而知者鮮矣(이지자선의)-그러나 대학을 바르게 알고 중시한 사람은 거의 없었다. ㅇ自是以來(자시이래)-맹자가 죽고 도통이 단절된 이후에는. ㅇ俗儒(속유)-저속한 유학자들이. 《논어》에 다음과 같이 있다. '그대는 군자의 유학자가 되라, 소인의 유학자가 되지 마라.(女爲君子儒 無爲小人儒)' 〈雍也-13〉, '군자유'는 도덕정치에 참여하는 유학자, '소인유'는 명리(名利)만을 취하려는 이기적 지식인. ㅇ記誦(기송)-글을 기억하고 구송(口誦)한다. ㅇ詞章(사장)-아름답게 문장을 꾸미고 쓴다. ㅇ之習(지습)-익힌다, 학습한다. '지(之)'는 앞의 '기송(記誦), 사장(詞章)'을 받는 '전치목적대사(前置目的代詞)'. ㅇ其功倍於小學(기공배어소학)-그것을 공부하기 위한 노력과 힘이 《소학》 공부보다 배가 더 들어간다. ㅇ而無用(이무용)-그러나 아무런 소용이 없다. 즉 '덕치교화(德治教化)'면에서는 무용지물이다. ㅇ異端(이단)-이단의 학문이나 사상, 노장(老莊)의 문화 부정적 허무주의, 양자(楊子)의 극단적 이기주의, 묵자(墨子)의 무차별적 박애주의, 불교의 염세적 입적(入寂)주의 등을 다 이단으로 본다. '덕치교화(德治教化), 수기치인(修己治人)'이 학문의 정통(正統)이다. ㅇ虛無(허무)-노자(老子)나 장자(莊子)의 도가(道家) 사상은 비문명적 허무주의다. ㅇ寂滅(적멸)-불교(佛教)는 현세의 삶을 중시하지 않고, 출가(出家)를 권장하고, '무(無)에서 와서, 무로 돌아간다'고 지나치게 사멸을 중시한다. ㅇ之教(지교)-도가나 불교의 가르침과 이론은. ㅇ其高(기고)-그 교리가 고원하고 난삽하다. ㅇ過於大學(과어대학)-《대학》보다 훨씬 어렵고 높기만 하다. (《대학》의 가르침은 인간의 본성을 바탕으로 한 현세적 가르침이다) ㅇ而無實(이무실)-도가나 불교는 높고 어렵기만 하고 알맹이가 없는 비현실적 사상이다.

참고 증자의 《대학》 전승과 주자의 재정리

증자(曾子)의 이름은 증삼(曾參), 자는 자여(子輿)이다. 공자의 고제자(高弟子)로 인품이 독실했다. 《대학(大學)》의 경문은 공자가 구술(口述)한 것을 증자가 기술하고 다시 증자의 뜻풀이와 주석을 그의 제자들이 기술했으며 그것이 전문(傳文)이다. 그 옛글이 《예기(禮記)》 42편에 정리되지 않은 상태로 남아 있었다. 그것을 주자가 새로 정리하고 보충해서 '대학장구(大學章句)'라 일컬었다. 증자는 또 공자의 구술을 바탕으로 《효경(孝經)》을 저술했다. 증자의 학문은 공자의 손자 자사(子思)에 이어지고 다시 맹자(孟子)가 계승하고 더욱 발전시켰다.

大全疏註 ① 曾子 方有今大學之傳 以發明孔子之意.

증자가 지금의 《대학》 전문(傳文)을 지어 공자의 뜻을 밝혀냈다.

大全疏註 ② 朱子曰 自聖學不傳 爲士者 不知學之有本 而所以求於書 不越乎記誦訓詁文詞之間 是以 天下之書愈多而理愈昧 學者之事 愈勤而心愈放 詞章愈麗 議論愈高 而其德業事功之實 愈無以逮乎古人.

주자가 말했다. 성학(聖學)이 전하지 않으므로 선비들이 학문의 근본이 있음을 몰랐으며 따라서 글에서 찾는 것이 오직 '기송(記誦)·훈고(訓詁)·작문기교(作文技巧)' 등을 넘지 못했다. 그래서 천하에 책이 많으면 많을수록 도리가 더욱 어둡게 되었고 또 학자들도 일을 부지런히 하면서도 마음이 더욱 방종하게 되었다. 그래서 글을 더욱 화려하게 쓰고 언론만은 더욱 높았으나 덕을 밝히고 정치의 공을 세우는 데에 있어서는 전연 옛사람들을 따를 수가 없었다.

大全疏註 ③ 新安陳氏曰 記誦口耳之學 詞章枝葉之文.

신안 진씨가 말했다. '기송(記誦)'은 '입과 귀만으로 하는 학문'이고 '사장(詞章)'은 '가지와 잎 같은 (말단적인) 문장'이다.

大全疏註 ④ 問 異端何以高而無實 朱子曰 吾儒便著讀書逐一就事物上 理會道理 異端便都掃了 只恁地空空寂寂 便道事都了 若將些子事付之 便都沒奈何.

'이단은 어찌해서 높고 실질이 없나요?'하고 묻자 주자가 말했다. '우리 유학자는 책을 읽고 실질적으로 사실을 바탕으로 도리를 터득한다. 그러나 이단은 모든 것을 쓸어버리고 제멋대로 (우주 만사가) 공허하고 없다고 말하고 만다. 그리고 조그마한 일이 닥쳐와도 전연 어찌할 바를 모른다.'

大全疏註 ⑤ 雲峯胡氏曰 此之虛 虛而有 彼之虛 虛而無 此之寂 寂而感 彼之寂 寂而滅 所以高而無實.

운봉 호씨가 말했다. 유교의 '허(虛)'는 '허하면서도 있다는 뜻이다.' 그러나 이단의 '허'는 '허하면서 없다는 뜻이다.' 유교의 '적(寂)'은 '고요하지만 감동한다는 뜻이다.' 그러나 이단의 '적'은 '고요하면서 소멸한다는 뜻이다.' 그래서 이단의 설을 높고 실이 없다고 한다.

大全疏註 ⑥ 新安陳氏曰 老氏虛無 佛氏寂滅.

신안 진씨가 말했다. 노자는 허무(虛無)를 주장하고, 불교는 적멸(寂滅)을 주장한다.

(14) 其他權謀術數 一切以就功名之說 與夫百家衆技之流 所以惑世誣民 充塞仁義者 又紛然雜出乎其間 使其君子不幸 而不得聞大道之要 其小人不幸 而不得蒙至治之澤 晦盲否塞 反覆沈痼 以及五季之衰 而壞亂極矣.

그 외의 권모술수나 기타 일체의 공명을 취하려는 주장이나 학설 및 모든 잡다한 기능이나 예능 등의 아류가 혹세무민하는 바탕이 되고 인의도덕을 막고 방해했으며 (그와 같은 이단 사설이) 그간 혼잡하고 어지럽게 나타나 판을 쳤다. 그래서 군자들로 하여금 불행하게도 대도의 덕치의 요령을 알지 못하게 했으며 또 일반 백성들도 불행하게 지극히 좋은 덕치의 혜택을 받지 못하게 되었다. 그 결과 세상이 어둡고 사람들이 보지 못하고 하늘과 땅이 교통하지 못하여 천지 사방이 꽉 막혔으며 그와 같은 심각한 고질병이 반복되면서 5대의 난세에까지 이어져 마침내 도덕적 파괴와 혼란이 가장 심했던 것이다.

어구 설명 ㅇ其他(기타)－그 외의, 기타. ㅇ權謀術數(권모술수)－일시적 책략이나 남을 기만하려는 술책을 바탕으로 한 모략정치나 협잡정치, 병가(兵家)나 법가(法家) 같은 것도 이에 들어간다. ㅇ一切以就功名之說(일절이취공명지설)－(기타) 일체의 (그것으로써) 공명을 취하려는 주장이나 학설, 종횡설(縱橫說) 같은 것. ㅇ與夫百家衆技之流(여부백가중기지류)－아울러 모든 잡다한 기능이나 예능 등의 아류가. ㅇ所以惑世誣民(소이혹세무민)－(그 모두가) 혹세무민하는 바탕이 되고. ㅇ充塞仁義者(충색인의자)－인의 도덕을 막고 방해하는 것, 즉 (이단 사설이). 〈原註〉 '색(塞) 선즉반(先則反)' (참고만 할 뿐, '색'으로 읽으면 된다) ㅇ又紛然雜出乎其間(우분연잡출호기간)－또 그 사이에 혼잡하고 어지럽게 나타났다. '기간(其間)'은 '맹자가 죽은 다음 그때까지 약 천년 사이에'. ㅇ使其君子(사기군자)－(그간에 잡다한 이단 사설이 성행하여) 군자들로 하여금. ㅇ不幸而不得聞大道之要(불행이부득문대도지요)－불행하게도 대도의 덕치의 요령을 듣지 못하게 했다. ㅇ其小人(기소인)－소인들로 하여금, 여기서 말하는 소인은 일반 백성의 뜻이다. ㅇ不幸而不得蒙至治之澤(불행이부득몽지치지택)－(일반 백성이 불행하게도) 지극히 좋은 덕치의 혜택을 받지 못하게 되었다. '사(使)'는 이 구절까지 걸린다. ㅇ晦盲否塞(회맹비색)－'회(晦)'는 '성왕이 명덕(明德)을 안 밝혀서 세상이 어둡다'는 뜻, '맹(盲)'은 '암흑세계에서 사람들이 밝게 보지 못한다'는 뜻. 〈原註〉 '맹(盲) 미경반(眉庚反).' (역시 참고만 할 뿐, 맹으로 읽는다.) '비(否)'는 《주역(周易)》의 비괘(否卦)로 '천지가 교통(交通)하지 못한다'는 뜻. '색(塞)'은 '상하 사방이 꽉 막혔다'는 뜻. ㅇ反覆沈痼(반복침고)－심각한 고질병이 (오랜 세월) 반복되면서. ㅇ以及五季之衰(이급오계지쇠)－(도덕이) 쇠퇴한 5대의 난세에까지 이어졌다. '5대'는 '후량(後梁)·후당(後唐)·후진(後晉)·후한(後漢)·후주(後周)'가 교체한 50년간이며, 중국 역사에서도 가장 혼란한 시기였다. ㅇ而壞亂極矣(이괴란극의)－도덕적 파괴와 혼란이 가장 심했다.

大全疏註 ① 朱子曰 秦漢以來 隨世以就功名者 未必自其本而推之 是以天理不明而人欲熾 道學不傳而異端起 人挾其私智而馳騖於一世.

주자가 말했다. 진(秦)·한(漢) 이래로 오랜 세월 공명을 이루려는 사람들이 한결같이 근본도리를 바탕으로 미루어 나가지 않고 (무력과 권모술수를 바탕으로 했다). 그래서 천리가 밝게 나타나지 않고 반대로 인간적 욕심이 성했으며 도학이 전하지 않고 이단이 일어났다. (이에) 사람들은 저마다 사사로운 (간교한) 지혜를 가지고 세상을 (종횡으로) 뛰어 달렸던 것이다.

大全疏註 ② 新安陳氏曰 權謀術數 謂管仲商鞅等 百家衆技 如九流等 是也.

신안 진씨가 말했다. '권모술수(權謀術數)'라고 한 것은 관중(管仲)이나 상앙(商鞅) 등의 사상을 말하고, '백가중기(百家衆技)'는 '구류(九流)' 등이다.

어구 설명 ㅇ管仲(관중)－춘추시대(春秋時代) 제(齊)나라의 명상(名相), 실용주의(實用主義)와 부국강병(富國强兵)을 강조했다. 《관자(管子)》는 그의 저술이다. ㅇ商鞅(상앙)－엄격한 법가(法家) 사상가로 진(秦)의 효공(孝公)을 도와 나라를 부강하게 만들었다. ㅇ百家衆技(백가중기)－여러 가지 기술을 전파한 사람들, 오늘의 과학자나 기술자의 뜻이다. ㅇ九流(구류)－옛날의 모든 학파를 합해서 '구류'라고 했다. 즉 유가(儒家)·도가(道家)·음양가(陰陽家)·법가(法家)·명가(名家)·묵가(墨家)·종횡가(縱橫家)·농가(農家)·잡가(雜家).

大全疏註 ③ 東陽許氏曰 如月之晦 如日之盲 如氣之否 如川之塞 晦盲言不明 否塞言不行.

동양 허씨가 말했다. 달이 그믐이 된 것과 같고, 해가 눈이 먼 것과 같고, 기운이 통하지 않음과 같고, 강물이 막힌 거와 같다. '회맹(晦盲)'은 밝게 빛나지 않는다는 뜻이고, 비색(否塞)은 통하고 행하지 않는다는 뜻이다.

大全疏註 ④ 東陽許氏曰 反覆 是展轉愈深 而不可去底意 沈如物沒於水 而不可浮 痼病着於身 而不可愈.

동양 허씨가 말했다. '반복(反覆)'은 이리저리 굴러 더욱 깊어지고 그러나 바닥에 떨어져서 물건이 물속에 빠져 떠오르지 못하게 된다는 뜻이고 '고(痼)'는 병이 몸에 붙어 치유할 수 없다는 뜻이다.

大全疏註 ⑤ 雲峯胡氏曰 惑世誣民 使斯民昏而不能知 充塞仁義 使斯道雍而不能行 晦盲全無能知者 否塞 全無能行者 所以壞亂之極也 大道之要 是大學書中所載者 至治之澤 是自大學中流出者 上之人 無能行此大學 故君子不得聞大道之要 小人不得蒙至治之澤.

운봉 호씨가 말했다. '혹세무민(惑世誣民)'은 백성들을 어둡게 하고 알지 못하게 한다는 뜻이다. '인의를 막는다 함(充塞仁義)'은 인의의 대도를 막고 행하지 못하게 한다는 뜻이다. '회맹(晦盲)'은 알 수 있는 사람이 전연 없다는 뜻이다. '비색(否塞)'은 행할 수 있는 사람이 전연 없다는 뜻이다. 그러므로 (윤리 도덕이) 극도로 파괴되고 혼란하게 된 것이다. '대도지요(大道之要)'는 《대학》의 글 속에 적혀 있고, '지극한 덕치의 혜택(至治之澤)'은 대학에서 흘러나온다. (그런데) 윗사람이 대학의 도리를 행하지 못하면 군자도 '대도의 요'를 알지 못하고 백성들도 지극한 덕치의 혜택을 받지 못하게 되는 것이다.

(15) 天運循環 無往不復 宋德隆盛 治教休明 於是河南程氏兩夫子出 而有以接乎孟氏之傳 實始尊信此篇 而表章之 旣又爲之次其簡編 發其歸趣 然後古者大學教人之法 聖經賢傳之指 粲然復明於世 雖以熹之不敏 亦幸私淑而與有聞焉.

하늘의 운세는 두루 돌고 갔다가 다시 되돌아오게 마련이다. (그래서 그간 쇠퇴했던 도통의 가르침이 다시 흥성할 운세라) 송대에 이르러 도덕이 다시 융성하게 되었으며 덕치와 교화가 바야흐로 밝게 빛나게 되었다. 이에 하남에서 정씨 형제 두 선생이 나타나 맹자가 전하던 도통의 학문을 다시 이었으며 참으로 새삼 《대학》의 가르침을 높이고 믿고 아울러 《대학》을 표창하게 되었다. 그에 앞서 정자 두 선생이 대학의 글귀를 다시 추리고 보충하여 《대학》의 기본적인 의미와 요강을 밝혀냈다. 그래서 옛날의 대학에서 학생들을 교육하던 법도나 방법 및 성인 공자가 말한 경문과 현인 증자가 풀이한 전문의 내용과 의미가 찬연히 이 세상에 다시 밝혀지게 되었다. 비록 주희 나는 불민하나 요행히 정자 선생을 사숙할 수 있었으며 나도 역시 정자의 학문 사상을 배우고 알 수 있었다.

어구 설명 ㅇ天運循環(천운순환)－하늘의 운세는 순환한다. ㅇ無往不復(무왕불복)－가고 되돌아오지 않는 것은 없다. '그동안 쇠퇴했던 도통의 가르침이 다시 흥성하게 되었다'는 뜻. ㅇ宋德隆盛(송덕륭성)－송대에 이르러 도덕이 다시 융성하게 되었으며. ㅇ治敎休明(치교휴명)－덕치와 교화가 더욱 밝게 빛나게 되었다. ㅇ於是(어시)－이에, 그러한 운세를 타고. ㅇ河南程氏兩夫子出(하남정씨양부자출)－하남에서 정씨 형제 두 선생이 나타나다. 형은 정호(程顥 : 明道), 동생은 정이(程頤 : 伊川). ㅇ而有以接乎孟氏之傳(이유이접호맹씨지전)－(그래서) 맹자가 전하던 도통의 학문을 다시 이었다. 즉 '맹자 이후에 단절되었던 도통을 다시 계승했다'는 뜻. ㅇ實始尊信此篇(실시존신차편)－실로 비로소 《대학》 한 편의 글을 높이 믿게 되었다. ㅇ而表章之(이표장지)－아울러 《대학》의 글을 표창했다. ㅇ旣又爲之次其簡編(기우위지차기간편)－또 먼저 《대학》의 글귀를 정리 편집했다. 《예기(禮記)》 속에 있는 《대학》의 글은 착간(錯簡)이 많고 탈락한 어구가 많았다. 이를 정자 형제가 보충하고 재정리했다. ㅇ發其歸趣(발기귀취)－《대학》의 기본적인 큰 뜻을 밝혔다. '귀취(歸趣)'는 궁극적인 의미와 취지. ㅇ然後(연후)－그런 다음에, 정자 형제가 《대학》의 글을 재정리해서 표창한 다음에. ㅇ古者大學敎人之法(고자대학교인지법)－옛날의 《대학》에서 학생들을 교육하던 법도와 방법. ㅇ聖經賢傳之指(성경현전지지)－성인 공자가 말한 경문과 현인 증자가 풀이한 전문의 내용과 의미가. ㅇ粲然復明於世(찬연복명어세)－찬연히 이 세상에 다시 밝혀지게 되었다. ㅇ雖以熹之不敏(수이희지불민)－비록 나 주희(朱熹)는 불민하나. ㅇ亦幸私淑(역행사숙)－역시 요행히 (정자 선생을) 사숙(私淑)할 수 있었으며, '사숙'은 이미 작고한 사람의 학문과 사상을 존경하고 스스로 배운다는 뜻. ㅇ而與有聞焉(이여유문언)－더불어 (정자의 학문 사상을) 배우고 알 수 있었다.

大全疏註 ① 伯子諱顥字伯淳號明道先生　叔子諱頤字正叔號伊川先生.

정자(程子)의 형은 휘는 호(顥), 자는 백순(伯淳), 호는 명도 선생(明道先生)이고 동생은 휘는 이(頤), 자는 정숙(正叔), 호는 이천선생(伊川先生)이시다.

大全疏註 ② 新安陳氏曰 孟子歿而其傳泯焉 至二程夫子出 而絶學復傳 於是始拔大學篇於戴記中 而尊信之 又整頓其錯亂之簡 而發揮之 但未成書矣.

신안 진씨가 말했다. 맹자가 사망하고 대도(大道)의 전승이 단절되었다. 그러다가 정자 형제가 나타남에 이르러 단절되었던 유학의 전통이 다시 이어졌다. 이에 (정자 형제가) 비로소《대학》편의 글을《예기》속에서 발췌하여 높이고 전파했으며 또 착란했던 문장을 정리하여 뜻을 밝혔다. 그러나 미처 (독립된) 책으로 만들지는 못했다.

大全疏註 ③ 新安陳氏曰 孟子云 予未得爲孔子徒也 予私淑諸人 此用其語 謂聞程子之敎於延平李先生諸公.

신안 진씨가 말했다. 맹자가 '나는 (직접) 공자의 제자가 되지는 못했으나 나는 여러 사람을 통해서 공자의 학문을 사숙했다'고 말했다. (주자 선생은) 여기서 맹자의 말을 인용해서 (서문 15에서) 사숙이라고 한 것이다. 즉 주자는 연평 이선생 등을 통해서 (정자의 가르침을) 받았음을 말한 것이다.

大全疏註 ④ 東陽許氏曰 私淑者 私善於人 孟子不得爲孔子之徒 而私善於再傳之子思 朱子不得爲程子之徒 而私

善於三傳之李氏 此私淑者最切.

동양 허씨가 말했다. '사숙(私淑)'은 '(위대한 스승의 학문이나 사상을 직접 그 밑에서 배우지 못하고 나중에) 다른 사람을 통해서 잘 배우고 익힌다는 뜻이다.' 맹자는 공자의 제자가 되지 못했으나 (공자의) 재전제자(再傳弟子)인 자사(子思)에게 잘 배울 수 있었다. 주자도 직접 정자에게 배우지 못했으나 삼전제자(三傳弟子)인 연평 이씨를 통해서 잘 배웠다. 주자의 '사숙'은 가장 절실한 것이었다.

(16) 顧其爲書猶頗放失 是以忘其固陋 采而輯之 間亦竊附己意 補其闕略 以俟後之君子.

허나 내가 생각하건대 정자의 《대학》의 글도 역시 흐트러지고 일실된 부분이 많았다. 이에 나는 자신의 고루함도 돌보지 않고 감히 나서서 자료를 수집하고 다시 《대학》의 글을 편집했으며 중간에 외람되게 나의 생각을 섞어 넣어 정자의 《대학》에 빠지고 부족한 곳을 보충했다. 그리고 후세의 학자들을 기다려 비판을 받으려고 했다.

어구 설명 ㅇ顧其爲書猶頗放失(고기위서유파방실)－생각하건대, (정자가 재정리한 《대학》의 글도) 역시 흐트러지고 일실된 부분이 많다. ㅇ是以忘其固陋(시이망기고루)－그래서 나의 고루함도 잊고. ㅇ采而輯之(채이집지)－자료를 취하고 (《대학》의 글을 다시) 편집하고. ㅇ間亦竊附己意(간역절부기의)－중간에 외람되게 나의 생각을 섞어 넣어 가지고. ㅇ補其闕略(보기궐략)－빠지고 부족한 곳을 보충했다. ㅇ以俟後之君子(이사후지군자)－그래서 후세의 군자 학자들을 기다려 그들의 비판을 받으려고 한다.

(17) 極知僭踰無所逃罪 然於國家化民成俗之意 學者修己治人之方 則未必無小補云 淳熙己酉二月甲子 新安朱熹書

나도 방자하고 분수에 넘치는 짓이며 또 그 죄를 피할 수 없음도 잘 안다. 그러나 국가가 백성을 교화하고 풍속을 바로잡으려는 뜻과 학자가 자신을 수양하고 백성을 다스리려는 방도나 방법에 있어 (나의 〈대학장구〉가) 작은 도움이 없지 않을 것이라고 생각한다.

남송(南宋) 효종(孝宗) 순희 16년(1189) 2월 4일.

신안(新安) 주희 씀.

어구 설명 ㅇ極知僭踰(극지참유)－나도 '방자하고 분수에 넘치는 짓'이라고 잘 안다. ㅇ無所逃罪(무소도죄)－그 죄에서 피할 곳이 없음도 (잘 안다). ㅇ然於國家化民成俗之意(연어국가화민성속지의)－그러나, 국가가 백성을 교화하고 풍속을 바로잡으려는 뜻과 목적. ㅇ學者修己治人之方(학자수기치인지방)－학자가 '자신을 수양하고 백성을 다스리려는' 방도나 방법에 있어 (내가 새로 편집한 〈대학장구〉가). ㅇ則未必無小補云(즉미필무소보운)－작은 도움이 없지 않을 것이라고 생각한다. ㅇ淳熙己酉(순희기유)－남송(南宋) 효종(孝宗) 순희 16년, 즉 1189년. ㅇ二月甲子(이월갑자)－2월 4일. ㅇ新安朱熹書(신안주희서)－'신안(新安)'은 휘주(徽州)의 옛 이름. ㅇ朱熹書(주희서)－주희가 씀.

大全疏註 ① 新安陳氏曰 此序分六節 精義尤在第二節 曰知

其性之所有而全之 曰敎之以復其初是也 朱子論學 必以復性初 爲綱領要歸 論語首註曰 人性皆善 明善而復其初 小學題辭 曰仁義禮智 人性之綱 曰德崇業廣 乃復其初 此書首釋明明德 亦曰 遂明之以復其初 與此序凡四致意焉.

신안 진씨가 말했다. 이 서문은 총 6절로 나뉜다. 정밀한 뜻은 제2절에 있으니 곧 '본성이 있음을 알고 온전하게 행하다〔知其性之所有而全之〕'와 '교화해서 본성의 처음으로 복귀함〔敎之以復其初〕' 두 구절이다. 주자는 학문을 논할 때 '반드시 본성의 처음으로 돌아감〔必以復性初〕'을 강령의 긴요한 귀결로 삼았다. 《논어》 첫 구절의 주석에서 말했다. '사람의 본성은 다 착하다. 착함을 밝히고 처음으로 돌아간다〔人性皆善 明善而復其初〕' 《소학제사(小學題辭)》에서 말했다. '인의예지가 사람의 본성의 기틀이다〔仁義禮智 人性之綱〕' 또 말했다. '덕을 높이고 업을 넓히는 것이 곧 본성의 처음으로 돌아감이다〔德崇業廣 乃復其初〕' 그리고 이 《대학》 첫머리 '명명덕(明明德)'을 해석하면서 역시 다음과 같이 말했다. '드디어 본성을 밝혀 처음으로 돌아간다〔遂明之以復其初〕' 그리고 이 서문의 글과 합치면 주자는 네 번이나 '복기성(復其性)'의 뜻을 강조했다.

大全疏註 ② 聖人盡性 盡其本全者也 學者復其性 復而後能全也 欲知性之所有 在格物致知 欲復全其性之所有 在誠意正心修身以力於行而已 讀此序此書者 其以知

性之所有 與復其性初 爲要領 以知行爲工夫 而融貫其旨云.

'성인진성(聖人盡性)'의 '진성(盡性)'의 뜻은 '본성을 온전하게 발휘하고 행한다'는 뜻이다. '학자복기성(學者復其性)'의 '복기성(復其性)'은 '본성을 회복하고 온전하게 발휘하고 행한다'는 뜻이다. '본성이 있음을 알려면' '격물치지해야 한다'. '본성이 있는 것을 온전하게 하려면' '성의·정심·수신하고 힘써 행해야 한다'. 이 서문과 이 책을 읽는 사람으로 본성이 있음을 알고 아울러 본성의 처음으로 되돌아가는 것을 요령으로 삼고 또 '알고 행하는 것[知行]'을 공부한다면 (《대학》 전체의) 뜻을 두루 관통한다고 말할 수 있다.

대학장구대전(大學章句大全)

〈原註〉 **'대(大)'의 옛 음은 '태(泰)', 지금은 자음대로 읽는다.**(大舊音泰今讀如字)'

《대학(大學)》은 본래 《예기(禮記)》 속에 있는 한 편의 글이었다. 이를 정자(程子) 형제가 중시하고 보충 정리하고 높이 내세웠다. 그후 정자를 사숙(私淑)한 주자가 착간(錯簡)을 바로잡고 결손된 부분을 보충하고 다시 추려서 〈대학장구(大學章句)〉를 저술했다.

주자의 〈대학장구〉는 앞에 '경문(經文) 1장'이 있고, 뒤에 '전문(傳文) 10장'이 있으며, 아울러 주자가 쓴 참신하고 심오한 뜻의 주석이 실려 있다. 주자는 《대학》의 글을 무척 중시했으며 으뜸가는 필독서로 꼽았다. 그러므로 그는 〈대학장구〉에 심혈을 기울려 편찬하고 〈논어집주〉, 〈맹자집주〉 및 〈중용장구〉와 함께 '사서(四書)'로 묶어 유교의 기본경전으로 삼았다.

그후 명(明)의 호광(胡廣) 등이 칙명을 받고 사서에 대한 송유(宋儒)의 설을 집대성하여 '사서대전(四書大全)'을 편찬했다. 그 하나가 '대학장구대전(大學章句大全)'이다.

章句集註 (1) 子程子曰.

정자 선생이 말했다.

어구 설명 ㅇ子程子(자정자)ㅡ앞의 '자(子)'는 존칭으로 스승님, 선생의 뜻. 정자(程子)는 북송(北宋)의 학자로 형은 정명도(程明道), 이름은 호(顥), 그의 동생은 정이천(程伊川), 이름은 이(頤)다. 그들을 함께 '정자(程子)'라고 부른다.

大全疏註 ① 新安陳氏曰 程子上加子 倣公羊傳註 子沈子之例 乃後學宗師先儒之稱.

신안 진씨가 말했다. '정자' 위에 '자(子)'를 덧붙인 것은 공양전의 주에 있는 '자심자(子沈子)'의 예를 본받은 것이다. 즉 후학들이 종사(宗師)로 모시는 선유(先儒)에 대한 존칭이다.

章句集註 (1) 大學孔氏之遺書 而初學入德之門也 於今可見古人爲學次第者 獨賴此篇之存 而論孟次之 學者必由是而學焉 則庶乎其不差矣.

《대학》은 공자가 남겨준 글이며 초학자가 덕에 들어가는 입문서다. 오늘 옛사람들의 공부하던 순서와 단계를 알 수 있는 것도 오직 이 《대학》편의 글이 있기 때문이다. 먼저 대학을 공부하고 다음에 《논어》·《맹자》를 배워야 한다. 그러므로 학자가 반드시 그와 같은 순서를 따라서 배운다면 대체로 (덕에 들어감에 있어) 가깝게 되고 크게 어긋나지 않을 것이다.

어구 설명 ㅇ大學孔氏之遺書(대학공씨지유서)-《대학》은 공자가 남겨놓은 글이다. ㅇ而初學入德之門也(이초학입덕지문야)-아울러 초학자(初學者)가 덕에 들어가는 입문서다. '입덕(入德)'은 '초보적인 덕을 닦고 쌓는다'는 뜻. ㅇ於今可見(어금가견)……者(자)-지금 ……을 볼 수 있는 것, 글이나 책. ㅇ古人爲學次第(고인위학차제)-옛사람들이 공부하던 순서와 단계. '위학(爲學)'은 학문을 배워 익히고 아울러 덕(德)을 행하고 쌓는다, 즉 학덕겸비(學德兼備)함이다. ㅇ獨賴此篇之存(독뢰차편지존)-오직 이《대학》의 글이 존재함으로 해서 (가능한) 것이다. ㅇ而論孟次之(이논맹차지)-그리고《논어》와《맹자》를 다음 단계로 배우고 익힌다. ㅇ學者必由是而學焉(학자필유시이학언)-글공부하는 사람이 반드시 이와 같은 순서를 따라 배우고 익히면. ㅇ則庶乎其不差矣(즉서호기불차의)-가깝게 되고 크게 어긋나지 않을 것이다.

大全疏註 ① 龜山楊氏曰 大學一篇 聖學之門戶 其取道至徑 故二程多令初學者讀之.

귀산 양씨가 말했다.《대학》1편은 성학의 입문서다.《대학》은 도리를 터득하고 빠르게 도달하게 한다. 그러므로 정자 형제가 모든 초학자로 하여금 읽게 했던 것이다.

참고 **성학(聖學)의 깊은 뜻**

성학의 뜻은 크게 두 가지다. 하나는 '성인이 되기 위한 학문', 다른 하나는 '내성외왕(內聖外王)의 학문', 즉 성군(聖君)의 도덕정치를 실현하는 학문이다. 성인이나 도덕정치는 천도(天道)

를 따르고 실천하는 '도심(道心)'을 바탕으로 이루어진다. '도심'에 반대되는 것이 '인심(人心)'이다. '인심'은 '육체적으로 나 혼자 잘살려는 이기적 욕심'이다. 오늘의 세계와 인류가 위기에 빠진 근본요인이 바로 모든 나라가 '도심'을 따르지 않고, 반대로 '인심=이기적 탐욕'을 채우려고 무력을 가지고, 서로 싸우고 서로 재물과 토지를 쟁탈하기 때문이다.

大全疏註 ② 朱子曰 大學首尾貫通 都無所疑 然後可及語孟 又無所疑 然後可及中庸.

주자가 말했다. 《대학》을 처음부터 끝까지 관통하고 의문이 없게 된 연후에 《논어》와 《맹자》를 공부함이 좋다. 또 《논어》와 《맹자》에 대하여 의문이 없게 된 연후에 중용을 공부함이 좋다.

大全疏註 ③ 某要人先讀大學 以定其規模 次讀論語 以立其根本 次讀孟子 以觀其發越 次讀中庸 以求古人之微妙.

나는 사람에게 요구한다. 먼저 《대학》을 읽고 성현이 되려는 큰 틀의 규모를 정하고, 다음에 《논어》를 읽고 성현의 근본을 바로 세우고, 그 다음에 《맹자》를 읽고 도덕정치의 발현을 살피고, 끝으로 《중용》을 읽고 옛사람들이 말한 (형이상의) 미묘한 높은 경지를 구해야 한다.

大全疏註 ④ 陳氏曰 爲學次序 自有其要 先須大學以爲入德

之門 其中說明明德新民 具其條理 實群經之綱領也 次則論語以爲操存涵養之實 又其次則孟子以爲體驗充廣之端 三者旣通 然後會其極於中庸 又曰 大學規模廣大 而本末不遺 節目詳明 而始終不紊 學者所當最先講明者.

진씨가 말했다. 배움에는 순서가 있으며 저마다 요점이 있다. 먼저 모름지기 《대학》을 덕에 들어가는 관문으로 삼아야 한다. 그 속에는 밝은 덕성을 발현하고 또 백성을 새롭게 교화하는 것에 대한 설명이 있으며 아울러 구체적인 조목을 제시했으므로 모든 경서의 강령이라 하겠다. 다음으로 《논어》를 공부하고 마음이나 몸가짐을 바르게 덕성을 실하게 함양해야 한다. 또 다음에 《맹자》를 공부하고 덕치(德治)의 체험을 충실하게 넓히는 바탕으로 삼아야 한다. 이상의 셋을 다 통달하면 《중용》에서 도덕의 극치를 터득할 수 있다. 또 말했다. 《대학》은 규모가 광대하지만 본말에 빠짐이 없고, 그 절차와 조목이 상세하고 분명하지만 처음과 끝이 정연하고 흐트러짐이 없다. 그러므로 배우는 사람이 가장 먼저 강구하고 밝혀야 할 책이다.

大全疏註 ⑤ 新定邵氏曰 他書言 平天下本於治國 治國本於齊家 齊家本於修身者 有矣 言修身本於正心者 亦有矣 若夫推正心之本於誠意 誠意之本於致知 致知之在於格物 則他書未之言 六籍之中 惟此篇而已.

신정 소씨가 말했다. 다른 책에도 '평천하의 바탕은 치국이고,

치국의 바탕은 제가이고, 제가의 바탕은 수신이다'라는 말이 있다. 또 '수신의 바탕이 정심이다'라는 말도 있다. 그러나 '정심의 근본은 성의이고, 성의의 근본은 치지(致知)이고, 치지는 격물(格物)에 있다'고 하는 말은 다른 책에는 없다. 여섯 가지 경전 중에서도 오직 《대학》에만 (그런 것이) 있다.

참고 주자(朱子)의 《대학》 중시

《대학(大學)》은 '처음 글을 배우는 사람이 덕에 들어가는 입문서(初學入德之門也)'다. '덕에 들어가는 문(入德之門)'은 곧 '하늘이 사람에게 내려준 덕성(德性)을 계발하고, 더 나가서 모든 사람에게 인덕(仁德)을 베푸는 길에 들어가는 문턱'이라는 뜻이다. 이는 곧 '수기치인(修己治人)'이다. 《대학》은 '인격을 완성하고 도덕정치를 실천하는 기본원리와 단계를 밝힌 글'이다. 그러므로 주자는 《대학》 공부를 중시했으며, '사서(四書)' 중에서도 《대학》을 먼저 공부하고 충분히 체득한 다음에 《논어(論語)》, 《맹자(孟子)》, 《중용(中庸)》을 공부하라고 가르쳤다.

대학장구대전(大學章句大全)
경문강독(經文講讀)

주자(朱子)가 정리한 대학장구의 경문은 '총 1장'이다. 이를 다시 다음과 같이 '7절'로 나누어 강독한다.

대학장구(大學章句) 경문(經文)(총 7절)

경문 1절-大學之道 在明明德 在親民 在止於至善.

경문 2절-知止而后有定 定而后能靜 靜而后能安 安而后能慮 慮而后能得.

경문 3절-物有本末 事有終始 知所先後 則近道矣.

경문 4절-古之欲明明德於天下者 先治其國 欲治其國者 先齊其家 欲齊其家者 先修其身 欲修其身者 先正其心 欲正其心者 先誠其意 欲誠其意者 先致其知 致知在格物.

경문 5절－物格而后知至 知至而后意誠 意誠而后心正 心正而后身修 身修而后家齊 家齊而后國治 國治而后天下平.

경문 6절－自天子以至於庶人 壹是皆以修身爲本.

경문 7절－其本亂 而末治者否矣 其所厚者薄 而其所薄者厚未之有也.

경문 1절

원문 大學之道 在明明德 在親民 在止於至善.

대학지도(는) 재명명덕(하며) 재친민(하며) 재지어지선(이니라)

직역 《대학》의 도는 명덕을 밝힘에 있고 백성을 친애함에 있고 지극한 선에 머무름에 있다.

의역 《대학》의 기본 도리는 다음의 세 가지 강령에 있다. 먼저 위정자가 자신의 밝은 덕성을 밝혀내야 한다. 다음에 만민을 사랑으로 교화해서 저마다 새롭게 혁신케 해야 한다. 마지막으로 위정자와 만민이 함께 지극한 선의 경지에 가서 머물러 있어야 한다.

어구 설명 ㅇ大學之道(대학지도) – 《대학》의 기본 원리, 도리. 여기서 말하는 《대학》에는 크게 세 가지 뜻이 있다. ① 고대의 국가 최고의 교육기관인 태학(泰學), ② 그곳에서 배우고 익히는 학문 내용이나 이념, ③ 책 이름으로서의 대학. '도(道)'는 기본 원리 혹은 도리. '대학의 도'를 '대학 교육의 이념이나 정신' 혹은 '도덕정치의 기본 원리'로 확대 해석할 수 있다. ㅇ在(재) – ……에 있다. 직역하면 '대학의 기본 원리는 ……에 있다'이다. '대학의 기본 원리가 삼강령(三綱領) 위에 있다. 즉 '명명덕(明明

德), 친민(親民), 지어지선(止於至善)'을 일관해서 실천하는 데 있다. ㅇ在明明德(재명명덕)－(먼저 정치 지도자가 자신의) 명덕(明德)을 (실제로 행동적으로) 밝게 나타나게 하는 데 (도리를 두어야 한다). 앞의 '명(明)'은 동사로 '밝힌다, 발현한다'의 뜻이다. 다음의 '명덕'은 앞의 동사 '명(明)'의 목적어다. ㅇ在親民(재친민)－'친민(親民)에 있다'는 말은 곧 '백성을 친애(親愛)하는 것이 《대학》의 기본 도리'라는 뜻이다. 정자(程子)는 '친(親)'을 '신(新)'으로 고쳐야 한다고 주장했다. 그러므로 이 책에서는 '백성을 사랑으로 교화해서 새롭게 혁신한다'로 풀이했다. '친'과 '신'은 문자학적으로 뜻이 통한다. ㅇ在止於至善(재지어지선)－(나와 백성이 함께) '지극한 선의 경지에 가서 머물러 있어야 한다'는 뜻이다. '머무를 지(止)'는 '갈 지(之)'와 통한다. 그러므로 '가서 머무르다'로 풀이해야 한다.

참고 ◐ **명명덕**(明明德)**의 체휼**(體恤)

'명덕'을 고주(古注)는 '지극한 덕[至德]' 혹은 '나의 빛나는 덕'으로 풀었다. 그러나 주자(朱子)는 보다 깊은 뜻으로 풀이했다. '명명덕'은 《대학》의 핵심이며 대학공부의 목적도 '명명덕'을 체휼(體恤)하기 위해서다. 그러므로 '명명덕'의 깊은 뜻을 잘 알고 실천해야 한다.

'명덕'의 '기본의의(基本意義)'를 오늘의 말로 다음같이 요약할 수 있다. '하늘이 사람에게 부여한 밝은 덕성 즉 도덕성', '인간의 착한 본성(本性)인 인심(仁心)이며 동시에 덕으로 나타나는 덕성(德性)', '천리(天理)를 터득하고 실천하는 순수이성(純粹理性)'이다. 따라서 '명명덕(明明德 : 명덕을 밝게 나타냄)'은 곧 '선본성(善本性), 도덕성, 이성을 덕행(德行)으로 실천함'이다. '천리를 따르고 실천하여 얻은 좋은 성과'가 '덕(德)'이다.

章句集註 (1) 程子曰 親當作新.

정자가 말했다. 친(親)은 신(新)으로 고쳐야 한다.

어구 설명 ㅇ親當作新(친당작신)－정자(程子)는 '친(親)'을 '신(新)'으로 고치라고 말했다. 문자학적으로도 '친'과 '신'은 운(韻)이 같고 의미상으로도 서로 통한다. 한편 철학이나 정치사상면에서도 '백성을 친애(親愛)하는 것'은 곧 '백성을 새롭게 혁신하고 보다 발전되고 잘살게 함'이다. 《대학》 속에는 발전관이 살아 있다.

章句集註 (2) 大學者大人之學也 明明之也 明德者人之所得乎天 而虛靈不昧 以具衆理 而應萬事者也.

대학은 큰사람 되게 하는 학문이다. 앞의 '명(明)'은 동사로 밝힌다는 뜻이다. '명덕(明德)'은 사람이 하늘로부터 받아서 지니고 있는 덕성으로 그 형체나 모양은 공허(空虛)하지만 그 작용이나 기능은 영특하다. (설사 일상생활에 그 밝음이 제대로 발휘되지 않는 수가 있으되 완전히 꺼져) 어둡게 되는 법은 없다. 그 명덕에 모든 도리가 다 갖추어져 있으며, 아울러 그 명덕은 만사에 적응되고 또 만사를 처리할 수가 있다.

어구 설명 ㅇ大學(대학)－아동은 8세에 소학(小學)에 들어가 기본교양 및 예의범절을 배우고, 성장하여 15세 이상이 되면 대학에 들어가 학식과 덕행을 높였다. ㅇ大人之學也(대인지학야)－연장자가 배우는 학문이다. 대인(大人)은 '성장한 사람'의 뜻도 있다. 그러나 보다 깊은 뜻이 있다. 즉 덕성(德性)과 덕행(德行)이 높은 사람을 '큰사람〔大人〕'이라 한다. ㅇ明明之也(명명지야)－앞의 '명(明)'은 주어, 다음의 '명지야(明之也)'는 술어, '지(之)'는 앞의 글자가 동사임을 알리는 허사(虛詞). ㅇ明德者(명덕자)－명덕은. '자(者)'는 단락을 표시하는 허사. ㅇ人之所得乎天(인지소득호천)－사람이 하늘로부터 얻은 것, 즉 하늘이 사람에게 준 것. ㅇ虛靈(허령)－형체(形體)는 공허(空虛)하지만 그 (기능 작용은) 신령(神靈)하고 영민(靈敏)하다. ㅇ不昧(불매)－어둡지 않다. (설사 일상생활에 명덕이 밝게 발현하지 않아도) 완전히 꺼져서 어둡게 된 것이 아니다. ㅇ以具衆理(이구중리)－명덕에 모든 도리가 다 갖추어져 있다. ㅇ應萬事者也(응만사자야)－만사에 대응하고 처리할 수 있다.

참고 ◐ 대인(大人)의 깊은 뜻

높게는 천도천리(天道天理)를 따라 치국(治國) 평천하(平天下)하는 성천자(聖天子)를 대인이라고 한다. 또는 학덕(學德)을 겸비(兼備)하고 덕치(德治)에 참여하는 고결한 선비나 군자(君子)를 대인이라고 한다.

철학적으로 말하면 대인은 우주적 삶을 사는 폭이 큰 사람이다. 한편 대인과 반대되는 사람을 소인(小人)이라 한다. 소인은 '동물적 본능과 이기심을 바탕으로 물질적 삶에만 집착하는 사람'이다. 이러한 의미에서 오늘의 대부분의 사람들은 '소인'이라 하겠다. 정신의 존엄성과 가치를 모르고 또 윤리 도덕을 멀리하고, 오직 육체적·관능적 삶에만 골몰하고 있기 때문이다. 맹자는 '대인은 자신을 바르게 하고 대상을 바르게 하는 사람(大人者 正己而物正者也)'이라고 했다. 왕양명(王陽明)은 '대인은 우주천지만물과 일체를 이룬 사람(大人者 與天地萬物 爲一體者也)'이라고 했다.

◐ 주자가 풀이한 명덕(明德)의 깊은 뜻

주자는 다음과 같이 말했다. 하늘이 사람이나 만물에게 준 것을 명(命)이라 하고, 사람이나 만물이 하늘로부터 받은 것을 성(性)이라 한다. 몸을 주재하는 것이 마음이다. 하늘로부터 받고 광명 정대한 것을 명덕이라 한다. 〈原文⇒大全疏註〉. 결국 '명덕'은 하늘이 사람의 마음속에 심어 준 본성적(本性的) 도덕성(道德性)이다. 주자가 여기서 말하는 성은 하늘의 도리를 인식하고 실천할 수 있는 본연지성(本然之性)이다. (점차 자세한 것을 학습하게 된다)

◐ 허령불매(虛靈不昧)의 깊은 뜻

명덕은 사람의 마음속에 주어진 본연의 '선본성(善本性)=이(理)'이다. '사람의 마음도 그 속의 이'도 물체가 아니다. 외형적으로 형체가 없다. 눈으로 보거나 손으로 만질 수 있는 것이 아니다. 그러므로 '공허(空虛)'라 한다. 그러나 '마음이나 본성'의 작용이나 기능은 영특하고 영묘(靈妙)하다. 그러므로 '영(靈)'이라고 한다. 한편 평소에는 대부분의 사람들은 '자기에게 하늘이 준 명덕'이 있는지조차 모르고 따라서 '명덕을 밝히지 못하고' 있다. 그러나 명덕은 완전히 사멸한 것이 아니다. 비록 빛을 발하지 못해도 불씨는 여전히 살아 있다. 그래서 '완전히 불이 죽고 어둡게 된 것이 아니다(不昧)'라고 말한 것이다.

◐ 구중리(具衆理)와 응만사(應萬事)

'구중리'는 마음속에 있는 명덕에 모든 도리가 다 갖추어져 있다는 것이다. 이는 곧 사람이 명덕으로 자연만물의 도리와 이치를 알고 터득할 수 있다는 뜻이다.

'응만사'는 만사에 대응하고 처리하고 활용할 수 있다는 뜻이다. 사람만이 천도천리(天道天理)를 깨닫고 따르고 행하는 도덕적 본성을 지니고 있다. 그와 같은 도덕성을 주자가 새롭고 깊게 해석했다.

◐ 명덕(明德), 심(心)·성(性)·이(理)

주자는 '마음이 몸의 주체(心者 身之主也)'라고 말했다. 몸의 활동 행위를 지배하는 것이 마음이다. 마음이 착하면 행동이 착하게 나타나고, 마음이 악하면 행동이 악하게 나타난다. 착한 마음은 곧 천리(天理)를 따르고 행하는 도덕성(道德性)이다.

도덕성은 하늘이 인간에게 내려준 선본성(善本性)이며, 이를 줄여서 한마디로 '성(性)'이라고 한다. 사람은 '성'이 있으니깐 천리를 깨닫고 도덕을 실천한다. 그래서 주자는 '성은 곧 이다(性卽理)'라고 말했다. '이(理)'는 크게는 천리이고, 부분적으로는 '사물의 도리(道理)'이다. '천리를 실천해서 덕을 밝게 나타내고 덕행을 쌓는 성품'을 특히 '명덕'이라고 한 것이다.

◐ 명덕(明德)의 종합적 도표

"황씨가 말했다. '허령불매'는 '명덕의 명(明)'이고 '구중리, 응만사'는 '명덕의 덕(德)'이다. 모든 '도리를 갖추고 있다 함'은 '덕의 전체가 미처 발하지 않은 상태'이고, '만사에 대응함'이란 '덕의 큰 작용이 이미 나타난 상태'이다. '명덕이 만사에 대응할 수 있는 바탕'은 '명덕이 모든 도리를 갖추고 있으면서 작위하기 때문'이다. '명덕은 미발(未發)시에도' '본체의 밝은 빛이 어둡지 않으며', '이발(已發)시에도' '품절과 질서가 정연하게 나타난다'. 그러므로 밝게 나타나는 덕, 즉 '명덕'이라고 한다." 이상을 다음 같이 도시할 수 있다.

明德 ……-具衆理……〈體〉……虛—〈德之體 未發〉 ┐
　　 ……-應萬事……〈用〉……靈—〈德之大用 已發〉 ┘ 不昧

이상의 기본지식을 잘 알아야 다음과 같은 성리학자(性理學者)들의 설을 이해할 수 있다.

大全疏註 ① 朱子曰 天之賦於人物者謂之命 人與物受之者謂之性 主於一身者謂之心 有得於天而光明正大者 謂之明德.

주자가 말했다. 하늘이 사람이나 만물에게 준 것을 명이라 하고, 사람이나 만물이 하늘로부터 받은 것을 성이라 한다. 몸을 주재하는 것이 마음이다. 하늘로부터 얻어 가지고 광명정대하게 (나타나는 덕성을) 명덕이라 한다.

大全疏註 ② 問明德是心是性 曰心與性自有分別 靈底是心 實底是性 性便是那理 心便是盛貯該載敷施發用底 心屬火 緣他是箇光明發動底物 所以具得許多道理 如向父母則有那孝出來 向君則有那忠出來 這便是性 如知道事親要孝 事君要忠 這便是心 張子曰 心統性情 此

說最精密.

'명덕은 마음인가 혹은 성인가'하고 묻자, 주자가 대답해서 말했다. 마음과 성은 스스로 분별이 있다. 영특하게 지각하고 작용하는 것이 마음이고, 알찬 것이 곧 성이다. 성은 곧 이이고, 마음은 모든 것을 담고 저장하고 싣고 적절하게 펼치고 시행하고 발현하는 것으로 오행으로 치면 '화(火)'에 속한다. 명덕으로 인해 모든 사람이 빛나게 활동한다. 그 이유는 모든 도리를 갖추고 있기 때문이다. 예를 들면 부모님을 대하면 효순의 도리가 나오고, 임금을 대하면 충성의 도리가 나온다. 이것이 곧 사람의 본연의 성이다. 한편 부모님을 섬김에는 효도를 해야 한다, 임금을 섬길 때에는 충성을 바쳐야 한다고 (본성 속에 내재하고 있는 도리를) 지각하고 알고 행하게 하는 주체가 곧 마음이다. '마음은 성과 정을 통합한 것이다'라고 말한 장재(張載)의 정의가 마음을 가장 정밀하게 설명하고 있다.

大全疏註 ③ 虛靈不昧 便是心 此理具足於中 無少欠闕 便是性 隨感而動便是情.

본체는 공허하나 작용이 영특하며 언제나 밝게 발현할 수 있는 것이 곧 마음이다. 모든 도리를 속에 빠뜨림 없이 다 갖추고 있는 것이 곧 성이다. 수시로 대상이 되는 사물에 감응하여 발하는 것이 곧 정이다.

大全疏註 ④ 虛靈自是心之本體 非我所能盡也 耳目之視聽所以視聽者 卽其心也 豈有形象 然有耳目以視聽之

則猶有形象也 若心之虛靈 何嘗有物.

(형체가 없고 속이 공허하지만 그 작용과 기능이 영특한 것) 즉 '허령(虛靈)'은 (스스로 그렇게 된 것이며), 그것이 바로 마음의 본체다. 내가 능히 할 수 있는 것이 아니다. 귀로 듣고 눈으로 볼 때에도 그 듣고 보는 바탕은 바로 마음이지, 귀나 눈 속에 소리나 형상이 있는 것이 아니다. 그러나 귀로 듣고 눈으로 보면 흡사 소리나 형상이 속에 있는 것 같다. 그러하듯이 마음도 형체가 없고 속이 공허하지만 그 작용이 영특하게 만사에 대응한다. 마음속에 어떠한 사물이 있어서 영특하게 대응하는 것이 아니다.

大全疏註 ⑤ 只虛靈不昧四字 說明德意已足矣 更說具衆理應萬事 包體用在其中 又却實而不爲虛 其言的確渾圓無可破綻處.

'허령불매(虛靈不昧)' 네 글자면 명덕의 뜻을 충분하게 설명한 것이다. 그런데 '구중리(具衆理) 응만사(應萬事)'를 더 말한 것은 명덕의 체(體)와 용(用)을 다 포괄하기 위해서이다. 또 명덕이 실재적이고 허망한 것이 아님을 알게 함이다. 명덕을 풀이한 주자의 말은 참으로 적확하고 완전하고 빈틈이 없다.

大全疏註 ⑥ 北溪陳氏曰 人生得天地之理 又得天地之氣 理與氣合 所以虛靈.

북계 진씨가 말했다. 사람은 태어나면서 천지의 도리도 얻고 또 천지의 기도 받는다. 이(理)와 기(氣)를 합해서 지니고 있으므로 공허하면서도 영특하다고 한 것이다.

大全疏註 ⑦ 黃氏曰 虛靈不昧明也 具衆理應萬事德也 具衆理者 德之全體未發者也 應萬事者 德之大用已發者也 所以應萬事者 卽其具衆理者之所爲也 未發則炯然不昧 已發則品節不差 所謂明德也.

황씨가 말했다. '허령불매'는 '명덕의 명(明)'이고, '구중리 응만사'는 '명덕의 덕(德)'이다. 모든 '도리를 갖추고 있다 함'은 '덕의 전체가 미처 발하지 않은 상태'이고, '만사에 대응함'이란 '덕의 큰 작용이 이미 나타난 상태'이다. '명덕이 만사에 대응할 수 있는 바탕'은 '명덕이 모든 도리를 갖추고 있으면서 작위하기 때문'이다. '명덕은 미발(未發)시에도' '본체의 밝은 빛이 어둡지 않으며', '이발(已發)시에도' '품절과 질서가 정연하게 나타난다'. 그러므로 밝게 나타나는 덕, 즉 '명덕(明德)'이라고 한다.

大全疏註 ⑧ 玉溪盧氏曰 明德只是本心 虛者心之寂 靈者心之感 心猶鑑也 虛猶鑑之空 明猶鑑之照 不昧申言其明也 虛則明存於中 靈則明應於外 惟虛故具衆理 惟靈故應萬事.

옥계 노씨가 말했다. 명덕은 곧 본심이다. 허(虛)는 마음의 고요함을 말한 것이고, 영(靈)은 마음의 감응을 말한 것이다. 마음은 거울과 같다. 허는 거울의 공허함과 같고 명은 거울의 비침과 같고 불매는 밝다는 뜻을 거듭 말한 것이다. 공허하니깐 밝음이 속에 있고 영특하니깐 밖의 사물에 대응하고 밝게 나타난다. 공허하니깐 모든 도리를 갖출 수 있고 영특하니깐 만사에 대응할 수 있다.

大全疏註 ⑨ 東陽許氏曰 大學之道 是言大學中 敎人修爲之方 如君子深造之以道之道.

동양 허씨가 말했다. '대학지도'는 대학에서 사람을 가르친 바의 수양과 행동의 방도나 원리를 말한 것이다. 군자들을 도로써 깊은 경지에 이르게 하는 도리나 방도와 같은 것이다.

章句集註 (3) 但爲氣稟所拘 人欲所蔽 則有時而昏 然其本體之明 則有未嘗息者 故學者 當因其所發而遂明之 以復其初也.

그러나 선천적으로 타고난 기질에 구속되고 또 이기적 욕심에 가려서 이따금 어둡고 흐리게 되기도 한다. 그러나 그 본체의 밝음은 절대로 꺼지고 없어지는 법이 없다. 그러므로 글공부를 하는 사람은 마땅히 (명덕이) 발현할 수 있는 계기와 단서를 따라 자신의 명덕을 충분히 밝혀내야 하며, 그렇게 함으로써 하늘이 내려준 본연의 처음으로 되돌아가야 한다.

어구 설명 ㅇ但(단)－그러나, 단. ㅇ爲氣稟所拘(위기품소구)－기품에 의해서 구속된다, 혹은 구애된다. '위(爲)……소(所)~'는 '……에게 ~당하다'로 피동의 뜻을 나타낸다. '기품(氣稟)'은 선천적으로 타고난 기질(氣質). 그 속에는 핏줄기나 혈통(血統)이 포함된다. 사람은 혈통에 따라 저마다의 기질이 다르게 마련이다. 즉 총명한 성인(聖人)의 기질과, 우둔한 속인의 기질은 같지 않다. 성인의 기질은 맑고 속인의 기질은 탁하다. ㅇ人欲所蔽(인욕소폐)－인욕에 가리고 덮임을 당하다. 욕심 때문에 가리워지고 덮여진다. '인욕(人欲)'은 '나만 잘먹고 혼자 잘살려는 이기적 욕심'이다. 즉 '돈이나 물질을 탐내고, 권세나 명예를 얻으려 하고 또 관능적 쾌락을 취하려는 이기적·동물적 욕심'을 합쳐 한마디로 '인욕'이라고 한 것이다. ㅇ則有時而昏(즉유시이혼)－그러므로 때로는 어둡게 된다. 명덕은 본래 밝게 빛나는 것이다. 그러나 '기질과 인욕'에 매이고 덮여서 일시적으로 빛을 발하지 못하고 어둡게 된다. ㅇ然其本體之明(연기본체지명)－그러나 그 본래의 밝은 덕성은 (하늘이 준 것이므로). ㅇ則有未嘗息者(즉유미상식자)－절대로 완전히 꺼져 없어지는 법이 없다. ㅇ故學者(고학자)－그러므로 배우는 사람은 (누구나 다). ㅇ當因其所發(당인기소발)－명덕이 발현할 수 있는 계기나 단서를 따라. '인(因)'은 요인(要因)과 인연(因緣)을 합친 말이다. 여기서는 '계기나 단서'로 풀이했다. 즉 기회있을 때마다 예의범절을 지키고 윤리 도덕을 실천하면, 점차로 명덕이 되살아날 수 있다. ㅇ而遂明之(이수명지)－마침내 밝혀내고. ㅇ以復其初也(이복기초야)－본연의 첫 상태로 되돌아가야 한다. '당(當)'에 걸린다. 즉 기질에 구속되고 인욕에 의해 덮였던 명덕이 본연의 상태로 복귀한다.

참고 ◐ 명덕을 저해하는 기품(氣稟)과 인욕(人欲)

사람은 누구나 다 하늘로부터 '명덕'을 받아 가지고 있다. 그러나 두 가지 요인에 의해 가려지고 덮혀져 제대로 발현하지 못한다. 그 두 가지 저해 요인을 '기품소구(氣稟所拘)' '인욕소폐(人欲所蔽)'라고 말했다. '기품에 소구하고'는 선천적으로 타고난 기질에 의해서 구속되거나 구애를 받는다는 뜻이다. 속되게 말하면 타고난 핏줄기나 기질이 혼탁한 사람은 머리가 우둔하고 사리 분별이 흐리므로 비교적 윤리 도덕을 깨닫고 실천하기 어렵다. 한편 '인욕에 소폐하야'는 후천적으로 '동물적·이기적 욕심이나 관능적 쾌락을 취하려는 욕심이나 욕구'에 (본연의 착한 도덕성이) 가려지고 덮여져, 좀처럼 명덕을 발현하지 못한다는 뜻이다.

◐ 명덕(明德)은 항상 살아 있다

총명한 성현(聖賢)은 명덕을 잘 발현한다. 그러나 기질이 혼탁하고 욕심에 엉킨 범속한 사람들은 일상생활에서 명덕을 잘 발현하지 못한다. 그러나 하늘이 내려준 명덕이 완전히 죽어 없어진 것이 아니다. 다만 밝게 빛을 내지 못하고 있을 뿐이다. 거울에 때나 먼지가 쌓여서 빛을 발하지 못하는 것과 같다. 때와 먼지를 제거하듯이 '기품(氣稟)의 구속과 인욕(人欲)의 덮임'을 제거하면 모든 사람이 다 명덕을 발현할 수 있다. 이러한 뜻을 '즉 이따금 명덕이 어둡게 되는 수는 있지만(則有時而昏)' 그렇다고 '하늘이 준 명덕 자체가 완전히 없어지는 것이 아니다(然其本體之明 則有未嘗息者)'라고 말한 것이다.

◐ 명덕을 되찾는 학문공부

그러므로 '글공부하는 사람들은 마땅히 명덕을 발현케 할 계기나 단서를 잡고 명덕의 빛을 밝혀내고 본래의 선본성(善本性)인 명덕으로 되돌아가야 한다(故學者 當因其所發而遂明之 以復其初也)'고 말했다. 학문공부는 곧 탁한 기질이나 동물적 이기적 욕심에 덮이고 가려져, 빛을 제대로 발하지 못하고 흐리게 된 명덕을 되찾고 본래의 밝은 빛을 발현하게 하는 노력이며 수양이다.

◐ 이(理)·기(氣)

〈장구집주〉 혹은 〈대전소주〉를 해독하는 데 필요한 초보적인 해설을 하겠다. 우선 사람의 경우만을 들어 말하겠다. 사람은 형체(形體)와 도리(道理)를 통합한 존재다. 사람의 형체는 곧 몸이다. 몸을 형성하고 있는 물질적 세미(細微)한 인소(因素)를 기(氣)라고 하고 기가 응집(凝集)한 것을 질(質)이라 한다. 기를 음양(陰陽)과 오행(五行)의 기로 나눈다. 이들 기가 서로 엉기고 집결하여 형체를 구성할 때의 '기의 운행과 방식'에 따라 저마다 기질과 형체가 다르게 나타난다. 그래서 사람마다 모양이 다르고 또 기질 성질이 다른 것이다. 그러나 사람인 이상은 누구나 마음속에 선본성(善本性)인 명덕(明德)을 하늘로부터 받아 지니고 있다. 단 명덕은 몸을 터로 하고 행동으로 나타나야 한다. 이때에 사람마다 다르게 나타난다. 기가 맑고 욕심이 적은 사람은 잘 나타나고, 반대로 기가 탁하고 욕심이 많은 사람은 나타나기 어렵다.

◐ 정(情)·욕(欲)

주자는 〈중용장구(中庸章句)〉에서 다음같이 말했다. '하늘은 음양오행의 변화로 만물을 낳고 살게 하고 있다. 만물의 형체(形體)는 기(氣)로써 이루어지며, 동시에 이(理)도 주어져 있다(天以陰陽五行 化生萬物 氣以成形 理亦賦焉)'. 사람도 같다. 사람은 '이와 기'의 통합체다. 기에 의해서 형성된 몸은 외부의 사물(事物)에 접하면 영향을 받고 동(動)한다. 그것을 정(情)이라고 한다. 봄에 피어나는 꽃을 보면 즐겁다. 가을에 시들고 죽는 것을 보면 슬프다. 그것이 정이다. 육신을 지니고 사는 사람은 동물적·생리적 욕구가 있게 마련이다. 배가 고프다고 느끼는 것은 정이다. 그 정은 음식을 먹고 싶다는 욕구에 연결된다. 육신을 터로 하고 삶을 누리는 사람은 사실적으로 '기질적 구속과, 사물에 대한 감정과, 생리적 욕구'를 벗어날 수가 없다. 그러므로 '순수이성(純粹理性)이라고 할 명덕(明德)도 엄격히 말하면 '인간의 몸, 기질, 감정 및 욕구' 등과 완전히 무관할 수 없다. 그래서 수양이 필요하게 된다.

大全疏註 ① 朱子曰 明德未嘗息 時時發見於日用之間 如見孺子入井而怵愓 見非義而羞惡 見賢人而恭敬 見善事而歎慕 皆明德之發見也 雖至惡之人 亦時有善念之發 但當因其所發之端 接續光明之.

주자가 말했다. 명덕은 언제나 쉬지 않고 있으며 때를 따라 적시에 일상생활 속에서 발현한다. 예를 들어 우물에 빠지려는 어린아이를 보면 누구나 섬뜩하게 느낀다. 또 불의를 보고 미워하거나 현인을 보고 공경하거나 착한 일을 보고 감탄하는 것들도 다 명덕의 발로이다. 비록 지극히 악한 사람일지라도 역시 때로는 착한 생각을 하는 수가 있다. 그러므로 명덕이 발현하는 단서를 바탕으로 계속해서 나타나게 하고 또 그 빛을 발하게 해야 한다.

大全疏註 ② 明德謂本有此明德也 孩提之童無不知愛其親 及

其長也無不知敬其兄 其良知良能 本自有之 只爲私欲所蔽 故暗而不明 所謂明明德者 求所以明之也 譬如鏡焉 本是箇明底物 緣爲塵昏 故不能照 須是磨去塵垢然後鏡復明也.

명덕은 (사람이면 누구나 다) 본래 그것을 가지고 있다. 어린아이도 다 자기 어버이를 사랑할 줄 알고, 자라면 형을 공경할 줄 안다. 그러한 양지(良知) 양능(良能)은 본래 있는 것이다. 다만 사사로운 욕심에 가리고 덮여서 어둡게 되고 밝게 나타나지 않을 뿐이다. 그러므로 명덕을 밝힌다 함은 곧 본성 속에 있는 명덕을 찾아서 밝혀내는 것이다. 비유하면 거울과 같다. 본래 밝은 것이지만 먼지가 덮여 흐리면 빛을 발하지 못한다. 먼지나 때를 씻어내면 거울이 다시 밝게 빛나게 된다.

大全疏註 ③ 明德是一箇光明底 物事如一把火將去照 物則無不燭 便是明德 若漸隱微便暗了 吹得這火著 便是明其明德.

명덕은 밝게 빛을 발하는 것이다. 모든 사물에 불빛을 비추면 밝게 조명되는 것과 같이 모든 사물을 밝게 나타내게 하는 것이 곧 명덕이다. 만약에 명덕이 흐리고 어둡게 되면 다시 불어서 밝게 피어나게 하면 곧 본래의 명덕이 다시 밝아진다.

大全疏註 ④ 新安吳氏曰 氣稟拘之 有生之初 物欲蔽之 有生之後 不昧者所以昏也 然雖有昏昧之時 而無息滅

之理.

신안 오씨가 말했다. 기품의 구속은 태어나기 전에 있으며 물욕에 덮임은 태어난 후에 나타난다. (명덕은 완전히 꺼지고) 어두워지는 것이 아니다. 그러므로 어둡고 흐릿하게 된다고 말하는 것이다. 비록 때로 어둡고 흐리게 되지만, 그때에도 본성 속의 명덕의 밝은 빛과 도리가 완전히 꺼지고 멸하는 법은 없다.

大全疏註 ⑤ 雙峯饒氏曰 明之之功有二 一是因其發而充廣之 使之全體皆明 一是因已明而繼續之 使無時不明.

쌍봉 요씨가 말했다. 밝히는 공능에는 둘이 있다. 하나는 명덕의 발현을 공간적으로 확충해서 모든 것을 밝혀주고, 다른 하나는 먼저 밝힌 명덕을 시간적으로 계속해서 언제나 밝게 함이다.

大全疏註 ⑥ 雲峯胡氏曰 章句釋明德以心言 而包性情在其中 虛靈不昧是心 具衆理是性 應萬事是情 有時而昏 又是說心本體之明 又是說性所發 又說情當因其所發 而遂明之 卽孟子言四端 而謂知皆擴而充之也.

운봉 호씨가 말했다. 〈장구〉는 명덕을 마음으로 풀이했으며, 그 속에 성과 정을 포함시켰다. '허령불매'는 마음을 두고 한 말이며, '구중리'는 성을 두고 말한 것이며, '응만사'는 정을 두고 말한 것이다. '유시이혼'은 '마음의 본체의 밝음, 혹은 성의 발현, 혹은 정이 적절하게 나타나는 경우'를 다 말한 것이다. 이를 맹자는 사단으로 말했다. 그러니 명덕이 성과 정에 확충됨을 알 수 있다.

大全疏註 ⑦ 新安陳氏曰 常人於明德之發見 隨發而隨泯 學者於明德之發見處 當體認而充廣之 所謂遂明之也 氣稟拘 物欲蔽 則明者昏 而初者失 致其明之之功 而變化其氣質 則昏者明 而初者復.

신안 진씨가 말했다. 보통사람들은 명덕을 발현함에 있어 무원칙하게 이랬다저랬다 한다. 그러나 배운 사람들은 명덕을 발현할 때에 체휼한 경지에서 충실하게 확대해 나가며 이른바 의식적으로 수행해 나간다. 기품에 구속되고 물욕에 덮이면 명덕이 흐려지고 본연의 빛을 잃게 된다. 그러므로 밝히려는 노력과 공부를 하여 기질적 변화를 하게 되면, 즉 흐렸던 어둠도 가시고 또 본연의 밝음도 되찾게 된다.

大全疏註 ⑧ 東陽許氏曰 氣稟所拘 就有生之初言之 人欲所蔽 就有知之後言之.

동양 허씨가 말했다. 기품의 구속은 출생 전에 있음을 말하고 인욕의 덮임은 욕심을 안 후를 말한 것이다.

章句集註 (4) 新者革其舊之謂也 言旣自明其明德 又當推以及人 使之亦有以去其舊染之汚也.

새롭게 함은 낡은 허물을 제거하고 혁신함이다. 즉 먼저 나 자신의 명덕을 밝히고 더 나아가 마땅히 남에게도 덕을 뻗고 미치게 하여, 그로 하여금 역시 과거의 오염된 허물과 때를 제거하게 한다는 뜻이다.

어구 설명 ㅇ新者(신자)—'신민(新民)'의 '새 신(新)'자는 곧. ㅇ革其舊之謂也(혁기구지위야)—때가 묻어 헐고 낡아진 것을 혁신한다는 뜻이다. ㅇ言(언)—'신민'은 곧 다음과 같은 뜻을 말한 것이다. ㅇ旣自明其明德(기자명기명덕)—먼저 스스로 자기의 명덕을 밝히고 (그 다음에). ㅇ又當推以及人(우당추이급인)—다시 마땅히 남에게도 미치게 해야 하며. ㅇ使之(사지)—남으로 하여금. ㅇ亦有以去其舊染之汚也(역유이거기구염지오야)—역시 그 낡고 오염된 것을 제거하게 해야 한다. '당(當)'은 여기까지 걸린다.

참고 ◐ **혁신(革新)의 참뜻**

자신에게 하늘이 내려준 숭고한 명덕(明德)이 있는 줄 모르고 오직 동물적 존재로 동물적 삶만을 사는 사람은 가련하다. 그러므로 위정자가 '그를 사랑으로 품고 교화해서 그로 하여금 자기에게도 명덕이 있다는 것을 알게 하고 (과거의 암담한 동물적 삶을 청산하고) 새로 빛나는 삶을 살게 하는 것'이 곧 '혁신'이다. '명덕'을 가리고 덮었던 더러운 때를 제거하고 새롭게 빛을 발하게 하는 것이 '혁신'이다. 동물적 삶을 인간적 삶으로 혁신케 해야 한다.

◐ **추기급인(推己及人)의 참뜻**

패도(霸道)의 악덕정치는 무력으로 백성을 억압하고 재물을 탈취하여 탐욕을 채운다. 반대로 '인의덕치(仁義德治)'는 위정자가 백성을 인애(仁愛)하고 도의(道義)를 높이는 덕의 다스림을 편다. 덕치의 바탕은 '진정한 사랑을 남에게 뻗는 것'이다. 위정자가 먼저 '자기의 명덕을 밝히고' 백성에게 사랑을 뻗어 그들로 하여금 저마다의 명덕을 밝혀내게 하는 것이 진정한 사랑이다. 그것을 '나를 미루어 남에게 미친다. 즉 추기급인(推己及人)'이라고 한다.

大全疏註 ① 朱子曰 此理人所均有 非我所得私 旣自明其德 須當推以及人 見人爲氣與欲所昏 豈不惻然 欲有以新之.

주자가 말했다. 도리는 모든 사람이 (본성적으로) 균등하게 지니고 있는 것이다. 결코 나 혼자만이 사유하고 있는 것이 아니다. 그러므로 먼저 자신이 명덕을 밝히면 마땅히 남에게도 미치게 해야 한다. 남이 기질과 물욕에 의해 명덕이 흐리게 된 것을 보면 어찌 측은하지 않을 것이며 혁신시켜 주려고 원치 않겠는가?

大全疏註 ② 問 明德新民 在我有以新之 至民之明其明德 却又在他. 曰 雖說是明己德 新民德 然其意自可參見 明明德於天下 自新以新其民可知.

'명덕을 밝히고 새롭게 함은 내 자신의 일이지만, 백성들의 명덕을 밝히는 데까지 이른다 했으니, 그것은 도리어 남의 일이 되겠군요?'하고 묻자, 주자가 대답해서 말했다. '비록 명덕은 자기의 덕을 밝히고 신민은 백성의 덕을 새롭게 한다고 말하지만 그러나 경문 '명덕을 천하에 밝힌다(明明德於天下)'에서 그 뜻을

참고할 수가 있다. 즉 스스로 혁신하고 (나가서) 백성들을 혁신하는 것임을 알 수 있다.'

大全疏註 ③ 北溪陳氏曰 新與舊對 明者昏則舊矣 感發開導去其舊汚 則昏者復明 又成一箇新底 是新之也.

북계 진씨가 말했다. 새것은 낡은 것에 대립된다. 그러나 밝은 것이 먼지에 덮여서 어둡게 흐려지면 그것을 낡았다고 말할 수 있다. (명덕에 때가 끼어 흐리게 된 사람이) 감화되고 분발하고 길을 터서 낡은 때를 제거하면, 즉 흐리고 어둡던 그의 명덕이 다시 밝음을 되찾고 새롭게 된다. 이것이 새롭게 혁신한다는 뜻이다.

大全疏註 ④ 玉溪盧氏曰 新民是要人人皆明明德 民無不新則民之明德 無不明 而我之明德 明於天下矣.

옥계 노씨가 말했다. 백성을 새롭게 함이란 모든 사람들로 하여금 명덕을 밝히게 함이다. 백성들이 모두 혁신되면 백성들의 명덕이 다 밝혀질 것이고 따라서 나의 명덕도 천하에 밝혀질 것이다.

大全疏註 ⑤ 新安陳氏曰 書云 舊染汚俗 咸與惟新 章句本此以釋新民.

신안 진씨가 말했다. 《서경》 윤정(胤征)에 '낡은 악습에 오염되었을 뿐 본심이 나쁘지 않은 사람들은 다 새롭게 혁신시킨다'라는 말이 있다. 〈장구〉는 그 말을 바탕으로 하고 '신민(新民)'을 풀이했다.

章句集註 (5) 止者 必至於是 而不遷之意 至善則事理當然之極也.

'멈출 지(止)'는 반드시 먼저 (지극히 좋은) 그곳에 가고, 그리고 (그곳에 머무르고 다른 곳으로) 옮기지 않는다는 뜻이다. '지극한 선[至善]'은 사물의 당연한 도리의 극치이다.

어구 설명 ㅇ止者(지자)－'멈출 지(止)'는. ㅇ必至於是(필지어시)－반드시 그곳에 가서. ㅇ而不遷之意(이불천지의)－다른 곳으로 옮겨가지 않음이다. ㅇ至善(지선)－지극한 선, 최고로 좋은 선. ㅇ則事理當然之極也(즉사리당연지극야)－즉 모든 사물에 (내재하고 있는) 당연한 도리의 극치, 최고의 정점이다. 모든 사물에 있는 가장 합당한 도리가 곧 지선이다. 주자학(朱子學)에서는 이(理)의 극치는 태극(太極), 즉 형이상(形而上)의 천리(天理)로 본다.

참고 **'지(止)'와 '지선(至善)'의 뜻**

'머무를 지(止)'와 '갈 지(之)'는 자원(字源)이 같고 뜻이 서로 통한다. 그래서 '지(止)'를 '먼저 가고, 그리고 그곳에 머물러 있어야 한다'로 풀이했다. 모든 사물을 처리할 때에, 먼저 그 사물에 합당한 가장 좋은 도리를 알고, 그 도리를 바탕으로 해야 한다. 그것이 곧 주자가 말한 '지선'의 뜻이다. '지선'은 '천리의 최고선'의 뜻도 있다. 그러나 '모든 사리에 있어 가장 좋고 합당한 극점(事理當然之極)'이라는 뜻이다. 주자의 해석은 현실적이고 실용적인 해석이다. 자식은 부모에게 효도하고, 부모는 자식을 자애롭게 양육하는 것이 지선이다. 농부는 농사를 '지선'으로 삼고, 군자는 덕치를 '지선'으로 삼아야 한다. 그것이 곧 사리에 합당한 지선이다.

'사리당연지극(事理當然之極)'은 '천도천리(天道天理)'에 합치되는 것이다. 한송이 꽃 속에 우주의 도리가 살아있는 것과 같이, 인간 세상 만사를 천리를 따라 처리해야 한다.

大全疏註 ① 朱子曰 說一箇止字 又說一箇至字 直是要到那極至處 而後止 故曰君子無所不用其極也.

주자가 말했다. 다만 한 글자로 '지(止)'다 혹은 '지(至)'라고만 말했다. (그러나 곧바로) 먼저 지극한 경지에 도달하고 그런 다음에 그 경지에 머물러 있으라는 뜻이다. 그러므로 말한다. '군자는 어떠한 경우에도 좋은 극점을 쓰지 않음이 없다.'

大全疏註 ② 未至其地 則必求其至 旣至其地 則不當遷動 而之他也 未至此 便住不可 謂止 至此不能守 亦不可謂止.

그 경지에 도달하지 못하면 반드시 도달하기를 구해야 한다. 이미 도달했으면 부당하게 움직여서 다른 곳으로 옮겨가면 안된다. 그 경지에 도달하지 못했으면 머물러 있지 말아야 한다. 그것이 곧 '지(止)'의 뜻이다. 또 그 경지에 도달하고 잘 지키지 못하면, 역시 '지'라고 말할 수 없다.

大全疏註 ③ 至善 如言極好道理十分盡頭 善在那裏 自家須去止他 止則善與我一 未能止 善自善 我自我.

지선은 가장 좋은 도리의 극점을 말한다. 선의 극점에 내가 도달하고 그곳에 머물러 있으면 선과 내가 하나가 되지만, 만약에 머물러 있지 않으면 선은 선대로, 나는 나대로 서로 다르게 된다.

大全疏註 ④ 雲峯胡氏曰 必至於是 知至 至之也 不遷 知終終之也.

운봉 호씨가 말했다. (〈장구〉에서) '필지어시(必至於是)'라고 말한 것은 '이를 곳을 알고 거기에 이른다'는 뜻이다. 또 '불천(不遷)'이라고 말한 것은 '종점을 알고 그곳을 끝으로 삼는다'는 뜻이다.

章句集註 (6) 言明明德 新民 皆當止於至善之地而不遷 蓋必其有以盡夫天理之極 而無一毫人欲之私也.

'명덕을 밝히거나 백성을 새롭게 하거나 다 마땅히 지선의 경지에 도달하고 다른 곳으로 옮기지 않아야 한다'는 뜻이다. (지선의 경지에 머무름이란) 반드시 하늘의 도리의 극치를 다하고 털끝만큼의 사사로운 욕심이 없는 경지를 말한다.

어구 설명 ㅇ天理之極(천리지극)－천리의 극점(極點)은 크고 높은 것에만 있지 않고 낮고 작은 것에도 있다. 풀 한 포기에도 천리가 살아있다. 우주 천지 만물이 다 천리에 따라 생성 변화하고 있다. 모든 사물을 오직 천리를 따라서 처리해야 한다. ㅇ無一毫人欲之私也(무일호인욕지사야)－털끝만큼의 사사로운 사리사욕도 끼어들지 못하게 해야 한다.

참고 ◐ **태극**(太極)**과 사물의 도리**(道理)

우주 천지 만물의 생성(生成)을 통괄하는 절대의 도리를 태극이라고 한다. 태극은 극대(極大)에도 있고 또 극소(極小)에도 있다. 주자는 다음같이 말했다. '태극은 오직 천지만물의 도리이다. 천지를 말하면 천지 속에 태극이 있고, 만물을 말하면 만물 속에 저마다 태극이 있다.(太極只是天地萬物之理 在天地言 則天地中有太極 在萬物言 則萬物中各有太極)' 〈朱子文集〉

'이일분수(理一分殊)'라고 한다. '하나의 천리에서 만 가지 사물의 도리가 나눠진다'는 뜻이다.

◐ **털끝의 사욕도 없다**(無一毫人欲之私)

비단 덕치(德治)만이 아니고 모든 사물을 처리할 때에도 같다. 가장 합당한 도리로 사물을 처리해야 한다. 사사로운 욕심이 끼어들면 망치게 된다. 과학의 세계에서는 엄격하게 자연법칙을 따르고 활용한다. 그래서 과학적 성과를 거둔다. 그러나 정치나 경제는 사리사욕을 바탕으로 하기 때문에 난잡하게 되는 것이다. 단 주자 시대에는 자연과학이 발달하지 못했으며, 따라서 주자의 사상은 윤리 도덕적인 의미에서 '천리나 사리'를 논했지, 오늘의 자연과학적 법칙을 말한 것이 아니다.

◐ **명덕**(明德)**과 인욕**(人欲)**은 반비례한다**

'천리를 따르고 실천하려는 명덕'도 사람의 마음속에 있다. 한편 '나만의 동물적 욕구와 육체적 쾌락을 채우려는 이기심'도 사람의 마음속에 있다. 같은 마음속에 '선(善)과 악(惡)'이 공존하고 있으며, 둘이 서로 상대적으로 소장(消長)하게 마련이다. 그래서 '대전소주(大全疏註)'에서 '신안 진씨가 천리와 인욕은 서로 상대적으로 커졌다 적어졌다 한다. 털끝만큼의 사사로운 인욕이 있어도 천리의 극치를 다할 수 없고 따라서 지극한 선의 경지에 머물러 있다고 말할 수 없다고 말한' 것이다. 공자(孔子)가 《논어(論語)》에서 '극기복례(克己復禮)'라고 말한 것을 주자는 '나의 사욕을 극복하고 천리에 돌아간다'로 풀이했다.

大全疏註 ① 朱子曰 明德新民 非人力私意所爲 本有一箇當然之則 過之不可 不及亦不可 如孝是明德 然自有當然之則 不及固不可 若過其則 必有刲股之事 須是到當然之則 處而不遷 方是止於至善 止至善包明德新民 己也要止於至善 民也要止於至善 在他雖未能在我所以望他 則不可不如是也.

주자가 말했다. 명덕과 신민을 인간의 독단적인 힘이나 판단을 기준으로 하면 안된다. 본래부터 당연한 경지의 척도가 있는 법이다. 그러므로 지나쳐도 안되고 모자라도 안된다. 예를 들면 효행은 명덕이며, 당연히 지켜야 할 척도가 있다. 효행에 있어 모자라면 물론 안된다. 그러나 만약에 지나치면 허벅다리살을 베어 바치는 일이 있게 된다. 그러므로 모름지기 도리에 있어 당연한 경지에 도달하고 거기서 옮기지 말아야 한다. 그래야 비로소 '지어지선'하게 되는 것이다. '지극한 선에 가서 머무름'은 '명덕(明德)'과 '신민(新民)'이 다 포괄된다. 내가 덕을 밝힘에도 지선의 경지에 가서 머물러야 하고 백성을 혁신함에도 지선의 경지에 도달해야 한다. 그들 백성이 비록 내가 바라는 것만큼 못해도 그렇게 하지 않으면 안된다.

大全疏註 ② 問 明明德是自己事 可以做得到極好處 若新民則在人 如何得他到極好處. 曰 且敎自家先明得盡 然後漸民以仁 摩民以義 如孟子所謂勞之來之匡之直之輔之翼之 又從而振德之 如此變化他 自解到極好處.

'덕을 밝히는 것은 내 일이라 지극히 좋은 경지에 도달할 수가 있으나, 남을 혁신하는 것은 남의 일이니 어떻게 그들을 지극히 좋은 경지에 도달케 할 수가 있겠습니까'하고 묻자, 주자가 말했다. '우선 내 자신의 명덕을 충분히 밝혀내야 한다. 그리고 나서 백성들을 인(仁)으로써 차츰 교화하고 의(義)로써 무마한다. 즉 맹자가 말한 듯이 백성들의 힘을 덜어주고 따라오게 하고 바로잡아 곧게 나가게 도와주고 받들어 준다. 그리고 또 덕풍을 진작한다. 이렇게 그들을 변화하게 만들면 그들이 스스로 지극히 좋은 경지에 도달하게 될 것이다.'

大全疏註 ③ 問 至善不是明德外 別有所謂善 只就明德中到極處 便是否. 曰是 明德中也有至善 新民中也有至善 皆要到那極處 至善只是以其極言 不特是理會到極處 亦要做到極處 如爲人君 止於仁 固是一箇仁 然亦多般 須是隨處看 如這一事合當 如此是仁 那一事合當 如彼亦是仁 若不理會 只管執一 便成一邊去 安得謂之至善 至善只是恰好處.

'지선은 명덕 밖에 있는 별도의 선이 아니고 명덕 안에 있는 가장 합당한 경지를 말하는 것입니까'하고 묻자, 주자가 대답했다. '그렇다. 지선은 명덕 중에도 있고, 신민 중에도 있다. 저마다 가장 좋은 경지에 도달해야 한다. 지선은 오직 가장 좋은 경지를 말한다. 그 가장 좋은 경지를 관념적으로 알뿐만 아니라 실질적 행동으로 도달해야 한다. 예를 들면 임금은 인(仁)에 머물러야 한다. 인은 총체적으로는 하나이다. 그러나 실지로 행동할 때에는 여러 가지로 나타난다. 때와 경우에 따라 가장 적합하게 인을 맞추어서 행해야 한다. 그것을 모르고 오직 하나만을 고집하면 한쪽에 치우칠 것이니 어찌 지선이라고 말할 수 있겠느냐. 지선은 실제로 저마다 가장 적합하고 가장 좋은 경지이다.'

大全疏註 ④ 雙峯饒氏曰 明德以理之得於心者言 至善以理之見於事者言 以明明德對新民 則明明德爲主 以明明德新民對止至善 則止至善爲重.

쌍봉 요씨가 말했다. 마음으로 도리를 터득한 것을 명덕이라 하고 사물에 도리가 나타난 것을 지선이라 한다. '명명덕'과 '신민'을 대비하면 '명명덕'이 주가 된다. 그러나 '명명덕과 신민'을 '지어지선'에 비교하면 '지어지선'이 더 중하다.

大全疏註 ⑤-1 新安吳氏曰 止至善 爲明明德新民之標的 極盡天理 絶無人欲 爲止至善之律令 然旣言事理當然之極 又言天理之極者 蓋自散在事物者而言 則曰事理 是理之萬殊處 一物各具一太極也

신안 오씨가 말했다. '지어지선(止於至善)'은 '명명덕(明明德)'과 '신민(新民)'의 표적이다. '천리의 극치를 다하고 절대로 인욕이 없게 하는 것(極盡天理 絶無人欲)'은 '지어지선'의 율법이다. 그런데 앞에서 '사리의 당연의 극치'라고 말하고 이번에 또 '천리의 극치'라고 말했으니, (그 이유는 다음과 같다). 무릇 저마다의 사물에 분산되어 있는 것을 사리라고 말한다. 이것은 천리가 만 가지로 다르게 나타난 실재의 경지이다. 모든 사물 하나하나에는 저마다 하나하나의 태극이 갖추어져 있다.

大全疏註 ⑤-2 自人心得於天者而言 則曰天理 是理之一本處 萬物體統一太極也 然一實萬分 故曰事理衆理會萬爲一 則曰天理一理而已.

사람이 마음으로 하늘을 터득한 경지에서 말할 때에는 곧 천리라고 한다. 이때의 천리는 곧 모든 사리를 통합한 하나의 태극이다. 그러나 하나가 만으로 나눠진다. 고로 사리라고 한다. 모든 사리를 다 합하면 하나가 된다. 그러므로 천리는 곧 하나의 사리인 것이다.

大全疏註 ⑥ 新安陳氏曰 天理人欲相爲消長 纔有一毫人欲之私 便不能盡夫天理之極 不得云止於至善矣.

신안 진씨가 말했다. 천리와 인욕은 서로 상대적으로 커졌다 적어졌다 한다. 털끝만큼의 사사로운 인욕이 있어도 천리의 극치를 다할 수 없고 따라서 지극한 선의 경지에 머물러 있다고 말할 수 없다.

章句集註 (7) 此三者 大學之綱領也.

이상의 셋이 대학의 강령이다.

어구 설명 ㅇ此三者(차삼자)－이 셋이. 즉 '명덕을 밝힌다[明明德], 백성을 혁신한다[新民], 함께 지극한 선의 경지에 가서 멈춘다[止於至善]'. ㅇ大學之綱領也(대학지강령야)－대학의 기본 강령이다. 이것을 '대학의 삼강령'이라 한다.

참고 ◐ **삼강령**(三綱領)**과 팔조목**(八條目)**의 관계**

대학의 핵심을 '삼강령(三綱領)'이라 하고, 그 삼강령을 바르게 실천하는 단계를 '팔조목(八條目)'이라 한다. 아직은 '팔조목'에 대한 경문이 나오지 않았다. 미리 '삼강령'과 '팔조목'의 관계를 다음과 같이 도시할 수 있다.

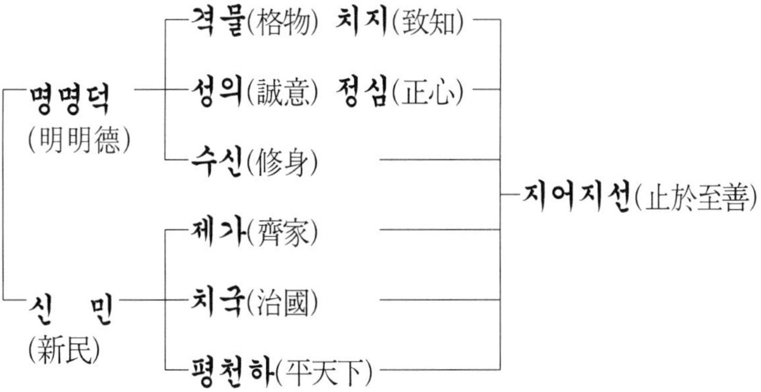

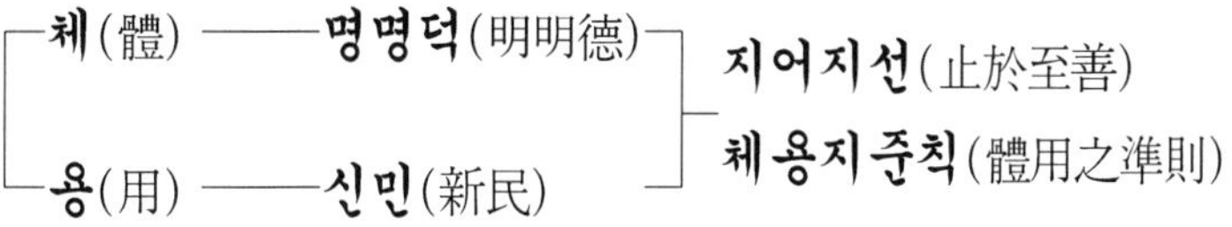

* '팔조목(八條目)'을 학습해야 잘 알 수 있다.

大全疏註 ① 新安陳氏曰 綱以大綱言 如網之有綱 綱擧則目張 領以要領言 如裘之有領 領挈而裘順.

신안 진씨가 말했다. '강(綱)'은 '대강(大綱)'을 말한다. 그물에 벼리가 있고, 벼리를 들면 그물눈이 펴지듯이 (전체의 핵심을 대강이라고 한다). '영(領)'은 '요령(要領)'의 뜻이다. 갖옷에 옷깃이 있고, 옷깃을 잡으면 갖옷 전체가 따라 들리듯이 (전체를 따르게 하는 부분을 요령이라고 한다).

大全疏註 ② 朱子曰 明明德 新民 止至善 此八字已括盡一篇之意.

주자가 말했다. '명명덕·신민·지지선'의 여덟 자가《대학》전편의 뜻을 다 포괄하고 있다.

大全疏註 ③ 玉溪盧氏曰 明明德是下文格物致知誠意正心修身之綱領 新民是下文齊家治國平天下之綱領 止至善總明明德新民而言 又八者逐條之綱領 要而言之 則明明德又爲三者之綱領 乃大學一書之大綱領也.

옥계 노씨가 말했다. '명명덕'은 다음의 '격물·치지·성의·정심·수신'의 강령이다. '신민'은 다음의 '제가·치국·평천하'의 강령이다. '지지선'은 '명명덕과 신민'에 다 걸친다. 또 팔조목은 저마다 다음 단계에 대한 강령이 된다. 전체를 요약하면 '명명덕'이 바로 삼강령의 강령이고 곧《대학》전체의 대강령이 된다.

大全疏註 ④-1 番易沈氏曰 大學之體在明德 其用在新民 其體用之準則 在止至善 要其用力之方 在知與行而已 格物致知 知之事也 誠意正心修身 行之事也.

번역 심씨가 말했다. 《대학》의 체(體)는 '명명덕'에 있고, 용(用)은 '신민'에 있다. 그리고 체와 용의 준칙은 '지어지선'에 있다. 특히 '지(知)와 행(行)'에 힘을 써야 한다. '격물 · 치지'는 '지'에 속하고, '성의 · 정심 · 수신'은 '행'에 속하는 사항이다.

大全疏註 ④-2 行以知爲先 知以行爲重 知之精則行愈達 行之力則知愈進 物格而知以至 意誠心正而身以修 則吾德之本明者極其明 而吾身之所止者極其善矣.

실천은 앎을 앞세워야 하고, 앎은 실천을 중하게 여겨야 한다. 앎이 정밀하면 실천이 바르게 되며, 힘차게 실천하면 앎도 더욱 발전한다. 대상이 되는 사물을 바르게 파악해야 바르게 알 수가 있고, 뜻이 성실하고 마음이 바르게 잡혀야 몸도 잘 닦을 수 있다.

본성적으로 밝은 나의 명덕을 끝까지 밝혀야 나의 몸과 행동이 지극한 선의 경지에 도달하게 된다.

大全疏註 ④-3 由身而家而國而天下 善敎行焉 善政施焉 莫不革其舊染 而復其性初 天下之明德 非一人之明德乎 一人之至善 非天下之至善乎.

수신에서부터 제가 · 치국 · 평천하 모두에 걸쳐 선한 가르침이 행해지고 또 선한 정치가 시행되기 위해서는 (모든 사람들이 다 저마다) 낡은 때를 제거하고 새롭게 혁신되어 하늘로부터 처음 받은 선본성을 되찾아야 한다. (그러므로) 천하 만민이 명덕을 밝히는 것은 곧 (위정자) 한 사람의 명덕이 아니겠으며 또 한 사람이 지극한 선의 경지에 가서 머무는 것은 곧 천하만민이 지선에 가서 머무는 것이 아니겠느냐.

경문 2절

(원문) 知止而后有定 定而后能靜 靜而后能安 安而后能慮 慮而后能得.

지지이후(에) 유정(이니) 정이후(에) 능정(하며) 정이후(에) 능안(하며) 안이후(에) 능려(하며) 여이후(에) 능득(이니라)

(직역) 머무를 곳을 알아야 정함이 있고, 정해야 조용할 수 있고, 조용해야 편안할 수 있고, 편안해야 사려할 수 있고, 사려해야 얻을 수 있다.

(의역) 마땅히 가서 머물러야 할 가장 좋은 도리를 알아야, 지향(志向)이 바르게 정해진다. 지향이 바르게 정해져야 마음이 조용할 수 있고, 마음이 조용해야 몸가짐이 안온할 수 있고, 몸가짐이 안온해야 깊게 사려할 수 있고, 사려가 깊어야 지극한 선의 경지에 가서 머무를 수 있다.

(어구 설명) ㅇ知止(지지)－가서 머무를 가장 좋은 곳이나 가장 적합한 도리를 안다. ㅇ而后(이후)－그러면. ㅇ有定(유정)－마음이 정해진다. 즉 마음속에 나아갈 향방(向方)이나 지향(志向)이 바르게 정해진다. ㅇ定而后能靜(정이후능정)－(향방과 도리가) 바르게 잡힌 다음에는 마음이 영정

(寧靜), 평정(平靜)할 수 있다. 마음이 이리저리 흔들리고 동요하지 않고 안정되고 조용하게 된다. ㅇ靜而后能安(정이후능안)－마음이 안정된 다음에 비로소 몸가짐이 안온(安穩)하게 된다. 즉 태도와 행동이 편하고 온당하다. ㅇ安而后能慮(안이후능려)－몸가짐과 행동이 안온해야 사려를 깊이 정밀하게 할 수 있다. ㅇ慮而后能得(여이후능득)－사려가 깊고 정밀해야 (모든 사물을 처리함에 있어) 지극한 선의 경지에 가서 멈출 수 있다. 가장 좋게 처리할 수 있다.

* '경문 2절'은 특히 '지어지선(止於至善)'의 공능(功能)과 효과(効果)를 거듭 강조한 것이다.

章句集註 (1) 止者所當止之地 卽至善之所在也.

'머무를 곳'은 마땅히 가서 머물러야 할 곳, 즉 지극한 선의 경지이다.

어구 설명 ㅇ止者(지자)－이 '지(止)'는 '가서 머무른다는 동작'을 말한 것이 아니고, '가서 머물러야 할 곳, 경지'를 말한 것이다. ㅇ所當止之地(소당지지지)－마땅히 가서 멈추어야 할 곳, 경지. ㅇ卽至善之所在也(즉지선지소재야)－즉 '지선'이 있는 곳이다.

참고 '지자(止者)'의 뜻

'멈출 지(止)'는 '갈 지(之)'의 뜻이 포함되었다. '자(者)'는 단락을 표시하는 허사(虛詞)이다. '지(止)'에는 크게 두 가지 뜻이 있다. 하나는 가서 머무를 '가장 좋은 경지', 다른 하나는 '일처리에 있어 가장 좋은 도리'이다. 앞의 '장구집주-5'의 '지자(止者) 필지어시(必至於是) 이불천지의(而不遷之意) 지선(至善) 즉사리당연지극야(則事理當然之極也)'를 참조하기 바람. '대전주소'에도 '지(止)자는 앞에 있는 경문 1의 재지어지선(在止於至善)의 지(止)를 이어받은 것이다(此止字 卽接上文在止於至善之止說下來)'라고 풀이했다.

章句集註 (2) 知之 則志有定向 靜謂心不妄動 安謂所處而安 慮謂處事精詳 得謂得其所止.

'지지(知之), 즉 지극한 선의 경지에 가서 머무를 곳을 알아야' 뜻을 세움에 있어 그 향방이 바르게 정해진다. '정(靜)'은 마음이 망동하지 않고 영정(寧靜)하다는 뜻이다. '안(安)'은 어디에 처하거나 안정된다는 뜻이다. '여(慮)'는 사물을 처리함에 있어 정밀하고 자상하게 생각한다는 뜻이다. '득(得)'은 마땅히 머무를 곳, 즉 '지선(至善)의 경지'를 얻는다는 뜻이다.

참고 ◐ **'정정안려득(定靜安慮得)'의 뜻**

'정(定)'은 마음속에 나아갈 바 향방(向方)이 바르게 정해진다는 것이다. 그래서 '유정(有定)'이라고 했다. '정(靜)'은 마음이 흔들리지 않고 영정(寧靜), 평정(平靜)하게 된다, '안(安)'은 몸가짐이, 즉 처신이 평안(平安)·안온(安穩)하게 된다, '여(慮)'는 깊이 사려한다, 사물의 도리 혹은 처리하는 방법 등을 정밀하고 상세하게 생각한다, '득(得)'은 '지어지선(止於至善)'을 얻을 수 있다는 뜻이다. 즉 가장 좋고 적합한 도리로 사물을 처리할 수 있다는 뜻이다. 다음의 '대전소주'에서 보다 깊은 뜻을 알아보자.

◐ 사물에는 저마다 합당한 도리가 있다

먼저 모든 사물에 있는 합당한 도리를 알아야 한다(旣見得事物有定理). '사물의 합당한 도리'는 곧 '자연과학에서 말하는 자연법칙'이다. 과학의 세계에서는 자연법칙을 따르고 활용함으로써 좋은 성과를 올린다. 그러나 정치나 경제 활동에서는 천리(天理)를 따르지 않고 자기의 욕심을 채우려고 한다. 그래서 엉망이다. 주자 시대에는 '자연과학'이니 '자연법칙'이란 말이 없었다.

◐ '지지(知止)'에서 '능득(能得)'까지

대학의 첫 번째 강령은 ①'만민을 다스릴 위정자가 자신의 명덕을 밝혀야 한다(在明明德)'이고 두 번째는 ②'만민을 친애하고 교화해서 저마다 새사람 되게 함(在新民)'이다. 즉 '오염된 낡은 때를 제거하고 본연의 명덕을 되찾고 빛나게 한다'는 뜻이다. 이는 곧 '추기급인(推己及人)'의 덕치(德治)다.

① 은 '수기(修己)'와 '내성(內聖)'에 해당하고, ② 는 '치인(治人)'과 '외왕(外王)'에 해당한다.

강령의 세 번째는 ③'가장 좋고 합당한 도리에 가서 머무름(在止於至善)'이다. 이 ③은 '①, ②, ③'에 다 걸린다. 즉 '나의 명덕을 밝힐 때에도 지어지선해야 하고', '만민을 혁신할 때에도 지어지선해야 하고', '나와 만민이 함께 지어지선'할 때에도 '지어지선'해야 한다. 삼강령을 반드시 실천해야 한다. 그 과정이 '지지(知止)·유정(有定)·능정(能靜)·능안(能安)·능려(能慮)·능득(能得)'이다.

大全疏註 ① 朱子曰 知止是識得去處 旣識得 心中便定 更不他求 如行路得從這一路去 心中自是定 如求之此 又求之彼 卽是未定 定靜安慮得五字 是功效次第 不是工夫節目 纔知止 自然相因而見.

주자가 말했다. 머무를 곳을 안다고 함은 갈 곳을 바르게 인식함이다. 갈 곳을 인식하면 마음이 정해지고 다른 것을 구하지 않게 된다. 마치 행로할 때에 나아갈 길이 정해지면 마음도 안정됨과 같다. 만약에 갈 길을 정하지 못하고 이리저리 헤매면 마음도 안정되지 못한다. '정(定)·정(靜)·안(安)·여(慮)·득(得)' 다섯은 점진적으로 공부의 효과를 얻는 단계이다. 다섯 가지 수양의 항목이 아니다. '지지(知止)'하면 자연히 나타나 보이게 된다.

大全疏註 ② 定靜安 相去不遠 但有淺深耳 與中庸動變化相類 皆不甚相遠 定以理言 故曰有 靜以心言 故曰能 靜是就心上說 安是就身上說.

'정(定)·정(靜)·안(安)'은 서로 멀리 떨어져 있는 것이 아니고 오직 얕거나 깊은 단계적 차이가 있을 뿐이다. 《중용》에서 '동하면 변하고, 변하면 화한다'는 것과 같이 서로 멀리 떨어져 있는 것이 아니다. 도리를 말함으로써 '정해진다(有定)'라 하고, 마음을 말함으로써 '조용해질 수 있다(能靜)'고 한다. 즉 '조용해질 수 있음'은 마음을 두고 한 말이고 '안정될 수 있음'은 몸을 두고 한 말이다.

大全疏註 ③ 既見得事物有定理 而心恁地寧靜了 看處在那裏 在這裏也安 在那裏也安 安而後能慮 慮是思之精審 今人心中搖漾不定疊 還能處得事否 人處事於叢冗急遽之間 而不錯亂 非安不能也 知止是知事物所當止之理 到臨事又須硏幾審處 方能得所止.

먼저 사물에 대한 적실한 도리를 알면 마음도 그에 따라 영정(寧靜)해진다. 그런 다음에 비로소 어디에서 어떠한 사물을 대하고 처리를 해도 몸가짐이 안정된다. 몸가짐이 안정되어야 깊이 사려할 수 있다. 깊이 사려함이란 생각을 정밀하고 자상하게 살핌이다. 그러나 오늘의 사람들은 마음속이 흔들거리고 안정되지 못했으니, 어떻게 일을 처리할 수가 있겠느냐? 또 복잡하고 다급한 속에서 (즉 안정되지 못한 채) 일을 처리하니 어찌 잘못되지 않을 수 있겠느냐? 몸가짐이 안정되지 않고서는 일처리를 잘할 수 없다. '지지(知止)'는 곧 '사물에 딱 들어맞는 합당한 도리를 안다'는 뜻이다. 일처리에 임해서 깊이 연구하고 살펴야하며, 그래야 비로소 사물을 합당하게 처리할 수 있다.

大全疏註 ④ 知止只是知有這箇道理 也須是得其所止 方是 若要得其所止 直是能慮方是 能慮却是要緊知止 如知爲子而必孝 知爲臣而必忠 能得是身親爲忠孝之事 若徒知這箇道理 至於事親之際 爲私欲所汩 不能盡其孝 事君之際 爲利祿所汩 不能盡其忠 這便不是能得矣 能慮是見得此事合當如此 便如此做.

머무를 곳을 안다는 것은 오직 그 도리를 안다는 뜻이다. 그러나 아울러 모름지기 머물러야 할 지극한 선의 경지에 가서 머무를 수 있어야 한다. 그 경지에 가서 머무를 수 있기 위해서는 바로 깊이 생각할 수 있어야 한다. 깊이 생각할 수 있는 긴요한 것이 곧 '지지(知止)'이다. 예를 들면 자식으로서 효도하고 신하로서 충성해야 함을 안다면 친히 능히 행동으로 충효를 실천해야 한다. 만약에 사물의 도리를 다만 알기만 하고 실제로 어버이를 섬길 때에 사사로운 욕심에 빠져 효도를 다하지 못하거나 또는 임금을 섬길 때에 이득이나 녹봉에 골몰하여 충성을 다하지 못하면, 이는 '능득(能得)'이 아니다. '능려(能慮)'의 뜻 속에는 '합당하다고 인식한 것을 실천하는 것'도 포함된다.

大全疏註 ⑤ 知止如射者之於的 得止是已中其的.

'멈출 곳을 안다(知止)'고 함은 활 쏘는 사람이 과녁을 알았다는 것과 같으며, '멈출 곳을 얻었다(得止)'고 함은 이미 과녁을 맞추었음과 같다.

大全疏註 ⑥ 定靜安三字 雖分節次 其實知止後 皆容易進 安而後能慮 慮而後能得 此最是難進處 多是至安處住了 安而後能慮 非顏子不能之去得字地位 雖甚近 然只是難進 挽弓到臨滿時 分外難開.

'정(定)・정(靜)・안(安)' 셋은 비록 절차가 나누어졌지만 실지로는 '지지(知止)'를 하면 그 다음에는 용이하게 나아갈 수 있다. 몸이 안정되어야 깊이 사려할 수 있고, 또 깊이 사려해야 능히 지선의 경지를 터득할 수가 있다. 그러나 이 '능히 지선(至善)의 경지를 터득할 수 있음(能得)'이 가장 도달하기 어렵다. 대부분의 사람들은 몸이 안정된 경지에 이르면 그 경지에서 머무르고 만다. 그러므로 '안이후능려(安而後能慮)'의 경지는 안자(顔子)가 아니면 가지 못한다. '능득(能得)'의 경지는 앞의 단계나 절차와 퍽 가까운 것 같으나 실지로 나아가기는 어렵다. 활을 당길 때에 마지막으로 충분히 당기기 어려운 것과 같다. (마지막까지 실천해서 좋은 성과를 거두는 것이 곧 能得이다)

大全疏註 ⑦ 勉齋黃氏曰 大學之道 在於明德新民 明德新民之功 在於至善 至善之理 又在於必至而不遷 故此一節 但以止爲言 曰知 曰得 止之兩端 定者知所止之驗 慮者得所止之始 曰靜 曰安 則原於知而 終於得 有必至不遷之意矣.

면재 황씨가 말했다. 대학의 원리는 명덕과 신민에 있다. 명덕과 신민의 공은 지선에 도달함에 있다. 또 지선의 이치는 반드시 도달해서 머물러 있어야 한다. 그러므로 이 구절에서는 '지(止)'를 강조했다. '알 지(知)'와 '얻을 득(得)'은 머무름의 양단이다. '정(定)'은 '머무를 곳을 앎(知所止)'의 효험이고 '깊이 사려함(慮)'은 '머무를 경지를 터득함(得所止)'의 시발이다. '정이다 안이다 하는 것(曰靜曰安)'도 '지(知)'를 바탕으로 하고 마지막으로 얻어진다. 그러므로 반드시 지선(至善)의 경지에 도달하고 다른 곳으로 옮기지 말아야 한다.

大全疏註 ⑧ 雙峯饒氏曰 譬之秤 知止是識得秤上星兩 慮是將來秤物時 又仔細看 能得是方秤得輕重的當 定靜安在事未至之前 慮是事方至之際 四者乃知止所以至能得之脈絡.

쌍봉 요씨가 말했다. 저울을 비유해서 말하겠다. '멈출 곳을 앎'은 저울대 위의 눈금을 아는 것과 같다. '깊이 생각함〔慮〕'은 물건을 저울에 달 때에 자세히 보는 것과 같다. '얻을 수 있음〔能得〕'은 무게를 합당하게 저울에 재는 것과 같다. '정(定)·정(靜)·안(安)'은 사물이 오기 전에 할 일이고, '여(慮)'는 사물이 왔을 때의 할 일이다. 이 네 가지가 곧 '지지(知止)'를 바탕으로 하고 '능득(能得)'에 도달하는 맥락이다.

大全疏註 ⑨ 雲峯胡氏曰 定而能靜 則事未來 而此心之寂然不動者不失 安而能慮 則事方來 而此心之感而遂通者不差.

운봉 호씨가 말했다. 도리가 정해지고 조용해질 수 있어야, 사물이 아직 오지 않았을 때에 마음의 '고요와 부동함(寂然不動者)'을 잃지 않는다. 마음이 안정되고 잘 생각할 수 있어야 일이 닥쳤을 때에 마음이 '감동하고 잘 통하는 데(感而遂通者)'에 차질이 없게 된다.

大全疏註 ⑩ 新安陳氏曰 明德新民 所以得止於至善之由 其緊要處 先在知止上 蓋於事事物物 皆知其所當止之理 卽格物而知止也 下文致知 知至之知字 已張本於此矣.

신안 진씨가 말했다. '명덕(明德)과 신민(新民)'은 '지어지선(止於至善)'에 도달하는 바탕이다. (그렇게 하는 데) 가장 긴요한 것은 먼저 '머무를 곳을 아는 것'이다. 무릇 모든 사물(事物)을 대하고 처리함에 있어, 머물러야 할 가장 합당한 도리를 알아야 한다. 그것이 곧 '격물(格物)하고 지지(知止)'이다. 다음 경문에서 '치지(致知), 지지(知至)'라고 한 '지(知)'자가 이미 이와 같은 뜻을 바탕으로 한 것이다.

경문 3절

원문 物有本末 事有終始 知所先後 則近道矣.

물유본말(하고) 사유종시(하니) 지소선후(면) 즉근도의(니라).

직역 물이 본과 말이 있고 사이 종과 시가 있으니 먼저 하며 후에 할 바를 알면 곧 도에 가까우니라.

의역 모든 사물에는 뿌리에 해당하는 근본과 끝가지에 해당하는 결과적 효험이 있게 마련이다. 또 모든 사물에는 먼저 해야 할 것과 나중에 할 것이 있게 마련이다. 모든 사물을 처리함에 있어 먼저 할 바와 나중에 할 바를 알고 행하면 도에 가깝게 될 수 있다.

어구 설명 ㅇ物有本末(물유본말)－모든 사물에는 뿌리에 해당하는 근본이 있고 동시에 끝가지에 해당하는 결과적인 효험이 있다. '물(物)과 사(事)'를 나누어 말했으나 실은 '모든 사물(事物)'의 뜻이다. ㅇ事有終始(사유종시)－모든 사물에는 시작과 끝이 있다. '시(始)'는 원인에 해당하는 출발, '종(終)'은 결과에 해당하는 종말의 뜻. ㅇ知所先後(지소선후)－먼저 할 일과 뒤로 할 일을 알고 행해야. ㅇ則近道矣(즉근도의)－도에 가까이 갈 수 있다.

章句集註 (1) 明德爲本 新民爲末 知止爲始 能得爲終 本始所先 末終所後 此結上文兩節之意.

자신의 덕을 밝히는 것이 근본 뿌리에 해당하고, 백성을 새롭게 혁신하는 것이 끝가지 효험에 해당한다. 지극한 선에 가서 머무름을 아는 것을 처음으로 삼아야, 능히 종말을 잘 지을 수 있다. 근본이 되는 것과 처음 할 일을 먼저 앞세우고, 끝가지와 결과에 해당하는 일을 뒤에 해야 한다. 이 경문은 앞의 두 경문의 뜻을 함께 묶은 것이다.

어구 설명 ㅇ明德爲本(명덕위본)－명덕을 근본 뿌리로 삼는다. ㅇ新民爲末(신민위말)－신민을 끝가지로 삼는다. ㅇ知止爲始(지지위시)－지지(知止)를 먼저 하면. ㅇ能得爲終(능득위종)－나중에 능득(能得)하게 된다. ㅇ本始所先(본시소선)－근본이 되는 명덕(明德)과 먼저 할 지지(知止)를 앞세우고. ㅇ末終所後(말종소후)－끝가지에 해당하는 신민(新民)과 결과에 해당하는 능득(能得)을 뒤로 한다. ㅇ此結上文兩節之意(차결상문량절지의)－이 '경문 3절'은 앞의 '경문 1절' '경문 2절'를 묶어 말한 것이다.

참고 ◐ **'본말(本末) 시종(始終) 선후(先後)'의 깊은 뜻**

① 본말(本末) : 나무에 비유하면, 본(本)은 뿌리, 말(末)은 가지에 해당한다. 나무의 뿌리가 굳고 튼튼해야 가지들이 잘 뻗고 잎이나 꽃이 핀다. 그와 마찬가지로 도덕정치(道德政治)에 있어서는 임금의 '명명덕(明明德)'이 근본이 된다. 임금이 '하늘이 내려준 천리를 따르고 실천하는 명덕을 밝히면' 자연히 '만민을 사랑하고 교화해서 그들을 혁신하여 저마다의 명덕을 밝히게 할 것이다.' 그때에 참다운 평천하(平天下)가 이루어진다. 그래서 '명

덕(明德)은 본이고, 신민(新民)은 말에 해당한다'고 말한 것이다.

② 시종(始終) : 먼저 바르게 시작을 해야 나중에 좋은 결과를 얻는다. 먼저 바른 길을 알고 그 길을 타야 곧바르게 목적지에 도달할 수 있다.

도덕정치를 펴거나 사물을 처리할 때, '지지(知止)'를 먼저 시발점으로 삼아야, 종착점에 해당하는 '능득(能得)'한다. '지지'는 '가장 좋고 합당한 도리를 알고 또 굳게 지킨다'는 뜻이고, '능득'은 '가장 좋고 합당한 도리대로 사물을 처리할 수 있다'는 뜻이다.

③ 선후(先後) : 앞세우고 먼저 할 일과 뒤에 할 일. '명덕(明德)과 지지'를 앞세우고 먼저 하고 그것을 바탕으로 하고 '신민(新民)과 능득'해야 한다. 도덕정치나 사물 처리에는 '본말(本末)·시종(始終)·선후'가 있게 마련이다.

大全疏註 ①-1 問 事物何分別 朱子曰 對言則事是事 物是物 獨言物則兼事在其中 知止能得 如耕而種 而耘而斂 是事有箇首尾如此.

'사(事)와 물(物)을 어떻게 분별합니까'하고 묻자, 주자가 대답했다. 대립적으로 말하면 사는 일이고 물은 물건이다. 그러나 둘을 묶어 한마디로 말하면 물 속에 사가 포함된다. '지지(知止)해야 능득(能得)한다고 한' 것은 마치 '밭 갈고 씨뿌리고 김매고 거두어들임'과 같으며 따라서 모든 사물에는 머리와 꼬리가 있게 마련이다.

大全疏註 ①-2 明德是理會已之一物 新民是理會天下之萬

物 以己之一物 對天下之萬物 便有箇內外本末 知所先後 自然近道 不知先後 便倒了 如何能近道.

(주자의 말 계속) 명덕은 나 혼자 도리를 터득하고 나타내는 일이고, 신민은 천하 만민으로 하여금 도리를 터득시키고 나타나게 하는 일이다. 내가 명덕을 밝히는 한 가지 일로 천하 만민의 명덕을 밝히는 만가지 일을 상대하기 때문에, 자연히 '내면적인 일과 외형적인 일, 또 근본 뿌리에 해당하는 일과 끝가지에 해당하는 결과적인 일〔內外本末〕'이 있게 마련이다. 따라서 '앞세울 바와 뒤로 돌릴 바를 잘 알고 처리해야 한다〔知所先後〕.' (그렇게 하면) 자연히 도에 가까워진다. 선후를 모르면 앞과 뒤가 뒤집힐 것이니, 어찌 도에 가까워질 수 있겠느냐?

大全疏註 ② 三山陳氏曰 新民者自明德而推也 己德不明 未有能新民者 此明明德所以爲新民之本 能得者原於知止而後致也 苟始焉不知止於至善 亦未見其卒於有得矣 此知止所以爲能得之始.

삼산 진씨가 말했다. '신민(新民)'은 '자신의 덕을 밝힘으로부터〔自明德〕' 추진되는 것이다. 자기의 덕이 밝혀지지 않으면 백성을 새롭게 혁신할 수가 없다. 그러므로 '명덕을 밝힘〔明明德〕'이 '신민'의 근본이 되는 것이다. '능득(能得)'은 '지지(知止)'를 근본으로 한다. 만약에 처음에 지극한 선의 경지에 가서 머무름을 알지 못하면 역시 나중에 좋은 성과를 얻지 못하게 된다. 그러므로 '지지'가 '능득'의 시초가 되는 것이다.

大全疏註 ③ 玉溪盧氏曰 物有本末 結第一節 事有終始 結第二節 知所先後 則近道矣 兩句再總結兩節 一箇先字起下文六箇先字 一箇後字 起下文七箇後字 不特結上兩節 亦所以起下文兩節之意.

옥계 노씨가 말했다. '물유본말(物有本末)'은 '경문 1절'을 묶은 말이다. '사유종시(事有終始)'는 '경문 2절'을 묶은 말이다. '지소선후(知所先後) 즉근도의(則近道矣)' 두 구절은 즉 '경문 1절, 2절'을 다 묶은 것이다.

'하나의 선자(先字)'는 다음 글의 '여섯 개의 선자'를 일으켰고, '하나의 후자(後字)'는 다음 글의 '일곱 개의 후자'를 일으켰다. 이들은 두 구절을 엮어주었을 뿐만 아니라 또한 아래 구절의 뜻을 일으키는 바탕이기도 하다.

大全疏註 ④ 仁山金氏曰 不曰此是大學之道 而曰近道 蓋道者 當行之路 知所先後 方是見得 在面前 而未行於道上 所以只曰近.

인산 김씨가 말했다. 이것이 '대학의 도'라고 말하지 않고 '도에 가깝게 된다'로 말했다. 아마 (그 이유는 다음 같을 것이리라) 도(道)는 '당연히 따라가야 할 길이며 앞과 뒤를 알아야 비로소 나갈 길이 눈앞에 보이는 법이다. 그러나 길 위를 실제로 가는 것이 아니므로 다만 가깝게 될 거라고 말한 것이다.

경문 4절

원문 古之欲明明德於天下者 先治其國 欲治其國者 先齊其家 欲齊其家者 先修其身 欲修其身者 先正其心 欲正其心者 先誠其意 欲誠其意者 先致其知 致知在格物.

고지욕명명덕어천하자(는) 선치기국(하고) 욕치기국자(는) 선제기가(하고) 욕제기가자(는) 선수기신(하고) 욕수기신자(는) 선정기심(하고) 욕정기심자(는) 선성기의(하고) 욕성기의자(는) 선치기지(하니) 치지(는) 재격물(하니라).

직역 옛날에 밝은 덕을 천하에 밝히고자 하는 자는 먼저 그 나라를 다스리고, 그 나라를 다스리고자 하는 자는 먼저 그 집안을 가지런히 하고, 그 집안을 가지런히 하고자 하는 자는 먼저 그 몸을 닦고, 그 몸을 닦고자 하는 자는 먼저 그 마음을 바르게 하고, 그 마음을 바르게 하고자 하는 자는 먼저 그 뜻을 성실하게 하고, 그 뜻을 성실하게 하고자 하는 자는 먼저 바르게 알아야 한다. 바른 앎은 곧 사물의 도리를 터득함에 있다.

의역 옛날의 명덕을 천하에 밝히고자 한 사람은 먼저 나라를 잘 다스렸으며, 그 나라를 잘 다스리고자 한 사람은 먼저 자신의 집안을 가지런하게 했으며, 그 집안을 가지런하게 하고자 한 사람은 먼저 자신의 몸을 닦았으며, 그 몸을 닦고자 한 사람은 먼저 자신의 마음을 바르게 했으며, 그 마음을 바르게 하고자 한 사람은 먼저 자신의 뜻을 성실하게 했으며, 그 뜻을 성실하게 하고자 한 사람은 먼저 (모든 사물에 대한) 인식을 바르게 이루었다. 인식을 바르게 이루는 바탕은 사물의 도리를 잘 파악함에 있다.

어구 설명 ㅇ古之欲(고지욕)……者(자)－옛날에 ……하려고 한 사람, 즉 '하(夏)·은(殷)·주(周)'의 성왕(聖王)을 말한다. '욕(欲)……자(者)'를 일반적으로는 '……하려고 하는 사람'으로 풀이한다. 그러나 '자'를 허사(虛詞)로 보고, '……하기 위해서, ……하려면'으로 풀어도 된다. ㅇ古之欲明明德於天下者(고지욕명명덕어천하자)－옛날에 명덕을 천하에 밝히려고 한 성왕은, 혹은 옛날의 성왕이 명덕을 천하에 밝히기 위해서는. ㅇ先治其國(선치기국)－먼저 자기 나라를 다스린다. 〈原註〉 '치는 평성, 뒤도 같다.(治平聲 後倣此)' ㅇ欲治其國者(욕치기국자)－그 나라를 잘 다스리려는 사람, 혹은 자기 나라를 잘 다스리기 위해서는. ㅇ先齊其家(선제기가)－먼저 그 집안을 가지런히 한다. '제(齊)'는 고르게 모두 잘살게 한다. '기가(其家)'는 대가족제도(大家族制度)에 속하는 일가친척 모든 집안과 모든 사람. ㅇ欲齊其家者(욕제기가자)－자기 집안을 가지런히 하기 위해서는. ㅇ先修其身(선수기신)－먼저 자기 몸을 잘 닦는다, 수양한다. 특히 가장(家長)이 솔선해서 모든 사람에게 인덕(仁德)을 베풀고 또 윤리 도덕을 실천해야 하며, 그래야 가족들이 감화된다. 즉 윗사람이 '명명덕(明明德)'하면, 모든 가족이 '신민(新民)'한다. ㅇ欲修其身者(욕수기신자)－자기 몸을 잘 수양하기 위해서는. ㅇ先正其心(선정기심)－먼저 자기의 마음을 바르게 한다, 마음이 몸의 주체다, 마음이 착하면 몸도 착하게 행동하고, 마음이 악하면 몸의 행동도 악하게 된다. ㅇ欲正其心者(욕정기심자)－마음을 바르게 하기 위해서는. ㅇ先誠其意(선성기의)－먼저 자기의 뜻을 성실하게 한다. '의(意)'는 마음을 발동케 하는 의식, 의욕, 의지. 오늘의 말로 동기나 목적의식 등으로 확대 해석할 수 있다. '성실(誠實)'은 '하늘의 도리를 참되게 따르고 행하여 좋은 열매를 거두는 것이다.' 악덕하게 돈을 벌고 부를 축적하는 것은 참다운 '성실'이 아니다. ㅇ欲誠其意者(욕성기의자)－자기의 뜻을 성실하게 하려면. ㅇ先致其知(선치기지)－먼저 모든 사물의 실재(實在)와 도리(道理)를 잘 알아야 한다. '치(致)'는 이르다, '지(知)'는 바르게 앎, 즉 바른 지식과 인식. '치지(致知)'는 크게는 우주천지 자연만물에 대한 올바른 인식, 작게는 자기가 처리하려는 사물의 도리를 바르게 안다는 뜻이다. ㅇ致知在格物(치지재격물)－올바르게 안다는 것은 곧 사물에 (내재하고 있는) 깊은 도리를 바르게 파악함에 있다. '격물(格物)'은 사물 속에 있는 도리를 연구하고 바르게 파악한다는 뜻. '치지재격물(致知在格物)'은 '치지와 격물을 동일시한 것'이다. 즉 '격물하는 것이 곧 치지이다'라는 뜻이다.

참고 ◐ **대학의 팔조목**(八條目)

《대학(大學)》에서 강조하는 도덕정치를 구현(具顯)하기 위한 여덟 개의 단계를 '팔조목(八條目)'이라 한다.

평천하(平天下)·치국(治國)·제가(齊家)·수신(修身)·정심(正心)·성의(誠意)·치지(致知)·격물(格物)이 팔조목이다.

삼강령(三綱領)과 팔조목의 상호 관계와 그 깊은 뜻은 나중에 자세히 학습한다. 먼저 '장구집주'를 보자.

章句集註 (1) 明明德於天下者 使天下之人 皆有以明其明德也.

'명덕을 천하에 밝힌다(明明德於天下者)'고 함은 '천하 모든 사람들로 하여금 저마다의 명덕을 밝히게 한다'는 뜻이다.

참고 ◐ **명명덕어천하**(明明德於天下)

도덕정치를 줄여서 덕치(德治)라고 한다. 무력이나 형법으로 백성을 위협하고 그들의 재물을 탈취하는 악덕정치와는 반대가 된다. 덕치를 펴기 위해서는 우선 임금 자신이 '선본성(善本性)인 명덕(明德)'을 밝혀야 한다. 그러면 자연히 만민을 사랑하고 바르게 교화한다. 그러면 백성들도 스스로 낡고 악한 것을 버리고 새롭게 태어나, 저마다의 명덕을 밝히고 저마다 바르고 착하게 살 것이다. 그때에 진정한 평화세계를 기대할 수 있다. 그러므로 '임금이 자신의 명덕을 밝히는 것'과 '만민으로 하여금 명덕을 밝히게 하는 것'은 일치하며, 그것이 곧 '명명덕어천하자(明明德於天下者)'의 뜻이다.

大全疏註 ① 新安吳氏曰 由此推之 則治國是欲明明德於一國 齊家是欲明明德於一家也.

신안 오씨가 말했다. 주자의 주를 미루어 (다음과 같이 말할 수 있다). 나라를 다스림은 곧 그 나라 모든 사람으로 하여금 각자의 명덕을 밝히게 함이고, 한 집안을 가지런히 함은 곧 그 집안의 모든 가족으로 하여금 각자의 명덕을 밝히게 하는 것이다.

大全疏註 ② 新安陳氏曰 本當云欲平天下者先治其國 今乃以明明德於天下言之 蓋以明德乃人己所同得 明明德

者明己之明德體也 明明德於天下者 新天下之民 使之皆明其明德 如此則天下無不平矣用也 一言可以該大學之體用可見 明明德又爲綱領中之綱領也.

신안 진씨가 말했다. 본래는 '천하를 평화롭게 하려는 자는 먼저 자기 나라를 다스린다고 한 것'을 여기서는 '명덕을 천하에 밝힌다'고 말했다. 무릇 명덕은 남이나 내가 다 같이 하늘로부터 받아 가지고 있는 것이다. (경문 1장에서) '명덕을 밝힌다(明明德)'고 한 것은 임금이 자신의 명덕을 밝힌다는 뜻이며, 그것이 근본이 되는 체(體)이다. 한편 여기서 '명덕을 천하에 밝힌다(明明德於天下者)'고 한 것은 천하만민을 혁신하고 그들로 하여금 저마다의 명덕을 밝히게 함이며, 그렇게 하면 천하가 평화롭게 됨으로 그것은 곧 용(用)이다. 한마디 속에 체와 용이 다 갖추어져 있음을 알 수 있다. 그러므로 '명명덕'은 또한 강령 중의 강령이다.

大全疏註 ③ 東陽許氏曰 不曰欲平天下先治其國 而曰明明德者 是要見新民是明德中事 又見新民不過使人各明其明德而已.

동양 허씨가 말했다. '천하를 평화롭게 하기 위해서는 먼저 그 나라를 다스린다'고 말하지 않고 '명덕을 밝힌다'고 말한 것은 오직 '백성을 혁신하는 신민'이 명덕에 속하는 일임을 알게 하고 또 백성을 새롭게 혁신함이란 오직 모든 사람으로 하여금 저마다의 명덕을 밝혀내는 것임을 알게 함이다.

章句集註 (2) 心者身之所主也 誠實也 意者心之所發也 實其心之所發 欲其必自慊 而無自欺也.

'마음[心]'은 '몸의 주체'이다. '성(誠)'은 '참되고 실하다'는 뜻이다. '의(意)'는 '마음의 나타남'이다. '마음의 나타남'을 성실하게 하는 것은 곧 '반드시 자신에게 즐겁고 흡족하며, 스스로 속이는 바 없게 하려는 것'이다.

어구 설명 ㅇ心者身之所主也(심자신지소주야)－마음이 몸의 주체다. 마음이 육신을 주재(主宰)한다. 속에 있는 마음이 착하면 육신생활이 착하게 된다. 반대로 마음이 악하면 그의 육신생활도 악하게 된다. ㅇ誠實也(성실야)－성(誠)은 실(實)이다. '성'은 '참되게 따르고 행한다'는 뜻. '실'은 '실지로 열매를 맺는다'는 뜻. 마음이 착하면 행동이 착하게 나타나고, 마음이 악하면 행동이 악하게 나타난다. 마음이 반드시 행동으로 나타남을 실(實)이라고 했다. ㅇ意者心之所發也(의자심지소발야)－'의(意)'는 '마음의 나타남'이다. 즉 '마음속으로 무엇을 하겠다 혹은 어떻게 하겠다고 생각하는 단계'를 의라고 한다. 마음의 발동(發動), 의지(意志), 의욕(意慾), 욕구(欲求) 등의 뜻을 포함한다. ㅇ實其心之所發(실기심지소발)－자기의 마음의 발동이나 욕구를 (천리에 맞게) 진실되고 알차게 한다고 함은. ㅇ欲其必自慊(욕기필자겸)－'반드시 즐겁고 흡족하기를(其必自慊)' '바라는 것이다(欲)'. '겸(慊)＝愜(뜻에 맞을, 쾌할 협)'. ㅇ而無自欺也(이무자기야)－아울러 (착한 본성에 비추어) 스스로 속이지 않고자 함이다. '욕(欲)'은 여기까지 걸린다. '자겸(自慊)' '무자기(無自欺)'는 '명덕(明德)'을 기준으로 한다.

참고 ◐ **마음이 몸의 주체**(心者身之主)

사람은 몸으로 행동한다. 몸을 주재(主宰)하는 것이 마음이다.

그러므로 마음이 착하면 착하게 행동하고, 마음이 악하면 악하게 행동한다. 유교에서는 착한 마음을 '도를 따르고 행하는 도심(道心)'이라 하고, 악한 마음을 '동물적 욕구를 채우려는 인심(人心)'이라고 말했다. 《서경(書經)》 대우모(大禹謨)에 있다. '사람의 마음은 위태롭다. 도의심(道義心)은 깊은 곳에 있고 미묘하다. 그러므로 정성껏 한결같이 하늘이 준 중용의 도를 지켜야 한다.(人心惟危 道心惟微 惟精惟一 允執厥中)' 인심은 '동물적·관능적 욕구를 채우려는 이기심'이다. '도심'은 오늘의 말로 '천리를 따르고 행하는 도덕성(道德性) 혹은 도의심'으로 이해하면 된다. 동물적 이기심을 인심 혹은 수심(獸心)이라고도 한다. 사람은 도의심을 따르고 행해야 한다.

◐ **심통성정**(心統性情)

사람은 정신과 육체를 통합한 숭고한 존재다. 하늘은 사람에게만 정신적으로 천도천리(天道天理)를 터득하고 행하는 탁월한 성품을 주었다. 그것을 주자는 성(性)이라고 했으며 특히 《대학》에서는 '명덕(明德)'이라고 했다. 주자가 말하는 '성이나 명덕'을 철학적으로는 '이성(理性)·도덕성·순수이성(純粹理性)', 종교적으로는 '심령(心靈)·신성(神性)·불성(佛性)' 등의 뜻으로 이해해도 크게 잘못되지 않을 것이다.

한편 사람은 육신을 바탕으로 동물적 삶을 영위한다. 음식을 먹고 개체(個體)를 보전하고 남녀가 어울려 종족(種族)을 번식한다. 이와 같은 '식색(食色)'은 육신(肉身)을 터로 하고 나타나는 욕구다. 동시에 사람은 외계의 사물에 대하고 접하면 '희노애

락(喜怒哀樂)' 및 '공구애호(恐懼愛好)' 등의 여러 가지 감정을 일으킨다. 이 모두가 기(氣)를 바탕으로 한 육신에서 발생한다. 주자학에서는 이들을 통합하여 '정(情)'이라 한다. 앞에서 말했듯이 '마음이 몸의 주체다(心者身之主也)'. 그 마음속에 '성(性)과 정(情)'이 함께 있다. 그러므로 한 마음속에 공존하는 '성과 정'을 잘 조절해야 한다. '도덕성을 바탕으로 욕구를 조절해야 한다'. 이를 '심통성정(心統性情)'이라고 한다. 동물적 감정이나 욕구만으로 사는 것은 '숭고한 사람의 삶'이 아니다.

마음속에 지닌 '명덕(明德)이나 도덕성'도 몸을 통해 나타나고, '감정(感情)이나 욕구(欲求)'도 몸을 통해 나타난다. 단 사람의 육신을 구성하고 있는 기질(氣質)이 저마다 다르기 때문에 '성과 정'의 나타남이 저마다 다르게 된다. 기질이 청명(淸明)한 사람은 혼탁한 사람보다 도덕적이게 마련이다. 성인(聖人)의 혈기(血氣)는 맑고, 악한(惡漢)의 혈기는 혼탁하다.

大全疏註 ①-1 雲峯胡氏曰 中庸言誠身 是兼誠意正心修身而言 謂身之所爲者實 此但言誠意 是欲心之所發者實.

운봉 호씨가 말했다. 《중용》에서 '성신(誠身)'이라고 말한 것은 '성의(誠意)·정심(正心)·수신(修身)'을 다 포괄한 말이고, '몸의 행실이 성실하다'는 뜻이다. 그러나 여기서는 다만 '성의'라고만 했다. 그것은 '마음의 발동을 성실하게 해야 한다'는 뜻이다.

大全疏註 ①-2 章句所發二字 凡兩言之 因其所發 而遂明之

者性 發而爲情也 實其心之所發者 心發而爲意也.

〈장구〉에는 '소발(所發)'을 두 번 말했다. (앞의 '意者心之所發也'의 경우는) '발하는 바탕을 따라 나타나서 성(性)이 되고 또 발하여 나타나서 정(情)이 된다.' (뒤의) '실기심지소발(實其心之所發)'의 경우는 '마음이 발하여 뜻이 된다'.

大全疏註 ①-3 朱子嘗曰 情是發出恁地 意是主張要恁地 情如舟車 意如人 使那舟車一般.

주자가 전에 말했다. 정(情)은 느낀 대로 나타나지만, 의(意)는 의도적으로 주장하는 것이다. 정은 배나 수레와 같고 의는 사람과 같다. 흡사 사람이 의도대로 배나 수레를 부리는 것과 같다.

大全疏註 ①-4 然則性發爲情 其初無有不善 卽當加夫明之之功 是體統說 心發而爲意 便有善有不善 不可不加夫誠之之功 是從念頭說.

그러므로 성(性)이 발해서 정(情)이 되면 처음부터 선하지 않은 것이 없다. 그러므로 마땅히 (본연의 명덕을) 밝히는 공부를 해야 한다. 이는 곧 (성과 정을 통합한 마음을) 총체적으로 말한 것이다. 마음이 발하여 의(意)가 되는 경우에는 (그 의욕에) 선한 것 혹은 선하지 못한 것이 있게 마련이다. 그러므로 불가불 성실하게 하는 공부를 해야 한다. 이것은 '염원'을 두고 말한 것이다.

大全疏註 ②-1 新安陳氏曰 諸本皆作 欲其一於善而無自欺

也 有祝氏附錄本 文公適孫鑑書其卷端云 四書元本 則以鑑向得先公晩年絶筆所更定而刊之 興國者爲據此本獨作必自慊而無自欺 可見絶筆所更定 內改此三字也.

신안 진씨가 말했다. 다른 모든 판본에는 모두 '욕기일어선이무자기(欲其一於善而無自欺)'라고 되어 있다. 헌데 축씨(祝氏)가 간행한 〈사서부록본(四書附錄本)〉에는 주자의 적손 감(鑑)이 말미에 쓴 (다음과 같은) 글이 있다. '사서(四書)의 원본은 내가 전에 선공(先公)이 말년에 절필(絶筆) 직전에 개정한 것을 추린 것이다.' 그리고 흥국본(興國本)은 그 〈부록본〉을 근거로 한 것이라, 유독 '필자겸이무자기(必自慊而無自欺)'로 씌어져 있다. 이로써 주자가 절필 직전에 개정한 것이 이 세 글자임을 알 수 있다.

참고 **◐주자가 임종 3일 전에 주(註)를 고침**

이로써 주자가 임종 사흘 전에 '일어선(一於善)'을 '필자겸(必自慊)'으로 개정한 것을 알 수 있다. 이것으로도 주자가 얼마나 '성의장구(誠意章句)'를 중요시 했나를 알 수 있다.

大全疏註 ②-2 按文公年譜 慶元庚申四月辛酉 公改誠意章句 甲子公易簀 今觀誠意章 則祝本與諸本 無一字殊 惟此處有三字異 是所改正在此耳.

문공 연보를 보면 '경원 경신 사월 신유(서기 1200년 3월 6일)' 공이 성의장구(誠意章句)를 개정하고, 갑자(9일)에 공이 운명했다. 지금 성의장을 보면 축씨본(祝氏本)과 다른 판본은 한 글자도 다르지 않으며, 이곳의 세 글자가 다르다. 바로 개정한 바가 이것이다.

大全疏註 ②-3 一於善之云 固亦有味 但必惡惡 如惡惡臭 好善如好好色 方自快足於己 如好仁必惡不仁 方爲眞切.

'일어선(一於善)'도 역시 의미가 있다. 그러나 반드시 '악을 미워함을 악취를 싫어함과 같이 하고, 선을 좋아함을 미색을 좋아함과 같이해야지' '비로소 스스로 자신에게 흡족하게 되는 것이다(方自快足於己)' 또 '인(仁)을 좋아하면 반드시 불인(不仁)을 미워해야지' '비로소 참되고 절실하게 되는 것이다(方爲眞切)'.

大全疏註 ②-4 若曰一於善 包含不二於惡之意 似是欠後語 語意欠渾成的當 不若必自慊對無自欺 只以傳語釋經語 痛快該備 跌撲不破也.

만약 '일어선(一於善)'이라고 하면, '오악(惡惡)과 악취(惡臭)가 하나라는 뜻은 포함하지만' '뒤의 말'을 소홀히 한 듯하고 또 말의 뜻도 부족하고 애매하게 된다. 그러므로 '필자겸(必自慊)'으로 '무자기(無自欺)'와 대를 이루게 함이 좋다. (그래야) 전문(傳文)으로 경문(經文)을 해석하는 데 있어, 뜻이 명쾌하게 통하고 또 모든 뜻을 갖추고, 밟고 두드려도 깨지지 않을 것이다.

大全疏註 ②-5 況語錄有云 誠與不誠 自慊與自欺 只爭毫釐

之間 自慊則一 自欺則二 自慊正與自欺相對 誠意章只在兩箇自字上用功 觀朱子此語則可見矣.

하물며 어록에서 주자는 말했다. '성(誠)과 불성(不誠), 자겸(自慊)과 자기(自欺)는 털끝 사이를 다투는 것같이 미묘하다. 자겸은 온전한 상태이고, 자기는 분열된 상태이다. 자겸은 바르고, 자기는 반대이다. 성의장은 이 두 자(自)에 대한 공부이다.' 주자의 이 말을 보아도 ('一於善'보다 '必自慊'이 좋음을) 알 수 있다.

어구 설명 ㅇ必自慊(필자겸)－선본성(善本性)에 비추어 흡족하고 즐겁다. '필자겸'이라야 '악한 냄새를 싫어하듯 악(惡)을 미워하고 아름다운 빛을 좋아하듯이 선(善)을 좋아한다(必惡惡如惡惡臭 好善如好好色)'는 뜻을 다 포함하고 '무자기(無自欺)'와도 어울린다.

章句集註 (3) 致推極也 知猶識也 推極吾之知識 欲其所知無不盡也 格至也 物猶事也 窮至事物之理 欲其極處無不到也 此八者大學之條目也.

치(致)는 끝까지 밀고 나간다는 뜻이다. 지(知)는 식(識)과 같은 뜻이다. 나의 지식을 끝까지 밀고 나가서 자기의 앎에 미진함이 없게 함이다. 격(格)은 도달함이다. 물(物)은 사(事)와 같은 뜻이다. 사물의 도리를 끝까지 구명하고 (앎에 있어) 이르지 못함이 없게 함이다. 이상의 여덟 가지가 대학의 팔조목(八條目)이다.

大全疏註 ① 推之以至極處.

('致推極也'의 풀이) 미루어 끝에 이른다는 뜻이다.

大全疏註 ② 朱子曰 六箇欲與先字 謂欲如此必先如此 是言工夫節次 若致知則便在格物上 欲與先字差慢 在字又緊得些子.

주자가 말했다. '경문 4절'에 있는 여섯 개의 '욕(欲)과 선(先)'은 '그렇게 하고 싶으면 먼저 그렇게 해야 한다'는 뜻을 나타낸 글자다. 즉 (목적을 달성하거나 경지에 도달하기 위한) 선행적 공부의 절차를 말한 것이다. 그러나 '바른 앎은 사물의 도리에 도달함에 있다(致知在格物)'고 했다. '욕과 선'의 경우는 약간 여유가 있으나 '재(在)'는 긴밀하게 이어진다.

大全疏註 ③ 致知誠意 是學者兩箇關 致知乃夢與覺之關 誠意乃善與惡之關 透得致知之關則覺 不然則夢 透得誠意之關則善 不然則惡.

'치지(致知)'와 '성의(誠意)'는 배우는 사람이 넘어야 할 두 관문이다. '치지'는 환상과 깨달음의 관문이고, '성의'는 선과 악의 관문이다. '치지'의 관문을 통과해야 바르게 깨닫지만, 그렇지 못하면 환상에 빠지게 된다. '성의'의 관문을 통과해야 선하게 되고 그렇지 못하면 악하게 된다.

大全疏註 ④ 格物是夢覺關 誠意是人鬼關 過得此二關 上面工夫 一節易如一節了 至治國平天下地步愈闊 但須照顧得到.

'격물(格物)'은 몽환과 각성의 관문이다. '성의(誠意)'는 사람이 되느냐 혹은 귀신이 되느냐의 관문이다. 두 관문을 통과한 다음에는 《대학》의 공부가 구절에 따라 더욱 용이하게 되고, 치국(治國)·평천하(平天下)에 도달하는 길이 더욱 넓어진다. 그러나 한 단계 한 단계를 착실히 다져나가야 한다.

大全疏註 ⑤ 格物是零細說 致知是全體說.

격물(格物)은 하나하나의 사물의 도리를 분별해서 말한 것이고, 치지(致知)는 전체적인 인식을 말한 것이다.

大全疏註 ⑥ 格物致知 於物上 窮得一分之理 則我之知 亦知得一分物理 窮得愈多 則我之知愈廣 其實只是一理 纔明彼卽曉此.

사물에 대한 '격물(格物)·치지(致知)'함에 있어, 일푼〔分〕의 도리를 궁구(窮究)했으면 나의 앎〔知〕이 일푼의 사물의 도리를 터득한 것이다. 궁구를 더욱 많이 하면 나의 앎도 더욱 넓어진다. 그러나 사실에 있어서는 하나의 도리(즉 천리)이다. 그러므로 (천리를 바탕으로) 저것을 바르게 알면 이것도 깨닫게 된다.

大全疏註 ⑦ 格物十事 格得九事通透 一事未通透不妨 一事只得九分 一分不通透 最不可 須窮盡到十分處.

격물(格物)함에 있어 열 가지 일의 도리를 터득하고 나머지 한가지 일의 도리를 터득하지 못하는 것은 무방하다. 그러나 한

가지 일에 있어, 구푼의 도리를 터득하고 일푼의 도리를 모르는 일은 절대로 안된다. (무슨 일이든지) 그 일의 도리를 십분 다 터득해야 한다.

大全疏註 ⑧ 因其所已知 推之至於無所不知.

먼저 자기가 알고 있는 도리를 바탕으로 미루어 나가서 알지 못하는 것이 없게 해야 한다.

大全疏註 ⑨ 人多把這道理 作一箇懸空底物 大學不說窮理 只說格物 便是要人就事物上 理會如此 方見得實體 如作舟行水 作車行路 今試以衆力共推一舟於陸 必不能行 方見得舟不可以行陸也 此之謂實體.

일반적으로 사람들은 도리를 공허한 것으로 생각하기 때문에 《대학》에서는 '도리를 궁구한다[窮理]'라고 말하지 않고 '격물(格物)'이라고 말했다. 곧 사람들이 사물을 처리할 때에 도리를 실재로 그 사물에 적용하고 실체적으로 나타나게 하고자 해서다. 마치 배를 만들어 물에 띄워 가게 하고, 수레를 만들어 육지에 굴러가게 함과 같다. 만약에 많은 사람이 억지 힘으로 배를 육지에 옮겨놓아도 배는 절대로 육지를 굴러가지 못하며, (그때에) 비로소 배의 도리는 육행(陸行)하지 못함을 알 것이다. (이와 같이 사물과 도리를 실제적으로 맞추는 것을) '실체(實體)'라고 한 것이다.

참고 ◐ **궁리(窮理)와 격물(格物)**

궁리(窮理)라고 하면 추상적 이론을 궁구(窮究)하는 뜻으로 오해할 수 있다. 그래서 '실체의 사물에 도리를 갖다가 맞춘다는 뜻'의 '격물(格物)'을 《대학》의 용어로 썼다.

大全疏註 ⑩ 格物窮理 有一物便有一理 窮得到後 遇事觸物 皆撞著這道理 事君便遇忠 事親便遇孝 居處便恭 執事便敬 與人便忠 以至參前倚衡 無往不見 這箇道理 若窮不至 則所見不眞 外面雖爲善 內實爲惡.

격물(格物)은 곧 도리를 구명함이다. 한가지 사물에는 가장 좋은 한가지 도리가 있다. 그러므로 가장 좋은 도리를 구명한 다음에 사물을 대하고 처리해야 도리에 맞게 된다. 즉 임금을 섬길 때에는 가장 좋은 충성의 도리에 맞게 하고, 부모를 섬길 때에는 가장 좋은 효성의 도리에 맞게 하고, 거처할 때에는 공손하고, 일을 집행할 때에는 경건하게 하고, 남을 대할 때에는 최선을 다해야 한다. 이러한 태도로 앞으로 나가고 좌우의 균형을 맞히면 어디에서나 가장 좋은 도리를 알게 된다. 만약에 가장 좋은 도리를 구명하지 않으면, 나타나는 도리가 참되지 못하고 외면은 선한 것 같으나 내실은 악하게 마련이다.

大全疏註 ⑪ 問 物者理之所在 人所必有而不能無者 何者爲切 曰 君臣父子兄弟夫婦朋友 皆人所不能無者 但學者須要窮格得盡 事父母則當盡其孝 處兄弟則當盡其友

如此之類 須是要見得盡 若有一毫不盡 便是窮格不至也.

'모든 사물에는 그에 해당하는 도리가 있는 법이라 했으니, 사람이 꼭 지켜야 하고 안 지키면 안되는 절실한 도리는 무엇입니까'하고 묻자, 주자가 대답했다. 군신이 지킬 도리, 부자가 지킬 도리, 형제가 지킬 도리, 부부가 지킬 도리, 붕우가 지킬 도리(즉 五倫)이다. 사람이면 누구나 다 지키고 행해야 한다. 그러나 특히 학문 공부를 하는 사람은 (일반 사람과는 다르게) (오륜의) 도리를 구명하고 실체에 맞게 충분히 실천해야 한다. 즉 부모에게 효도하는 경우에는 마땅히 효도의 도리를 십분 다해야 하고, 형제가 서로 사랑하는 경우에는 마땅히 형은 동생을 우애(友愛)하고, 동생은 형을 공경(恭敬)하되 그 도리를 십분 다해야 한다. 이와 같이 모름지기 도리를 실제로 나타나게 다 해야 한다. 만약에 털끝만큼이라도 다하지 못함이 있으면 곧 격물(格物)의 궁리가 다 이루어진 것이 아니다.

大全疏註 ⑫ 物謂事物也 須窮極事物之理 到盡處 便有一箇是 一箇非 凡自家身心上 皆須體驗 得一箇是非 若講論文字 應接事物 各各體驗 漸漸推廣地步寬闊 如曾子三省 只管如此體驗去.

물(物)은 사물(事物)의 뜻이다. 모름지기 사물의 도리를 끝까지 구명하고 끝에 도달하면 즉 옳은 것과 그른 것을 알게 된다. 이렇게 자신이 모든 사물에 대해서 시비를 몸소 체험해야 한다.

만약에 학문을 강론하거나 사물을 처리하거나 저마다 각각 체험을 하고, 그리고 점차로 범위를 넓혀나가면 자연히 넓어지고 증자의 '일일삼성(一日三省)'과 같이 된다. 오직 이와 같이 자신의 체험을 넓혀 나가야 한다.

大全疏註 ⑬ 致知格物只是一事 非是今日格物 明日又致知 格物以理言也 致知以心言也.

격물(格物)과 치지(致知)는 같은 한가지 일이다. 오늘에 격물하고 내일에 치지 하는 것이 아니다. 격물은 도리를 말한 것이고, 치지는 마음을 두고 말한 것이다.

大全疏註 ⑭ 致知格物是窮此理 誠意正心修身是體此理 齊家治國平天下 是推此理 要做三節看.

'치지 · 격물'은 사물의 도리를 구명함이고, '성의 · 정심 · 수신'은 (구명해서 터득한) 도리를 체험함이고, '제가 · 치국 · 평천하'는 그 도리를 미루어 뻗어나감이다. (이와 같이 팔조목을) 세 단계로 보아야 한다.

大全疏註 ⑮ 於格物致知 誠意正心 修身之際 要常見一箇明德 隱然流行 於五者之間 方分明.

'격물 · 치지 · 성의 · 정심 · 수신'할 때에 언제나 자신의 명덕이 은연중에 일관되게 다섯 가지 속에 유행하고 있음을 알아야 비로소 분명하게 된다.

大全疏註 ⑯ 自格物 至平天下 聖人亦是 略分箇先後 與人看 不成做一件 淨盡無餘 方做一件 如此何時做得成.

격물(格物)에서 평천하(平天下)에 이르는 (팔조목은) 성인도 역시 개략적으로 선후를 나누어 사람에게 알게 한 것이다. (그러므로) 한 가지를 완전무결하게 하고 비로소 다음을 하는 그런 것이 아니다. 만약에 그렇다면 어느 세월에 (팔조목을 하나하나 완전무결하게) 할 수 있느냐.

大全疏註 ⑰ 明明德於天下以上 皆有等級 到致知格物處便親切 故不曰致知者先格其物 只曰致知在格物也.

'명덕을 천하에 밝히기(明明德於天下)' 위해서는 (선행되는) 단계가 있다. 그러나 '치지격물(致知格物)'의 경지는 '치지와 격물'이 밀착한다. 그러므로 '치지를 하기 위해서는 먼저 격물해야 한다'고 말하지 않고, '치지는 격물에 있다'고 말한 것이다.

大全疏註 ⑱ 北溪陳氏曰 心以全體言 意是就全體上發起一念慮處言 格物必如吾身 親至那地頭 見得親切 方是格.

북계 진씨가 말했다. '마음 심(心)'은 (마음의 여러 작용을) 통합해서 한 말이고, '뜻 의(意)'는 그 마음속에서 발기(發起)하는 하나의 염원(念願)을 두고 말한 것이다. '사물의 도리를 구명하는 일'은 반드시 나 자신이 몸소 그 경지에 가서 절실하게 보고 아는 것처럼 해야 비로소 '격(格)=도달'이라 한다.

大全疏註 ⑲ 玉溪盧氏曰 八者以心爲主 自天下而約之以至於身 無不統於一心 自意而推之以至於萬事萬物 無不管於一心 曰格曰致曰誠 皆正心上工夫 曰修曰齊曰治曰平皆自正心中流出.

옥계 노씨가 말했다. 팔조목은 다 마음을 주로 한다. 평천하에서 좁혀서 수신에 이르는 단계가 다 한 마음에 통일되지 않음이 없다. 성의를 미루어 뻗어 만사 만물에 이르는 것도 다같은 마음에 관계되지 않음이 없다. 격물·치지·성의는 다 정심상의 공부이고, 수신·제가·치국·평천하는 다 정심 속에서 유출되는 것이다.

大全疏註 ⑳-1 雲峯胡氏曰 孟子盡心章集註 心者人之神明具衆理而應萬事 卽章句所謂 虛靈不昧 以具衆理 而應萬事 此章或問又曰 知者心之神明 所以妙衆理 而宰萬物 其釋知字 與釋明德相應.

운봉 호씨가 말했다. 《맹자》 진심장 집주에서 '마음은 사람의 신명이며 모든 도리를 갖추고 만사에 응하는 것이다'라고 했음은 즉 〈대학장구〉에서 (명덕을 풀이한) '허령불매하고 구중리 이응만사'와 같다. 또 〈대학혹문〉에서는 '앎은 마음의 신명이며 모든 도리를 신묘하게 터득하고 만물을 주재하는 바탕이다'라고 했다. 그러므로 지(知)의 풀이와 명덕의 풀이가 서로 상응한다.

大全疏註 ⑳-2 蓋此心本具衆理 而妙之則在知 此心能應萬事 而宰之亦在知 具者其體之立 有以妙之 則其用行 應者用之行 有以宰之 則其體立 明德中 自具全體大用 致知云者 欲其知之至 而全體大用 無不明也.

사람의 마음이 본래 모든 도리를 갖추고 오묘하게 작용하는 것은 곧 지(知)를 바탕으로 한다. 또 사람의 마음이 능히 만사에 대응하고 주재할 수 있는 것도 역시 지(知)를 바탕으로 한다. '도리를 갖추었음〔具者〕'은 곧 마음의 '체(體)의 확립'이고, '오묘하게 작용함〔有以妙之〕'은 마음의 '용(用)의 실행'이다. '만사에 대응함〔應者〕'은 곧 '용의 실행'이고, '주재할 수 있음〔有以宰之〕'은 곧 '체의 확립'이다.

(이와 같이 한마디) '명덕(明德)'(이란 말) 속에 제물로 '본체의 전부와 실용의 큼〔全體大用〕'이 다 갖추어져 있다. '치지에 대한 말〔致知云者〕'은 (모든 사물에 대한) '자기의 앎을 충분히 하고〔其知之至〕' 아울러 '본체의 전부와 실용의 큼〔全體大用〕'에 있어 '밝지 않음이 없게 함이다〔無不明也〕.'

大全疏註 ⑳-3 大學前分事與物言 若事自事物自物 此獨言物 物猶事也 有一事必有一理 理本非空虛無用之物 大學敎人卽事以窮理 亦恐人爲空虛無用之學 所以章句釋明德 則義理與事 釋至善亦曰事理 釋格物亦曰窮至事物之理 心外無理 理外無事 卽事以窮理 明明德第一工夫也.

《대학》은 앞에서 '사(事)'와 '물(物)'을 나누어 말했으므로 '물'은 물이고 '사'는 사인 것같이 (별개로 생각할 수도 있을 것이다). 여기서 다만 '물'이라고 한 것은 '사'와 같은 뜻이다. 한가지 사물(事物)에는 반드시 (그에 합당한) 하나의 도리가 있으며, 도리는 본래 공허하고 쓸모없는 것이 아니다. 대학은 사람을 교육할 때에, '사물에 직접 붙어 도리를 구명(卽事窮理)'하게 한다. (그러나) 혹 사람들이 (즉사궁리하는《대학》을) '공허하고 쓸모없는 학문이라고' 생각할까 두려워, 따라서 〈장구〉에서 명덕(明德)을 해석할 때에도 '의리와 사'를 함께 말했고, 지선(至善)을 해석할 때도 역시 '사리(事理)'라 했으며, 격물(格物)을 해석할 때에도 '사물의 도리를 추궁하고 이른다[窮至事物之理]'라고 한 것이다. (그러나) 마음 밖에 도리가 없고, 도리 밖에 사물이 없다. 그러므로 '즉사이궁리(卽事以窮理)'가 '명명덕(明明德)'의 제일가는 공부이다.

大全疏註 ⑳-4 致知在格物 此在字 又與章首三在字相應 大學綱領所在 莫先於在明明德 而明明德工夫所在 又莫先於在格物.

'치지재격물(致知在格物)'의 '재(在)'자는 (경문 첫 장, 삼강령에 있는) '세 개의 재'와 상응한다.《대학》의 강령은 '명명덕(明明德)'에 앞서는 것이 아니고, '명명덕'의 공부는 '격물'에 앞서는 것이 아니다.

大全疏註 ㉑ 新安陳氏曰 大學八條目 格物爲知之始 致知爲

知之極 誠意爲行之始 正心修身 爲行之極 齊家爲推行之始 治國平天下爲推行之極 不知則不能行 旣知又不可不行 誠正修行之身也 齊治平 行之家國與天下也 知行者 推行之本 推行其知 行之驗歟.

신안 진씨가 말했다. 《대학》의 팔조목은 '격물(格物)을 지(知)의 시발로 삼고', '치지(致知)를 지의 극(極)으로 삼고', '성의(誠意)를 행(行)의 시발로 삼고', '정심(正心) 수신(修身)을 행(行)의 극(極)으로 삼는다'.

'제가(齊家)는 추행(推行)의 시발이고', '치국평천하(治國平天下)는 추행의 극이다'. '알지 못하면 행할 수 없고, 이미 알면 행하지 않을 수 없다.' '성의·정심·수신은 몸으로 행하는 일이다[行之身也]'. '제가·치국·평천하는 집안, 나라 및 천하에서 행하는 일이다[行之家國與天下也]'. '지와 행은 추행의 근본이고', '자기가 아는 것을 미루어 행하는 것[推行其知]은 행의 효험이니라[行之驗歟]'.

참고 ◐ **지**(知)·**도심**(道心)·**인심**(人心)

바르게 알면 착하게 살고, 그릇되게 알면 악하게 산다. '앎[知]=지각(知覺)'의 바탕은 '마음[心]'이다. 마음을 크게 '도심'과 '인심'으로 나눈다.

'천리를 깨닫고 윤리 도덕을 실천하고 남을 사랑하고 인류의 역사와 문화의 창조적 발전에 기여하려는 마음이 도심이다'. 이와는 반대로 '동물적·육체적·이기주의적 탐욕을 채우기 위해 남을 살상하고 남의 재물을 탈취하고, 나만의 순간적 쾌락을 취하려는 마음이 인심이다'.

주자(朱子)는 《대학(大學)》에서 '지(知)'를 강조했다. 즉 '실재하는 사물에 붙어 도리를 철저히 구명하고 도리에 맞게 바르게 처리해야 한다'고 강조했다. 그것을 '즉사궁리(卽事窮理)'라고 했다. 한편 주자는 '마음은 사람의 신명이며 모든 도리를 갖추고 만사에 대응한다(心者人之神明 具衆理而應萬事) 〈大全疏註(⑳-1)〉'라고 말했다. 이때의 마음은 곧 '명덕(明德)' '도심(道心)'과 같은 것이다.

주자는 '도심을 바탕으로 하고 바르게 알고, 바르게 사물을 처리하고, 바르게 살고, 더 나가서 제가(齊家)·치국(治國)·평천하(平天下)하기를 가르쳤다'. 그러나 오늘의 무지(無知)한 인간이나 타락한 정치는 인심만을 바탕으로 동물적·이기적 탐욕을 채우기 위해 서로 다투고 서로 재물을 쟁탈하고 서로 죽이고 있다.

경문 5절

원문 物格而后知至 知至而后意誠 意誠而后心正 心正而后身修 身修而后家齊 家齊而后國治 國治而后天下平.

물격이후(에) 지지(하고), 지지이후(에) 의성(하고), 의성이후(에) 심정(하고), 심정이후(에) 신수(하고), 신수이후(에) 가제(하고), 가제이후(에) 국치(하고), 국치이후(에) 천하평(이니라).

직역 물(物)이 격(格)한 후에 지(知)가 지(至)하고, 지(知)가 지(至)한 후에 의(意)가 성(誠)하고, 의가 성한 후에 마음이 정(正)하고, 마음이 정한 후에 몸이 닦아지고, 몸이 닦아진 후에 집안이 고르게 되고, 집안이 고르게 된 후에 나라가 다스려지고, 나라가 다스려진 후에 천하가 평(平)해지노라.

의역 사물의 도리를 잘 구명한 후에 사물을 참되게 알 수 있고, 사물을 참되게 안 후에 뜻을 성실하게 세울 수 있고, 뜻을 성실하게 세운 다음에 마음을 바르게 잡을 수 있고, 마음이 바르게 된 다음에 몸을 잘 닦을 수 있고, 몸이 잘 닦아진 다음에 집안을 가지런하게 할 수 있고, 집안이 가지런하게 된 연후에 나라를 잘 다스릴 수 있고, 나라가 잘 다스려진 다음에 비로소 천하를 평화롭게 할 수 있다.

章句集註 (1) **物格者 物理之極處 無不到也 知至者 吾心之所知 無不盡也 知旣盡 則意可得而實矣 意旣實 則心可得而正矣.**

'물격(物格)'은 사물이 도리의 궁극의 경지에 이르지 못함이 없다는 뜻이다. '지지(至知)'는 내 마음의 아는 바에 다하지 못함이 없다는 뜻이다. 앎을 다하면 즉 '뜻의 발동[意]'을 성실하게 할 수가 있다. 뜻이 먼저 성실하게 되어야 마음을 바르게 할 수 있다.

어구 설명 ㅇ物格者(물격자)－경문에서 '물격'이라고 한 뜻은. ㅇ物理之極處無不到也(물리지극처무부도야)－사물의 도리를 (구명함에 있어) 그 궁극처(窮極處)에 이르지 못함이 없다는 뜻이다. '도리의 궁극처'는 '가장 합당한 좋은 도리'라는 뜻이다. ㅇ知至者(지지자)－경문의 '지지(知至)'는. ㅇ吾心之所知(오심지소지)－나의 마음으로 아는 바 사물의 도리에 있어. ㅇ無不盡也(무부진야)－다하지 않음이 없다. 즉 '사물의 도리의 가장 합당한 지점에 도달해야 한다'는 뜻. ㅇ知旣盡(지기진)－'나의 앎'이 다해야, 즉 '마음속으로 가장 좋고 합당한 도리를 알아야'의 뜻. ㅇ則意可得而實矣(즉의가득이실의)－'의(意)', 즉 '마음의 발동, 욕구'가 성실하게 될 수 있다. ㅇ意旣實(의기실)－'마음의 발동, 욕구'가 성실해야. ㅇ則心可得而正矣(즉심가득이정의)－마음이 바르게 될 수 있다. '바를 정(正)'은 '일(一)과 지(止)의 합자(合字)'로 '하나[一]에 가서 멈춤이다'. 즉 '마음을 천리(天理)와 하나되게 하는 것'이 곧 정심(正心)이다. 마음은 몸의 주체다. 마음이 절대선(絶對善)의 도리인 천리와 하나가 되어야 '몸이나 행동'도 천리와 하나가 된다. 마음이 '악한 욕심'에 넘치면 악한 행동을 하게 된다.

大全疏註 ① 勿軒熊氏曰 知字就心之知覺不昧上說 意字是就心之念慮方萌處說.

물헌 웅씨가 말했다. '지(知)'는 마음의 지각이 어둡지 않은 바탕 위에서 이루어진다는 뜻을 말한 것이고, '의(意)'는 마음속에서 (어떻게 하겠다는) 생각이나 염원이 싹트는 곳을 두고 말한 것이다.

大全疏註 ②-1 雲峯胡氏曰 章句可得二字 蓋謂知此理旣盡然後意可得而實 非謂知已至 則不必加誠意之功也 意旣誠 則心之用可得而正 非謂意已誠 則不必加正心之功也.

운봉 호씨가 말했다. 〈장구〉에서 '가득(可得)'이라고 한 것은 대략 다음과 같은 뜻이다. 사물의 도리를 충분히 알아야 비로소 뜻을 성실하게 세울 수 있다는 뜻이다. 이미 알았으니 성의(誠意)의 공부를 할 필요가 없다는 뜻이 아니다. 또한 먼저 성의해야 비로소 마음을 바르게 쓸 수 있다는 뜻이다. 의가 성하면, 마음을 바르게 하는 공부를 할 필요가 없다는 뜻이 아니다.

大全疏註 ②-2 然不曰 知旣盡 然後實其意 意旣實 而後正其心者 蓋知行二者 貴於竝進 但略分先後 非必了一節

無餘 然後又了一節 是當會於言意之表也.

(운봉 호씨의 말) 그러나 '지(知)를 먼저 다해야 다음에 의(意)가 실하게 된다, 의를 먼저 실하게 해야 다음에 마음이 바르게 된다'고 말하지 않은 이유는 대개 '지와 행(行)이 함께 나가는 것을 귀중하게 여겼기 때문이다'. 그래서 대략 선후를 갈라 말한 것이지, 먼저 하나를 완전하게 한 후에 다음을 하라는 뜻이 아니다. 이는 곧 '의의 나타남'을 말한 것과 일치한다.

章句集註 (2) 修身以上 明明德之事也 齊家以下 新民之事也 物格知至 則知所止矣 意誠以下 則皆得所止之序也.

'수신(修身)' 이상은 명덕을 밝히는 일이다. '제가(齊家)' 이하는 다 백성을 혁신하는 일이다. (사물의 도리를 구명하고, 바른 앎에 이르는) '물격(物格) · 지지(知至)'는 곧 '머무를 곳을 아는(知所止)' 일이다. '의성(意誠)' 이하는 '머무를 곳을 바르게 얻는(得所止)' (단계적) 순서이다.

어구 설명 ㅇ修身以上(수신이상)－'물격(物格) · 지지(知至) · 의성(意誠) · 심정(心正)'을 말한다. ㅇ明明德之事也(명명덕지사야)－'명명덕'에 속하는 일들이다. ㅇ齊家以下(제가이하)－'가제(家齊) · 국치(國治) · 천하평(天下平)'을 말한다. ㅇ新民之事也(신민지사야)－'신민(新民)'에 속하는 일들이다. ㅇ物格知至(물격지지)－'물격'과 '지지'는. ㅇ則知所止矣(즉지소지의)－머무를 곳을 아는 일이다. ㅇ意誠以下(의성이하)－'심정(心正) · 신수(身修) · 가제 · 국치 · 천하평'은. ㅇ則皆得所止之序也(즉개득소지지서야)–모두 '머무를 곳을 바르게 얻은(得所止)' (단계적) 순서다. 〈비교〉 '지소지(知所止)'는 '지어지선(止於至善)을 알다'의 뜻, '득소지(得所止)'는 '지어지선을 얻은, 혹은 이룩하다'의 뜻이다. '심정'은 마음속에 가장 좋은 도리를 얻은 상태이다.

大全疏註 ① 新安陳氏曰 意誠心正身修 明明德所以得至善之次序 家齊國治天下平 新民所以得止善之次序也 皆之一字 包明明德新民而言 此四句包括此一節也 是二節可見三綱之統八目 而八目之隷三綱矣.

신안 진씨가 말했다. '의성(意誠)·심정(心正)·신수(身修)'는 '명명덕(明明德)'이 '지어지선(止於至善)을 얻는' 단계적 순서다. '가제(家齊)·국치(國治)·천하평(天下平)'은 '신민(新民)'이 '지어지선을 얻는' 단계적 순서다. '개(皆)'라는 한 글자는 '명명덕'과 '신민'을 포괄한 뜻이다. (〈집주〉의) 네 구절은 '경문 5절'을 포괄한다. '경문 4절'과 '경문 5절' 둘은 '삼강령'이 '팔조목'을 통합하고, 또 '팔조목'이 '삼강령'에 예속된 것을 알 수 있다.

大全疏註 ② 朱子曰 致知者 理在物 而推吾之知 以知之也 知至者 理雖在物 而吾心之知 已得其極也.

주자가 말했다. '치지(致知)'는 도리가 사물에 있으되 나의 마음의 인식을 미루어서, 그 도리를 안다는 뜻이다. '지지(知至)'는 도리가 사물에 있으되 나의 마음의 인식으로 그 도리의 극치를 터득한다는 뜻이다.

大全疏註 ③ 問物未格時　意亦當誠　曰固然　豈可說物未格意便不用誠 但知未至時 雖欲誠意 其道無由 如人夜行雖知路從此去 但暗黑行不得 所以要致知 至知則道理明白 坦然行之 今人知未至者也 知道善當好 惡當惡然臨事不能如此者 只是實未曾見得 若實見得 則行處無差.

'사물의 도리를 미처 구명하지 못했을 때도 역시 의(意)를 성실하게 해야 하나요'하고 묻자 주자가 대답했다. 당연하다. 사물의 도리를 구명하지 못했다고 어찌 의를 성실하게 할 필요가 없다고 말하랴? 단 사물의 도리를 충분히 알지 못하면 의를 성실하게 하려고 해도 의지할 바른 길을 모를 것이다. 흡사 밤에 길을 가는 것과 같다. 길은 알지만 어둠 속에서 잘 갈 수 없음과 같다. 그러므로 '치지(致知)'해야 한다. '앎이 이르면(知至)' 도리가 명백하므로 편하게 갈 수 있다. 오늘의 사람들은 '앎에 이르지 못했다〔知未至者也〕'. 그래서 '선이 좋고, 악이 나쁘다'는 것을 알면서, 실제로 사물을 처리할 때에 바르게 선악을 가리지 못한다. 그것은 '실지로 바른 도리를 알지 못하기 때문이다'. 만약에 실지로 바르게 알면 바르게 행할 수 있을 것이다.

大全疏註 ④-1 問物格知至　曰格物時　方是區處　理會到得知至時 却已自有箇主宰 會去分別取舍 初間或只見得表 不見得裏 只見得粗 不見得精.

'물격(物格)과 지지(知至)'를 묻자 주자가 대답했다. 사물이 도달했을 때〔格物時〕에는 다만 자그마한 것만을 알게 된다. '바른 앎이 이르렀을 때에〔知至時〕' 이미 자기가 주체적으로 분별 취사할 수 있게 된다. 처음에는 겉의 조잡한 것만 보이고 속의 정밀한 것은 보이지 않는다.

大全疏註 ④-2 到知至時 方知得到 能知得到 方會意誠 可者必爲 不可者決不肯爲.

'앎에 이르렀을 때〔到知至時〕, 비로소 바르게 알 수 있고〔方知得到〕, '바르게 알 수 있어야〔能知得到〕, 비로소 '의가 성실할 수 있고〔方會意誠〕, (따라서) '좋은 것은 반드시 하고〔可者必爲〕, 좋지 않은 것은 결코 하지 않게 된다.

大全疏註 ④-3 到心正 則胸中 無些子私蔽 洞然光明正大 截然有主 而不亂 此身便修 家便齊 國便治 而天下可平.

'마음이 바른 경지에 이르러야〔到心正〕', 가슴속에 사사로운 폐단이 없고, 투명하고 광명정대하게 된다. 그 마음을 주재로 하고 단호하게 하면, 문란하지 않게 되며, 따라서 몸이 더욱 닦아지고, 집안이 가지런하게 되며, 나라가 다스려지며, 천하가 태평하게 된다.

大全疏註 ⑤ 知至謂天下事物之理 知無不到之謂 若知一而不知二 知大而不知細 知高遠而不知幽深 皆非知之至

也 須要無所不至 乃爲知耳.

'지지(知至)'는 천하 사물의 도리를 앎에 있어 도달하지 못함이 없음을 뜻한다. 만약에 하나를 알고 둘을 모르거나, 큰 것은 알고 작은 것은 모르거나, 높고 먼 것은 알고 그윽하고 깊은 것을 모르면, 앎이 다 이른 것이 아니다. 모름지기 이르지 못함이 없어야 앎이라 한다.

大全疏註 ⑥ 物格知至 是一截事 意誠心正身修 是一截事 家齊國治天下平 又是一截事 自知至交誠意 又是一箇過接關子 自修身交齊家 又是一箇過接關子.

'물격지지(物格知至)'는 한 단계의 일이고, '의성심정신수(意誠心正身修)'도 한 단계의 일이고, '가제국치천하평(家齊國治天下平)'도 또 한 단계의 일이다. '지지(知至)에서 성의(誠意)로 바뀌는 경지'가 넘어가야 할 관문이다. '수신(修身)에서 제가(齊家)로 바뀌는 경지가' 역시 넘어가야 할 또 하나의 관문이다.

大全疏註 ⑦ 知至意誠 是凡聖界分 未過此關 雖有小善 猶是黑中之白 已過此關 雖有小過 是白中之黑.

'지지(知至) 의성(意誠)'이 범인과 성인의 분계점이다. 이 고비를 넘기지 못하면 비록 작은 선이 있어도 마치 검은 바탕 속의 흰 점과 같으며, 고비를 넘기면 설사 작은 허물이 있다 해도 그것은 흰 바탕 속의 검은 점에 불과하다.

大全疏註 ⑧ 意誠後 推盪得査滓伶俐心 盡是義理 意是指發

處 心是指體言 意是動 心該動靜 身對心言 則心正是內能如此 身修是外 若不各自做一節工夫 不成說我意已誠矣 心將自正 恐懼哀樂引將去 又却邪了 不成說心正矣 身不用管外面 更不顧 而心與迹有異矣 須是無所不用其功.

마음의 발동인 의(意)를 성실하게 세운 다음, 마음의 잡된 앙금을 털어 버려야 한다. (그래야) 영리한 마음이 전적으로 의리에 맞게 된다. 의는 마음의 발동하는 시점을 지적한 말이고, 마음[心]은 총체를 지적한 말이다. 의는 동(動)하지만 마음은 동과 정(靜)을 겸한다. 몸[身]과 마음을 대립적으로 말하면, 마음이 바르게 되면 내면도 바르게 될 수 있고, 몸을 닦으면 외면도 좋아진다. 만약에 몸과 마음을 저마다 한 단계씩 높이는 공부를 하지 않으면 '나의 의가 성실해졌다'고 말할 수 없다. 마음을 스스로 바르게 하려고 할 때에, '공구애락(恐懼哀樂)' 같은 감정에 끌려간다면, 도리어 사악하게 되며, 따라서 마음이 바르다고 말할 수 없다. 몸을 (단속하고) 외모를 관리하지 않거나, 돌아보지 않는다면, 마음과 행적이 다르게 된다. 그러므로 모름지기 힘들여 공부를 해야 한다.

大全疏註 ⑨ 到正心時 節已好了 只是就好裏面 又有許多偏 如水已淘去濁十分清了 又怕於清裏面波浪動盪處.

마음이 바르게 된 때가 (바로 몸을 닦는 과정에서) 큰 고비를 잘 넘긴 때이다. 그러나 그 속에서도 또 여러 가지 편파가 생긴다. 예를 들면, 물을 걸러 탁한 것을 다 제거하고 충분히 맑게 해도, 역시 그 맑은 물이 파도치고 흔들릴까 두려워함과 같은 것이다.

大全疏註 ⑩ 意未誠時 如人犯私罪 意旣誠而心猶動 如人犯公罪 亦有間矣.

뜻이 미처 성실해지지 않은 (상태를 사람에 비유하면) 사사로운 욕심으로 (파렴치) 죄를 범한 사람과 같다. 한편 뜻이 성실하게 되었는데 마음이 움직이는 (상태를 사람에 비유하면) 공의(公義)를 위해 (양심) 죄를 범한 사람과 같다. 둘은 서로 사이가 있다.

大全疏註 ⑪ 物格而後知至 至心正而後身修 著而字 則是先爲此 而後能爲彼也 蓋卽物而極致其理矣 而後吾之所知無不至 吾知無不至矣 而後見善明察惡盡 不容有所自欺 而意誠 意無不誠矣 而後念慮隱微慊快充足 而心正 心得其本然之正矣 而後身有所主 而可得而脩.

물격(物格)한 다음에 지지(知至)하고, 지지한 다음에 신수(身修)하게 된다. 이(而)자를 붙인 것은 '먼저 이것을 해야 나중에 저것을 할 수 있다는 뜻'을 나타내기 위해서다. 무릇 사물에 직접 붙어 그 도리의 극치에 도달한 다음에 비로소 나의 앎이 이르지 못한 것이 없게 된다. 나의 앎이 이르지 못한 것이 없게 된 다음에 비로소 선과 악을 밝게 보고 가리게 되고, 스스로 자신을 기만하지 않고 의(意)가 성실하게 된다. 의에 불성실(不誠實)함이 없어야 비로소 생각이 은미(隱微)한 (천리에 맞고) 아울러 (본연의 성에 맞고) 스스로도 흡족하게 되고, 따라서 마음이 바르게 된다. 마음이 본연의 바름에 맞게 되어야, 몸을 바르게 주재할 것이며 따라서 몸도 잘 닦아지게 된다.

大全疏註 ⑫ 雙峯饒氏曰 上一節 就八目 逆推工夫 後一節 就八目 順推功效.

쌍봉 요씨가 말했다. '경문 4절'은 팔조목을 위에서 아래로 밀고 내려가는 공부이고, '경문 5절'은 팔조목을 아래에서 위로 밀고 올라가는 공부이다.

大全疏註 ⑬-1 玉溪盧氏曰 物格則理之散在萬物而同出於一原者 無不明矣 知至則理之會在吾心而管乎萬物者 無不明矣 此明明德之端也.

옥계 노씨가 말했다. 물격(物格)하면 즉 만물에 산재해 있는 모든 도리가 하나의 근원에서 나온 것이 분명해진다. 지지(知至)하면 즉 모든 사물의 도리가 다 나의 마음에 모여있으며 또 마음이 모든 사물을 주관함이 분명해진다. 이것이 '명명덕(明明德)'의 시발점이다.

大全疏註 ⑬-2 意誠則明德之所發 無不明矣 心正則明德之所存 無不明矣 意誠心正而身修 此明明德之實也.

(옥계 노씨의 말) 의성(意誠)하면, 즉 명덕을 밝힘에 밝지 않음이 없게 된다. 심정(心正)하면, 즉 명덕을 간직하는 바가 밝지 않음이 없게 된다. 의성하고 심정한 다음에 신수(身修)하니, 이는 곧 명덕을 밝히는 실질 효험이다.

大全疏註 ⑬-3 家齊則明德明於一家矣　國治則明德明於一國矣 天下平則明德明於天下矣.

(옥계 노씨의 말) 가제(家齊)는, 즉 명덕을 한 집안에 밝히는 것이다. 국치(國治)는, 즉 명덕을 한 나라에 밝히는 것이다. 천하평(天下平)은 즉 명덕을 온 천하에 밝히는 것이다.

大全疏註 ⑬-4 齊字有整然肅然之意 父父 子子 兄兄 弟弟 夫夫 婦婦 無一不正之謂也.

(옥계 노씨의 말) 제(齊)자 속에는 (각자가 자기의 본분을) 질서정연하고 엄숙하게 지킨다는 뜻이 있다. 즉 아버지는 아버지의 도리를 다하고, 아들은 아들의 도리를 다하고, 형은 형의 도리를 다하고, 아우는 아우의 도리를 다하고, 남편은 남편의 도리를 다하고, 아내는 아내의 도리를 다하고, 저마다 하나의 부정도 없게 한다는 뜻이다.

大全疏註 ⑬-5 國者 家之推 家親而國疎 故曰治 天下者 國之推 國小而天下大 故曰平 所以齊之治之平之一而已矣.

나라는 집안을 미루어 나간 것이다. 허나 집안의 (인간관계는) 친밀하고, 나라의 (인간관계는) 성글다. 그러므로 치(治)라고 한다. 천하는 나라를 미루어 나간 것이다. 허나 나라는 작고 천하는 크다. 그러므로 평(平)이라고 한다. 제가(齊家)·치국(治國)·평천하(平天下)의 바탕은 다 같다.

大全疏註 ⑬-6 物格至身修 則明德明而新民之體立 家齊至天下平 則民新而明明德之用行 物格知至 則知止之事 意誠 則意得所止 心正身修 則心身得所止是明明德所止之序也 家齊國治天下平則家國天下各得所止 是新民得所止之序也.自物格以至心正 斂之不外乎方寸 自心正以至天下平 充之彌滿乎六合 八者之條目 收來放去 惟一心耳.

'물격(物格)에서 신수(身修)에 도달하는 것'은 곧 '명덕(明德)을 밝히고 신민(新民)하는 체(體)를 확립하는 것'이다. '가제(家齊)에서 천하평(天下平)에 도달하는 것'은 곧 '신민하고 명명덕(明明德)하는 용(用)을 행하는 것'이다. '물격지지(物格知至)'는 곧 '지지의 일[知止之事]'이다. '의성(意誠)'은 곧 '의(意)가 멈출 곳을 바르게 얻음이다.' '심정신수(心正身修)'는 '마음과 몸이 멈출 곳을 바르게 얻은 것이며, 이것은 명명덕이 멈출 곳을 바르게 얻는 순서이다.' '가제·국치(國治)·천하평'은 '집과 나라와 천하가 저마다 멈출 곳을 바르게 얻은 것이며 이것은 신민이 멈출 곳을 바르게 얻는 순서이다.' 물격에서 심정(心正)까지는 (명덕을) 수렴하여 방촌 크기의 마음에서 벗어나지 않게 함이다. 심정에서 천하평까지는 (명덕을) 상하 사방에 가득 충만케 함이다. 팔조목은 (명덕을) 거둬들이고 또 풀어내게 함이며, (그 모두가) 오직 한 마음의 작용일 뿐이다.

大全疏註 ⑭ 東陽許氏曰 凡言必先而後 固是謂欲如此 必先如此 旣如此了 然後如此 然而致知力行 竝行不悖 若曰必格盡天下之物 然後謂之知至 心知無有不明 然後可以誠意 則或者終身無可行之日矣 聖賢之意 蓋以一物之格便是 吾之心知於此一理 爲至及應此事 便當誠其意 正其心 修其身也 須一條一節逐旋理會 他日湊合將來 遂全其知而足應天下之事矣.

동양 허씨가 말했다. '필선이후(必先而後)'라고 한 말은 (다음 같은 뜻을) 강조한 말이다. 즉 '그와 같이 하려면, 반드시 먼저 그렇게 해야 한다. 먼저 그렇게 한 다음에, 이어 그렇게 해야 한다'는 뜻이다. 그러나 '치지(致知)와 역행(力行)'은 병행하고 서로 어긋나지 않는다. 만약에 '반드시 천하의 모든 사물의 도리를 완전히 알아야 비로소 지지(知至)라 하고' 또 '마음에 분명하지 못한 것이 없게 된 다음에 비로소 성의(誠意)할 수 있다'고 말한다면, 어떤 사람은 평생토록 실행할 날이 없을 것이다. 성현의 뜻은 '아마도 한 가지 사물의 도리를 구명하는 것은 곧 내 마음 속에 그 한가지 도리를 터득하는 것이다. 또 그 사물을 대하고 (처리할 때에는) 마땅히 뜻을 성실하게 하고, 마음을 바르게 하고 몸을 닦아야 한다는 뜻'을 말한 것이리라. 그러므로 한 조목, 한 구절을 실지로 두루 이해하고 체득해야 한다. 그리고 후에 모든 것을 종합하면 마침내 전체를 알고 충분히 천하 만사를 대응해서 처리할 수 있을 것이다.

경문 6절

원문 自天子以至於庶人 壹是皆以修身爲本.

자천자이지어서인(이) 일시개이수신위본(이니라).

직역 천자로부터 서민에 이르기까지 한결같이 수신을 바탕으로 삼아야 한다.

章句集註 (1) 壹是一切也.

일시(壹是)는 일체의 뜻이다.

大全疏註 ① 漢書平帝紀 一切顔師古註云 猶以刀切物 取其齊整.

《한서》 평제기(平帝紀)에 있다. 일체(一切)를 안사고(顔師古)가 주를 했다. '칼로 물건을 자른 것과 같으며, 그 정제하다는 뜻을 취했다.'

章句集註 (2) 正心以上 皆所以修身也 齊家以下 則擧

此而措之耳.

정심 이상, 즉 '격물·치지·성의·정심'은 다 수신의 바탕이다. 제가 이하, 즉 '제가·치국·평천하'는 수신만을 높이 내세우고 다른 것은 버려도 된다.

大全疏註 ① 勉齋黃氏曰 天子庶人 貴賤不同 然均之爲人則不可以不修身 誠意正心 所以修身治國平天下 亦自齊家而推之.

면재 황씨가 말했다. 천자와 서민은 귀천은 다르지만 다 같은 사람이다. 그러므로 누구나 다 수신(修身)을 하지 않으면 안된다. 성의(誠意)·정심(正心)은 수신하는 바탕이고, 치국(治國)·평천하(平天下) 역시 제가(齊家)로부터 밀고 나가는 것이다.

大全疏註 ② 雙峯饒氏曰 此一段 是於八者之中 揭出一箇總要處 蓋天下之本在國 國之本在家 家之本在身 是皆當以修身爲本 前兩段是詳說之 此一段是反說約也.

쌍봉 요씨가 말했다. 이 단은 팔조목 중에서 한 가지 중요한 조목인 '수신(修身)'을 들어 내세운 것이다. 대개 천하의 근본은 나라에 있고, 나라의 근본은 집에 있고, 집의 근본은 몸에 있다. 이들 모두가 당연히 수신을 근본으로 한다. 앞의 '경문 4절, 5절'은 자세히 말했고, 이 단은 반대로 요약해서 말한 것이다.

大全疏註 ③ 新安陳氏曰 此字指修身言 天子諸侯卿大夫庶

人一切 皆以修身爲本 而齊家以下之效 不期而必至矣 單提修身 而上包正心誠意致知格物之工夫 下包齊家治國平天下之效驗 皆在其中矣.

신안 진씨가 말했다. (〈章句〉의) '차(此)'자는 '수신(修身)'을 지적한 말이다. '천자·제후·경·대부·사·서인'이 한결같이 '수신'을 본으로 삼아야 한다. 그러면 제가(齊家) 이하의 효험은 기(期)하지 않아도 반드시 나타난다. 다만 '수신'만을 내세웠으나, 위로는 '정심(正心)·성의(誠意)·치지(致知)·격물(格物)의 공부'가 포함되었고, 아래로는 '제가(齊家)·치국(治國)·평천하(平天下)의 효험'이 그 속에 포함되어 있다.

경문 7절

원문 其本亂 而末治者 否矣 其所厚者薄 而其所薄者厚 未之有也.

기본란 이말치자(는) 부의(며) 기소후자(에) 박(하고) 이기소박자(에) 후(는) 미지유야(니라).

직역 근본이 흐트러지고 끝이 다스려질 수는 없다. 후하게 할 바를 박하게 하고, 박하게 할 바를 후하게 하는 일이 있어서는 아니된다.

章句集註 (1) 本謂身也.

본은 몸을 말한다.

大全疏註 ① 接上文本字 末謂天下國家.

위의 글의 본(本)자를 이은 것이다. 말(末)은 천하와 나라〔國〕 및 집〔家〕을 말한다.

章句集註 (2) 所厚謂家也.

후하게 할 바는 집을 말한다.

大全疏註 ① 三山陳氏曰 國天下本 非所薄 自家視之 則爲薄也.

삼산 진씨가 말했다. 나라는 천하의 바탕이므로 박하게 대할 바가 아니다. 그러나 집안을 기준으로 하고 (상대적으로) 박하게 치는 것이다.

大全疏註 ② 新安陳氏曰 以家與國天下 分厚薄.

신안 진씨가 말했다. '가(家), 국(國), 천하(天下)'로써 후(厚)와 박(薄)을 나눈다.

章句集註 (3) 此兩節結上文兩節之意.

이 두 구절은 앞의 두 경문, 즉 '경문 4절, 5절'의 뜻을 묶은 것이다.

大全疏註 ① 雙峯饒氏曰 上一節與此節上一句 是教人以修身爲要 下句是教人以齊家爲要 周子曰 治天下有本 身之謂也 治天下有則 家之謂也 得此意矣.

쌍봉 요씨가 말했다. '경문 6절'과 '경문 7절'의 '위=앞' 구절은 사람에게 수신(修身)의 긴요함을 가르치는 말이고, '아래=뒤'의 구절은 사람에게 제가(齊家)의 긴요함을 가르치는 말이다. 주자(周子=周惇頤)가 '천하를 다스리는 데 근본이 있으니, 그것은 수신(修身)이다. 천하를 다스리는 데 법칙이 있으니, 그것은 제가다'라고 한 말이 이 구절의 뜻을 바르게 터득한 것이다.

大全疏註 ② 雲峯胡氏曰 以朱子之言推之 經一章中 綱領第一節三句說工夫 第二節五句 說功效 條目第一節六箇先字 是逆推工夫 第二節七箇后字是順推功效 至此兩節 前節則於工夫中 拈出修身正結 後節則於功效中 拈出身與家反正結也.

운봉 호씨가 말했다. 주자의 말을 가지고 미루어 (다음같이) 생각할 수 있다. '경문 1절'에 있는 '삼강령 제1절'의 세 구절은 공부를 말한 것이다. '경문 2절'에 있는 다섯 구절은 공효를 말한 것이다. '팔조목(八條目)'을 (기술한 두 구절 중, 첫 번째 구절, 즉 '경문 4절'에 있는) '여섯 개의 선(先)자(字)'는 '공부의 순서와 단계'를 역으로 (즉 위에서 아래로) 미루어 말한 것이고, '두 번째 구절' 즉 '경문 5절'에 있는 '일곱 개의 후(后)자'는 '효험의 순서와 단계'를 순차적으로 (즉 아래에서 위로) 미루어 말한 것이다. 이 두 구절(즉 '경문 6절, 7절')의 앞 구절(즉 '경문 6절')은 '여러 가지 공부 중'에서 '수신(修身)'을 들어내어 모든 것을 결론지었다. 뒤의 구절(즉 '경문 7절')은 '여러 가지 효험의 순서와 단계' 중에서 수신과 제가(齊家)를 들어내어 되돌려 모든 것을 결론지었다.

大全疏註 ③ 新安陳氏曰 此兩節結八目 前於家言齊正倫理也 此於家言所厚篤恩義也 亦如書所謂惇敍九族 敍卽齊之意 惇卽厚之意歟.

신안 진씨가 말했다. 이 두 구절(즉 경문 7절, 8절)은 팔강목(八綱目)을 묶은 것이다. 앞에서 '집안을 가지런히 한다고 말한 것[於家言齊]'은 윤리를 바르게 함이다. 여기서 '모든 집안 사람에게 은혜를 후하게 베푼다 함[於家言所厚篤恩義]'은 《서경(書經)》에서 말한 '구족에게 돈독하고 질서있게 함과 같다[如書所謂惇敍九族].' 즉 (《서경》의) 서(敍)는 제(齊)의 뜻이고, (《서경》의) 돈(惇)은 후(厚)의 뜻이니라.

章句集註 (4) **右經一章 蓋孔子之言 而曾子述之.** 〈原註 : 凡二百五字〉 **其傳十章 則曾子之意 而門人記之也 舊本頗有錯簡 今因程子所定 而更考經文 別爲序次如左.** 〈原註 : 凡一千五百四十六字〉.

이상의 '경문 한 장'은 공자의 말이며 증자가 받아서 기술한 것이다.(총 205자)

그 경문을 풀이한 '전문 열 장'은 (경문에 대한) 증자의 뜻풀이며 그의 문인이 (증자의 말을 받아서) 기술한 것이다. 옛 책에는 착간이 퍽 많았으므로, 이에 정이(程頤)가 바로잡은 대학정본(大學定本)을 바탕으로 하고 또 경서의 글을 참고하여 다음과 같이 추렸다.(총 1546자)

章句集註 (5) 凡傳文雜引經傳 若無統紀 然文理接續 血脈貫通 深淺始終 至爲精密 熟讀詳味 久當見之 今不盡釋也.

전문 10장은 저마다 경전과 그 풀이의 글귀를 이것저것 인용해서 마치 계통이 없는 것같이 보일 것이다. 그러나 문리가 잘 이어지고 혈맥이 잘 관통하고 얕은 데서 깊은 데로 처음에서 끝으로 옮김에도 지극히 정밀하게 짜여져 있다. 숙독하면 그 묘미를 상세히 알 것이고 또 오래 되면 잘 보이게 될 것이다. 그러므로 이 〈대학장구(大學章句)〉에서는 세밀하게 이것저것을 다 주석하지 않았다.

大全疏註 ① 新安陳氏曰 傳十章 朱子有不盡釋處 然其不可不知者 未嘗不釋也 學者於其所釋者 熟讀精思 則其不盡釋者 自當得之矣.

신안 진씨가 말했다. 전문 10장 중, 주자가 충분히 풀이하지 않은 곳이 있다. 그러나 꼭 알아야 할 것에 대해서는 반드시 풀이를 했다. 공부하는 사람들이 주자의 풀이를 깊이 읽고 정밀하게 생각하면 주자가 해석하지 않은 곳도 자연히 알게 될 것이다.

대학장구대전(大學章句大全) 전문강독(傳文講讀)

주자(朱子)는 전문(傳文)을 총 10장으로 추렸다. 그리고 다시 한 장을 절(節)로 나누어 주석(註釋)했다. 이 책은 원칙적으로 주자의 분절(分節)을 따랐다. 그러나 학습의 편의상 절을 다시 세분하고 풀이한 경우도 있다.

전문 1장

경문(經文) 삼강령(三綱領) 중 첫째 '명명덕(明明德)'을 풀이한 전문이다. 총 4절이다.

1 절－康誥曰 克明德.

2 절－大甲曰 顧諟天之明命.

3 절－帝典曰 克明峻德.

4 절－皆自明也.

전문 1장 1절

원문 康誥曰 克明德.

강고(에) 왈 극명덕(이라하며)

직역 《서경》 주서 강고편에 적혀 있다. '문왕이 능히 명덕을 밝혔다.'

어구 설명 ㅇ康誥曰(강고왈)－《서경(書經)》 주서(周書)의 강고편(康誥篇)에 적혀 있다. 《서경》은 상서(尙書)라고도 하며 고대의 '우(虞)·하(夏)·상(商)·주(周)' 4대에 걸친 임금의 훈계나 역사적 기록을 추린 경서다. 주서는 주나라의 기록이다. 강고편을 고주(古注)에서는 성왕(成王)이 강숙(康叔 : 무왕의 동생)을 은(殷)의 유민(遺民)이 살고 있는 위(衛)나라에 봉하면서 내린 훈계를 적은 글이라고 했다. 성왕은 당시 어렸으므로 실제로는 섭정(攝政) 주공(周公)이 강숙에게 한 말이다. 이를 주자는 호굉(胡宏) 등의 설을 따라 무왕(武王)이 동생 강숙에게 내린 훈계라고 수정했다. ㅇ克明德(극명덕)－문왕(文王)께서 능히 덕을 밝혔다. 주자(朱子)는 극(克)을 능(能)으로 풀었다. 즉 '사욕(私欲)을 극복하고 능히 명덕(明德)을 밝힐 할 수 있었다'는 뜻이다. 《서경》에 있는 강고편의 원문은 다음과 같다. '더없이 빛나는 현고 문왕이 명덕을 밝히시고 형벌을 신중하게 하시고 홀아비나 과부 등 의탁할 곳 없는 백성들을 모멸하지 않으셨다.(惟乃丕顯考文王 克明德愼罰 不敢侮鰥寡)' 丕(클 비), 顯(나타날 현), 考(상고할 고, 선친 고), 鰥(홀아비 환), 寡(적을 과, 과부 과)

章句集註 (1) 康誥周書 克能也.

강고(康誥)는 《서경》 주서(周書)에 있는 글이다. 극(克)은 능(能)의 뜻이다.

어구 설명 ㅇ康誥周書(강고주서)－《서경》 주서 강고편(康誥篇). ㅇ克能也(극능야)－극(克)은 능(能)의 뜻이다.

참고 **◐주자(朱子)는 '극(克)'을 중시**

《서경》 주서 강고편에 있는 '주나라 문왕이 명덕을 잘 밝혔다〔克明德〕'는 기록을 인용해서 '대학의 경문 1절'에 나오는 삼강령(三綱領)의 첫 번째 '명명덕(明明德)'을 역사적 사실로 증명했다. 특히 주자는 극(克)을 중시하고 다음과 같이 말했다. '극을 능(能)으로 풀이하지만 능보다 뜻이 강하다. 모든 사람은 명덕을 가지고 있으되 (사욕에 가리고 눌려) 밝히지 못하거늘 문왕은 능히 (사욕을 극복하고) 명덕을 밝힐 수 있었다. 이 극은 '참으로 할 수 있다'는 뜻을 나타낸 자다.(此克字 雖訓能 然比能字有力 見人皆有是明德 而不能明 惟文王能明之 克只是眞箇會底意)' 〈大全疏註〉

◐ 강고(康誥)는 무왕(武王)의 말

《서경》 강고편(康誥篇) 서문에는 '성왕(成王)이 관숙(管叔)과 채숙(蔡叔)을 토벌하고 강숙(康叔)을 위(衛)에 봉하여 은(殷)의 유민을 다스리게 했다'라고 적혀 있다. 그러나 주자 및 다른 학자들은 다음같이 수정했다. '동양 허씨가 말했다. 강고편은 주 무왕이 동생 강숙을 위에 봉하면서 훈계한 말을 적은 글이다.(東陽許氏曰 康誥者 周武王 封弟康叔於衛 而告之之書)' 〈大全疏註〉

大全疏註 ① 朱子曰 此克字 雖訓能 然比能字有力 見人皆有是明德 而不能明 惟文王能明之 克只是眞箇會底意.

주자가 말했다. 극(克)을 능(能)으로 풀이하지만 능보다 뜻이 강하다. 모든 사람은 명덕을 가지고 있으되 (사욕에 가리고 눌려) 밝히지 못하거늘 오직 문왕은 능히 (사욕을 극복하고) 명덕을 밝혔다. 이 '극'은 '참으로 할 수 있다'는 뜻을 나타낸 자다.

大全疏註 ② 西山眞氏曰 要切處在克之一字.

서산 진씨가 말했다. (克明德에서) 긴요한 것은 '극(克)'이란 한 글자에 있다.

大全疏註 ③ 新安陳氏曰 康誥本文云 克明德愼罰 此只取三字 下文引太甲 顧諟天之明命 亦去先王字 皆引經之活法.

신안 진씨가 말했다. 강고편의 원문은 '극명덕신벌(克明德愼罰)'이다. 이 전문(傳文)에서는 다만 '극명덕(克明德)' 세 글자만을 인용했다. 다음 '전문 1-2'에서 인용한 태갑편(太甲篇)의 '고시천지명명(顧諟天之明命)'도 (원문에 있는) '선왕(先王)'을 제거했다. (이와 같이 원전의 글을 일부만 따는 것은) 다 경서를 인용할 때의 활용법이다.

어구 설명 ㅇ경문(經文)의 '명명덕(明明德)'을 역사적 사실로 증거하기 위해서 전문(傳文)에서 《서경(書經)》의 글귀를 인용했다. 그러나 원전의 구절 중에서 필요한 부분만을 취했고 또 인용한 글귀의 뜻이 약간 원전과 다르기도 하다. 그래서 '경서를 인용할 때의 활용법[引經之活法]'이라고 말한 것이다.

大全疏註 ④ 東陽許氏曰 康誥者 周武王 封弟康叔於衛 而

告之之書 克明德 言文王之能明其德也 引之解明德 克字有力 明字卽上明字 德字包明德字.

동양 허씨가 말했다. 강고편은 주(周) 무왕이 동생 강숙을 위(衛)에 봉하면서 훈계한 말을 적은 글이다. '극명덕(克明德)'이란 곧 문왕이 능히 덕을 밝힐 수 있었다는 뜻이며, 이를 인용해서 '경문의 명덕(明德)'의 뜻을 풀이한 것이다. 전문(傳文)의 '극명덕'에서는 '극(克)'자에 중점이 있다. 전문의 '명덕(明德)'의 '명(明)'은 경문(經文) '명명덕(明明德)'의 첫 번째 '명'자와 같고 전문의 '덕'은 경문의 '명덕'을 포함한 뜻이다.

어구 설명 ㅇ전문 1장 1절, '강고왈(康誥曰) 극명덕(克明德)'의 '명덕(明德)'은 경문(經文)의 '명명덕(明明德)'에 해당한다.

전문 1장 2절

원문 太甲曰 顧諟天之明命.

태갑(에) 왈 고시천지명명(이라하며)

직역 태갑편에는 '탕왕은 하늘이 내린 밝은 명령을 항상 주시하고 지켰다'고 했으며

어구 설명 ㅇ太甲(태갑)—'태(太)'를 '태(泰)'로 읽는다. 《서경(書經)》 상서(商書 : 은나라의 기록)에 있는 태갑편(太甲篇)이다. 은(殷)을 상(商)이라고도 한다. '태갑(太甲)'은 은나라 탕왕(湯王)의 손자다. 탕왕이 죽고 태자(太子)도 요절하고 뒤를 이은 외병(外丙)도 2년만에 죽었다. 그래서 손자 태갑이 자리에 올랐다. 그러나 도에 어긋난 일이 많았다. 이에 탕왕

을 보좌하고 은나라를 창건한 개국공신(開國功臣)이자 현명한 재상인 이윤(伊尹)이 글을 지어 훈계했다. ㅇ顧(고)－돌아보다, 살피다. ㅇ諟(시)－시(是)의 옛글자로, '이것'의 뜻이다. ㅇ天之明命(천지명명)－하늘이 내려준 밝은 명령. 주자는 곧 '명덕(明德)'의 뜻으로 풀었다. 즉 하늘이 엄한 명령으로 내려준 것은 곧 사람이 하늘에게 받은 명덕이다. ㅇ顧諟天之明命(고시천지명명)－(은나라를 창건한 탕왕은) 하늘의 밝은 명령, 즉 하늘이 사람의 본성 속에 내려준 명덕을 항상 주시하고 지켰다. 《서경》의 원문은 다음과 같다. '선왕께서는 항상 하늘의 밝은 명령(즉 명덕)을 살피시고 위로는 천신(天神), 아래로는 지기(地祇)와 아울러 사직(社稷) 종묘(宗廟)를 잘 받들고 엄숙하고 경건하게 섬기셨다.(先王顧諟天之明命 以承上下神祇 社稷宗廟 罔不祇肅.)' 罔(없을 망), 祗(공경할 지)

章句集註 (1) 太甲商書 顧謂常目在之也.

태갑편(太甲篇)은 상서(商書)에 있는 글이다. 고(顧)는 눈을 항상 그곳에 둔다는 뜻이다.

大全疏註 ① 朱子曰 常目在此之古註 語極好如一物在此 惟恐人偸去 兩眼常常 覷在此相似.

주자가 말했다. '고시(顧諟)'를 '상목재차(常目在此)'라고 한 옛날 주는 퍽 좋다. 흡사 한 물건이 여기 있는데 다른 사람이 훔쳐갈까 겁을 내고 두 눈으로 항상 보고 살피는 것과 같다고 한 것이다.

章句集註 (2) 諟 猶此也.

'시(諟)'는 '차(此)'와 같다.

大全疏註 ① 從古是字之說.

(〈장구집주〉에서 시(諟)를 시(是)와 같다고 풀이한 것은) 옛날의 '시자(是字)'의 설을 따른 것이다.

章句集註 (3) 或曰審也.

'시(諟)'를 혹 '살필 심(審)'으로 풀기도 한다.

大全疏註 ① 廣韻註也 今不必從.

(〈장구집주〉에서 諟를 혹 審으로 풀이한 것은) 광운(廣韻)의 주다. 여기서는 반드시 따를 필요가 없다.

章句集註 (4) 天之明命 卽天之所以與我 而我之所以爲德者也 常目在之 則無時不明矣.

'하늘의 밝은 명령'은 곧 하늘이 나에게 준 것이며 따라서 내가 덕으로 삼고 있는 것(즉 명덕)이다. 항상 눈을 그곳에 두고 있으면 언제나 밝지 않음이 없다.

어구 설명 ㅇ天之明命(천지명명)—하늘의 빛나는 명령은. 곧 '명덕(明德)을 밝게 빛내라는 명령'이다. 하늘이 절대적인 명령으로 준 것이 명덕이다. 하늘은 주기만 하지 않고 밝히기를 명하고 있다. ㅇ卽天之所以與我(즉천지소이여아)—즉 하늘이 나에게 줌으로써. ㅇ而我之所以爲德者也(이아지소이위덕자야)—내가 덕으로 삼고 있는 것이다, 즉 명덕이다. ㅇ常目在之(상목재지)—눈을 항상 명덕에 두고 살피고 지킨다. ㅇ則無時不明矣(즉무시불명의)—그러므로 밝게 빛나지 않을 때가 없다. 항상 자신의 명덕을 밝게 빛나게 한다.

참고 ◐ **'명명(明命)'과 '명덕(明德)'**

'전문 1-2'도 '경문 1'의 '명명덕(明明德)'을 설명하기 위해 《서경(書經)》에서 인용한 것이다. 단 첫 번째가 위의 '극명덕(克明德)'이고, 두 번째가 이 '고시천지명명(顧諟天之明命)'이고 세 번째가 '극명준덕(克明峻德 : 큰 명덕을 잘 밝히다)'이다.

'명명(明命)'과 '명덕(明德)'은 문자상으로는 다르나 내용면에서는 같다. 주자는 대략 다음과 같이 말했다. '하늘이 밝게 빛내라고 절대적인 명령으로 내려주었으므로 명명'이라 한다. '사람이 하늘로부터 받은 것이 곧 명덕'이다. '옥계 노씨가 말했다. 하늘의 명명은 곧 명덕의 본원이다. 내가 하늘로부터 받은 것을 명덕이라 하고, 하늘이 나에게 준 것을 명명이라고 한다. 이름은 다르나 도리는 같다.(玉溪盧氏曰 天之明命 卽明德之本原 自我之得乎天者言曰明德　自天之與我之言曰明命　名雖異而理則一)' 〈大全疏註〉

◐ **'상목재지(常目在之)'의 확장된 뜻**

'고시천지명명(顧諟天之明命)'은 '하늘이 내린 밝은 명령, 즉 명덕을 항상 주시(注視)하고 살핀다'는 뜻이다. 그러나 '명명(明命)이나 명덕(明德)'은 그 내용면에서는 '절대선의 본성인 도덕성이며 동시에 천리(天理)'이다. 그러므로 항상 보고 살핀다는 뜻은 곧 '일상의 모든 행동이나 사물처리를 천리와 도덕성에 맞게 한다'는 뜻이다. 〈대전소주〉에서 주자는 다음과 같이 말했다. '어디까지나 명덕을 높이고 잘 성찰하고 항상 도리를 잊지 않고 마음속에 도리를 오래 간직해야 한다. 그러면 도리가 더욱 밝게 나타나고 잊으려 해도 잊을 수 없게 된다.(只要常提撕省察 念念不忘 存養久之 則道理愈明 雖欲忘之 而不可得矣)'

또 쌍봉 요씨(雙峯饒氏)는 말했다. '조용할 때도 도리를 간직하고 행동할 때도 살피는 것이 고(顧)의 뜻이다.(靜存動察 皆是顧)' 결국 '일용동정어묵지간(日用動靜語默之間)'에 하늘이 준 명덕(明德)을 밝히고 천리를 따르고 행하는 것을 '고시천지명명(顧諟天之明命)'이라 한다.

大全疏註 ① 朱子曰 上下文都說明德 這裏却說明命 蓋天之所以與我便是明命 我所得以爲性者 便是明德 命與德皆以明言 是這箇物 本自光明 我自昏蔽了他.

주자가 말했다. 위나 아래 구절에서는 다 '명덕(明德)'이라 했으나 여기서는 도리어 '명명(明命)'이라 했다. 무릇 하늘이 나에게 준 것이 곧 '명명'이고 내가 하늘로부터 받아서 본성으로 삼고 있는 것이 곧 '명덕'이다. '명(命)'이나 '덕(德)'이나 다 '명(明)'자를 붙였다. 이는 본래 스스로 빛나고 밝은 것을 내가 (기질이나 욕심 때문에) 빛을 흐르고 있다는 뜻을 강조한 것이다.

大全疏註 ② 顧諟者 只是長存此心 知得有這箇道理 光明不昧 方其未接物 此理固湛然清明 及其遇事應接 此理亦隨處發見 只要常提撕省察 念念不忘 存養久之 則道理愈明 雖欲忘之 而不可得矣.

(주자의 말) '이를 돌아본다고 함(顧諟者)'은 오직 (하늘이 절

대적 명령으로 내려준 명덕을) 언제나 마음속에 간직한다는 뜻이다. 아울러 (명덕을 바탕으로 하면) 모든 사물의 도리가 밝게 나타나고 어둡게 흐려지지 않는다는 것을 잘 알고 있다는 뜻이기도 하다. 그러므로 실제로 사물을 대하거나 처리하지 않을 때에도 (명덕의 未發의 도리가) 당연히 잠잠하고 청명할 것이며 실제로 사물을 대하고 처리할 때에도 (명덕의 已發의 도리가) 어디에서나 항상 발현하고 나타날 것이다. 어디까지나 명덕을 높이고 잘 성찰하고 항상 도리를 잊지 않고 마음속에 도리를 오래 간직해야 한다. 그러면 도리가 더욱 밝게 나타나고 잊으려 해도 잊을 수가 없다.'

大全疏註 ③ 只是見得道理長在目前 不被事物遮障了 不成是有一物可見其形象.

(주자의 말) '이를 돌아본다고 함(顧諟者)'은 어디까지나 바른 도리만을 눈앞에 있게 하고 사물에 덮이거나 가려지지 않게 한다는 뜻이다. 물건이 실재함으로 눈으로 사물의 형상을 보게 된다는 뜻이 아니다.

大全疏註 ④ 雙峯饒氏曰 靜存動察 皆是顧 其靜也 聽於無聲 視於無形 戒謹不睹 恐懼不聞 其動也 卽物觀理 隨事度宜 於事親 見其當孝 於事兄 見其當弟 此之謂常目在之.

쌍봉 요씨가 말했다. 조용히 있을 때도 명덕을 지니고, 움직일 때도 명덕을 살피는 것을 다 고시(顧諟)라고 한다. 조용히 있을 때는 소리 없는 명덕의 소리를 듣고 형상이 없는 명덕의 모습을 보아야 한다. 남이 보지 않는 곳에서도 스스로 경계하고 근신하고 남이 듣지 않는 곳에서도 겁내고 두려워해야 한다. 행동할 때는 사물에 붙어 도리를 살피고, 사물에 따라 의리를 헤아려야 한다. 어버이를 섬길 때에는 당연히 효를 실천하고 형장을 섬길 때에는 마땅히 공경을 실천해야 한다. 이렇게 하는 것을 '항상 눈을 그곳에 둔다〔常目在之〕'라고 한다.

大全疏註 ⑤ 玉溪盧氏曰 天之明命 卽明德之本原 自我之得乎天者言曰明德 自天之與我之言曰明命 名雖異 而理則一 日用動靜語默之間 孰非明德之發見 亦孰非明命之流行 日用動靜語默之間 孰非顧諟明命之所 亦孰非明明德之所.

옥계 노씨가 말했다. 하늘의 명명은 곧 명덕의 본원이다. 내가 하늘로부터 받은 것을 명덕이라 말하고 하늘이 나에게 준 것을 명명이라고 말한다. 이름은 다르나 도리는 같다. 일상적으로 움직일 때나 조용히 있을 때나 말할 때나 침묵하고 있을 때나 어느 것 하나 명덕을 밝히고 행하지 않을 것이 있겠는가? 그러니 역시 어느 것 하나 천명으로 밝혀진 도리가 흘러 퍼지고 행해지는 것 아닌 게 있겠는가? 그러므로 일상적으로 움직일 때나 조용히 있을 때나 말할 때나 침묵하고 있을 때나 어느 곳에서도 하늘의 밝은 명령을 아니 돌아다 볼 수 있겠는가? 그러니 역시 어느 곳에서도 하늘이 내려준 명덕을 밝게 나타내지 않을 수 있겠는가?

大全疏註 ⑥ 新安吳氏曰 言德則命在其中 故釋明德曰 人之所得乎天 言命則德在其中 故釋明命曰 天之所以與我而我之所以爲德.

신안 오씨가 말했다. (명덕에서) 덕(德)이라고 한 말 속에는 이미 하늘의 명이란 뜻이 포함되어 있다. 그러므로 명덕을 '사람이 하늘로부터 얻은 것'이라고 해석했다. (한편 명명에서) 명(命)이라고 한 말 속에는 이미 덕이란 뜻이 포함되어 있다. 고로 명명(明命)을 '하늘이 나에게 준 것이며 동시에 내가 따라서 덕으로 삼는 근원'이라고 해석했다.

어구 설명 ㅇ言德則命在其中(언덕즉명재기중)—(明德에서) 말하는 덕(德) 속에는 명(命)이란 뜻이 이미 내포되어 있다. ㅇ言命則德在其中(언명즉덕재기중)—(明命에서) 말하는 명 속에는 덕이란 뜻이 이미 내포되어 있다. ㅇ故釋明命曰(고석명명왈)—그러므로 명명을 다음같이 해석한다. ㅇ天之所以與我(천지소이여아)—하늘이 나에게 내려준 것, 즉 절대명령이며. ㅇ而我之所以爲德(이아지소이위덕)—그러므로 내가 (하늘이 절대명령으로 내려준 명덕을) 덕으로 삼는 근원이다.

大全疏註 ⑦ 新安陳氏曰 傳引康誥帝典之克明 皆釋上一明字 乃明之之明 而明德之本體 則未嘗說破 惟以顧諟天之明命言之 蓋明命 卽明德之本原 顧諟 卽明之之工夫也 貫天命己德而一之 或問謂 天未始不爲人 人未始不爲天 可謂精矣 子思言天命之謂性 其亦祖述此意也歟.

신안 진씨가 말했다. 전(傳)이 《서경(書經)》의 강고편(康誥篇)과 제전편(帝典篇)에 있는 '극명(克明)'을 인용한 것은 다 경문(經文) '명명덕(明明德)'의 앞의 '명(明)'자를 풀이하기 위한 것이다. 이 '명'자는 '밝힌다는 동사의 명'이다. 그러므로 (전에서는) '덕의 본체'에 대해서는 아직 설파하지 않았다. 다만 '하늘의 명명(天之明命)'을 돌아본다고만 말했다. 무릇 '명명(明命)'은 '명덕(明德)'의 본원이고 '고시(顧諟)'는 '밝히는 공부'이다. 그러므로 '하늘의 명령〔天明〕'과 '나의 덕〔己德〕'을 꿰어 하나로 만든다는 뜻일 것이다. 〈혹문(或問)〉에서 '하늘은 처음부터 사람을 위하지 않음이 없고 사람은 처음부터 하늘을 위하지 않음이 없다'고 한 말이 정교한 말이라 하겠다. 자사(子思)가 《중용(中庸)》에서 '하늘이 절대적인 명령으로 내려준 것이 사람의 본성(天命之謂性)'이라고 한 말도 역시 이 뜻을 근원적으로 말한 것이리라.

어구 설명 ㅇ天未始不爲人(천미시불위인) 人未始不爲天(인미시불위천)－하늘은 처음부터 사람을 위하지 않음이 없고, 사람은 처음부터 하늘을 위하지 않음이 없다. 혹은 다음같이 풀어도 된다. '처음부터 하늘이 사람이 아닌 게 없고, 처음부터 사람이 하늘이 아닌 게 없다'로 풀이하기도 한다. 《주자어류(朱子語類)》에 다음과 같은 말이 있다. '하늘이 곧 사람이고 사람이 곧 하늘이다(天卽人 人卽天).' '사람이 처음 태어남은 하늘로부터 명을 받아서이다. 한편 하늘이 먼저 명을 내려 사람을 태어나게 했으니, 그 사람 속에 하늘도 있다(人之始生 得於天也. 旣生此人 則天又在人矣).' '무릇 사람의 언어 동작 시청 모두가 다 하늘이다(凡語言動作視聽皆天也).' '지금 말하고 있는 이 자리에도 하늘이 있다(只今說話天便在這裏).' '돌아보고 살핀다는 뜻은 항상 명덕을 주시하고 그 명덕이

광명정대하고 찬란하게 현실로 눈앞에 나타나게 함이다(顧諟是常要看教光明粲爛照在目前).'

大全疏註 ⑧ 東陽許氏曰 顧諟動靜皆顧 一息之頃 一事之毫末 放過便不是顧 天之明命 維是就付與我處言 然此明命 卽是萬物之理在裏面 故於應事處 才有照觀不到 便損了此明命.

동양 허씨가 말했다. '이를 돌아봄'은 움직일 때나 조용히 있을 때나 언제나 다 보아야 한다. 한번 숨을 쉬는 사이나, 사소한 일을 할 때에 (만약에 고시하지 않고) 내버려두면, 그것은 고시가 아니다. '하늘의 명명'이라고 한 것은 '오직 하늘이 나에게 부여해 주었다는 점'에서 한 말이다. 그러나 (동시에) '하늘의 명명'은 곧 그 속에 만물의 도리가 담겨져 있다. 그러므로 모든 사물을 대하고 처리할 때에 조금이라도 (도리상으로) 충분히 보고 살피지 못한다면 곧 하늘이 내린 명명을 다치게 하는 것이 된다.

전문 1장 3절

원문 帝典曰 克明峻德.

제전(에) 왈 극명준덕(이라하니)

직역 요전에는 '요임금이 능히 큰 덕을 밝힐 수 있었다'라고 했으니.

어구 설명 ㅇ帝典(제전)-《서경(書經)》 우서(虞書)의 요전편(堯典篇). ㅇ克明峻德(극명준덕)-요임금이 능히 큰 덕을 밝히셨다. 준(峻)을 《서경》에서는 준(俊)으로 썼다. 《서경》의 원문은 다음과 같다. '요임금의 밝음이 사방에 퍼지고 하늘땅에 미쳤으며 그가 큰 덕을 잘 밝혀 일가 모든 가족을 친애하니 일가가 화목했다. 모든 백관이 저마다의 직책을 다하고 백성을 밝게 다스리니 백성들이 빛나고 만방이 화목 협동하고 이에 만민이 교화되어 온 세상이 평화를 누리게 되었다.(光被四表 格于上天 克明俊德 以親九族 九族旣睦 平章百姓 百姓昭明 協和萬邦 黎民於變時雍.)'

章句集註 (1) 帝典堯典虞書 峻大也.

제전(帝典)은 《서경》 우서(虞書)의 요전편(堯典篇)이다. 준(峻)은 크다는 뜻이다.

어구 설명 ㅇ帝典堯典虞書(제전요전우서)－'제전'은 《서경(書經)》 우서(虞書)에 있는 요전편(堯典篇)이다. ㅇ峻大也(준대야)－준(峻)은 크다는 뜻이다.

참고 ◐ **요제**(堯帝)**의 명준덕**(明峻德)

요임금이 능히 큰 덕을 밝혔다고 함은 다른 뜻이 아니다. 요임금 자신이 먼저 천지 사방에 통하는 위대한 명덕을 밝히고 나아가 남들을 친애하고 교화함으로써 일가 친족들도 서로 화목하고 백관(百官)들이 저마다 성실하게 직책을 수행하고 바르고 밝게 다스렸으므로 만방(萬邦)이 협화(協和)하게 되고 또 천하 만민이 행복을 누리게 되었다는 뜻을 강조한 것이다. 즉 극명준덕(克明峻德)은 스스로 명덕을 밝히고 더 나가 평천하(平天下)를 했다는 뜻을 포괄한 말이다. 이는 곧 '명명덕(明明德), 신민(新民), 지어지선(止於至善)의 삼강령(三綱領)'을 관철한 경지이다.

◐ '극명덕(克明德)'과 '극명준덕(克明峻德)'

'전문 1장 1절'에서는 '극명덕(克明德)'이라 하고, '전문 1장 2절'에서는 '극명준덕'이라 했다. '명덕'과 '명준덕'의 차이를 〈대전소주(大全疏註)〉에서 보겠다. '신안 진씨는 말했다. 명덕은 덕 자체를 밝힌다는 뜻이고 준덕은 덕의 전체를 크게 밝힌다는 뜻이며 결국은 하나이다. 덕의 전체는 본래 한량이 없다. 도 전체를 능히 잘 밝힌다 함은 곧 나의 본성을 다 발휘하여 (만사 만물에 명덕을) 밝히고 통달케 하고 어느 한 구석도 밝히지 않음이 없게 하여 전체를 다 밝힘이다.(新安陳氏曰 明德以此德本體之明言 峻德以此德全體之大言一也. 德之全體本無限量 克明之是盡己之性 通貫明徹 無有不明處 而全體皆明也)' 〈大全疏註〉

'옥계 노씨는 말했다. ……(문왕이) 명덕을 잘 밝힐 수 있었다고 한 것은 스스로 명덕을 밝히는 첫 단계의 일이고 (요임금이) 잘 큰 덕을 밝힐 수 있었다고 한 것은 스스로 명덕을 밝히는 마지막 단계의 일이다.(玉溪盧氏曰 克明德是自明之始事 克明峻德是自明之終事)' 〈大全疏註〉

'극명덕(克明德)'은 임금이 먼저 자신의 명덕을 밝혔다는 뜻이고, '극명준덕'은 임금이 만민을 교화해서 만민을 혁신하고 저마다의 명덕을 밝히게 함이다. 즉 '명명덕어천하(明明德於天下)'의 경지다.

大全疏註 ① 新安陳氏曰 明德以此德本體之明言 峻德以此德全體之大言 一也 德之全體本無限量 克明之 是盡己

之性 通貫明徹 無有不明處 而全體皆明也.

신안 진씨가 말했다. '명덕(明德)'은 '문왕(文王)의 덕(德)의 본체가 밝게 나타났다'는 뜻을 (강조해서) 말한 것이고, '준덕(峻德)'은 '요제(堯帝)의 덕의 전체가 크게 나타났다'는 뜻을 강조해서 말한 것이다. 둘이 다 같은 하나의 명덕이다. '덕의 전체'는 본래 한량이 없는 것이므로 능히 밝힌다고 한 것은 곧 '(하늘이 준) 자신의 명덕을 충분히 다 밝혀서 (天地人을) 꿰뚫고 (모든 사물을) 철저히 밝히고 밝히지 않는 것이 없게 하고 그래서 전체가 다 밝게 된다는 뜻'을 말한 것이다.

전문 1장 4절

원문 皆自明也.

개자명야(니라)

직역 이 모두가 스스로 명덕을 밝혔음을 말한 것이다.

어구 설명 ㅇ皆自明也(개자명야)-세 구절이 다 (옛날의 성군이) 명덕을 밝힌 역사적 사실을 말한 것이다.

章句集註 (1) 結所引書 皆言自明己德之意.

인용한 바의 글의 뜻을 종합하면 그 모두가 (옛날의 성군들이) 저마다 명덕을 밝혔다는 뜻을 말한 것이다.

어구 설명 ㅇ結所引書(결소인서)-《서경》에서) 인용한 (세 편의) 글을 함께 묶으면, 종합해서 결론지으면. ㅇ皆言(개언)－모두가 ……을 말한 것이다. ㅇ自明己德之意(자명기덕지의)－(문왕·탕왕·요임금이) 스스로 저마다 명덕을 밝혔다는 뜻을 (말한 것이다).

참고 ◐ **'세 구절'의 단계적 발전**

'전문 1장'의 세 절은 다 '명명덕(明明德)'을 역사적 사실로 증거하기 위해 인용한 글이다. 겉으로 보면 세 구절의 의미가 비슷하고, 또 그 차례가 무의미한 것같이 보일 것이다. 그러나, 깊이 자세히 살피면 '세 구절의 의미와 배치'에 깊은 뜻이 담겨져 있다.

① '주(周) 문왕(文王)의 극명덕(克明德)'
② '은(殷) 탕왕(湯王)의 고시천지명명(顧諟天之明命)'
③ '태고 때의 성천자(聖天子) 요제(堯帝)의 '극명준덕(克明峻德)'

점차로 단계가 높아지고 있다. 그 단계의 내용을 설명하면 다음과 같다. ①은 '인간적인 차원에서 인욕(人欲)을 극복하고 명덕을 잘 밝힌 단계', ②는 '하늘의 명령을 충실히 받들고, 하늘이 내려준 명덕과 도리를 항상 살피고 성실하게 행했다는 단계', ③은 '임금 자신의 명덕은 물론 만민을 혁신하고 아울러 평천하를 달성해서 천명(天命)을 밝혔다는 단계'이다. 이와 같이 '전문 1장'의 세 구절은 곧 명덕을 밝히는 세 단계를 역사적으로 실증하기 위한 것이다. 그러므로 주자도 앞에서 말했다. '전은 잡다하게 경전과 그 풀이의 글귀를 인용해서 마치 계통이 없는 것 같이 보일 것이다. 그러나 문리가 잘 이어지고 혈맥이 잘 관통하고 얕은 데서 깊은 데로, 처음에서 끝으로 옮김에도 지극히 정밀하게 짜여 있다. 깊이 읽고 잘 음미하고 오래 되면 잘 보이게 될 것이다.(凡傳文雜引經傳 若無統紀 然文理接續 血脈貫通 深淺始終 至爲精密 熟讀詳味 久當見之)' 〈經과 傳 사이의 註〉

大全疏註 ① 雙峯饒氏曰 引三書 先後不倫 取其辭意 不以人代之先後拘 後凡引詩書 皆當以此例之.

쌍봉 요씨가 말했다. (《서경》에서) 세 글을 인용했으나 선후의 순서가 고르지 않고 (다만) 글의 뜻만을 취했다. 또 (원전에 나타난) 사람이나 시대의 선후에도 구속되지 않았다. 뒤에서 《시경》과 《서경》을 인용할 때에도 모두 이 같은 방식을 따를 것이다.

大全疏註 ② 玉溪盧氏曰 自明是爲仁由己 而由人乎哉之意 明者是自明 昏亦是自昏 玩一自字 使人警省 要而言之 克明德是自明之始事 克明峻德是自明之終事 顧諟明命之句 在中間 是自明工夫 此章雜引三書 而斷以一言 其文理血脈之情密如此.

옥계 노씨가 말했다. '자명(自明)'은 《논어》에서 공자가 '인(仁)을 이루는 것은 나 자신이다. 남이겠느냐'라고 한 뜻과 같이 '스스로 밝힌다'는 뜻이다. 명덕을 밝히는 것도 스스로 밝히는 것이고 흐리게 하는 것도 스스로 흐리게 한다. '스스로 자(自)' 한 글자를 가지고 사람에게 경각심을 일으키고 반성하게 만든 것이다. 요약해서 말하면 '능히 명덕을 밝히는 것(克明德)'은 '스스로 명덕을 밝히는 첫 단계의 일'이고 '능히 큰 덕을 밝히는 것(克明峻德)'은 '스스로 명덕을 밝히는 마지막 단계의 일'이다.

'하늘의 명명을 돌아본다(顧諟天之明命)'는 구절을 중간에 있게 한 것은 (어느 경우에나) '스스로 밝히는 공부를 해야 한다'는 뜻을 강조하기 위해서다. 이 '전문 1장'은《서경》에서 세 편의 글을 섞어 인용했으나 한마디로 말해 상호간의 문리와 혈맥이 서로 통하고 정밀하기가 이와 같다.

大全疏註 ③ 東陽許氏曰 第一節平說明明德 第二節是明之之功 學者全當法此而用功 第三節言明其德 以至於大此明明德之極功 皆自明也 雖結上文 自字有力 明德須是自去明之方可.

동양 허씨가 말했다. 제1절은 일반적으로 '명덕을 밝힘'을 말한 것이고 제2절은 '밝히는 공부'에 역점을 둔 것이다. 그러므로 학자는 마땅히 이 두 절을 법도로 삼고 공부를 해야 한다. 제3절은 자신의 덕을 밝혀 지대한 경지에 이르게 한 것을 말한 것이며 그것이 바로 '명덕을 밝히는' 최고의 경지의 공이다. (이상의 3절은) 다 '스스로 밝힘'을 말한 것이다. 이상의 글은 다 '스스로 자(自)'에 역점이 있으며 '명덕도 모름지기 자기가 적극적으로 밝혀나가야 하는 것이다.'

大全疏註 ④ 臨川吳氏曰 此章康誥 言文王之獨能明其明德 以明人當求所以克明其德 發明明德之端也 太甲承上文 言欲求所以克明其德者 必常目在乎天所以與我之明德 示明明德之方也 帝典承上文 言能常目在夫天所

以與我之明德 而明之 則是能如堯之克明其大德矣 著明明德之效也 而又結之曰 此皆自明之事也 蓋自明者所以自新 使民皆有以明其明德者 所以新民 然欲使民皆有以明其明德而新民 必先有以自明而自新 故以自明二字 結上文明德之傳 而起下章盤銘自新之意也.

임천 오씨가 말했다. '전문 1장 1절' 강고편(康誥篇)에서 인용한 '극명덕(克明德)'은 '문왕이 홀로 자기의 명덕을 밝힐 수 있었다'고 말함으로써 '모든 사람들도 마땅히 자기의 명덕을 밝힐 연줄과 방도를 찾아야 한다는 뜻'을 명시한 것이며 이는 곧 '명명덕(明明德)'의 단서를 발명한 것이다. '전문 1장 2절' 태갑편(太甲篇)에서 인용한 '고시천지명명(顧諟天之明命)'은 바로 앞글을 이어받고 '능히 자기의 명덕을 잘 밝히기를 구하는 사람은 반드시 항상 자신의 눈을 하늘이 자기에게 내려준 명덕을 주시해야 함'을 말한 것이며 이는 '명명덕'의 방법을 지시한 것이다. '전문 1장 3절' 요전편(堯典篇)에서 인용한 '극명준덕(克明峻德)'은 바로 앞글을 이어받고 '능히 눈을 하늘이 나에게 내려준 명덕을 주시하고 또 밝힐 수 있으면 곧 요임금같이 능히 큰 덕을 (천하에) 밝힐 수 있다는 뜻'을 말한 것이다. 이는 '명명덕'의 큰 효험이 밝게 나타난 경지다. 그리고 다시 묶어서 '이 모두가 스스로 밝히는 일(此皆自明之事也)'이라고 했다. 무릇 '자명(自明)'은 '스스로 새로워지고 백성들로 하여금 다 저마다의 명덕을 밝히게 하는 것이며 이는 신민(新民)의 바탕이다.' 그러나 백성들로 하여금 다 저마다의 명덕을 밝히게 하고 신민하기 위해서는 반드시 임금이 먼저 스스로의 명덕을 밝히고 또 새로워져야 한다. 고로 '자명의 두 글자'로 위의 '명덕에 대한 전문(傳文)'을 묶고 동시에 다음의 '전문 제2장 반명(盤銘)'의 '자신(自新)의 뜻'을 일으켰다.

章句集註 (2) 右傳之首章 釋明明德.

이상이 '전문(傳文) 제1장'이며 경문(經文) '명명덕(明明德)'에 대한 해석이다.

章句集註 (3) 此通下三章 至止於信 舊本 誤在沒世不忘之下.

여기서부터 3장의 '지어신(止於信)'까지를 옛날 책은 잘못하여 '몰세불망(沒世不忘)' 다음에 넣었다.

어구 설명 ㅇ此(차)－이것, 즉 (주자가 새로 편찬한 〈大學章句〉의) '전문(傳文) 1장'을 말한다. ㅇ通下三章 至止於信(통하삼장 지지어신)－다음의 (전문 3장 3절 끝에 있는) '지지어신(至止於信)'까지. ㅇ舊本(구본)－즉《예기(禮記)》제42편에 수록된 '고본대학(古本大學)'의 글. ㅇ誤在沒世不忘之下(오재몰세불망지하)－잘못하여 (전문 3장 4절 끝에 있는) '몰세불망지하(沒世不忘之下)' 다음에 들어가 있다.

전문 2장

경문(經文) 삼강령(三綱領)의 두 번째 강령 '신민(新民)'에 대한 풀이로 총 4절이다.

1절－湯之盤銘曰 苟日新 日日新 又日新.

2절－康誥曰 作新民.

3절－詩曰 周雖舊邦 其命維新.

4절－是故 君子無所不用其極.

전문 2장 1절

원문 湯之盤銘曰 苟日新 日日新 又日新.

탕지반명(에) 왈 구일신(이어든) 일일신(하고) 우일신(이라하며)

직역 탕왕(湯王)의 대야 명문에 '진실로 (지난날의 낡고 얼룩진 때와 허물을 씻고) 날로 새롭게 하며 또 나날이 계속해서 새롭게 하고 또 거듭 날로 새롭게 한다'고 적혀 있다.

어구 설명 ㅇ湯之盤銘(탕지반명)－탕왕(湯王)의 세숫대야의 명문. 탕왕은 포악무도한 하(夏)나라의 걸(桀)을 치고 은나라를 세운 성군(聖君). 반명(盤銘)은 청동(青銅)으로 만든 세숫대야에 새겨놓은 글, 명문(銘文). '반(盤)'을 목욕하는 물동이로 해석하기도 한다. 탕왕이 스스로 경각심을 높이기 위해 청동기 대야에 '구일신(苟日新) 일일신(日日新) 우일신(又日新)'을 새겨넣었다. ㅇ曰(왈)－'명문은 다음 같다'는 뜻. ㅇ苟日新(구일신)－진실로 날로 새롭게 되다. ㅇ日日新(일일신)－하루하루 새롭게 되다. ㅇ又日新(우일신)－또 날로 더욱 새롭게 되다. 과거의 잘못을 청산하고 새롭게 혁신한다는 뜻.

참고 ◐ **대학장구(大學章句)의 '신(新)'**

신(新)을 고주(古註)는 '임금이 자신의 덕을 새롭게 하다'로 풀었으나, 〈장구〉에서는 '임금이 자신의 덕을 새롭게 하고 더 나가 백성들의 덕을 새롭게 하다'로 확대 해석했다. 그러므로 '일신(日新)·작신(作新)·유신(維新)'을 '경문(經文) 1, 신민(新民)'에 대한 풀이로 인용했다.

章句集註 (1) 盤 沐浴之盤也.

반(盤)은 목욕할 때 쓰는 대야이다.

어구 설명 ㅇ盤沐浴之盤也(반목욕지반야)-반(盤)은 목욕할 때에 쓰는 대야다. 목욕의 뜻이 '세수하고 머리 감는 뜻'인지 '전신 목욕의 뜻'인지 분명치 않다.

참고 ◐ **목욕지반**(沐浴之盤)

집주(集註)에 '목욕지반(沐浴之盤)'이라고 주석했다. 그러나 이때의 목욕은 '세수하고 머리를 감는다'는 뜻이고 아마 '전신목욕(全身沐浴)'의 뜻이 아닐 것이다. 〈대전소주(大全疏註)〉에서 '신정 소씨(新定邵氏)'는 대략 다음같이 말했다. "매일 세수하는 것은 사람이 다 같다. 그러나 반드시 매일 목욕하는 것은 아닐 것이다. 《예기(禮記)》 내칙편(內則篇)에 기술된 바 '자식이 부모를 섬김에 있어 닷새를 넘기지 않고 물을 데워 목욕을 청하고 사흘마다 머리를 감겨 드린다'고 했으니 여기의 명문은 대략 세숫대야 바닥에 새긴 글일 것이다.(日日盥頮 人所同也 日日沐浴 恐未必然 內則篇記 子事父母 不過五日 燂湯請浴 三日具沐而已 斯銘也 其殆刻之盥頮之盤歟)'

大全疏註 ① 新定邵氏曰 日日盥頮 人所同也 日日沐浴 恐未必然 內則篇記 子事父母 不過五日 燂湯請浴 三日具沐而已 斯銘也 其殆刻之盥頮之盤歟.

신정 소씨가 말했다. 매일 대야로 세수하는 것은 사람이 다 같다. 그러나 날마다 목욕하는 것은 아마 다 그렇지 않을 것이다. 《예기》 내칙편에 '아들이 부모를 섬김에 닷새를 넘기지 않고 물을 데워서 목욕을 청하고 사흘마다 머리를 감게 해 올린다'는 기록이 있다. 그러므로 여기의 반명(盤銘)은 아마 세숫대야에 새긴 것일 것이다.

어구 설명 ㅇ盥頮(관회)－대야로 세수한다. 盥(대야 관), 頮(세수할 회). ㅇ燂湯(첨탕)－더운 물을 데워서. 燂(물 데울 첨)

大全疏註 ② 雲峯胡氏曰 沐浴之盤 本孔註 邵說雖無關於日新大旨 然於盤字 或有小補云.

운봉 호씨가 말했다. (〈장구〉에서) '목욕하는 대야'라고 한 것은 본래 공영달(孔穎達)의 주를 바탕으로 한 것이다. 신정 소씨의 설은 비록 '날로 새로워진다는 기본 의미'와는 무관하지만, '반(盤)의 풀이'에는 약간의 도움이 된다.

章句集註 (2) 銘 名其器以自警之辭也 苟 誠也.

'명(銘)'은 기명에 새겨서 스스로 훈계로 삼는 글귀이다. '구(苟)'는 성(誠)의 뜻이다.

어구 설명 ㅇ銘名其器以自警之辭也(명명기기이자경지사야)－명(銘)은 그릇에 글자를 새겨서 자신을 깨우치고 훈계하는 글귀이다. ㅇ苟誠也(구성야)－구(苟)는 '성실하게, 진실로'의 뜻이다.

大全疏註 ① 論語苟志於仁 苟亦訓誠.

《논어》에 '참으로 인에 뜻을 둔다면(苟志於仁)'이라 했고, 그 때에도 '구(苟)'를 역시 '참으로[誠]'의 뜻으로 풀이한다.

章句集註 (3) 湯 以人之洗濯其心 以去惡 如沐浴其身 以去垢 故銘其盤 言誠能一日 有以滌其舊染之汚 而自新 則當因其己新者 而日日新之 又日新之 不可略有間斷也.

탕왕은 사람이 마음을 세척하여 낡은 허물을 제거하는 것을 마치 목욕하고 몸의 때를 씻는 것과 같다고 생각했으므로 자기가 일상 쓰는 대야에 명문을 새겨넣었다. (명문은 다음과 같다) '진실로 어느 하루 능히 자신의 낡고 오염된 더러움을 씻고 스스로 새롭게 덕을 밝힐 수 있어야 하며 또 마땅히 새로워진 자기를 바탕으로 하고 쉬지 않고 나날이 새로워지고 또 날로 더욱 새로워져야 한다.' 즉 '새로워지는 데 잠시도 사이가 있으면 안 된다'는 뜻을 말한 것이다.

어구 설명 ㅇ湯以(탕이)……故(고)-탕왕이 ……하는 고로. ㅇ人之洗濯其心以去惡(인지세탁기심이거악)-사람들이 자기 마음을 세척해서 악을 제거하는 것이. ㅇ如沐浴其身以去垢(여목욕기신이거구)-마치 몸을 목욕해서 때를 씻어내는 것과 같은 고로. '거(去)는 상성(上聲), 다른 것도 같다.' 〈原註〉 ㅇ銘其盤言(명기반언)-대야 바닥에 (다음 같은) 말을 새겨넣었다. 이 '언(言)'은 뒤에도 걸린다. ㅇ誠能一日(성능일일)-진실로 능히 어느 하루만이라도 ……할 수 있다. ㅇ有以滌其舊染之汚(유이척기구염지오)-자신의 낡고 오염된 더러움을 세척하고. ㅇ而自新(이자신)-스스로 새로워질 수 있다면[能]. ㅇ則當因其己新者(즉당인기기신자)-

마땅히 이미 새로워진 자신을 바탕으로 하고, 새로워진 그 시점이나 단계를 바탕으로 하고. ㅇ而日日新之(이일일신지)-다시 더 나날이 자신을 새롭게 하고. ㅇ又日新之(우일신지)-또 다시 나날이 새롭게 하고. ㅇ不可略有間斷也(불가략유간단야)-조금이라도 사이가 단절되면 안된다. 간격이 있거나 중단하면 안된다. '간(間)은 거성(去聲), 단(斷)은 도(徒), 완(玩)의 반절' 〈原註〉

참고 ◐ **'세탁기심이거악(洗濯其心以去惡)'의 뜻**

사람은 누구나 다 마음속에 하늘로부터 받은 본연의 착한 도덕성, 즉 '명덕(明德)'을 지니고 있다. 동시에 마음속에는 '이기적 욕심(利己的慾心)'도 있다. 그래서 대부분의 사람들은 '이기적 욕심'을 채우려는 악덕생활(惡德生活)을 하게 마련이다. 바꾸어 말하면 악덕의 근원은 '이기적 욕심'이다. 그러므로 마음속에 있는 '이기적 욕심'을 억제하거나 제거하는 것이 곧 '마음의 때, 즉 악(惡)'을 세척하고 제거하는 것이다.

◐ **'구일신(苟日新) 일일신(日日新) 우일신(又日新)'의 뜻**

주자는 ① 구일신(苟日新), ② 일일신(日日新), ③ 우일신(又日新)을 지속적으로 새롭게 혁신하는 뜻으로 해석했다. 그러므로 다음같이 의역하면 그 뜻이 잘 나타날 것이다.

① 구일신(苟日新) : 진실로 오늘부터 새로워지려고 뜻을 굳게 세운다. 즉 어제까지의 악덕의 근원이 되는 이기적 욕심(利己的慾心)을 떨쳐버리고 오늘부터 명덕을 밝히려고 자기 혁신을 한다는 뜻이다. 이 '일(日)'은 '자기 혁신의 첫날'의 뜻이다.

② 일일신(日日新) : 그 다음날, 또 그 다음날도 계속해서 새로워진다는 뜻이다.

③ 우일신(又日新) : 또 다시 날로 새로워지고 혁신한다는 뜻이다. 즉 '지어지선(止於至善)'을 향해 끝없이 정진하고 향상해야 한다.

주자는 다음같이 말했다. '구일신(苟日新)의 신(新)은 지난날의 낡은 악덕에 젖었던 오염에 대해서 새롭게 혁신함을 말한다. 나날이 새롭고 또 날로 새롭다 함은 오직 항상 새로워지고 중단되는 일이 없어야 한다는 뜻이다.(苟日新 新是對舊染之汚而言. 日日新 又日新 只是要常常如此 無間斷也)' 〈大全疏註〉

大全疏註 ① 問盤銘見於何書 朱子曰 只見於大學 緊要在一苟字 首句是爲學入頭處 誠能日新 則下兩句工夫 方能接續做去 今學者却不知苟字上著工夫.

'반명(盤銘)은 어느 책에 보이는 말입니까?'하고 묻자 주자가 말했다. 다만 《대학》에 보이는 말이다. '전문 2-1'에서 긴요한 핵심을 '구(苟)'자에 두어야 한다. 첫 구절 '구일신(苟日新)' 즉 '참으로 날로 새로워지는 일'이 바로 학문공부에 들어가는 첫 단계이다. '참으로 능히 날로 새로워져야' 다음의 두 구절 '일일신(日日新), 우일신(又日新)'하는 공부를 이어나갈 수 있다. 그런데 오늘의 학자는 첫 단계가 되는 '구일신(苟日新)'의 '구(苟 : 참으로, 진실로)'에 대한 공부를 하지 않는다.

어구 설명 ㅇ苟日新(구일신)－일반적으로는 '참으로, 진실로 날로 새로워진다'의 뜻으로 푼다. 그러나 이 〈대전소주〉의 의취(意趣)에 따라 '진실로 날을 기해 자신을 혁신한다'의 뜻으로 풀어야 더 좋다. 즉 '구일신(苟日新)'이 '지속적인 자기혁신(自己革新)'의 첫 계기이다.

大全疏註 ② 苟日新 新是對舊染之汚而言 日日新 又日新 只是要常常如此 無間斷也.

'구일신(苟日新)'의 '신(新)'은 '지난날의 오염된 때를 제거하고 새로워진다는 뜻'이다. '일일신(日日新) 우일신(又日新)'의 '신(新)'은 '오직 항상 새로워지고 간격이나 중단이 없어야 한다는 뜻'이다.

大全疏註 ③ 西山眞氏曰 身有垢 皆知沐浴以去之 心者新明之舍 乃甘爲私欲所汚 是以形體爲重 心性爲輕也 豈不謬哉.

서산 진씨가 말했다. 몸에 때가 있으면 누구나 목욕하여 씻을 줄 안다. 마음은 신명이 머물러 있는 곳이다. 그런데도 사욕에 오염된 자기 마음을 씻지 않으니 이는 외형의 몸을 중하게 여기고 내면적 심성을 경시하는 것이다. 어찌 잘못이 아니겠느냐?

大全疏註 ④ 雙峯饒氏曰 所新雖在民 作而新之之機 實在我 故自新爲新民之本 我之自新有息 則彼之作新 亦息矣 所以釋新民 先言自新 相關之機 蓋如此.

쌍봉 요씨가 말했다. 비록 혁신할 대상은 백성이라 해도 그들을 혁신케 하는 기틀은 (임금이나 지도자인) 나에게 있다. 그러므로 자신(自新)이 신민(新民)의 바탕이다. 나의 혁신에 중단이 있으면 백성에 대한 진작에도 중단이 있게 된다. 그러므로 '경문의 신민'을 해석함에 있어 먼저 자신을 말한 것이다. 이와 같이

(경문과 전문이) 유기적으로 연관되어 있다.

大全疏註 ⑤ 雲峯胡氏曰 盤銘三句 苟字 是志意誠確於其始 又字是工夫接續於其終.

운봉 호씨가 말했다. 반명의 세 구절의 첫 글자 '구(苟)'자는 '처음부터 (革新하려는) 의지와 뜻을 성실하고 확고하게 하라는 뜻'이고, 다음의 '우(又)'는 (自新과 新民의 대한) 공부와 노력을 끝까지 지속하라는 뜻이다.

大全疏註 ⑥-1 新安陳氏曰 德日新之蘊 自仲虺發之 湯采之 爲此銘 伊尹又本之 以告太甲曰 惟新厥德 終始惟一 時乃日新 說者謂 孟子所言萊朱 卽仲虺 與斯道之傳者也.

신안 진씨가 말했다. '덕이 날로 새로워지고 쌓인 결과'라고 한 말은 탕왕(湯王)의 신하 중훼(仲虺)가 (《서경》 상서 仲虺之誥에서) 한 말이다. 그 말을 탕왕이 취해서 자기의 반명(盤銘)으로 삼은 것이다. 또 이윤(伊尹)이 그 말을 근본으로 하고 태갑(太甲)에게 '오직 임금이 자신의 명덕을 새롭게 하고 시종여일하게 해야 비로소 세상 만민이 날로 새롭게 된다(惟新厥德 終始惟一 時乃日新)'고 훈계했다. 어떤 사람은《맹자》에 나오는 내주(萊朱 : 탕왕의 어진 신하)는 곧 중훼이며, 이 같은 도리를 전수한 사람이다'라고 했다.

어구 설명 ㅇ自仲虺發之(자중훼발지)－《서경(書經)》 상서(商書) 중훼지고(仲虺之誥)에 다음과 같이 있다. '임금의 덕이 날로 새로우면 모든 나라가 따른다.(德日新 萬邦惟懷)' '중훼(仲虺)'는 탕왕(湯王)의 좌상(左相)

이다. 그가 탕왕에게 무력으로 은(殷)의 걸(桀)을 토벌한 것을 건의했고, 그 말을 사관이 기록한 글이 곧 중훼지고이다. ㅇ孟子所言萊朱(맹자소언래주)－《맹자(孟子)》 진심편(盡心篇) 하(下)에 '유탕지어문왕(由湯至於文王) 오백유여세(五百有餘歲) 약이윤래주(若伊尹萊朱) 즉견이지지(則見而知之)'라고 있다. '내주(萊朱)'가 곧 탕(湯)의 신하 '중훼(仲虺)'라고 하는 설도 있고, '내주'는 다른 사람이라고 하는 설도 있다. 여기서는 같은 신하로 보았다.

大全疏註 ⑥-2 明明德爲體 新民爲用 體用元不相離 故於平天下 以明明德於天下爲言 由體而達於用 同一明也 於新民之端 以日新又新爲言 因用而原其體 同一新也 移明己德之明字 以言明民德 又移新民之新字 以言新己德 體用之不相離可見矣.

'자기의 명덕을 밝힘(明明德)'은 체(體)이고 '백성을 새롭게 함(新民)'은 용(用)이다. 체와 용은 서로 떨어질 수 없다. 고로 '평천하'에서 '천하에 명덕을 밝힌다'고 말했으니 이는 곧 체로부터 용에 이르는 것이며 다같이 '명(明)'이다. 한편 '신민(新民)하는 시단(始端)'을 '날로 새롭게 하고 또 새롭게 하다(以日新又新爲言)'라고 말한 것은 용을 바탕으로 하고 체라는 근원을 말한 것으로 다같이 새롭게 되는 것이다. '명기덕(明己德)'의 '명'자를 옮겨 '명민덕(明民德)'하고 또 '신민'의 '신(新)'자를 옮겨 '신기덕(新己德)'하니 이것으로 '체와 용'이 떨어지지 않음을 가히 알 수 있다.

전문 2장 2절

원문 康誥曰 作新民.

강고(에) 왈 작신민(이라하며)

직역 《서경》 강고편에는 '임금은 백성을 진작해서 그들이 스스로 새롭게 혁신되도록 교화해야 한다'는 구절이 있다.

어구 설명 ㅇ康誥(강고)-《서경(書經)》 상서(商書) 강고편(康誥篇). 〈참조 전문 1장 1절〉 ㅇ作新民(작신민)-(백성들을 사랑으로 교화해서) 그들이 스스로 새롭게 혁신되도록 진작하고 돋아준다.

章句集註 (1) 鼓之舞之之謂作 言振起其自新之民也.

북을 치고 춤을 추게 하는 것이 곧 '작(作)'이다. '작신민(作新民)'은 곧 '스스로 새롭게 혁신되려는 백성들을 진작하고 일어나게 한다'는 뜻이다.

어구 설명 ㅇ鼓之舞之(고지무지)-'내가 북을 치고, 남으로 하여금 춤을 추게 한다'는 뜻. ㅇ之謂作(지위작)-그것을 곧 '작(作)'이라 한다. '그것'은 '고지무지(鼓之舞之)'. ㅇ言(언)-이때의 '언'은 '앞의 글은 다음과 같은 뜻이다'로 풀이해도 된다. 즉 전문(傳文)의 '작신민(作新民)'은 '진기기자신지민야(振起其自新之民也)'라는 뜻을 말한 것이다. ㅇ振起其自新之民也(진기기자신지민야)-스스로 새롭게 되려는 백성을 진작하고 일어나게 한다. '진기(振起)'는 동사, '기자신지민(其自新之民)'이 목적어, '기(其)'는 영어의 정관사 'the'에 해당한다. 굳이 번역할 필요가 없다.

大全疏註 ① 朱子曰 鼓之舞之 如擊鼓然 自然能使人跳舞踊

躍 上之人之於民 時時提撕警發之 則下之觀瞻感化 各自有以興起 同然之善心 而不能自已耳.

주자가 말했다. (〈집주〉에서) '고지무지(鼓之舞之)'라고 한 것은 흡사 북을 울리면 자연히 사람들로 하여금 덩달아 춤추고 뛰게 하는 것과 같이 윗사람이 백성을 이끌고 훈계하고 깨우치고 분발하게 하면 아랫사람이 우러러보고 감화되어 저마다 자발적으로 (윗사람과 같이) 착한 마음을 돋아 일으키고 (자기 혁신을) 그만둘 수 없게 될 것이다.

어구 설명 ㅇ提撕警發(제서경발)－백성들을 이끌고 훈계하고 깨우치고 분발하게 한다. 提(끌 제), 撕(훈계할 서). ㅇ觀瞻感化(관첨감화)－자세히 살피고, 우러러보고 스스로 감화된다.

大全疏註 ② 陳氏曰 自新之民 已能改過遷善 又從而鼓舞振作之 使之亹亹不能自已 是作其自新之民也 此正新民用工夫處.

진씨가 말했다. '스스로 새로워지려는 백성'은 이미 개과천선할 수 있으니 다시 그들을 고무하고 진작해서 그들로 하여금 (혁신하려는) 노력을 멈추지 못하게 해야 한다. 이것이 곧 '스스로 새로워지려는 백성을 진작함'이며 그것이 바로 신민(新民)을 행하는 공부의 요점이다.

어구 설명 ㅇ亹亹(미미)－힘쓰고 노력함. 亹(힘쓸 미).

大全疏註 ③ 雲峯胡氏曰 前言顧諟 是時時提撕警覺 其在我者 此所謂作 是時時提撕警覺 其在民者也.

운봉 호씨가 말했다. 앞의 '전문 1장 2절'에서 '고시(顧諟)'라고 한 것은 '내가 항상 천명으로 주어진 명덕을 돌아보고 살피면서 백성들을 이끌고 깨우친다'는 뜻이며, 이는 '윗사람인 나'를 중심으로 한 말이다. 여기서 '작신민(作新民)'이라고 한 것은 '(혁신하려는 백성을) 항상 언제나 이끌고 깨우친다'는 뜻이며 이는 백성을 중심으로 한 말이다.

大全疏註 ④ 新安倪氏曰 易繫辭傳云 鼓之舞之以盡神 摘此四字 以釋作字 振起之 卽孟子稱堯勞來匡直輔翼 使自得之 又從而振德之意.

신안 예씨가 말했다. 《역경》 계사전에 '북을 치고 춤을 춰서 신명을 다하게 한다'는 구절이 있다. (주자가) 이 '고지무지(鼓之舞之)'의 네 글자를 가지고 '작(作)'자를 해석한 것이다. '백성들을 떨치고 일어나게 한다(振起之)'는 말은 즉 맹자가 '요임금이 백성들을 위로하고 오게 하고 바르게 고쳐주고 그들을 돕고 부축해서 그들이 스스로 도(道)를 얻고 더욱 덕(德)을 진작하게 했음'을 칭송한 말이다.

어구 설명 ㅇ鼓之舞之以盡神(고지무지이진신)－《역경(易經)》 계사전상(繫辭傳上)에 있다. 성인(聖人)이 《역(易)》으로 신비로운 힘을 발휘하게 함을 '북을 치고 춤을 춰서 신명을 다하게 한다'로 비유한 말이다. ㅇ孟子稱(맹자칭)－맹자가 칭송하다. 《맹자》 등문공상(滕文公上)에 다음같이 있다. '방훈, 즉 요임금이 말했다. 백성을 위로하고 격려해서 따라오게 하고, 바로잡고 곧게 자라게 하고, 보호하고 도와서, 스스로 터득하고 (바른 도리를) 따라서 저마다의 명덕을 진작케 해라.(放勳曰 勞之來之

匡之直之 輔之翼之 使自得之 又從而振德之)' * 〈참고〉 이 글 앞에 다음의 유명한 구절이 있다. '人之有道也 飽食煖衣 逸居而無教 則近於禽獸 聖人有憂之 使契爲司徒 教以人倫 父子有親 君臣有義 夫婦有別 長幼有序 朋友有信'. 이때의 성인(聖人)은 순(舜)임금이다.

大全疏註 ⑤ 東陽許氏曰 第二節章句 以新民爲自新之民 蓋民心皆有此善 才善心發見 便是自新之機 因其欲新 而鼓舞之 作字是前新字意.

동양 허씨가 말했다. '전문 2장 2절의 〈장구집주(章句集註)〉'에서 '신민(新民)'을 '스스로 새롭게 되려는 백성(自新之民)'이라고 풀이했다. 무릇 '민심(民心)'은 다 '착하고 좋게 되려는 마음'이 있으며 조금이라고 그 선심(善心)이 발현하면 그것이 곧 '스스로 새롭게 되려는 기미(機微)'다. (윗사람은) 그와 같은 기미를 바탕으로 백성들을 고무해야 한다. '작(作)'자는 앞의 '신(新)'자와 같은 뜻이다.

참고 ◐ **스스로 새롭게 되려는 백성을 진작함**

주무왕(周武王)은 비록 무력으로 은(殷)의 주(紂)를 멸했으나 '패망한 은나라의 백성들이 주의 악덕한 제도와 구속에서 탈피하고 아울러 과거의 나쁜 생활과 풍습을 청산하고 새롭게 혁신하려는 마음을 가지고 있었음'을 잘 알고 있었다. 이에 무왕은 은나라 유민을 다스릴 동생 강숙(康叔)에게 '스스로 새로워지려는 백성들을 잘 교화하고 진작해서 그들이 스스로 새롭게 되게 하라'고 훈계한 것이다.

전문 2장 3절

원문 詩曰 周雖舊邦 其命維新.

시(에) 왈 주수구방(이나) 기명유신(이라하니)

직역 《시경》 대아 문왕편에 '주는 비록 오래된 나라이지만 (문왕에 이르러 스스로 덕을 밝히고 백성들도 저마다의 덕을 밝히고 혁신되게 했으므로) 하늘이 천명을 새롭게 내렸다'는 말이 있다.

어구 설명 ㅇ詩(시)—《시경(詩經)》 대아(大雅) 문왕편(文王篇). ㅇ周雖舊邦(주수구방)—주나라는 비록 오래된 나라이지만. ㅇ其命維新(기명유신)—문왕대에 천명을 새롭게 내려받아 천하를 다스리게 되었다. 유(維)=유(惟).

章句集註 (1) 詩 大雅文王之篇 言周國雖舊 至於文王能新其德 以及於民 而始受天命也.

《시경(詩經)》 대아(大雅) 문왕편(文王篇)의 시구다. 그 시구의 뜻은 곧 '주나라는 비록 오래되었으나 문왕에 이르러 그 덕을 새롭게 빛내고 나아가 백성들에게 미칠 수가 있었으므로 (하늘로부터) 천하를 다스리라는 천명을 새로 받게 되었다'는 뜻이다.

어구 설명 ㅇ詩大雅文王之篇(시대아문왕지편)—'시(詩)'는 《시경》 대아 문왕편의 시다. ㅇ言(언)—대략 다음 같은 뜻을 말한 것이다. ㅇ周國雖舊(주국수구)—주나라는 비록 오래된 나라이지만. ㅇ至於文王(지어문왕)—문왕대에 이르러. ㅇ能新其德(능신기덕)—능히 그 덕을 새롭게 했으며. ㅇ以及於民(이급어민)—아울러 (그 덕을) 백성에 미치게 했으므로. '이것은 근본을 미루어 말한 것이다.(此是推本說)' 〈原註〉 ㅇ而始受天命也(이시수천명야)-그래서 새삼 천명을 내려받게 되었다. '시(始)자는 신(新)자에 맞춰 붙인 것이다(始字貼新字)'. 〈原註〉

참고 ◐ **시수천명**(始受天命)

주(周) 민족의 시조 후직(后稷)에서부터 문왕(文王)까지 약 천년이 되었다. 그러나 문왕대에 천명을 새롭게 내려받아 천하를 다스리게 되었다. 문왕이 덕을 잘 밝히고 백성을 친애하고 또 교화 진작했으므로 하늘이 새삼 천명을 내려 주로 하여금 천하를 다스리게 했던 것이다.

大全疏註 ① 朱子曰 是新民之極 和天命也新.

주자가 말했다. 이 경지가 신민의 극치이다. 이에 맞춰 천명도 새로워진 것이다.

어구 설명 ㅇ是(시)-이것, 즉 '문왕에 이르러 능히 자기의 명덕을 새롭게 하고 아울러 그 혁신이 백성에게도 미칠 수 있었다(於文王 能新其德 以及於民)'. ㅇ新民之極(신민지극)-(문왕의 그와 같은 경지가) '신민(新民)'의 극치이다. ㅇ和(화)-'이에 맞춰, 아울러, 그래서, 이(而)' 등으로 푼다. ㅇ天命也新(천명야신)-천명 역시 새로워진 것이다, 새롭게 천명을 내린 것이다.

大全疏註 ② 北溪陳氏曰 三節有次第 盤銘言新民之本 康誥言新民之事 文王詩言新民成效之極.

북계 진씨가 말했다. '전문 2장의 3개 절'에는 순서와 단계가 있다. '제1절 반명'은 '신민의 근본'을 말한 것이고, '제2절 강고'

는 '백성을 진작해서 새롭게 하는 일'을 말한 것이고, '제3절 문왕의 시'는 '신민의 효험의 극치'를 말한 것이다.

어구 설명 ㅇ三節有次第(삼절유차제)-'전문 2장'에 있는 '3개의 구절'에는 앞뒤의 순서와 단계가 있다. ㅇ盤銘(반명)-'제1절' 즉 반명에서 인용한 '구일신(苟日新) 일일신(日日新) 우일신(又日新)'. ㅇ言新民之本(언신민지본)-백성을 새롭게 하는 근본을 말한 것이다. 즉 '임금이 먼저 날로 새로워지는 것이 신민의 근본임'을 말한 것이다. ㅇ康誥(강고)-'제2절' 강고에서 인용한 '작신민(作新民)'. ㅇ言新民之事(언신민지사)-'새롭게 되려는 백성을 고무하고 진작해서 더욱 혁신케 하는 방도와 그러한 일'을 말한 것이다. ㅇ文王詩(문왕시)-'제3절' 즉《시경》대아 문왕편의 시구, '주수구방(周雖舊邦) 기명유신(其命維新)'. ㅇ言新民成效之極(언신민성효지극)-'신민의 효험의 극치'를 말한 것이다.

大全疏註 ③ 雙峯饒氏曰 明命是初頭稟受底 以理言 命新是末梢膺受底 以位言 要之只是一箇 天下無性外之物.

쌍봉 요씨가 말했다. '명명(明命)'은 애당초 하늘로부터 내려받은 것, 즉 이(理)를 말하며, '명신(命新), 즉 하늘이 새롭게 천명을 내렸다'고 한 것은 (문왕이 자신의 명덕을 잘 밝히고 더 나가서 백성들을 잘 혁신케 했으므로) '결국은 끝에 가서 응분의(보답, 즉 새로운 명을) 내려받은 것이며(末梢膺受底),' 즉 '천자의 자리를 (내려받았음을) 말한다.(以位言)' 요약하면 (明命이나 明德이) 같은 하나이다. 결국 '천하 만사는 본성 외의 사물이 없는 것이다.(天下無性外之物)'

어구 설명 ㅇ明命(명명)-'하늘의 명명(天之明命)'. 앞의 '전문 1장 2절'에는 '고시천지명명(顧諟天之明命)'이라는 구절이 있다. '하늘이 절대적인 명령으로 내려준 명명(明命)'은. ㅇ是初頭稟受底(시초두품수저)–그것은 곧 (사람이) 애당초에 하늘로부터 받은 것이며. ㅇ以理言(이리언)–이(理)를 말한 것이다. '사람에게 내린 명명(明命)'은 곧 '사람에게 절대적으로 천리(天理)를 따르고 행하라는 명령'이다. ㅇ命新(명신)–'전문 2장 3절'에 있는 '기명유신(其命維新)'의 '명신(命新)'은 즉 '하늘이 새롭게 천명을 내린 것은'. ㅇ是末梢膺受底(시말초응수저)–곧 (문왕이 명덕을 밝히고 또 신민했으므로) 끝에 가서 (하늘로부터) 응분의 (보답, 즉 새로운 명을) 내려받은 것이다. '말초(末梢)'는 나무의 끝가지, '문왕이 명덕을 밝히고 덕으로써 백성을 혁신했음'이 '근본뿌리'이다. 그 결과 '새로운 명을 받은 것이다.' ㅇ以位言(이위언)–즉 천자의 자리를 (내려받았음을) 말한다. ㅇ要之只是一箇(요지지시일개)–요약하면 '명명(明命)'이나 '명신(明新)'이 다 같은 하나이다. 즉 '하늘의 절대적인 명령을 따르고 밝히는 명명'이나, '명덕(明德)을 밝히고 신민(新民)하여 명을 새롭게 내려받는(命新) 것이' 같은 것이다. 즉 '하늘은 천리를 따르고 행하라고 명령했고, 사람은 천리를 따르고 행하여 덕을 밝혔으며, 그 결과 하늘은 새로 명을 내려 천하를 다스리게 했다.(命新)' ㅇ天下無性外之物(천하무성외지물)–《중용(中庸)》에 있다. '하늘이 절대적인 명령으로 내려준 것을 본성이라 하고, 그 본성을 따르는 것을 도라고 한다.(天命之謂性, 率性之謂道)' '본성 밖에 사물이 없다(無性外之物)'고 한 말은 곧 '하늘의 도리 밖에는 모든 사물(事物)이 있을 수 없다'는 뜻이다. 사람의 본성은 곧 《대학》에서 강조하는 '명덕(明德)'이다. 주자는 '명덕'을 '허령불매(虛靈不昧) 구중리(具衆理) 이응만사자야(而應萬事者也)'라고 풀었다. 그러므로 사람은 '명덕'을 바탕으로 '만물의 도리를 알고 또 모든 사물을 천리에 맞게 처리해야 한다.' 그것이 바로 인간의 본성이다.

大全疏註 ④ 東陽許氏曰 第三節言 文王明明德 而及於民

政教一新 初受天命.

동양 허씨가 말했다. '전문 2장 3절'은 곧 '문왕이 자신의 명덕을 잘 밝히고 더 나가 백성에게 미쳤으며 정치와 교화가 일신되었다. 그래서 천명을 받았음'을 말한 것이다.

참고 ◐ **주수구방 기명유신**(周雖舊邦 其命維新)

주(周) 민족의 시조(始祖)는 후직(后稷)이다. 부친은 오제(五帝)의 한 사람 제곡(帝嚳), 모친은 제곡의 원비(元妃)인 강원(姜嫄)이다. 후직은 요(堯)·순(舜)·우(禹) 3대에 걸쳐 농업으로 공을 세웠으며 마침내 태(邰)의 영주가 되었다. 그의 후손 공류(公劉), 고공단보(古公亶父) 역시 농업을 진작하고 백성들을 덕(德)으로 다스렸다. 후직의 15대 후손이 문왕(文王)이다. 문왕은 덕으로써 만민의 존경을 받았다. 그러나 생시에는 천자(天子)가 되지 못했다. 그의 아들 무왕(武王)이 아버지 문왕의 덕을 터로 하고 제후들을 규합하고 은(殷)의 주(紂)를 치고 주(周)나라를 세웠다. 후직으로부터 문왕과 무왕까지 천 년이 되었으며 특히 문왕의 덕이 높았으므로 하늘은 천명을 새롭게 내렸던 것이다. 이를 '주수구방(周雖舊邦) 기명유신(其命維新)'이라고 한 것이다.

전문 2장 4절

원문 是故君子 無所不用其極.

시고(로) 군자 무소불용기극(이니라)

직역 그러므로 군자는 스스로 덕을 밝히거나 또는 백성들을 새롭게 혁신케 함에 있어 항상 지극한 최선의 경지에 있어야 한다.

어구 설명 ㅇ是故君子(시고군자)－그러므로 군자는. '군자'를 두 가지로 풀이할 수 있다. 옛날의 임금들, 혹은 일반 군자. ㅇ無所不用其極(무소불용기극)－어느 경우에나 지극한 선(善)을 쓰지 않음이 없다. 곧 어느 경우에나 '지어지선(止於至善)'했다는 뜻이다. 혹은 (모든 군자는) '지어지선'해야 한다.

章句集註 (1) 自新新民 皆欲止於至善也.

스스로 새롭게 함에 있어서나 백성을 새롭게 혁신함에 있어서나 모두 지극한 선의 경지에 가서 머물러 있고자 해야 한다.

大全疏註 ① 朱子曰 明明德 便要如湯之日新 新民 便要如文王之周雖舊邦其命維新 各求止於至善之地 而後已也.

주자가 말했다. 명덕을 밝힘을 탕왕이 날로 새롭게 함과 같이 해야 한다. 또 백성을 새롭게 함도 문왕이 오래된 주나라에 새로 천명을 내려받은 것과 같이 해야 한다. 즉 스스로 명덕을 밝힘에 있어서나 백성을 진작함에 있어서나 모두 지선(至善)의 경지에 나가서 머물러야 한다.

大全疏註 ② 玉溪盧氏曰 前言止至善 此言用其極 二義互相發 止則不紛紛擾擾矣 用則非枯木死灰矣.

옥계 노씨가 말했다. 앞에서 말한 '지지선(止至善)'과 여기서 말한 '용기극(用其極)'의 둘은 그 뜻이 서로 통하고 서로 보충한다. '지극한 선에 가서 멈춰야' 비로소 어수선하지 않게 되고, (明德하거나 新民함에 있어) '극치에 이르러야' 비로소 (하늘이 내려준 명덕이나 明命이) 고목이나 불 꺼진 죽은 재같이 되지 않을 것이다.

大全疏註 ③ 雲峯胡氏曰 上章釋明明德 故此章之首 曰日新又新 所以承上章之意 下章釋止於至善 此章末 曰無所不用其極 此又所以開下章之端 文理接續 血脈貫通 此亦可見矣.

운봉 호씨가 말했다. 상장(전문 1장)은 '명명덕(明明德)'을 해석한 것이다. 고로 이 장의 첫머리(전문 2장 1절)에서 '날로 새로워지고 또 새로워진다(日新又新)'고 했으니, 이는 앞의 장의 뜻을 계승하기 위해서다. 하장(전문 3장)은 '지어지선(止於至善)'을 해석한 것이다. 그러므로 이 장 마지막(전문 2장 4절)에서 '무소불용기극(無所不用其極)'이라고 말했으니, 이는 다음 장(전문 3장)의 단서를 열기 위해서다. 이와 같이 전문(傳文)은 문리가 잘 이어지고 혈맥이 잘 통하고 있음을 알 수 있다.

大全疏註 ④ 臨川吳氏曰 此章盤銘 承上章言 自明者 所以自新 而欲新民者 必先自新 是發新民之端也 康誥承上文 言自新旣至 卽可推以作興自新之民 示新民之方也 文王詩 承上文 言旣能自新 而推以新民 則民德皆新 而天命亦新 著新民之效也 盤銘言自新 康誥言新民 文

王詩 自新新民之極也 極卽至善之云也 用其極者 求其止於是之謂也 故以用其極 結上文自新新民之義 而起下章所止之說也.

임천 오씨가 말했다. '전문 2장 1절의 반명(盤銘)의 세 구절'은 '앞의 전문 1장의 뜻'을 받고 (다음 같은 뜻을) 말한 것이다. 즉 '전문 1장 4절의 자명(自明 : 스스로 명덕을 밝힘)'은 곧 '스스로 새로워지는 연유'이다. 그리고 신민(新民)하기 위해서는 반드시 먼저 스스로 새로워져야 하니, 이는 곧 신민의 시발점이라는 뜻을 말한 것이다.

'전문 2장 2절'의 '강고왈(康誥曰) 작신민(作新民)'이란 글'은 앞의 글을 받고 '이미 스스로 새로워졌으니 더 미루어서 스스로 새롭게 되려는 백성을 진작할 수 있음'을 말한 것이며 곧 신민의 방도를 표시한 것이다. '전문 2장 3절의 문왕편(文王篇)'의 시 '주수구방(周雖舊邦) 기명유신(其命維新)'이라는 구절은 앞의 글에 이어 다음 같은 뜻을 말한 것이다. 즉 이미 자신(自新)할 수 있으니 미루어 신민을 하면 바로 민덕(民德)이 새로워지고 아울러 천명도 새로 내림을 말한 것이며 이는 신민(新民)의 효험을 밝힌 것이다. 반명(盤銘)은 자신(自新)을 말하고, 강고(康誥)는 신민을 말하고 문왕시(文王詩)는 자신과 신민의 극치를 말한 것이다. 극치는 곧 지선(至善)이다. '극(極)'이라고 한 말은 '바른 데 가서 멈추려고 한다는 뜻을 말한 것이다.' 고로 극치라는 말을 가지고 앞의 '자신과 신민(新民)'의 뜻을 묶고 아울러 다음 장의 '지어지선(止於至善)'에 대한 설명을 시작하려고 한 것이다.

章句集註 (2) 右傳之二章 釋新民.

이상이 '전문 2장'으로 '경문(經文)의 신민(新民)'을 해석한 것이다.

大全疏註 ① 東陽許氏曰 此章釋新民 而章內五新字 皆非新民之新 盤銘以自新言 康誥以民之自新言 詩以天命之新言 然新民之意 却只於中可見.

동양 허씨가 말했다. '전문 2장'은 경문의 '신민(新民)'을 해석한 것이며, '다섯 개의 신(新)'자가 있다. 그것들이 다 '신민의 신'자가 아니다. '1절, 반명(盤銘)의 신자'는 '스스로 새롭게 된다는 자신(自新)의 신자'이고, '2절, 강고(康誥)의 신자'는 '백성들이 스스로 새롭게 된다는 민지자신(民之自新)의 신자'이고, '3절, 문왕시(文王詩)의 신자'는 '하늘의 새 명이 새롭다는 천명지신(天命之新)의 신자'다. 그러나 '신민'의 뜻을 모든 말속에서 볼 수 있다.

전문 3장

경문 '지어지선(止於至善)'에 대한 풀이로 총 5절이다.

1 절—詩云 邦畿千里 惟民所止.

2 절—詩云 緡蠻黃鳥 止于丘隅 子曰 於止知其所止 可以人而不如鳥乎.

3 절—詩云 穆穆文王 於緝熙敬止 爲人君止於仁 爲人臣止於敬 爲人子 止於孝 爲人父止於慈 與國人交止於信.

4 절(1)—詩云 瞻彼淇澳 菉竹猗猗 有斐君子 如切如磋 如琢如磨 瑟兮僩兮 赫兮喧兮 有斐君子 終不可諠兮.

(2)—如切如磋者道學也 如琢如磨者自修也 瑟兮僩兮者恂慄也 赫兮喧兮者威儀也 有斐君子終不可諠兮者 道盛德至善民之不能忘也.

5 절—詩云 於戱前王不忘 君子賢其賢而親其親 小人樂其樂而利其利 此以沒世不忘也.

전문 3장 1절

원문 詩云 邦畿千里 惟民所止.

시운 방기천리(여) 유민소지(라하니라)

직역 《시경》 상송 현조편에 '왕도 주변 사방 천리 지방이 바로 백성들이 머물러 살 곳이다'라고 했다.

어구 설명 ㅇ詩(시)－《시경(詩經)》 상송(商頌) 현조편(玄鳥篇). '현조편'은 상(商), 즉 은(殷)나라의 개국을 칭송하는 시다. 탕왕(湯王)이 건국한 은나라의 시조는 설(契)이다. 그의 어머니 간적(簡狄)이 하늘에서 떨어진 현조(玄鳥)의 알을 먹고 그를 잉태했다. ㅇ云(운)－말하다, 읊었다. ㅇ邦畿(방기)－왕기(王畿)라고도 한다. 왕도(王都)를 중심한 사방 천리(千里)의 지경으로 천자의 직속 영지다. 그러므로 백성들이 안락하게 살 수 있는 곳이기도 하다. 고대에는 왕기를 중심하고 밖으로 9개의 정방형으로 지역을 나누어 구기(九畿)라고 일컬었다. ㅇ惟民所止(유민소지)－오직 그곳이 백성들이 머물러 살 곳이다. 《시경》에는 '유(惟)'를 '유(維)'로 썼다.

章句集註 (1) 詩 商頌玄鳥之篇 邦畿 王者之都也 止 居也 言物各有所當止之處也.

시는 《시경》 상송 현조편이다. '방기(邦畿)'는 왕자의 도읍이다. '지(止)'는 '산다는 뜻'이다. (인용한 시는) '모든 것에는 마땅히 머물러 있어야 할 지극히 좋은 경지가 있음'을 말한 것이다.

어구 설명 ㅇ邦畿(방기)－국도(國都)를 중심으로 한 주변의 지역, 경기(京畿), 왕기(王畿)라고도 한다. 천자(天子)의 경우는 사방 천리(千里), 왕

(王)의 경우는 사방 5백리. ㅇ王者之都也(왕자지도야)－임금의 도읍이다. 엄격히 말하면 임금의 도읍을 중심으로 한 주변의 토지다. ㅇ止居也(지거야)－'지(止)'는 '살 거(居)'의 뜻이다. ㅇ言物各有所當止之處也(언물각유소당지지처야)－'모든 사물에는 저마다 마땅히 머물러야 할 경지나 혹은 도리가 있다'는 뜻이다. 이때의 '언(言)'은 '앞에 인용한 시구가' '……의 뜻을 말한 것이다'로 푼다. ㅇ物(물)－모든 사물의 뜻. ㅇ各有(각유)－저마다, 각기. ㅇ所當止之處(소당지지처)－'마땅히 가서 머물러 있어야 할 곳, 혹은 도리'의 뜻이다. '지(止)'에는 '가장 좋은 곳에 가서 머물러 살다'와 아울러 '가장 좋고 적합한 도리를 찾고 그 도리를 따르고 지키다'의 뜻이 함께 있다.

참고 ◐ **'소당지지처**(所當止之處)**'와 '지어지선**(止於至善)**'**

'전문 3장'은 삼강령(三綱領)의 '지어지선(止於至善)'을 설명하기 위해서 경전에서 여러 구절을 인용했다. 그 중의 첫 번째 '전문 3장 1절'은 '왕기 사방 천리만이 오직 백성들이 머물러 안락하게 살 수 있는 곳이다(邦畿千里 惟民所止)'라는 《시경》의 시구를 인용했다. 주자는 이에 대해서 '언물각유소당지지처야(言物各有所當止之處也)'라고 주석했다. 직역하면 '모든 사물에는 저마다 마땅히 가서 머물러 있어야 할 경지가 있다'이다. 그러나 주자의 말 속에는 '사람은 비단 거처 잡고 사는 곳에서만이 아니라 언어 행동 및 사물 처리에 있어서도 마땅히 도달해서 머물러야 할 최선의 경지 혹은 합당한 도리가 있다'는 뜻이 포함되어 있다. 그러므로 '물각유소당지지처(物各有所當止之處)'를 다음 같이 이해해야 한다.

① '왕기(王畿)에 가서 머물러 살아야 한다.' ② '도(道)를 따르고 대의명분에 맞게 처신(處身)해야 한다.' ③ '가장 좋고 적합

한 도리를 따라서, 사물을 처리해야 한다' 이것이 곧 '지어지선(止於至善)'의 뜻이다.

大全疏註 ① 新安陳氏曰 引詩謂邦畿爲民所止之處 以比事物各有當止之處 且泛說止字.

신안 진씨가 말했다. 시를 인용해서 왕기는 백성들이 머물러 살 곳임을 말하고 그것으로써 모든 사물에도 마땅히 머물러야 할 바, 즉 도리가 있음을 비유했으니 또한 '지(止)'를 광범하게 풀이한 것이다.

大全疏註 ② 東陽許氏曰 王者所居地方千里 謂之王畿 居天下之中 四方之人 環視內向 皆欲歸止於其地 猶事有至善之理 人當止之也.

동양 허씨가 말했다. 왕이 거처하는 도성을 중심하고 사방 천 리의 지역을 왕기라고 한다. 그곳은 천하의 중심부이므로 사방의 모든 사람들이 두루 주목하고 안으로 향해 그곳으로 와서 머물러 살고자 한다. 마치 모든 사물에 지극히 좋은 도리가 있고 사람이 마땅히 그 경지에 머물러야 함과 같다.

전문 3장 2절

원문 詩云 緡蠻黃鳥 止于丘隅 子曰 於止知其所止 可以人而不如鳥乎.

시운 면만황조(여) 지우구우(라하야늘) 자왈 어지(에) 지기소지(로소니) 가이인 이불여조호(아).

직역 《시경》 소아 면만편에 '우짖고 있는 저 꾀꼬리, 숲이 우거진 높은 언덕 모퉁이에 머물고 있네'라는 시구가 있다. 이에 대해서 공자가 말했다. '머무름에 있어 새도 마땅히 머무를 곳을 알거늘 사람이 새만 못해서야 되겠느냐.'

어구 설명 ㅇ詩(시)-《시경》 소아(小雅) 면만편(綿蠻篇)의 시. ㅇ緡蠻(면만)-새의 우짖는 소리, 의성자(擬聲字), 작은 새의 형용으로 풀기도 하나 주자는 새소리로 풀었다. '면(緡)'을 《시경》에는 '면(綿)'으로 썼다. ㅇ黃鳥(황조)-꾀꼬리. ㅇ丘隅(구우)-숲이 울창한 언덕 혹은 높이 솟은 산 언덕 구석. ㅇ子曰(자왈)-공자가 시의 구절을 인용해서 말했다. ㅇ於止知其所止(어지지기소지)-새도 깃들거나 머무름에 있어 가장 안전하게 머무를 곳을 알고 있다. ㅇ人而不如鳥(인이불여조)-사람이 되어 새만도 못하면. ㅇ可以人而不如鳥乎(가이인이불여조호)-사람이 되어 새만큼도 (머무를 곳을) 알지 못하면 되겠는가?

章句集註 (1) 詩 小雅緡蠻之篇 緡蠻鳥聲 丘隅 岑蔚之處.

《시경》 소아 면만편의 시구다. 면만은 새소리다. 구우(丘隅)는 언덕이나 산의 한 구석으로 높으면서도 나무가 울창한 곳이다.

어구 설명 ㅇ丘隅(구우)-높은 산, 한 모퉁이로 험준한 곳. ㅇ岑蔚之處(잠울지처)-높고 나무가 울창하게 우거진 곳. '잠(岑)은 鋤林反(심)', '울(蔚)은 紆弗反(울)' 〈原註〉 '岑蔚二字 本古註' 〈大全疏註〉

大全疏註 ① 北溪陳氏曰 土高曰丘 隅謂丘之一角峻處 山岑

高而木森蔚 所謂林茂 鳥知歸也.

북계 진씨가 말했다. 흙이 높은 곳을 '구(丘)'라 한다. '우(隅)'는 산언덕의 한 모퉁이로 험준한 곳이다. 산이 우뚝 높이 솟고 나무가 울창하며, 이른바 숲이 우거진 곳이다. 새들도 (그런 곳에 가서) 머무를 줄 안다.

어구 설명 ㅇ山岑高(산잠고)－산이 우뚝 높고. ㅇ而木森蔚(이목삼울)－또 나무나 산림이 울창하다. ㅇ所謂林茂(소위림무)－이른바 삼림이 우거진 곳이다.

章句集註 (2) 子曰以下 孔子說詩之辭 言人當知所當止之處也.

'자왈(子曰)' 이하는 공자가 《시경》의 뜻을 설명한 말이다. 즉 사람은 마땅히 가서 머물러 살아야 할 곳을 알아야 한다는 뜻이다.

참고 ◐ 인당지소당지지처(人當知所當止之處)

공자의 말이다. 작은 새도 가장 안전하고 탈없는 곳을 알고 그 곳에 가서 머무른다. 하물며 영장(靈長)이라는 사람이 새만도 못하겠는가? 사람은 '당연히 가서 머무를 곳(所當止之處)'을 잘 알아야 한다. 즉 '지어지선(止於至善)'해야 한다. 언행에 있어서나 사물 처리에 있어서나 마땅히 지선(至善)의 도리를 알고, 그 도리를 따르고 실천해야 한다. 다음의 3절에서 '지어지선'한 역사적 예를 들었다.

大全疏註 ① 雲峯胡氏曰 此傳不特釋 止至善 幷知止至能得

皆釋之 故首引孔子之言 曰知其所止 而章句 於下文 亦以知其所止 與所以得止至善之由 言之.

운봉 호씨가 말했다. 이 '전문 3장 2절'은 다만 경문(經文)의 '지어지선(止於至善)'을 해석할 뿐만 아니라, 아울러 '경문'의 '지지(知止)·유정(有定)·능정(能靜)·능안(能安)·능려(能慮)·능득(能得)' 등 모두를 해석한 것이다. 고로 먼저 공자의 말을 인용해서, '가서 머물러야 할 곳을 알아야 한다'고 말하고 뒤이어 〈장구〉의 다음 글, 즉 '전문 3장'에서 역시 '가서 머물러야 할 곳을 알아야 한다'는 뜻과, '지선에 가서 머물러야 할 바탕이 되는 연유'를 겸해서 말했다.

어구 설명 ㅇ此傳(차전)－이 전문(傳文), 즉 '전문 3장 2절'을 말함. ㅇ不特釋止至善(불특석지지선)－다만 '지지선(止至善)'만을 해석할 뿐만이 아니라. '지지선'은 곧 '경문 1장'에 있는 삼강령(三綱領), '지어지선(止於至善)'이다. ㅇ幷知止至能得皆釋之(병지지지능득개석지)－아울러 '경문 2장'의 '지지(知止)·유정(有定)·능정(能靜)·능안(能安)·능려(能慮)·능득(能得)' 등 모두를 해석한 것이다. ㅇ而章句於下文(이장구어하문)－뒤이어 〈장구〉 다음 글, 즉 '전문 3장'에서. ㅇ亦以知其所止(역이지기소지)－역시 '가서 머물러야 할 곳을 알아야 한다'는 말과 〔아울러(與)〕. ㅇ與所以得止至善之由(여소이득지지선지유)－'지선에 가서 머무를 수 있는 바탕이 되는 연유'를. ㅇ言之(언지)－말했다. 즉 '어떠한 길이나 도리를 따르고 행해야 지선(至善)의 경지에 가서 머무를 수 있나'를 말했다.

大全疏註 ② 新安陳氏曰 此比人當知所止 重在知字.

신안 진씨가 말했다. 이는 사람이 마땅히 머무를 바를 알아야 함을 비유한 것이며 중점은 '지(知)'에 있다.

전문 3장 3절

원문 詩云 穆穆文王 於緝熙敬止 爲人君 止於仁 爲人臣 止於敬 爲人子 止於孝 爲人父 止於慈 與國人交 止於信.

시운 목목문왕(이여) 오즙희경지(라하니) 위인군(엔) 지어인(하시고) 위인신(엔) 지어경(하시고) 위인자(엔) 지어효(하시고) 위인부(엔) 지어자(하시고) 여국인교(엔) 지어신(이러시다)

직역 《시경》 대아 문왕편에 '덕이 깊고 원대한 문왕은 계속해서 덕을 빛나게 밝히시고 또 공경하게 지극한 선에 머무르셨다'고 했으니, 이는 곧 문왕이 '임금으로서는 인덕을 지극히 높이고 베풀었으며, 신하로서는 지극한 공경으로 임금을 섬겼으며, 아들된 몸으로서는 지극한 효도로 어버이를 섬겼으며, 아버지로서는 지극한 자애로써 아들을 키웠으며, 나라 사람들과 사귈 때에는 지극하게 신의를 높이고 지켰음'을 말한 것이다.

어구 설명 ㅇ詩(시)－《시경(詩經)》 대아(大雅) 문왕편(文王篇)의 시. ㅇ詩云(시운)－시에서 읊었다, 시에 (다음 같은 말이나 구절이) 있다. ㅇ穆穆文王(목목문왕)－깊고 원대한 덕(德)을 지닌 문왕, 穆(화목할 목). 주자는 '목목(穆穆)'을 '심원의 뜻[深遠之意]'으로 풀었다. ㅇ於(오)－아, 참! 감탄사. '어즙(於緝)'의 '어(於)'의 음은 '오(烏)'다.' 〈原註〉 ㅇ緝熙(즙희)－(문왕이 자신의 明德을) 계속해서 빛내고 밝히다. 緝(낳을 집, 이을 즙). ㅇ敬止(경지)－항상 경건한 자세로, 지극한 선의 경지에 가서 머물다. ㅇ爲人君(위인군)－임금이 되어서는, 남을 다스리는 임금으로서는. '인(人)'은 '남 혹은 백성'의 뜻. ㅇ止於仁(지어인)－인(仁)에 머물다, 이때의 '지(止)'는 '지어지선(止於至善)'의 뜻이다. 그러므로 '위인군지어인(爲人君止於仁)'을 '임금으로서는 인덕(仁德)을 지극한 선으로 높이고 행했다'로 풀이한다. ㅇ爲人臣止於敬(위인신지어경)－남의 신하로서는 공경을 지극한 선으로 높이고 행했다. 문왕은 서백(西伯)으로서 나라를 다스리고 또 제후(諸侯)들을 지도했다. 특히 문왕은 포학무도한 은(殷)의 주왕(紂王)에게 충간(忠諫)을 하고 유리(羑里)에 갇히기도 했다. ㅇ爲人子止於孝(위인자지어효)－남의 아들 된 몸으로서는 효도를 지극한 선으로 높이고 행했다. 문왕은 태공(太公) 계창(季昌)의 아들이며, 효성이 지극했다. ㅇ爲人父止於慈(위인부지어자)－남의 아버지 된 몸으로서는 자애를 지극한 선으로 높이고 베풀었다. 문왕은 무왕(武王)과 주공(周公)·소공(召公) 등의 부친이다. ㅇ與國人交止於信(여국인교지어신)－나라 사람들과 사귀고 어울릴 때는 신의(信義)를 지극한 선으로 높이고 지켰다.

참고 ◐ '경(敬)'의 깊은 뜻

《설문(說文)》에는 '경(敬)은 숙(肅)'이라고 풀었다. 즉 '몸을 움츠려 자세를 엄숙하게 하고 마음으로 긴장하고 공경한다는 뜻'이 기본의(基本義)다. 또 《설문》에는 '주일무적(主一無適)'이라고 풀었다. 정자(程子)나 주자(朱子)도 '경을 주일무적'으로 풀었다. 그러나 '하나를 주로 하고[主一]'와 '다른 데로 가지 않음[無適]'의 뜻은 깊고 다양하다. 즉 ① 몸가짐을 정제엄숙(整齊嚴肅)하게 하고 방종(放縱)하지 않는다. ② 마음을 수렴(收斂)하여 전일(專一)하게 지니고, 방심(放心)하지 않고 잘 단속한다. 그러나 더 중요한 깊은 뜻은 ③ 항상 어느 경우에나 절대선(絶對善)인

하나의 도리, 즉 천리(天理)를 지키고 행하되, 절대로 사욕(私欲)이나 물욕(物欲)에 빠지지 말라는 뜻이다. 그리고 더 나가 ④항상 천리를 밝게 깨닫고 (사도에 빠지지 않게) 경계해야 한다는 뜻으로, 이를 '상성성(常惺惺)'이라고도 했다.

참고 ◐ **'경지(敬止)'의 깊은 뜻**

주자학(朱子學)에서 말하는 '경지(敬止)'는 곧 '천리를 공경하는 엄숙한 자세로 지선(至善)의 경지에 도달하고 머물러 있어야 한다'의 뜻이다. '지(止)'의 깊은 뜻을 알기 위해서는 '경문(經文) 1장'의 '지어지선(止於至善)'과 그에 대한 '집주(集註)'를 참조해야 한다. 〈참조〉 '止者 必至於是 而不遷之意 至善則事理當然之極也.' '言明明德新民 皆當止於至善之地 而不遷 蓋必其有以盡夫天理之極 而無一毫人欲之私也.'

章句集註 (1) 詩文王之篇 穆穆深遠之意 於歎美辭 緝繼續也 熙光明也 敬止言其無不敬而安所止也.

《시경(詩經)》 대아(大雅) 문왕편(文王篇)의 시다. '목목(穆穆)'은 '문왕의 덕이 깊고 멀리까지 미쳤다'는 뜻이다. '오(於)'는 감탄사다. '즙(緝)'은 '계속해서'의 뜻이다. '희(熙)'는 '빛나게 밝히다'의 뜻이다. '경지(敬止)'는 '공경하지 않음이 없고 지선(至善)의 경지에 안주(安住)한다는 뜻'을 말한 것이다.

어구 설명 ㅇ緝(즙)－위의 〈집주(集註)〉에서는 '계속하다'로 풀었다. 대전소주(大全疏註)에는 '즙(緝)은 곧 지성(至誠)을 그치는 것을 용납하지 않는다는 뜻이다(緝不容已之誠也)'라고 했다. 즉 '끝없이 지성스럽게 했다'

의 뜻. ㅇ熙(희)－〈집주〉에서는 '빛나게 밝히다'로 풀었다. 한편 대전소주에서는 '희(熙)'는 곧 '명덕을 가리는 것을 용납하지 않는다는 뜻이다(熙不容掩之明)'라고 했다. 즉 '명덕을 마냥 밝혔다'의 뜻. ㅇ敬止(경지)－공경하는 자세로 지선(至善)에 가서 머물다. ㅇ其無不敬(기무불경)－문왕이 공경하지 않음이 없다. 항상 공경했다는 뜻. 《예기(禮記)》 곡례편(曲禮篇)에 '무불경(毋不敬)'이라고 있다. ㅇ而安所止也(이안소지야)－머무를 곳에서 안주(安住)한다.

大全疏註 ① 朱子曰 緝熙是工夫 敬止是功效.

주자가 말했다. '즙희(緝熙)'는 자신이 하는 공부이고 '경지(敬止)'는 공부의 효험이다.

大全疏註 ② 西山眞氏曰 敬止之敬 擧全體言 無不敬之敬也 爲人臣 止於敬 專指敬君言 敬之一事也 文王之敬 包得仁敬孝慈信.

서산 진씨가 말했다. '경지(敬止)'의 '경(敬)'은 총체적으로 말한 것이고 곧 (《예기》에서 말한) '경건하지 않음이 없다(無不敬)'의 '경(敬)'과 같다. 한편 '남의 신하가 되어 경에 머물다(爲人臣止於敬)'라고 한 '경'은 오직 임금을 공경한다는 뜻으로 '공경하는 한 가지 일'이다. 문왕이 여러 경우에 지키고 행한 '경'은 '인경효자신(仁敬孝慈信)' 등의 여러 가지 덕행을 다 포함한 것이다.

大全疏註 ③ 新安陳氏曰 安字見文王安行之氣象 非勉焉用力之比.

신안 진씨가 말했다. 〈집주(集註)〉에서 '안소지(安所止)'라고 한 '안(安)'은 '문왕이 (모든 덕을) 편안하고 자연스럽게 행했음'을 나타낸다. 애를 쓰고 힘들여 (덕을 행하는) 것과는 비교가 되지 않는다.

章句集註 (2) 引此 而言聖人之止 無非至善 五者乃其目之大者也 學者於此 究其精微之蘊 而又推類以盡其餘 則於天下之事 皆有以知其所止 而無疑矣.

(曾子가) 《시경》의 시구를 인용해서 '성덕을 갖춘 문왕의 머무름이 지극한 선(善)의 경지가 아닌 것이 없음'을 말한 것이다. 이상의 다섯 가지는 덕목 중에서 큰 것만을 추린 것이다. 배우는 사람은 이것을 바탕으로 하고 더욱 정밀하고 깊은 것을 추궁하고 또 유추하여 (다섯 가지 이외의) 나머지 덕행들도 다 실천해야 한다. 그래야 천하의 모든 사물에 대해서 마땅히 머물러야 할 경지를 알고 또 의심나는 점이 없게 된다.

〈原註〉 '온(蘊)'의 음(音)은 '위분(委粉)' 혹은 '어문(於問)'의 반절(反切).

大全疏註 ① 朱子曰 爲人君止於仁 仁亦有幾多般 須隨處看這一事合當 如此是仁 那一事又合當 如彼是仁 爲人臣止於敬 敬亦有多少般 不可止道 擎跽曲拳是敬 如陳善閉邪 納君無過 皆是敬 若止執一 便偏了 安得謂之至善.

주자가 말했다. 임금이 되어 '인(仁)'에 머문다고 할 때에, 그

'인'에도 여러 가지 경우가 있으므로 모름지기 경우에 따라 (잘 살피고 보아야 한다). 즉 이렇게 처리해야 합당하다면 이렇게 하는 것이 인이고 저렇게 처리해야 합당하다면 저렇게 하는 것이 인이다. 신하된 몸으로 '경(敬)'에 머문다고 한 '경'에도 여러 가지 경우가 있다. 불가불 임금에게 간언을 올리기 위해 송구스럽게 몸을 굽히고 꿇어앉아서 벌벌 떠는 것도 곧 임금에 대한 공경이지만 만약에 좋은 말을 올려 사악함을 막고 임금이 허물에 들지 않게 하는 것도 임금에 대한 공경이다. 만약 머무름에 하나만을 고집한다면 그것은 곧 치우친 것이지 어찌 '지선(至善)'이라 말하랴.

어구 설명 ㅇ不可止道(불가지도)-충간(忠諫)의 도리를 멈출 수 없어서. ㅇ擎跽曲拳是敬(경기곡권시경)-'송구스럽게 몸을 굽히고 꿇어앉아서 벌벌 떨며' 충간을 올리는 것이 공경이다. 擎(들 경), 跽(꿇어앉을 기).

大全疏註 ② 節齋蔡氏曰 緝熙敬止者 所以爲止至善之本 仁敬孝慈信 所以爲止至善之目.

절재 채씨가 말했다. '계속해서 빛을 밝히고 경건하게 머무는 것[緝熙敬止]'이 '지어지선(止於至善)'하는 근본이고, '인경효자신(仁敬孝慈信)'은 '지어지선'하는 덕목(德目)이다.

大全疏註 ③ 西山眞氏曰 理之淺近處易見 而精微處難知 若只得其皮膚 便以未善 爲已善 須窮究至精微處 推類者 此說君臣父子而已 夫婦則止於有別 長幼則止於有序 廣而推之 萬事萬物 莫不各有當止處也.

서산 진씨가 말했다. 천근(淺近)한 도리는 쉽게 나타나 보이지만 정밀하고 미세한 것은 알기가 어렵다. 만약 겉의 도리만을 알면 좋지 않은 것을 자기는 좋다고 여길 것이다. 그러므로 모름지기 정밀하고 세밀한 것을 궁리해야 유추할 수 있다. 여기서는 군신·부자에 대한 덕목만을 말했으나 부부는 마땅히 내외의 분별이 있음을 지켜야 하고 연장자와 연하자는 마땅히 서열을 지키고 따라야 한다. 이와 같이 확대하고 유추하면 만사 만물 모든 사물에 다 저마다 마땅히 머물러야 할 바가 있게 된다.

어구 설명 ㅇ便以未善(편이미선)-즉 선하지 않은 것을. ㅇ爲己善(위기선)-자기의 선으로 삼는다.

大全疏註 ④ 雲峯胡氏曰 仁敬孝慈信五者 人所當止莫大於此 故當於此五者之中 究其精微之蘊 人所當止 不盡於此 故當於此五者之外 推類以盡其餘.

운봉 호씨가 말했다. '인(仁)·경(敬)·효(孝)·자(慈)·신(信)'의 다섯 가지는 사람이 마땅히 지켜야 할 덕목으로 이보다 더 큰 것이 없다. 그러므로 그 다섯 가지 속에 깃들어 있는 정밀한 뜻을 궁리해야 한다. 한편 사람이 마땅히 지켜야 할 바는 그 다섯 가지만이 아니다. 그러므로 그 다섯 가지 밖의 것들을 유추하여 지키고 실천해야 한다.

大全疏註 ⑤ 新安陳氏曰 學者於此以下 乃朱子推廣傳文言外之意.

신안 진씨가 말했다. 〈집주〉에 있는 '학자어차(學者於此)' 다음의 구절은 주자가 전문(傳文) 밖의 뜻을 유추하고 확대해서 한 말이다.

참고 ◐ **'전문 3장'의 '1절, 2절 3절'의 전개**(展開)

'전문 3장 1절'에서는 '백성들이 거처를 잡고 머물러 살 곳이 방기(邦畿)'임을 말했고, '전문 3장 2절'에서는 '새도 머무를 곳을 알거늘 사람이 모르면 되겠느냐? 마땅히 머무를 곳을 알아야 한다'고 강조했다. 그리고 이 구절 '전문 3장 3절'에서는 문왕의 예를 들어 '사람이 마땅히 머물러야 할 지선(至善)의 경지'는 곧 '인경효자신(仁敬孝慈信)'과 같은 윤리적 덕행임을 깨우치고 강조한 것이다. 아울러 사람이 머무르고 지켜야 할 지선은 자신이 처한 위상(位相)에 따라 같지 않음도 밝혔다. 이렇게 '지어지선'은 다양하고 정밀하게 나타난다. 모든 근본은 '명명덕(明明德)'이고 도달점은 '신민(新民)'이다.

전문 3장 4절

원문 (1) 詩云 瞻彼淇澳 菉竹猗猗 有斐君子 如切如磋 如琢如磨 瑟兮僩兮 赫兮喧兮 有斐君子 終不可諠兮

시운 첨피기욱(하니) 녹죽의의(로다) 유비군자(여) 여절여차(하며) 여탁여마(라) 슬혜한혜(며) 혁혜훤혜(니) 유비군자(여) 종불가훤혜(라)

직역 《시경》 위풍 기욱편에 (다음 같은) 시구가 있다. '저 기수 물

굽이 깊은 곳을 바라보니, 푸른 대나무 아름답게 우거졌네. 저렇듯 아름답고 빛나는 군자가, 절차탁마하며 더욱 학문을 높이고 자신을 수양하니, 그의 인품이 장엄하고 위엄이 있고, 용모가 의연하고 훤하게 빛나네, 저렇듯 아름답고 빛나는 군자를 영영 잊을 수가 없노라.'

어구 설명 ㅇ詩(시)－《시경(詩經)》 위풍(衛風) 기욱편(淇澳篇)의 시. 이 시는 위(衛)나라 무공(武公)의 덕을 칭송한 시다. 무공은 주(周) 선왕(宣王) 16년(기원전 812)에 위나라의 제후(諸侯)가 되었다. 그는 학식이 많고 또 예절을 잘 지킨 군자 중의 군자로, 나이 90이 넘어도 여전히 절차탁마(切磋琢磨)하여 학덕(學德)을 더욱 높였다. 주나라 동천(東遷) 시에는 평왕(平王)을 도운 공으로 재상이 되었으며, 평왕 16년(기원전 758)에 사망했다. ㅇ瞻(첨)－바라다본다. ㅇ淇澳(기욱)－'기(淇)'는 강 이름. '욱(澳)'은 강물이 곡절(曲折)하는 깊고 후미진 곳. 《시경》에는 '오(奧)'라고 적었다. 속음은 '오'. '오(澳) 어륙반(於六反)' 〈原註〉. 기수(淇水)는 하남성(河南省) 북쪽 대호산(大號山)에서 발원하여 위나라 수도 기현(淇縣)을 지나 바다로 흘러간다. ㅇ菉竹(녹죽)－주자는 '푸른 대나무'로 풀었다. 다른 설도 많다. '녹(菉)을 《시경》에서는 녹(綠)으로 썼다.' 〈原註〉 ㅇ猗猗(의의)－아름답고 무성한 모양. 〈원주(原註)〉에서 '의(猗)는 시운을 맞출 때는 '아아'로 발음한다(猗叶韻音阿)'라 했다. '녹죽의의(菉竹猗猗)'는 '푸른 대나무가 아름답고, 잎이 무성하다'는 뜻이다. 이 구절은 곧 《시경》에서 말하는 '흥(興)'이며, 다음의 '유비군자(有斐君子)'를 이끌기 위한 시구다. ㅇ有斐君子(유비군자)－(학문과 덕성을 겸비하여) 아름답게 빛나는 군자가 있다. 혹은 '아름답고 빛나는 군자'로 풀어도 된다. '유(有)'는 '상태나 현상'을 표시하는 동사로도 쓰인다. ㅇ如(여)－마치 ……와 같다. ㅇ切(절)－칼이나 톱으로 자르고 절단하다. ㅇ磋(차)－줄로 쓸거나 깎고 닦아서 연마(硏磨)한다. ㅇ切磋(절차)－(기물을 만들기 위하여) 뼈〔骨〕나 뿔〔角〕을 쓸고 자르고 다듬고 연마한다. ㅇ琢(탁)－옥

돌을 쪼고 다듬어 형상을 만든다. ㅇ磨(마)－갈고 닦아서 부드럽게 윤을 내다. ㅇ琢磨(탁마)－옥이나 돌을 쪼아 모양을 내고 다시 갈고 닦아서 윤을 내다. ㅇ如切如磋(여절여차) 如琢如磨(여탁여마)－절차탁마(切磋琢磨)하듯 학문과 덕을 닦고 높인다는 뜻으로 쓰인다. 즉 골각(骨角) 또는 옥석(玉石)을 자르고 갈고 쪼고 깎듯이 학문에 힘쓰고 더욱 덕행을 닦고 높이는 것을 비유하여 절차탁마라고 한다. ㅇ瑟兮(슬혜)－장중(莊重)하고 엄숙한 품. ㅇ僩兮(한혜)－굳세고 무위(武威)가 있다. 즉 위엄이 있고 의연하다. ㅇ瑟兮僩兮(슬혜한혜)－신중하고 겸손하고 아울러 엄숙하고 의연하다. ㅇ赫兮(혁혜)－(외면적인 용모나 내면적인 덕이) 밝게 빛나다. ㅇ喧兮(훤혜)－빛나다. '喧(의젓할 훤)'. 여기서는 '빛날 훤(煊)'의 뜻. ㅇ赫兮喧兮(혁혜훤혜)－밝게 빛나고 광채가 나다. ㅇ諠(훤)－여기서는 '잊을 훤(諼)'의 뜻으로 푼다. ㅇ有斐君子(유비군자) 終不可諠兮(종불가훤혜)－저렇듯 빛나는 군자이기에 끝내 잊을 수가 없다. 〈原註〉 '한(僩)은 하판반(下版反)', '훤(喧)은 시에서는 점잖을 훤(咺)으로 썼다.' '훤(諠)은 시에서는 훤(諼)으로 썼다. 다 황(況), 만(晩)의 반절' 〈大全疏註〉

원문 (2) **如切如磋者 道學也 如琢如磨者 自修也 瑟兮僩兮者 恂慄也 赫兮喧兮者 威儀也 有斐君子 終不可諠兮者 道盛德至善 民之不能忘也.**

여절여차자(는) 도학야(요) 여탁여마자(는) 자수야(요) 슬혜한혜자(는) 순율야(요) 혁혜훤혜자(는) 위의야(요) 유비군자(이) 종불가훤혜자(는) 도성덕지선(은) 민지불능망야(라)

직역 시에서 '여절여차자(如切如磋者)'라고 한 것은 '위나라의 무공이 학문에 힘을 썼음'을 말한 것이다. 시에서 '여탁여마자(如

琢如磨者)'라고 한 것은 '그가 스스로 덕을 닦았음'을 말한 것이다. 시에서 '슬혜한혜(瑟兮僩兮)'라고 한 것은 '그의 인품이 고결하고 위엄이 있다'는 뜻이다. 시에서 '혁혜훤혜(赫兮喧兮)'라고 한 것은 '그의 덕성이나 의용이 높고 의젓하다'는 뜻이다. 시에서 '유비군자(有斐君子) 종불가훤혜(終不可諠兮)'라고 한 것은 '성덕(盛德)을 갖추고 지선(至善)의 경지에 있는 군자를 백성들이 언제까지나 잊지 못한다'는 뜻이다.

어구 설명 '전문 3장 4절-(2)'는 앞에서 인용한 시에 대한 증자(曾子)의 풀이다. ㅇ如切如磋者(여절여차자) 道學也(도학야)-'여절여차자'라는 구절은 '위나라의 무공이 학문에 힘을 썼음'을 말한 것이다. ㅇ如琢如磨者(여탁여마자) 自修也(자수야)-'여탁여마자'는 '그가 스스로 덕을 닦았음'을 말한 것이다. ㅇ瑟兮僩兮者(슬혜한혜자) 恂慄也(순율야)-'슬혜한혜자'는 '그의 인품이 고결하고 위엄이 있다'는 뜻이다. '순(恂)'은 '준(峻, 俊)', '율(慄)'은 위엄이 넘치고 두렵다. ㅇ赫兮喧兮者(혁혜훤혜자) 威儀也(위의야)-'혁혜훤혜자'는 '덕성이나 의용이 높고 의젓하다'는 뜻이다. '위(威)'는 '높고 위엄이 있다', '의(儀)'는 의용(儀容)이나 태도가 모범적이라는 뜻. ㅇ有斐君子(유비군자) 終不可諠兮者(종불가훤혜자)-《시경》에서 '빛나는 군자는 끝내 잊을 수가 없다'고 한 구절은. ㅇ道盛德至善(도성덕지선) 民之不能忘也(민지불능망야)-'성덕을 갖추고 지선의 경지에 머물고 있는 군자'를 '백성들이 잊지 못함'을 말한 것이다. '순(恂)을 정현(鄭玄)은 준(峻)으로 읽었다.' 〈大全疏註〉

章句集註 (1) 詩衛風淇澳之篇 淇水名 澳隈也 猗猗美盛貌興也 斐文貌.

시는《시경》위풍 기욱편의 시다. 기는 강물의 이름이다. 욱

(澳)은 외(隈)이다. 즉 강물이 굽이지고 구석진 곳이다. 의의(猗猗)는 아름답고 무성한 모양.《시경》육의(六義) 중의 흥(興)에 속한다. 비(斐)는 무늬가 빛나고 화려한 모양.

〈原註〉'외(隈)는 오(烏)와 회(回)의 반절음(反切音)'

大全疏註 ① 新安陳氏曰 此於詩之六義屬興 借淇竹起興 以美衛武公 有文之君子也.

신안 진씨가 말했다. 이 시구는《시경》육의(六義) 중에 흥(興)에 속한다. 기수(淇水)의 대나무를 빌어 (다음 구절의 뜻을) 돋아나게 하고, 위(衛)나라의 무공(武公)이 학덕(學德)에 빛나는 군자임을 칭송한 것이다.

어구 설명 ㅇ詩之六義(시지육의)－풍(風)·아(雅)·송(頌)·부(賦)·비(比)·흥(興). ㅇ有文之君子(유문지군자)－학문이나 덕행이 높고 안이나 밖으로 빛나는 군자. '흥(興)'은 시를 쓰는 기교 혹은 표현법에 속한다. 먼저 자연의 풍물을 그리고, 그것을 통해 감정이나 정서나 흥취를 돋아내는 수법이다.

大全疏註 ② 雙峯饒氏曰 有斐是說做成君子之人 所以斐然有文者 其初自切磋琢磨中來也.

쌍봉 요씨가 말했다. '유비(有斐)'는 곧 '군자 된 사람이 문채(文彩)가 넘치고 빛나는 까닭이 (다름이 아니라) 처음부터 스스로 절차탁마(切磋琢磨)하는 속에서 그렇게 되었음'을 말한 것이다.

어구 설명 ㅇ有斐(유비)－앞의 '전문 3장 4절'에 있는 시구, '유비군자(有斐君子), 여절여차(如切如磋), 여탁여마(如琢如磨)'를 줄여서 '유비(有斐)'라고 했다. '유비'는 '학문이나 덕성이 높아 내면적으로나 외형적으로 문채(文彩)가 넘치고 빛난다'는 뜻이다. ㅇ是說(시설)－곧 (다음과 같은 뜻을) 설명한 것이다. ㅇ做成君子之人(주성군자지인)－공부하고 수양해서 군자가 된 사람이. ㅇ所以斐然有文者(소이비연유문자)－문채가 넘치고 빛나게 된 연유와 바탕은, 그 까닭은. ㅇ其初自切磋琢磨中來也(기초자절차탁마중래야)－그가 처음부터 스스로 절차탁마(切磋琢磨)를 한 속에서 (얻어진 것임을 말한 것이다). '시설(是說)'의 '설(說)'은 여기까지 걸린다.

章句集註 (2) 切以刀鋸 琢以椎鑿 皆裁物使成形質也 磋以鑢鐋 磨以沙石 皆治物使其滑澤也 治骨角者 旣切而復磋之 治玉石者 旣琢而復磨之 皆言其治之有緖 而益致其精也.

'절(切)'은 칼이나 톱으로 (자르고 베다). '탁(琢)'은 몽치나 끌로 (자르고 쪼아서) 물체를 재단하고 형질을 가꾸어 만든다. '차(磋)'는 줄이나 대패질을 하다. '마(磨)'는 모래와 자갈로 갈다. 모두 (재료가 되는) 물건을 연마해서 매끈하고 윤이 나게 한다. 뼈나 뿔로 기물을 만드는 사람은 먼저 자르고 다시 줄로 갈고, 옥이나 돌 같은 재료를 다룰 적에는 먼저 쪼아내고 다시 연마한다. '절차탁마'는 곧 (학문 수양에 있어서도 마찬가지로) 처음 단계가 있고 다음에 점차로 더욱 정밀하게 한다는 뜻을 말한 것이다.

어구 설명 ㅇ鋸(거)－거(居)와 어(御)의 반절(反切). ㅇ椎(추)－직(直)과 추(追)의 반절. ㅇ鑢(려)－여(慮)와 같은 음. ㅇ鐋(탕)－타(他)와 낭(浪)

의 반절. ㅇ復(부)－부(扶)와 우(又)의 반절, 다음의 '부(復)'도 같다.

大全疏註 ① 切與琢 是治之有端緖 磋與磨 是益致精細.

자르고 다듬는 것[切琢]은 기물을 만드는 첫 단계이고, 갈고 연마하는 것[磋磨]은 더욱 정교하고 세밀하게 함이다.

章句集註 (3) 瑟嚴密之貌 僩武毅之貌.

'슬(瑟)'은 엄숙하고 정밀한 품, '한(僩)'은 올곧고 의연한 품.

大全疏註 ① 嚴密不麤疏也 武毅不怠弛也.

'엄밀(嚴密)'은 거칠고 소홀하지 않음이다. '무의(武毅)'는 태만하고 늘어지지 않음이다.

어구 설명 ㅇ麤(거칠 추)－거칠고 소략(疏略)하다.

大全疏註 ② 東陽許氏曰 嚴密是嚴厲縝密 武毅是剛武彊毅 以恂栗釋瑟僩 而朱子謂 恂栗者 嚴敬存乎中 金仁山謂 所守者嚴密 所養者剛毅 嚴密是不麤疏 武毅是不頹惰 以此展轉體認 則瑟僩之義可見.

동양 허씨가 말했다. '엄밀(嚴密)'은 엄격하고 치밀하다는 뜻이다. '무의(武毅)'는 강직하고 의연하다는 뜻이다. '순율(恂栗)'로 슬한(瑟僩)을 해석한 것이다. 그리고 주자가 '순율은 속에 엄숙하고 공경하는 마음이나 태도를 지닌다는 뜻이다'라고 했고 또 인산(仁山) 김씨는 '지키는 바가 엄밀하고 함양(涵養)하는 바가 굳세고 의연하다'고 했으며, 또 앞의 '대전소주①'에서 '엄밀은 거칠고 소홀하지 않음이다(嚴密不麤疏也)' '무의는 퇴폐하고 게으르지 않음이다(武毅不怠弛也)'라고 풀이했으니, 이와 같은 여러 가지 뜻을 굴려서 깊이 체득하면, 즉 '슬한'의 뜻을 알 수 있을 것이다.

어구 설명 ㅇ嚴密是嚴厲縝密(엄밀시엄려진밀)－'엄밀(嚴密)'은 '엄격하고 치밀하다'는 뜻이다. 嚴(엄할 엄), 厲(엄격할 려), 縝(촘촘할 진), 密(빽빽할 밀). ㅇ武毅是剛武彊毅(무의시강무강의)－'무의(武毅)'는 강직하고 의연하다. 毅(의지가 강할 의), 剛(굳셀 강), 彊(힘이 셀 강). ㅇ以恂栗釋瑟僩(이순율석슬한)－'순율(恂栗)'로 '슬한(瑟僩)'을 해석했다. 즉 '슬한'을 '순율'이라고 해석했다. ㅇ而朱子謂(이주자위)－그리고 주자가 말했다. ㅇ恂栗者嚴敬存乎中(순율자엄경존호중)－'순율'은 속에 '엄숙하고 공경하는 마음이나 태도를' 지닌다는 뜻이다. ㅇ金仁山謂(김인산위)－인산(仁山) 김씨는 말했다. ㅇ所守者嚴密(소수자엄밀)－지키는 바가 엄밀하고. ㅇ所養者剛毅(소양자강의)－함양(涵養)하는 바가 굳세고 의연하다. ㅇ嚴密是不麤疏(엄밀시불추소)－('대전소주①'에서) '엄밀은 거칠고 소홀하지 않다'는 뜻이다. 麤(거칠 추), 疏(소홀할 소). ㅇ武毅是不頹惰(무의시불퇴타)－'무의는 퇴폐하고 게으르지 않다'는 뜻이라고 했다. 頹(무너질 퇴), 惰(게으를 타). ㅇ以此展轉體認(이차전전체인)－그와 같은 여러 가지 뜻을 굴려가며 체득하면. ㅇ則瑟僩之義可見(즉슬한지의가견)－즉 '슬한(瑟僩)'의 뜻을 알 수 있다.

참고 ◐ **'슬한(瑟僩)'의 복잡한 뜻풀이**

① 증자(曾子)는 자기가 구술한 전문(傳文)에 《시경》 기오편(淇澳篇)의 시구를 인용했다. 즉 '유비군자(有斐君子) 여절여차(如切如磋) 여탁여마(如琢如磨) 슬혜한혜(瑟兮僩兮) 혁혜훤혜

(赫兮喧兮)'이다. 그리고 증자는 '전문 3장 3절-(2)'에서 '슬혜한혜는 순율이다(瑟兮僩兮 恂栗也)'라고 말했다. 즉 증자는 '빛나는 군자(有斐君子)'가 '학문을 익히고 인격을 수양[切磋琢磨]'해서 마침내 '슬한(瑟僩)'하게 되었으며, '슬한'은 곧 '순율(恂栗)'의 뜻이라고 했다.

② 이에 대해서 〈장구집주〉는 '슬(瑟)은 엄밀(嚴密)한 품이고, 한(僩)은 무의(武毅)의 품이다(瑟嚴密之貌 僩武毅之貌)'라고 주를 달았다.

③ 이에 대해서 다시 '대전소주①'은 '엄밀은 거칠고 소홀하지 않음이다. 무의는 태만하고 늘어지지 않음이다(嚴密不麤疏也 武毅不怠弛也)'라고 풀었다.

④ 그리고 다시 '대전소주②'에서 '동양 허씨'는 '엄밀은 엄격하고 치밀한 뜻이다(嚴密是嚴厲縝密)' '무의는 강직하고 의연한 뜻이다.(武毅是剛武彊毅)' '순율(恂栗)을 가지고 슬한(瑟僩)을 풀이한 것이다.(以恂栗釋瑟僩)'라고 풀이했다. [恂(정성 순)=峻(높을 준)] 아울러 동양 허씨는 '주자가 순율은 속에 엄숙하고 공경하는 마음이나 태도를 지닌다는 뜻이다.(朱子曰 恂栗者嚴敬存乎中)'라 한 말과 또 인산(仁山) 김씨가 '지키는 바가 엄밀하고 키우는 바가 굳세고 의연하다(所守者嚴密 所養者剛毅)'라고 한 말을 인용하고 또 '대전소주②'의 '엄밀은 불추소(嚴密不麤疏), 무위는 불퇴타(武毅不頹惰)'라는 여러 가지 풀이를 인용하고 이들 여러 가지 뜻으로 돌리고 종합하면 '슬한'의 뜻을 알 수 있을 것이라고 했다. 이상을 종합하여 슬한의 뜻을 다음같이 정리할 수 있다.

증자(曾子)－슬한(瑟僩) → 순율(恂栗)

집주(集註)－슬(瑟) → 엄밀(嚴密)

한(僩) → 무의(武毅)

대전소주①－엄밀(嚴密) → 불추소(不麤疏)

무의(武毅) → 강무강의(剛武彊毅)

대전소주②－순율(恂栗) → 엄경존호중(嚴敬存乎中) 〈朱子〉

소수자엄밀(所守者嚴密), 소양자강의(所養者剛毅)

이상을 종합하면 '슬한'의 뜻이 참으로 복잡함을 알 수 있다. 이 책에서는 다음같이 요약해서 풀이한다.

- 슬혜(瑟兮)－장중(莊重)하고 엄숙한 품.
- 한혜(僩兮)－굳세고 무위(武威)가 있다. 즉 위엄이 있고 의연하다.
- 슬혜한혜(瑟兮僩兮)－인품이 장엄하고 위엄이 있고, 용모가 의연하고 훤하게 빛나다.

章句集註 (4) 赫喧 宣著盛大之貌.

'혁훤(赫喧)'은 밝게 빛나고 의용(儀容)이 성대한 모양이다.

어구 설명 ㅇ赫喧(혁훤)－혁(赫)은 밝게 빛나다, 훤(喧)은 (의용이) 성대하다. ㅇ宣著盛大之貌(선저성대지모)－성대한 의용을 선양하고 있는 모양.

大全疏註 ① 雙峯饒氏曰 宣著釋赫字 盛大釋喧字.

쌍봉 요씨가 말했다. '선저(宣著)'는 '혁(赫)'자를 해석한 것이고, '성대(盛大)'는 '훤(喧)'자를 해석한 것이다.

참고 ◐ '혁훤(赫喧)'의 깊은 뜻

'전문 3장 4절-(1)'에서 인용한 《시경》의 구절 '혁혜훤혜(赫兮喧兮)'를 증자(曾子)는 '전문 3장 4절-(2)'에서 '혁혜훤혜자 위의야(威儀也)'라고 풀이했다. 그래서 앞의 '장구집주 (4)'에서 주자는 '혁훤(赫喧), 선저성대지모(宣著盛大之貌)'라고 주했고 또 쌍봉 요씨도 〈대전소주〉 ①에서 '선저(宣著)는 혁(赫)을 해석한 것이고, 성대(盛大)는 훤(喧)을 해석한 것이다'라고 풀었다.

章句集註 (5) 諠忘也 道言也 學謂講習討論之事 自修者省察克治之功.

훤(諠)은 잊을 망(忘)이다. 도(道)는 말하다[言]의 뜻이다. '전문 3장 4절-(2)'에서 '학(學)'이라고 한 것은 '학문을 강습하고 토론한다'는 뜻이다. '전문 3장 4절-(2)'에서 '자수(自修)'라고 한 것은 '자신을 돌이켜 살피고 능히 자신을 다스리는 공부를 한다[省察克治之功]'는 뜻이다.

어구 설명 ㅇ諠忘也(훤망야)－훤(諠)은 '잊을 망(忘)'이다. ㅇ道言也(도언야)－도(道)는 말하다[言]의 뜻이다. ㅇ學謂講習討論之事(학위강습토론지사)－'전문 3장 4절-(2)'에서 '학(學)'이라고 한 것은 '학문을 강습하고 토론한다'는 뜻이다. ㅇ自修者省察克治之功(자수자성찰극치지공)－'전문 3장 4절-(2)'에서 '자수(自修)'라고 한 것은 '자신을 돌이켜 살피고 능히(사욕을 억제하고 명덕을 밝히는) 공부를 한다[省察克治之功]'는 뜻이다. 〈原註〉 '성(省)'의 음은 성(星), 상성(上聲).

大全疏註 ① 新安陳氏曰 學所以致知 知視行爲易 故以切磋

比之治骨角 猶易於治玉石也 自修所以力行 行視知爲難 故以琢磨 比之治玉石 則難於治骨角矣.

신안 진씨가 말했다. 배움은 치지(致知)의 바탕이다. 지(知)는 행(行)보다 용이하다. 그래서 절차(切磋)를 뼈나 뿔로 기물을 만드는 것에 비유했다. 그것은 옥이나 돌로 기물을 만드는 것보다 용이하다. 한편 '자수(自修)'는 역행(力行)'의 바탕이며, 행(行)은 지(知)보다 어렵다. 그래서 탁마(琢磨)라 하고 옥석(玉石)을 다스리는 일에 비유했다. 그것은 골각(骨角)을 다스리는 것보다 어렵다.

어구 설명 ㅇ學所以致知(학소이치지)－배움은 '앎을 이루는[致知]' 바탕[所以]. 배워야 사물의 도리를 바르게 안다. ㅇ知視行爲易(지시행위이)－지(知)를 행(行)에 비하면 용이하다. 視(비교할 시). ㅇ故以切磋(고이절차)－고로 절차(切磋)로써. ㅇ比之治骨角(비지치골각)－골각(骨角)을 다스리는 것에 비유했다. '배워서 사물의 도리를 아는 것을 뼈나 뿔을 절차(切磋)하여 기물을 만드는 것에 비유했다.' ㅇ猶易於治玉石也(유이어치옥석야)－(골각의 기물을 만드는 것은) 옥석(玉石)의 기물을 만드는 것보다 더욱 용이하다. ㅇ自修所以力行(자수소이력행)－'자수(自修)'는 '역행(力行)'의 바탕이다. 자수는 스스로 성찰(省察)하고 스스로 사욕을 극복하고 명덕을 능히 밝힘이다. ㅇ行視知爲難(행시지위난)－행(行)은 지(知)보다 어렵다. ㅇ故以琢磨(고이탁마)－고로 탁마(琢磨)로써. ㅇ比之治玉石(비지치옥석)－옥석의 기물을 다스림에 비유한 것이며. ㅇ則難於治骨角矣(즉난어치골각의)－(옥석을 다루는 것은) 골각을 다루는 것보다 훨씬 어렵다.

참고 ◐ **학(學)과 자수(自修)**

'전문 3장 4절-(2)'에서 증자(曾子)가 '여절여차자(如切如磋

者) 도학야(道學也)' '여탁여마자(如琢如磨者) 자수야(自修也)' 라고 말했다. 절차(切磋)는 골각(骨角)을 자르고 갈아서 기물을 만드는 것으로 이를 '배움[學]과 앎[知]'에 비유했다. 한편 탁마(琢磨)는 옥석(玉石)을 쪼고 갈아서 기물을 만드는 것으로 이를 '자수(自修)'에 비유했다. 학(學)으로써 치지(致知)하며, 자수(自修)는 역행(力行)의 바탕이다. 지(知)보다 행(行)이 어렵다. 그러므로 지를 '골각·절차'에 비유하고, 행을 '옥석·탁마'에 비유했다.

章句集註 (6) 恂慄 戰懼也.

준율(恂慄)은 벌벌 떨고 두려워한다는 뜻이다.

어구 설명 ㅇ恂慄(준율) 戰懼也(전구야)-'전문 3장 4절-(2)'의 준율은 '벌벌 떨고 두려워함이다'의 뜻이다. 恂(정성 순). 여기서는 '높을 준(峻)'으로 읽고 푼다. 慄(두려워할 률).

大全疏註 ① 戰懼之意 嚴於中.

전구(戰懼)는 속으로 엄숙하고 위엄을 느낀다는 뜻.

章句集註 (7) 威可畏也 儀可象也.

위의(威儀)의 '위(威)'는 두려워한다는 뜻이다. '의(儀)'는 의표가 훌륭하다는 뜻이다.

어구 설명 ㅇ威可畏也(위가외야)-'전문 3장 4절-(2)'의 '위의(威儀)'의 '위(威)'는 '두렵다'의 뜻이다. '가(可)'는 형용사(形容詞) 앞에 붙이는 접두

사(接頭辭). ㅇ儀可象也(의가상야)－'의(儀)'는 '의표(儀表)'로, '의표'가 볼만하다는 뜻.

大全疏註 ① 西山眞氏曰 威者 正衣冠 尊瞻視 儼然 人望而畏之 非徒事嚴猛而已 儀者 動容周旋中禮 非徒事容飾而已.

서산 진씨가 말했다. '위자(威者)'는 의관이 단정하고 바라보는 시선이나 (관점이) 존귀하며 또 (태도가) 엄숙하고 태연하므로 남들이 그를 우러러보고 경외(敬畏)한다는 뜻이다. 오직 일을 엄격하고 억세게 처리한다는 뜻만이 아니다. '의자'는 행동거지와 사물처리가 다 예에 맞는다는 뜻이며, 다만 겉을 꾸미는 것만이 아니다.

大全疏註 ② 蛟峯方氏曰 瑟是工夫細密 僩是工夫强毅 恂慄是兢兢業業 惟其兢業戒懼 所以工夫精密而强毅.

교봉 방씨가 말했다. '슬(瑟)'은 공부가 세밀하다는 뜻이고, '한(僩)'은 공부가 강직하고 의연하다는 뜻이다. '준율(恂慄)'은 항상 삼가고 두려워하는 모양이다. 그가 삼가고 두려워하고 경계하는 태도가 곧 그의 공부가 정밀하고 강직하고 의연하게 된 바탕이다.

어구 설명 ㅇ瑟是工夫細密(슬시공부세밀)－'슬(瑟)'은 '(위나라의 武公의) 공부가 세밀하다'는 뜻이다. ㅇ僩是工夫强毅(한시공부강의)－'한(僩)'은 '그의 공부가 강직하고 의연하다'는 뜻이다. ㅇ恂慄是兢兢業業(준율시긍

긍업업)-'준율(恂慄)'은 그가 항상 삼가고 두려워했음을 말한 것이다. ㅇ惟其兢業戒懼(유기긍업계구)-그가 그렇게 삼가고 두려워하고 경계한 것이 곧. ㅇ所以工夫精密而强毅(소이공부정밀이강의)-그의 공부가 정밀하고 강직하고 의연한 바탕이 된 것이다.

참고 ◐ **슬한**(瑟僩)·**순율**(恂慄)·**공부**(工夫)

증자가 '전문 3장 4절-(1)'에서 인용한 《시경》 기욱편(淇澳篇)의 시구 '슬혜한혜(瑟兮僩兮)'를 증자(曾子)가 '전문 3장 4절-(2)'에서 '슬혜한혜 순율야(恂慄也)'라고 풀이했다. 이를 다시 '교봉 방씨'가 〈대전소주〉 ②에서 풀이한 것이다. 이는 다 위(衛)나라 무공(武公)의 공부에 대한 말이다. 이 공부는 학식과 덕행 및 인격 수양을 다 포함한다.

大全疏註 ③ 新安陳氏曰 有威而可畏 謂之威 有儀而可象 謂之儀 本左傳語 威儀之美 形於外.

신안 진씨가 말했다. (〈장구집주〉에서) '위엄이 있고 두려울 만하다(有威而可畏)'라고 한 것은 (傳文의 威儀 중) '위(威)'에 대한 풀이이고, (〈장구집주〉에서) '의표가 있어 본받을 만하다(有儀而可象)'라고 한 것은 (威儀 중) '의(儀)'에 대한 풀이이다. 《좌전(左傳)》에 있는 '위의의 미가 밖으로 나타난다(威儀之美 形於外)'는 구절을 본으로 한 것이다.

章句集註 (8) 引詩而釋之 以明明明德者之止於至善 道學自修 言其所以得之之由 恂慄威儀 言其德容表

裏之盛 卒乃指其實而歎美之也.

《시경》의 시를 인용하여 해석하고 '위나라 무공의 명명덕(明明德)이 지어지선(止於至善)했다는 뜻'을 발명한 말이다. '배움을 말하고 스스로 성찰하고 몸을 닦음(道學自修)'이라고 한 것은 그가 훌륭하게 될 수 있었던 연유를 말한 것이다. '준율(恂慄)하고 위의(威儀)'하다고 한 것은 그의 학덕(學德)과 의용(儀容)이 겉으로나 안으로나 성대함을 말한 것이다. 결국 그의 실질과 실상을 가리키고 아울러 '그의 성대한 학덕과 의용을' 높이고 감탄하고 미화한 것이다.

어구 설명 ㅇ引詩而釋之(인시이석지)－《시경》의 시를 인용하고 해석하여. ㅇ以明(이명)－(다음과 같은 것을) 밝힌 것이다. '이 명(明)은 발명(發明)의 뜻이다.' 〈原註〉 ㅇ明明德者之止於至善(명명덕자지지어지선)－'(衛의 武公의) 명덕(明德)을 밝힘〔明〕'이 '지어지선(止於至善)'이라는 뜻을 (발명한 것이다). ㅇ道學自修(도학자수)－'배움을 말하고, 스스로 성찰하고 몸을 닦음', '전문 3장 4절-(2)'에서 증자(曾子)는 '여절여차자도학야(如切如磋者道學也) 여탁여마자자수야(如琢如磨者自修也)'라고 말했다. 즉 '도학(道學)'은 '절차(切磋)'이고, '자수(自修)'는 '탁마(琢磨)'이다. ㅇ言其所以得之之由(언기소이득지지유)－그가 훌륭하게 된 연유를 말한 것이다. 즉 '도학자수(道學自修)＝절차탁마(切磋琢磨)'로써 그가 '훌륭하게 되었다〔得之〕'. ㅇ恂慄威儀(준율위의)－(그의) 내면적 덕성(德性)이 '준율(恂慄)'하고, 외면적 의용(儀容)이 '위의(威儀)'하다. '전문 3장 4절-(2)'에서 증자는 '슬혜한혜(瑟兮僩兮) 순율야(恂慄也), 혁혜훤혜(赫兮喧兮) 위의야(威儀也)'라고 했다. 〈장구집주〉에는 '슬엄밀지모(瑟嚴密之貌) 한무의지모(僩武毅之貌) 혁훤선저성대지모(赫喧宣著盛大之貌)'라고 했다. 또 '준율전구야(恂慄戰懼也) 위가외야(威可畏也) 의가상야

(儀可象也)'라고도 했다. ㅇ言其德容表裏之盛(언기덕용표리지성)－그의 학덕(學德)과 의용(儀容)이 겉으로나 안으로나 성대함을 말한 것이다. '준율은 속에 있는 덕이고, 위의는 밖에 나타나 보이는 모습이다(恂慄在裏德也 威儀見於表容也)' 〈대전소주〉. ㅇ卒乃指其實(졸내지기실)－결국 그의 실질과 실상을 가리키고, '즉 그의 성덕이 지성에 이르렀다는 뜻.(謂盛德至善)' 〈대전소주〉 ㅇ而歎美之也(이탄미지야)－아울러 '그의 성대한 학덕과 의용을' 칭송하고 감탄한 것이다.

大全疏註 ① 朱子曰 切而不磋 未到至善處 琢而不磨 亦未到至善處 瑟兮僩兮 則誠敬存於中矣 未至於赫兮喧兮 威儀輝光著見於外 亦未爲至善 至於民之不能忘 若非十分至善 何以使民久而不能忘.

주자가 말했다. '자르기만 하고 갈지 않으면 지극히 선한 경지에 이르지 못한다.' '쪼기만 하고 연마하지 않으면 역시 지극히 선한 경지에 이르지 못한다.' '엄밀하고 강하고 의연하면〔瑟兮僩兮〕' 곧 '성경(誠敬)이 속에 있게 된다.' 그러나 '빛나고 성대하게 나타나고〔赫兮喧兮〕' 또 '위의(威儀)와 광휘(光輝)가 밖에 나타나는 데' '이르지 못하면〔不至〕' 역시 '지극한 선〔至善〕'이 아니다. '백성이 잊지 못하는 (높은 경지에) 이르기 위해서는 (절대로 至善해야 한다).' '만약에 십분 지선하지 않으면 어떻게 백성으로 하여금 오래 잊지 않게 할 수 있으랴?'

大全疏註 ② 玉溪盧氏曰 切磋則知至善之所止 琢磨則得至善之所止 恂慄 見至善之德 修於中 威儀 見至善之容 著於外 德容表裏之盛 一至善耳 卒指至善之實 非盛德

之外有至善 亦非明德之外有盛德也.

옥계 노씨가 말했다. 절차는 곧 지선(至善)에 가서 멈춤을 아는 (단계이고), 탁마(琢磨)는 곧 지선에 가서 멈출 수 있는 (단계이다). 준율(恂慄)은 지선의 덕이 속에서 닦아지는 것이 보이는 (단계이고), 위의(威儀)는 지선의 의용이 밖으로 나타나 보이는 (단계이다). 덕성이나 위용이 안팎으로 성대하고 한결같이 지선의 경지에 이른 것이다. (〈장구〉에서) 졸(卒)이라 한 것은 지선이 결국 열매를 맺었음을 지적한 말이다. 그러므로 성덕(盛德) 밖에 지선이 있는 것도 아니고 또한 명덕(明德) 밖에 성덕이 있는 것도 아니다.

大全疏註 ③ 新安吳氏曰 理在事物 則爲至善 身體此理 而有所得 則爲盛德 如君之至善 是仁 能極其仁 則君之盛德也 明德是得於稟賦之初者 盛德是得於踐履之後者 亦只一理而已.

신안 오씨가 말했다. 도리가 사물에 합당한 것이 곧 지선(至善)이다. 몸소 도리를 체득하고 행하면 곧 성덕(盛德)이 된다. 임금의 지선은 인(仁)이다. 능히 인의 극치를 다하는 것이 곧 임금의 성덕이다. '명덕(明德)'은 하늘이 내려준 처음의 본성에서 얻어지는 덕이고, '성덕'은 (그 명덕을) 실천한 후에 얻어지는 덕이지만 둘이 다 같은 하나의 도리이다.

大全疏註 ④ 新安陳氏曰 此章釋止至善 亦有釋知止能得之

意 於止知其所止 知止也 引淇澳而釋之學與自修 言明明德所以得止至善之由 恂慄威儀盛德至善 指其得止至善之實 民不能忘 已開新民得止至善之端 下文方極言之耳 章句所以得之之得字 正與經文能得之得字 相照應.

신안 진씨가 말했다. 이 '전문 3장'은 경문 '지지선(止至善)'을 해석한 것이다. 그러나 동시에 경문의 '지지능득(知止能得)'의 뜻도 해석한 것이다. '멈춤(止)'에 있어 '가서 멈춤을 아는 것이(知其所止)'이 '지지(知止)'이다. 기욱편(淇澳篇)의 시를 인용해서 '학(學)과 자수(自修)'를 해석한 것은, '명덕을 밝힘(明明德)'이 '지어지선(止於至善)'할 수 있는 연유를 말한 것이다. '준율(恂慄)·위의(威儀)·성덕(盛德)·지선(至善)'은 '지어지선(止於至善)'의 실질을 지적한 것이다. '백성이 잊지 못한다(民不能忘)'고 한 것은 (그가 자신의 명덕을 밝히고 더 나가) 신민(新民)함에 있어 이미 '지어지선'하는 단서를 얻고 (다시) 다음의 글 '전문 3장 5절'에서처럼 '그가 지극한 덕을 행했음을' 말한 것이다. 〈장구〉의 '소이득지(所以得之)'의 '득(得)'자는 경문의 '능득(能得)'의 득과 서로 대응한다.

大全疏註 ⑤-1 東陽許氏曰 此節工夫 全在切磋琢磨四字上 章句謂治之有緒 而益致其精 治之有緒 謂先切琢而後可以磋磨 循序而進 工夫不亂 益致其精 謂旣切琢 而又須磋磨 求其極至 工夫不輟.

동양 허씨가 말했다. '전문 3장'에서 할 공부의 요점은 '절차탁마' 네 글자에 있다. 〈장구(章句)〉에서 '다스리는 데 순서가 있으며〔治之有緒〕' 또 '더욱 정밀하게 해야 한다〔益致其精〕'고 풀었다. '치지유서(治之有緒)'는 먼저 '자르고〔切〕 쪼아야〔琢〕 다음에 갈고〔磋〕 연마〔磨〕할 수 있다는 뜻'이다. 이렇게 순서를 따라 정진해야 공부가 흐트러지지 않는다. '익치기정(益致其精)'은 '이미 자르고 쪼았으되 다시 또 갈고 연마해서 지극한 경지에 이르기를 구하라'는 뜻으로 공부를 끝없이 함이다.

大全疏註 ⑤-2 切磋以喩學 是就知上 說止至善 講習討論 窮究事物之理 自淺以至深 自表以至裏 直究至其極處 琢磨是就行上 說止至善 謂修行者 省察克治 至於私欲淨盡 天理流行 直行至是處 瑟兮僩兮 謂恂慄 是德存於中者完 赫兮喧兮 謂威儀 是德見於外者著.

절차(切磋)로써 학(學)을 비유한 것은 '지(知)'가 '지어지선(止於至善)'함을 말한 것이다. 이는 곧 '강습 토론하고 사물의 도리를 추궁하고 얕은 데서 깊이, 밖에서 안으로 들어가, 사리에 있어 지극한 경지에 도달한다'는 뜻이다. 탁마(琢磨)는 행동이 '지어지선'함을 말한 것이다. 즉 '수행자(修行者)'가 '스스로 성찰하고 능히 자신을 다스려 사욕을 말끔히 정화하고 천리만이 흘러가게 하고 지극히 옳은 경지에 도달한다'는 뜻이다. (시에서) '슬혜한혜(瑟兮僩兮)'라고 한 것은 '준율(恂慄)'의 뜻이고 덕이 내면적으로 완성한 경지다. (시에서) '혁혜훤혜(赫兮喧兮)'라고 한 것은 '위의(威儀)'의 뜻이고 덕이 외면적으로 나타나 보이는 경지다.

전문 3장 5절

원문 詩云 於戱 前王不忘 君子賢其賢 而親其親 小人樂其樂 而利其利 此以沒世不忘也.

시운 오호(라) 전왕불망(이라하니) 군자(는) 현기현 이친기친(하고) 소인(은) 낙기락 이리기리(하나니) 차이몰세불망야(니라)

직역 《시경》 주송 열문편에 '아아! 선왕들을 잊지 못하네!'라는 시구가 있다. 후세의 현명한 임금이나 군자들도 선왕의 현덕(賢德)을 슬기롭게 받들고 선왕이 친애한 바를 친애했다. 한편 백성들도 (선왕이 안락하게 다스린 바탕 위에서) 안락하게 잘 살았고 또 (선왕이 이롭게 해준 바탕 위에서) 이롭게 잘 살았다. 그러므로 (후세의 임금이나 백성들은) 선왕이 돌아간 후에도 그 은덕이나 공적을 잊지 않고 높인 것이다.

어구 설명 '전문 3장 5절' 앞에 있는 '오희전왕불망(於戱前王不忘)'은 《시경》에서 인용한 구절이고, 뒤에 있는 '군자현기현(君子賢其賢)' 이하는 전문의 작자 증자(曾子)가 부연한 말이다. ㅇ詩云(시운)-《시경(詩經)》 주송(周頌) 열문편(烈文篇)의 시. ㅇ於戱(오호)-'어희(於戱)'의 음은 '오호(烏乎)다.' 〈原註〉 ㅇ前王不忘(전왕불망)-옛날의 임금을 잊지 못한다. 문왕(文王)·무왕(武王)의 은덕이나 공적을 잊지 못한다. ㅇ君子(군자)-후세의 현명한 임금이나 군자들. ㅇ賢其賢(현기현)-선왕의 현덕(賢德)을 높이고 현명하게 따르고 행했다. ㅇ親其親(친기친)-선왕이 친애한 바를 친애하다. 문왕·무왕은 부모에 효성하고 일가 친척을 친애하고 또 제후들에게 예양(禮讓)하고 또 백성들을 사랑했다. ㅇ小人(소인)-일반 백성이나 서민들. ㅇ樂其樂(낙기락)-선왕이 안락하게 살게 해준 바탕 위에서 안락하게 산다. ㅇ利其利(이기리)-선왕이 이롭게 해준 바탕 위에서 이롭게 잘 산다. 이(利)는 경제적으로 부유하고 문화적으로도 발달한 삶을 산다는 뜻. 오늘의 말로 문화복리(文化福利)를 누리다. ㅇ此以沒世不忘也(차이몰세불망야)-그러므로 선왕이 죽은 후에도 그 은덕과 유업(遺業) 등을 잊지 않고 높인다.

章句集註 (1) 詩周頌烈文篇 於戱歎辭 前王謂文武也 君子謂其後賢後王 小人謂後民也 此言 前王所以新民者 止於至善 能使天下後世 無一物不得其所 所以旣沒世 而人思慕之愈久而不忘也.

《시경》 주송 열문편의 시다. '오호(於戱)'는 감탄사다. 전왕(前王)은 문왕(文王)과 무왕(武王)을 말한다. 군자(君子)는 그 이후의 현인(賢人)이나 현왕(賢王)을 말한다. 소인(小人)은 그 이후의 백성들을 말한다. '전문 3장 5절'의 시는 (다음 같은 뜻을 말한 것이다). 전왕, 즉 문왕과 무왕이 신민(新民)에 있어 '지어지선(止於至善)'하여 능히 후세의 만민으로 하여금 모든 사물을 잘 이루게 해주었다. 그러므로 문왕과 무왕이 돌아간 후에도 길이 사모하고 더욱 잊지 않았던 것이다.

大全疏註 ① 朱子曰 沒世而人不能忘 如堯舜文武之德 萬世尊仰之 豈不是賢其賢 如周后稷之德 子孫宗之 以爲先

祖之所自出 豈不是親其親.

주자가 말했다. '사망 후에도 사람들이 잊을 수가 없다'고 말한 것은 곧 '요임금·순임금·문왕·무왕'의 덕을 영원히 높이고 우러러보는 것과 같은 것이다. (그러니 문왕·무왕 이후의 임금들이) 어찌 (문왕·무왕의) 덕을 슬기롭게 높이고 따르지 않겠느냐? 또 주나라의 시조 후직의 덕을 자손들이 높이고 주나라의 선조나 선왕들이 후직의 후손이라고 믿었으니 그것이 어찌 선조나 육친을 친애한 것이 아니랴?

大全疏註 ② 玉溪盧氏曰 此兩節相表裏 上節卽此節之本原 此節卽上節之效驗 然則新民之至善 豈在明明德 止至善之外哉.

옥계 노씨가 말했다. '전문 3장 3절'과 '전문 3장 4절'은 서로 겉과 속으로 대응한다. 앞의 '3절'은 '4절'의 근원이 되고, '4절'은 '3절'의 효험이 된다. 그러니 결국 '신민(新民)'에 대한 '지어지선(止於至善)'이 어찌 '명명덕(明明德)'에 대한 '지어지선' 밖에 있겠는가?

大全疏註 ③ 仁山金氏曰 賢其賢者 高山仰之 景行行之 崇其德也 親其親者 敬其所尊 愛其所親 象其賢也 樂其樂者 風淸俗美 上安下順 樂其遺化也 利其利者 分井受廛 安居樂業 沐其餘澤也.

인산 김씨가 말했다. '현기현자(賢其賢者)'는 (뒤의 현왕들이)

(문왕·무왕의 덕을) 높은 산 우러러보듯 빛나는 덕행을 따라 행하고 지키면서 그들의 덕을 숭앙한다는 뜻이다. '친기친자(親其親者)'는 (후세의 왕들이 문왕·무왕을 따라) 선조를 존경하고 부모 일가 친족을 친애한다는 뜻이다. '낙기락자(樂其樂者)'는 (후세의 백성들이 문왕·무왕의 德治에 교화되어) 그들의 기풍이나 습속이 맑고 아름답게 되었으며 윗사람이 편안하고 아랫사람이 순종하여 선왕의 유풍(遺風)과 유덕(遺德)을 즐겨 지킨다는 뜻이다. '이기리자(利其利者)'는 (문왕·무왕의 덕으로) 모든 백성들이 농토와 집터를 고르게 나누어 받고 편하게 살고 생업을 즐기고 선왕이 남겨준 은덕과 혜택을 고르게 입고 잘 살고 있다는 뜻이다.

大全疏註 ④ 新安陳氏曰 後賢賢其賢 後王親其親 下賢親二字 指前王之身 後民樂其樂者 而利其利 下樂利二字 指前王之澤 傳文雖未嘗言 新民止於至善之工夫事實 然就親賢樂利上 見得前王 不特能使當世天下 無一物不得其所 而後世尚且如此 可見新民止於至善之效驗矣.

신안 진씨가 말했다. (〈집주〉에서 주자가 풀이한) '후현현기현(後賢賢其賢) 후왕친기친(後王親其親)'의 끝에 있는 '현(賢)·친(親)' 두 글자는 '전왕이 슬기롭게 여긴 것, 친애한 바'의 뜻이다. '후민락기락자(後民樂其樂者) 이리기리(而利其利)'의 뒤의 '낙(樂)·이(利)' 두 글자는 '전왕이 남겨준 은택(恩澤)'의 뜻이다. 전문(傳文)에서 비록 '신민(新民)을 지어지선(止於至善)하는 공부의 사실을' 말하지 않았으나 '친(親)·현(賢)·낙(樂)·이(利)'(라고 한 구절에서) '문왕·무왕이 당시의 천하 만민으로 하여금 모든 사물의 지선을 얻게 했을 뿐만 아니라 후세 사람에게도 지선을 얻게 해준 것'을 알 수 있으니[見得] (그것으로 곧) '신민의 지어지선의 효험'을 알 수 있을 것이다.

章句集註 (2) 此兩節 咏歎淫泆 其味深長 當熟玩之.

(《서경》에 있는) 이 두 구절은 (문왕·무왕에 대한) 감탄이 넘치고 있으며 의미가 심장(深長)하다. 그러므로 마땅히 잘 익히고 음미(吟味)해야 한다.

大全疏註 ① 記樂記 咏歎之淫泆之.

《예기(禮記)》 악기편(樂記篇)에 '소리내어 시를 읊으니 그 여운이 길게 이어진다'라는 말이 있다.

어구 설명 ㅇ記樂記(기악기)－《예기(禮記)》 악기편(樂記篇)에 (다음 같은 글이) 있다. ㅇ咏歎之(영탄지)－소리를 길게 뽑아 시를 읊는다. ㅇ淫泆之(음일지)－그 여운이 길게 이어진다. 악기(樂記)의 원문은 '영탄지(咏歎之) 음일지(淫泆之)'이다.

참고 ◐ **영탄지 음일지**(咏歎之 淫泆之)

공자(孔子)가 '무왕(武王)의 음악은 왜 소리 높여 읊고 길게 여운을 늘이느냐?(咏歎之 淫泆之 何也)'라고 묻자, 빈모가(賓牟賈)가 '제후들의 호응을 얻지 못할까 걱정한 무왕의 심정을 표현한 것입니다.(恐不逮事也)'라고 대답했다. 이 '영탄지음일지(咏

歎之淫泆之)'를 주자가 〈장구〉에서 활용한 것이다.

大全疏註 ② 雙峯饒氏曰 咏歎言其詞 淫泆言其義 淫泆者 意味溢乎言詞之外也.

쌍봉 요씨가 말했다. '영탄(咏歎)'은 시의 가사를 말하고, '음일(淫泆)'은 그 뜻을 말한 것이다. '길게 끌고 여운이 넘친다[淫泆]'함은, 의미가 가사 밖에 넘친다는 뜻이다.

章句集註 (3) 右傳之三章 釋止於至善.

이상은 '전문(傳文) 3장'이며, '경문(經文) 1장'의 '지어지선(止於至善)'을 풀이한 말이다.

大全疏註 ① 雙峯饒氏曰 明德新民兩章 釋得甚略 此章所釋節目旣詳 工夫又備 可見經首三句 重在此一句 上節目謂仁敬孝慈等 工夫謂學與自修.

쌍봉 요씨가 말했다. 경문(經文)의 '명덕(明德)과 신민(新民)'을 풀이한 '전문 1장, 전문 2장' 두 장의 해석은 심히 간략했다. 그러나 (止於至善을 풀이한) '전문 3장'의 해석은 절목(節目)도 상세하고 또 공부하는 절차도 잘 갖추어져 있다. 그러므로 경문의 첫머리에 있는 '명명덕(明明德), 신민, 지어지선(止於至善)' 세 구가 거듭하여 이 '전문 3장'에 추려져 있는 것이다. '절목'은 '인경효자(仁敬孝慈)' 등을 말하고, '공부'는 '학(學)과 자수(自修)'를 말한다.

大全疏註 ② 玉溪盧氏曰 此章凡五節 第一節言物各有所當止之處 第二節言人當知所當止之處 以知止之事而言也 第三節言聖人之止 無非至善 以得其所止之事而言也 第四節言明明德之止於至善 乃至善之體所以立 第五節言新民之止於至善 乃至善之用所以行.

옥계 노씨가 말했다. '전문 3장'은 총 5절이다. (각 절의 내용은 다음과 같다) 제1절은 '사물에게는 저마다의 합당한 도리가 있음'을 말했다. 제2절은 '사람은 마땅히 가서 머물러야 할 곳을 알아야 함'을 말한 것이다. 이는 곧 '경문 2절'에 있는 '지지(知止)의 사항'을 말한 것이다. 제3절은 '성인(聖人)의 지어지선(止於至善)은 지선하지 않음이 없음'을 말한 것이며 이는 곧 '경문 2장'의 〈장구집주(章句集註)〉에 있는 '득기소득(得其所得)의 사실'을 말한 것이다. 제4절은 '명명덕(明明德)의 지어지선'을 말한 것으로 '지선(至善)의 본체를 확립하는 바탕'이다. 제5절은 '신민(新民)의 지어지선'을 말한 것으로 곧 '지선의 효용(效用)이 행해지는 바탕'이다.

大全疏註 ③ 雲峯胡氏曰 此章釋明德新民之止於至善 兼釋知止能得 又兼釋八者條目 其中學是致知格物之事 自修是誠意正心修身之事 親其親 以至利其利 是化及於家國天下.

운봉 호씨가 말했다. 이 '전문 3장'은 '경문 1장'의 '명덕(明德)과 신민(新民)의 지어지선(止於至善)'을 해석하고, 겸해서 '경문

2장'의 '지지(知止)에서 능득(能得)까지'를 해석하고 또 겸해서 '경문 4장, 5장'의 '팔조목(八條目)'을 해석한 것이다. 그 중의 '학(學)'은 '치지(致知)·격물(格物)의 일'이고, '자수(自修)'는 '성의(誠意)·정심(正心)·수신(修身)의 일'이다. '친기친(親其親)이 이기리(利其利)에 이르다'고 함은 전왕의 교화가 '가(家)·국(國)·천하(天下)'에 미쳤음을 말한 것이다.

大全疏註 ④ 臨川吳氏曰 此章綿蠻詩 承上文 物各有所止之意 以明人當知所止之義 而起下文 實指人所當止者之說 此蓋發止於至善之端也 文王詩以下 承上文 人當知所當止之義 而實指人所當止之處 淇澳切磋琢磨 承上文實指人所當止之處 而言求止於所當止者之由 此蓋示止於至善之方也 瑟僩以下 言明明德得止於至善之極 而發新民之端 烈文詩以下 承上文民不能忘之說 而言新民得止於至善之極 以著明明德之效 此蓋極言止於至善之效也.

임천 오씨가 말했다. '전문 3장 2절'의 '면만시(綿蠻詩)' (1절에서는) '모든 것에는 저마다 머물러 있어야 할 지선(至善)의 경지가 있다'는 뜻을 말하고, 이어서 '사람도 마땅히 지선에 가서 머물러야 함'을 말한 것이다. 그리고 아울러 다음의 '3절'의 글을 이끌어내고 실지로 '사람이 마땅히 머물러 있어야 할 곳'을 지적했으니, 이는 곧 '지어지선(止於至善)'의 단서를 말한 것이다. '3절 문왕시' 다음의 (증자의 말은) '2절'에서 말한 '사람이 머물러야 할 곳을 마땅히 알아야 한다는 뜻'을 이어받고 '사람이 마땅히 머물러 있어야 할 경지'를 실질적으로 지적한 것이다. '4절 기욱편(淇澳篇)'의 시에 있는 '절차탁마(切磋琢磨)'는 앞의 '3절'을 받고 '사람이 마땅히 머물러 있어야 할 곳'을 실질적으로 지적하고 아울러 '마땅히 가서 머물러야 할 곳을 찾는 길'을 말한 것이니 결국 이것은 '지어지선의(止於至善)의 방법'을 지시한 것이다. '4절의 슬한(瑟僩) 다음의 증자의 말'은 '명덕을 밝힘에 있어 지어지선의 극치를 얻어야 한다는 뜻'을 말하고 아울러 그것이 '신민(新民)의 단서임을 밝힌 것'이다. '3절의 열문편(烈文篇)의 시 증자의 말'은 앞의 '4절'의 '백성이 잊지 못한다(民不能忘)'는 말을 이어 가지고 '신민에 있어 지어지선의 극치를 얻으므로써 명덕의 효험을 나타낸 것이며, 이는 곧 지어지선의 효험의 최고점을 말한 것이다.

章句集註 (4) 此章内自引淇澳詩以下 舊本誤在誠意章下.

이 '전문 3장'에 인용한 '기욱시(淇澳詩)' 다음의 글이 옛날 책에는 잘못하여 '성의장(誠意章)' 다음에 들어가 있다.

어구 설명 주자(朱子)가 재정리한 '전문 제3장'은 총 '5절'이다. 그중 '제4절－詩云 瞻彼淇澳 綠竹猗猗……제5절의 끝까지'가 옛날 책에는 '전문 6장－所謂誠其意者 毋自欺也……故君子必誠其意' 다음에 들어가 있다는 말이다.

전문 4장

'경문(經文) 3장'의 첫 구절 '물유본말(物有本末)'의 '본말(本末)'을 풀이한 증자(曾子)의 말이다. '증자'는《논어(論語)》안연편(顔淵篇)에서 '자왈(子曰) 청송(聽訟), 오유인야(吾猶人也) 필야사무송호(必也使無訟乎)'를 인용하고 뒤에 자기의 말을 덧붙이고 '이것은 근본을 앎이다(此謂知本)'라고 묶었다. 주자(朱子)는 〈대전소주(大全疏註)〉에서 '명명덕(明明德)'이 '본(本)'이라고 했다. '전문 4장'은 총 1절이다.

1절－子曰 聽訟 吾猶人也 必也使無訟乎. [無情者不得盡其辭大畏民志 此謂知本]

전문 4장 1절

원문 子曰 聽訟 吾猶人也 必也使無訟乎 無情者 不得盡其辭 大畏民志 此謂知本.

자왈 청송(은) 오유인야(이나) 필야사무송호(인져하시니) 무정자(로) 부득진기사(는) 대외민지(니) 차위지본(이니라).

직역 공자가 말했다. '백성들의 송사를 듣고 처리하는 일은 나도 남과 같이 할 수 있다. 그러나 나는 반드시 그들로 하여금 송사를 일으키지 않게 하겠다.' (이에 대해서 증자가 다음같이 부연했다) '진실하지 않은 자는 자기의 거짓된 말을 끝까지 주장하고 세우지 못한다. (그 까닭은 明德의 빛이) 크게 백성들의 마음을 두렵게 하기 때문이다. 이와 같이 하는 것이 곧 지본(知本)이다.'

어구 설명 ㅇ子曰(자왈)－공자(孔子)가 말했다. 《논어(論語)》 안연편(顏淵篇)에 있다. ㅇ聽訟(청송)－송사(訟事)를 듣고, 바르게 재판한다는 뜻. ㅇ吾猶人也(오유인야)－나도 남같이 잘 처리할 수 있다. ㅇ必也使無訟乎(필야사무송호)－반드시 (사람들로 하여금) 송사를 일으키지 않게 하겠다. ㅇ無情者(무정자)－진정(眞情)이나 정성(精誠)이 없는 사람, 거짓된 사람. '정(情)'은 진실되고 성실한 심정(心情)과 인정(仁情)의 뜻을 다 포괄한다. '무정자(無情者)'는 '무자비한 사람, 거짓말하는 사람'의 뜻. ㅇ不得盡其辭(부득진기사)－그 말을 다하지 못한다. 즉 '무정자'는 자신의 거짓된 주장을 끝까지 펴지 못한다. ㅇ大畏民志(대외민지)－(임금이나 성인의 '明明德'이) 크게 백성들의 마음을 두렵게 하기 때문이다. 외(畏)는 두렵게 한다, 경외(敬畏)하게 만든다. 지(志)는 심지(心志), 마음이나 뜻. ㅇ此謂知本(차위지본)－이를 '지본(知本)'이라고 한다. 윗사람의 '명명덕(明明德)'이 근본이다. 그러면 백성들이 경외(敬畏)하고 감화되어 송사를 일으키지 않는다.

참고 ◐ **'무송(無訟)'의 근본**

'송사를 잘 듣고 잘 심판하는 것보다, 송사 자체가 일어나지 않게 하는 것이 더 중요하다'는 공자(孔子)의 말을 인용하고, 증자(曾子)는 '임금이나 윗사람의 명명덕(明明德)이 근본이다. 윗사람이 명덕을 밝히면, 백성들이 감화되고 마음속으로 덕을 높이고 경외하여 자연히 송사가 없게 된다'고 풀이했다. 즉 윗사람의 '명명덕'이 '신민(新民)'의 근본이다.

章句集註 (1) 猶人不異於人也 情實也 引夫子之言 而言聖人能使無實之人 不敢盡其虛誕之辭 蓋我之明德既明 自然有以畏服民之心志 故訟不待聽而自無也 觀於此言 可以知本末之先後矣.

'남과 같음[猶人]'은 '남과 다르지 않다는 뜻'이다. '정(情)'은 '진실, 성실'의 뜻이다. 공자의 말을 인용해서 '성인(聖人)이 능히 진실이 없는 사람으로 하여금 감히 허망한 말을 끝내 통하지 못하게 한다는 뜻'을 말한 것이다. 무릇, 백성을 다스리는 임금이나 성인의 명덕(明德)이 이미 밝혀졌으므로 자연히 백성의 심지(心志)가 경외(敬畏)하게 되며 따라서 송사 듣기를 기다리지 않아도 백성들이 스스로 송사를 없게 한다. 이와 같은 말로써, 본말(本末)과 선후(先後)의 뜻을 잘 알 수 있다.

어구 설명 ㅇ猶人不異於人也(유인불이어인야)—'남과 같음[猶人]'은 '남과 다르지 않게 잘 처리할 수 있다'는 뜻이다. ㅇ情實也(정실야)—'정(情)'은 '진실, 성실'의 뜻이다. ㅇ引夫子之言(인부자지언)—공자의 말을 인용해서. ㅇ而言(이언)—다음 같은 뜻을 말한 것이다. ㅇ聖人能使無實之人(성인능사무실지인)—성인(聖人)이 능히 '진실성이 없는 사람'으로 하여금. ㅇ不敢盡其虛誕之辭(불감진기허탄지사)—감히 허망한 말을 다하지 못하게 한다. '기허탄지사(其虛誕之辭)'는 (불성실한 자의) 터무니없이 허망한 거짓말, '불감진(不敢盡)'은 '거짓말을 감히 끝까지 주장하지 못하게 한다'는 뜻. ㅇ蓋我之明德旣明(개아지명덕기명)—무릇, 백성을 다스리는 임금이나 성인의 명덕(明德)이 이미 밝혀졌으므로. ㅇ自然有以畏服民之心志(자연유이외복민지심지)—(밝은 명덕 앞에서) 자연히 백성의 심지(心志)가 경외(敬畏)하게 되는 것이다. ㅇ故訟不待聽而自無也(고송부대청이자무야)—고로, 송사 듣기를 기다리지 않아도, (백성들이) 스스로 송사를 없게 한다. ㅇ觀於此言(관어차언)—이와 같은 말을 보아서. ㅇ可以知本末之先後矣(가이지본말지선후의)—'본말(本末)과 선후(先後)'를 알 수 있다. * '개아지명덕기명(蓋我之明德旣明)' 다음에 〈原註〉가 있다.

* 此推本言之 明明德爲本 乃傳者言外之意.
* 이 말은 본(本)의 뜻을 미루어 말한 것이니 명명덕이 본이다. 이는 곧 전문(傳文)을 말한 사람의 말 밖의 뜻이다.
* 此卽新民.
* 이것이 곧 신민이다.

大全疏註 ① 朱子曰 聖人說 聽訟我也無異於人 當使其無訟之可聽方得 聖人固不會錯斷了事 只是他所以無訟者 却不在於善聽訟 在於意誠心正 自然有以薰炙漸染 大服民志 故自無訟之可聽耳.

주자가 말했다. 성인이 송사를 듣고 처리함에 있어 나도 남들과 다르지 않으나 마땅히 듣고 처리할 송사를 없게 해야 된다고 말했다. 물론 성인이 송사 자체를 잘못이라고 끊어 버릴 수는 없다. 그런데 송사를 일어나지 않게 하는 연유는 성인이 송사를 듣고 잘 처리함에 있지 않고 도리어 뜻이 성실하고 마음이 바름으로써 자연히 사람들을 교화하고 또 점차로 선에 물들게 한 결과 (성인의 밝은 덕이) 크게 백성들의 심지(心志)를 두렵게 만들었기 때문에 자연히 들은 만한 송사가 없게 되는 것이다.

어구 설명 ㅇ不會錯斷了事(불회착단료사)－'불회(不會)'는 '……할 리가 없다.' '착단료사(錯斷了事)'를 '송사 자체를 잘못된 일이라고 끊어 버린다'로 풀이한다. 혹은 '성인이 송사를 잘못 처리하는 일은 없을 것이다'로 풀이 할 수도 있다.

大全疏註 ② 使民無訟 在我之事本也 此所以聽訟爲末.

(윗사람이) 백성들로 하여금 송사를 일으키지 않게 하는 것은 내가 할 일이며 (그것이) 근본이다. 그러므로 송사를 듣는 것을 말단으로 여긴다.

어구 설명 ㅇ在我之事本也(재아지사본야)－내가 할 일이며 (그것이) 근본이다. 즉 임금이 먼저 '자신의 명덕(明德)을 밝히는 일'이 근본이다. 그래야 '백성도 새롭게 혁신되고 따라서 송사도 없게 된다.'

大全疏註 ③ 無情者不得盡其辭 便是說那無訟之由 然惟先有以服其心志 所以能使之不得盡其虛誕之辭.

'진실성이 없는 사람이 (거짓된) 말을 다 펴지 못하는 것'이 바로 '송사를 없게 하는 바탕'이다. 그러나 오직 먼저 (윗사람이 명덕을 밝혀서) 백성들의 심지를 복종케 해야 한다. 그렇게 하는 것이 그들로 하여금 허망한 거짓말을 끝까지 펴지 못하게 하는 바탕이다.

大全疏註 ④ 如成人 有其兄死 而不爲衰者 聞子皐將爲成宰 遂爲衰 子皐又何曾聽訟了致然 只是自有感動人處耳.

예를 들면 성(成)에 사는 사람이 형이 죽었는데도 상복을 입지 않았다. 그러나 자고(子皐)가 성의 읍장(邑長)이 될 거라는 말을 듣고 상복을 입었다. 어찌 자고가 먼저 송사를 듣고 처리했기 때문에 변한 것이냐? 다만 (자고의 덕이) 스스로 사람을 감동시킨 바가 있었던 것이다.

어구 설명 ㅇ子皐(자고)－공자의 제자, 성은 고(高), 이름은 시(柴). 친상(親喪)을 당하고 3년 동안 엄숙하게 복상(服喪)했다.

大全疏註 ⑤ 雙峯饒氏曰 聽訟末也 使無訟理其本也 傳者擧輕以明重 然引而不發 知此則見明德新民之 相爲本末矣 問無情 曰情與僞對 情實也 僞不實也 論語曰 民莫敢不用情.

쌍봉 요씨가 말했다. 송사를 듣는 것은 말단인 가지에 해당하고 송사를 없게 하는 일은 근본을 다스리는 일이다. 전문을 서술한 사람은 가벼운 일을 가지고 중요한 것을 밝혔다. 그러나 인용만 하고 속을 밝혀내지 않았다. (본과 말을) 알면 '명덕과 신민'

이 서로 '본과 말이 됨'을 알 것이다. '무정(無情)'에 대해서 묻자 주자가 대답했다. 정(情)은 위(僞)에 반대가 된다. 정은 실(實)이고, 위는 부실(不實)이다. 《논어》에 백성은 감히 진실하지 않을 수 없다는 말이 있다.

大全疏註 ⑥-1 玉溪盧氏曰 有訟可聽 非新民之至善 無訟可聽 方爲新民之至善 無訟則民新矣 使民無訟 惟明明德者能之 聽訟使無訟之本末先後 則明德新民之本末先後也.

옥계 노씨가 말했다. 듣고 처리할 송사가 있으면 '신민(新民)이 지선(至善)한 것'이 아니다. 듣고 처리할 송사가 없어야 비로소 '신민이 지선한 것'이다. 송사가 없는 것은 곧 백성이 새롭게 된 것이다. 백성으로 하여금 송사를 없게 하는 것은 오직 '명덕을 밝힌 자(明明德者)만이' 능히 할 수 있다. 그러므로 '청송(聽訟)과 사무송(使無訟)'의 '본말선후(本末先後)'는 곧 '명덕(明德)과 신민'의 '본말선후(本末先後)'인 것이다.

大全疏註 ⑥-2 經文物有本末上 有知止能得一節 前章釋止至善 而知止能得之義 已在其中 經文物有本末下 有終始先後 又有修身爲本 及本亂末治者否矣 此言知本 則不特終始先後之義 在其中 而爲本 及本亂末治者否之意 亦在其中矣.

'경문(經文) 3절'의 '물유본말(物有本末)' 앞에 '경문 2절'의 '지지(知止)……능득(能得)'이 있다. 그러므로 앞의 '지어지선(止於至善)'을 해석한 '전문 3장'에는 이미 그 속에 '지지……능득'의 뜻이 있는 것이다. 또 '경문 3장'의 '물유본말(物有本末)' 다음에 '종시선후(終始先後)'와 '경문 6장'의 '수신위본(修身爲本)'과 또 '경문 7장'의 '본란말치자부의(本亂末治者否矣)'가 있다. 그러므로 여기서 말하는 '지본(知本)'은 곧 그 속에 '종시선후'의 뜻이 있을 뿐만 아니라 또한 '본란말치자부의'의 뜻도 속에 있다.

大全疏註 ⑦ 東陽許氏曰 本卽明明德也 我之德旣明 則自能服民志 而不敢盡其無實之言 如虞芮爭田 不敢履文王之庭 是文王之德 大畏民志 自然無訟.

동양 허씨가 말했다. '본(本)'은 곧 '명덕을 밝힘(明明德)'이다. 임금이 자신의 명덕을 먼저 밝히면 자연히 백성들의 심지(心志)를 복종케 할 수 있으며 따라서 감히 거짓된 말을 주장하지 못하게 된다. 예를 들면 우(虞)나라와 예(芮)나라 사람이 서로 전답을 다투었으나 감히 문왕의 법정에 가지 않고 (스스로 반성했으니) 이는 곧 문왕의 덕이 크게 그들의 심지를 두렵게 했으며 자연히 소송이 없게 된 것이다.

어구 설명 ㅇ虞芮爭田(우예쟁전)-《십팔사략(十八史略)》에 대략 다음같이 있다. '우나라 사람과 예나라 사람이 서로 전답의 경계를 다투었으며 주나라에 가서 문왕의 결판을 받으려고 했다. 그들이 주나라에 들어가 보니 주나라 사람들은 서로 전답의 경계를 양보하고 있었다. 이를 보고 그들은 자신들을 창피하게 여기고 문왕에게 재판을 정하지 않고 돌아와 서로 양보했다.'

大全疏註 ⑧ 臨川吳氏曰 上章烈文以新民之所止言之 以著明明德之效者 是能新民者 皆本於明明德也 故此章 言聖人能使民德自新 而無實之人 不敢盡其虛誕之辭 自然有以畏服其心志 是以訟不待聽而自無者 蓋本於能明其明德也 故朱子曰 觀於此言可以知本末之先後矣.

임천 오씨가 말했다. 앞의 '전문 3장 5절, 열문편(烈文篇)'의 시는 '신민(新民)함에 있어 가서 멈출 바'를 말하고, 아울러 '명명덕(明明德)'의 효험을 나타낸 것이다. 이는 '신민할 수 있는 사람은 다 명명덕을 근본으로 한다'는 뜻이다. 그러므로 이 '전문 4장'에서는 (다음 같은 내용을 말한 것이다). '성인은 능히 백성의 덕을 스스로 새롭게 하고 진실성이 없는 자로 하여금 감히 허망한 소리를 펴지 못하게 하고 백성의 심지를 경외하게 하고 따라서 송사를 듣지 않고도 스스로 없게 한다.' 이 모두가 윗사람이 능히 명덕을 밝힐 수 있음을 본으로 한 것이다. 그러므로 주자가 '이 말을 보면 본말(本末)과 선후(先後)를 알 수 있다'고 말했다.

章句集註 (2) 右傳之四章 釋本末.

이상은 '전문(傳文) 4장'으로 '경문(經文)의 본말(本末)의 뜻'을 해석한 것이다.

大全疏註 ① 新安陳氏曰 此章釋本末 以結句四字知之 知本之當先 則自知末之當後矣.

신안 진씨가 말했다. 이 '전문 4장'은 '경문 3절, 본말(本末)'을 해석한 것이다. (그렇다는 것을) 끝의 구절 '차위지본(此謂知本)'의 네 글자로 알겠다. '본(本)을 당연히 앞세워야 함을 알면(知本之當先)' 즉 '자연히 말(末)을 뒤로 해야 함도 알게 된다.(自知末之當後)'

章句集註 (3) 此章舊本誤在止於信下.

이 장이 옛날 책에는 잘못하여 '지어신(止於信)' 다음에 들어갔다.

어구 설명 ㅇ止於信(지어신)－〈장구집주(章句集註)〉 전문 3장, 3절'에 있다. 즉 '詩云 穆穆文王 於緝熙敬止 爲人君止於仁 爲人臣止於敬 爲人子止於孝 爲人父止於慈 與國人交 止於信'이다. 옛날 책에는 이 '전문 4장'이 '여국인교(與國人交) 지어신(止於信)' 다음에 들어가 있다. 이를 주자가 다시 정리한 것이다.

[傳文衍文] 此謂知本.

章句集註 程子曰 衍文也.

정자가 말했다. 이 구절은 연문이다.

＊ 衍文(연문)－잘못 들어간 쓸데없는 글.

[殘存傳文] 此謂知之至也.

章句集註 此句之上 別有闕文 此特其結語耳 右傳之

五章 蓋釋格物致知之義 而今亡矣 此章舊本 通下章 誤在經文之下.

이 구절 앞의 글이 빠졌으며 이는 다만 맺는 글이다. (아마) 앞은 전문의 5장일 것이며, 격물치지(格物致知)에 대한 뜻풀이일 것이다. 그러나 지금은 없어졌다. '이 5장'의 글이 옛날 책에는 잘못하여 '다음 6장'과 함께 경문 끝에 들어가 있다.

격물 보전 5장

章句集註 間嘗竊取程子之意 以補之 曰補傳.

사이에 정자의 뜻을 따라 글을 보충하고 보전이라 이름했다.

'격물치지(格物致知)'에 대한 전문(傳文)이 일실(逸失)되었으므로 주자(朱子)가 정자(程子)의 뜻을 따라 보충한 것이다. 이 '격물보전(格物補傳)'은 경문 팔조목(八條目) 중 '격물치지'에 대한 풀이다. 이 책에서는 해독의 방편상, 필자가 다시 '4절'로 나누어 풀이했다.

1 절-所謂致知在格物者 言欲致吾之知 在卽物而窮其理也.

2 절-蓋人心之靈 莫不有知 而天下之物 莫不有理 惟於理有未窮 故其知有不盡也.

3 절-是以大學始教 必使學者 卽凡天下之物 莫不因其已知之理 而益窮之以求至乎其極 至於用力之久 而一旦豁然貫通焉 則衆物之表裏精粗 無不到 而吾心之全體大用無不明矣.

4 절-此謂物格 此謂知之至也.

격물 보전 5장 1절

원문 所謂致知在格物者 言欲致吾之知 在卽物而窮其理也.

소위 치지재격물자(는) 언욕치오지지(면) 재즉물이궁기리야(이니라)

직역 경문(經文)에서 '치지(致知)의 바탕은 격물(格物)에 있다'고 한 것은 곧 '내가 (사물을 바르게) 알려고 하면 직접 사물에 붙어 그 사물의 도리를 궁구함을 바탕으로 해야 한다'는 뜻이다.

어구 설명 ㅇ所謂(소위)－이른바, 즉 경문(經文)에서 말하는. ㅇ致知在格物者(치지재격물자)－치지(致知)가 격물(格物)에 있다고 하는 것[者]은. '재(在)'는 '……에 있다, 혹은 ……을 바탕으로 한다'의 뜻이다. ㅇ言(언)－바로 (……와 같은 뜻을) 말하는 것이다. '……'는 곧 다음의 구절 전부. ㅇ欲致吾之知(욕치오지지)－직역하면 '나의 앎[吾之知]을 이루기[致] 위해서는, 원하면[欲]', 한글로 의역하면 '내가 (사물을 바르게) 알려고 하면'이 된다. '욕(欲)'은 능원동사(能願動詞=助動詞), 목적어는 '치오지지(致吾之知)', '치(致)'는 동사, 목적어는 '오지지(吾之知)', '오(吾, 주어) 지(之, 연결 허사) 지(知, 술어)'로 분석한다. ㅇ卽物(즉물)－직접 사물에 붙어서. ㅇ窮其理(궁기리)－그 (사물의) 이치나 도리를 궁구(窮究)한다.

大全疏註 ① 卽物 如卽事卽景 隨吾所接之事物也.

'즉물(卽物)'은 '직접 일에 대하고, 직접 형상(形狀=景)을 대함과 같이 내가 직접 접하고 겪은 사물을 (위주로 하고) 따른다'는 뜻이다.

격물 보전 5장 2절

원문 蓋人心之靈 莫不有知 而天下之物 莫不有理 惟於理 有未窮 故其知 有不盡也.

개인심지령(이) 막불유지(요) 이천하지물(이) 막불유리(이나) 유어리(에) 유미궁(이라) 고(로) 기지 유부진야(니라)

직역 무릇 인간의 마음은 영특하므로 모든 것을 다 알게 마련이며 또 천하 만물에는 저마다의 도리가 있다. 다만 사람이 사물의 도리를 궁구(窮究)하지 않기 때문에 고로 앎에 미진함이 있는 것이다.

어구 설명 ㅇ蓋人心之靈(개인심지령)－무릇 인간의 마음은 영특하다. '지(之)'를 주어, 술어를 연결하는 '허사'로 본다. ㅇ莫不有知(막불유지)－알지 못하는 것이 없다. 즉 모든 것을 다 알게 마련이다. ㅇ而天下之物(이천하지물)－그리고 천하 만물은. ㅇ莫不有理(막불유리)－도리 없는 것이 없다. 즉 만물에는 저마다의 도리가 있다. ㅇ惟於理有未窮(유어리유미궁)－다만 (사람이 사물의) 도리를 궁구(窮究)하지 않기 때문에. ㅇ故其知有不盡也(고기지유부진야)－고로 그 앎에 미진함이 있는 것이다.

격물 보전 5장 3절

원문 是以大學始教 必使學者 卽凡天下之物 莫不因其已知之理 而益窮之 以求至乎其極 至於

用力之久 而一旦豁然貫通焉 則衆物之表裏精粗 無不到 而吾心之全體大用 無不明矣.

시이(로) 대학시교(에) 필사학자(로) 즉범천하지물(하야) 막불인기이지지리(하고) 이익궁지(하고) 이구지호기극(하나니) 지어용력지구(하여) 이일단활연관통언(이면) 즉중물지표리정조(이) 무부도(하고) 이오심지전체대용(이) 무불명의(리라)

(직역) 그러므로 대학에서 처음 가르칠 때에 반드시 학생으로 하여금 모든 천하 만물과 사상(事象)에 대해서 (기왕의 지식을 바탕으로 하고) 더욱 사물의 이치나 도리를 궁구하고 그 극치에 도달하기를 구하게 해야 한다. 이 같은 공부와 노력을 오래 하게 되면 하루아침에 모든 사물의 도리가 훤하게 트이고 사방으로 관통하게 되며 즉시 모든 사물의 겉과 속, 정밀함과 조잡한 것을 다 알게 되고 따라서 내 마음이 모든 도리를 갖추거나 모든 사물에 응용함에 있어 밝게 나타나지 않음이 없게 된다. 즉 '명명덕(明明德)'하게 된다.

(어구 설명) ㅇ是以(시이)－그러므로. ㅇ大學始教(대학시교)－대학에서 처음 가르칠 때에. 다음과 같은 원주(原註)가 있다. '처음으로 가르친다는 말을 살펴야 한다. 이것이 대학에서 가장 중하게 여기는 공부할 경지다.(須看始教字 此是大學第一件下工夫處)' 〈大全疏註〉 ㅇ必使學者(필사학자)－반드시 학생으로 하여금. '사(使)'는 '이구지호기극(以求至乎其極)'까지 걸린다. ㅇ卽凡天下之物(즉범천하지물)－모든 천하의 만물과 사상(事象)에 대해서. '즉(卽)'은 '취(就)', 직접 붙어서, 실지로 사물이나 사상에 대해서. ㅇ莫不(막불)－하지 않음이 없다, 즉 ……한다. ㅇ因其已知之理(인기이지지리)－자기가 이미 알고 있는 도리를 바탕으로 하고. 다음과 같은 원주가 있다. '이미 안다고 함은 앞에서 말한 '사람의 마음은

영특하여 알지 못하는 것이 없다는 것'을 앎이다.(已知卽上文人心之靈莫不有知之知)' 〈大全疏註〉 ㅇ而益窮之(이익궁지)－더욱 사물의 이치나 도리를 궁구하고. ㅇ以求至乎其極(이구지호기극)－(도리의) 극치에 도달하기를 구하게 하고. ㅇ至於用力之久(지어용력지구)－(그와 같은) 공부와 노력을 오래 하게 되면. ㅇ而一旦(이일단)－그러면 하루아침에. ㅇ豁然貫通焉(활연관통언)－(모든 사물의 도리가) 훤하게 트이고 사방으로 관통하게 되고. ㅇ則衆物之(즉중물지)－곧 모든 사물의. ㅇ表裏(표리)－겉과 속, 표면과 이면. ㅇ精粗(정조)－정밀하고 세밀한 것, 거칠고 조잡한 것. ㅇ無不到(무부도)－(나의 지식이나 인식이) 도달하지 못함이 없다. 즉 모든 것을 다 인식하고 알게 된다. ㅇ而吾心之全體大用(이오심지전체대용)－아울러, 내 마음이 '구중리(具衆理)하거나, 응만사(應萬事)' 함에 있어. ㅇ無不明矣(무불명의)－밝게 나타나지 않음이 없다. 즉 '명명덕(明明德)'하게 된다. 다음의 〈대전소주〉 참고.

大全疏註 ① 新安陳氏曰 久字與一旦字相應 用力積累多時然後一朝 脫然通透 吾心之全體 卽釋明德章句所謂具衆理者 吾心之大用 卽所謂應萬事者也.

신안 진씨가 말했다. '구(久)와 일단(一旦)'은 서로 대응하는 말이다. 노력을 쌓고 공부를 오래 하면 하루아침에 (사물의 도리를) 후련하게 알고 또 통하게 된다. '오심지전체(吾心之全體)'는 곧 '명덕을 해석한 장구에서 말하는 구중리(具衆理)'이고 '오심지대용(吾心之大用)'은 '응만사(應萬事)'이다.

격물 보전 5장 4절

(원문) 此謂物格 此謂知之至也.

차위물격(이며) 차위지지지야(니라)

(직역) 이러한 경지를 '사물의 도리에 도달했다[物格]'고 말한다. 이러한 경지를 '앎이 지극하게 되었다[知之至]'고 말한다.

大全疏註) ① 問所補第五章 何不效其文體 朱子曰 亦嘗效而爲之 竟不能成.

'보전 제5장의 문체(文體)는 왜 원래의 문체를 본받지 않았습니까?'하고 묻자 주자가 대답했다. '역시 본받으려고 했으나 결국 잘 되지 않았다.'

大全疏註) ② 大學不說窮理 而謂之格物 只是使人就實處窮究.

《대학》에서 '궁리(窮理)'라고 말하지 않고 '격물(格物)'이라고 말한 것은 사람으로 하여금 (사물에 붙어서) 실질적으로 도리를 궁구하라는 뜻이다.

大全疏註) ③ 格物只是就一物上 窮盡一物之理 致知便只是窮得物理盡後 我之知識 亦無不盡處.

'격물(格物)'은 다만 한 사물에 붙어서 그 사물의 도리를 궁구함이고, '치지(致知)'는 바로 사물의 도리를 끝까지 궁구한 후에 나의 앎에 미진함이 없다는 뜻이다.

大全疏註 ④ 大學是聖門最初功處 格物又是 大學最初用功處 試考其說 就日用間 如此作功夫久之 意思自別.

《대학(大學)》은 성문(聖門)에 들어가기 위한 최초의 공부이고, '격물(格物)'은 《대학》의 최초의 공부할 일이다. 시험삼아 이 말의 뜻을 생각하고 일상생활에서 (활용해야 한다). 그와 같은 공부를 오래 하면 자연히 뜻을 알게 될 것이다.

大全疏註 ⑤-1 問 經文物格以後知至 却是知至在後 今乃云 因其已知而益窮之 則又在格物前.

〔**질문**〕 경문에는 '물격이후지지(物格以後知至)'라 했으니, '지(知)'는 (격물) 다음에 있거늘, 지금 '인기이지이익궁지(因其已知而益窮之)'라고 하면, (知가) 격물 전에도 있는 것입니까?

大全疏註 ⑤-2 曰 知元自有 纔要去理會 便是這些知萌露 若懵然全不向著 便是知之端 未曾通 纔思量著 便這箇骨子 透出來.

주자가 말했다. '앎의 뿌리는 선천적으로 있는 것이다〔知元自有〕.' 그러므로 조금이라도〔纔〕 사물의 도리를 알려고 하면 이내 '앎의 싹이 나타난다〔知萌露〕.' 만약에 우매한 채로 (앎의 뿌리를 묻어두고) 나타내려고 하지 않으면, 애당초에 '앎의 단서〔知之端〕'가 통하지 않을 것이다. 그러나 조금이라도〔纔〕(사물의 도리를 알려고) 생각하면 곧 (속에 있는 도리의) 골자가 밖으로 나타나게 마련이다.

大全疏註 ⑤-3 且如做些事錯 纔知道錯 便是向好門路 却不是方始去理會箇知.

(주자의 말 계속) 또한 만약에 일처리를 잘못하고 비로소 잘못을 알고 좋은 방향이나 길로 나가는 것은 도리어 '비로소 사물의 도리를 알기 시작한〔方始去理會箇〕' 그런 지(知)가 아니다.

大全疏註 ⑤-4 只是如今須著 因其端而推之 四方八面 千頭萬緒 無有些不知 無有毫髮窒礙.

(주자의 말 계속) 만약에 지금 당장 (앎의 뿌리가) 나타나면, 그 단서를 바탕으로 미루어 나가 '사방 팔면'으로 확대하고 천만 가지 사물에 대해서 조금이라도 모르는 것이 없고 털끝만큼이라도 막히는 것이 없게 해야 한다.

大全疏註 ⑤-5 孟子所謂 知皆擴而充之 若火之始然 泉之始達 擴而充之 便是致字意思.

(주자의 말 계속) 맹자가 말한 바 (四端이 있음을) 알고 (그 사단을) 확대해서 채우면 불이 처음 타오르고, 샘이 처음 솟아나옴과 같이 (점차로 불이 커지고 샘물이 멀리 도달할 것이다. 그와 같이) '(知元을) 넓히고 채운다 함'이 곧 '치지(致知)의 치

(致)'의 뜻이다.

大全疏註 ⑥ 表者人物所共有 裏者吾心所獨得 有人只就皮殼上用工 於理之所以然者 全無見處 有人思慮向裏去多 於事物上都不會理 此乃說玄說妙之病 二者都是偏 若到物格知至 則表裏精粗無不盡.

겉의 형상은 사람이 다같이 보고 알 수 있으나, 속의 도리는 내가 마음으로 터득하는 것이다. 어떤 사람은 겉껍데기만을 공부하고 사물의 당연한 이치의 소재를 전연 보지 못하는 사람이 있다. 한편 어떤 사람은 생각을 속을 향해 (추상적으로만) 많이 하고 (실재하는) 사물의 도리에 대해서는 전연 알지 못하니, 이것이 곧 현묘(玄妙)한 소리를 하는 병이다. 이 두 사람은 다 편파적이다. 만약에 '사물에 직접 붙어 바르게 알게 되면[物格知至]' 즉 사물의 표리(表裏) 혹은 정조(精粗) 등 모든 (이치와 도리를) 다 알고 잘 처리할 것이다.

大全疏註 ⑦ 北溪陳氏曰 理之體 具於吾心 而其用 散在事物 精粗巨細 都要逐件 窮究其理 若一事不理會 則此心闕一事之理 一物不理會 則闕一物之理 非揀精底理會 而遺甚粗 大底理會 而遺其小也 頭緒雖多 然進亦有序 先易而後難 先近而後遠 先明而後幽.

북계 진씨가 말했다. 이(理)의 본체는 나의 마음에 갖추어져 있고 이의 활용은 사물에 산재한다. 그러므로 정조(精粗) 거세

(巨細)를 막론하고 개개의 사물의 도리를 궁구해야 한다. 만약에 어떠한 사물에 대한 이치를 알지 못하면 곧 나의 마음에 그 사물에 대한 이치가 결핍하게 된다. 그러므로 정밀한 것에 대한 이치만 알고 조잡한 것에 대한 이치를 빠뜨리거나, 큰 것에 대한 이치만 알고 작은 것에 대한 이치를 빠뜨리면 안된다. 사물의 도리가 잡다하게 많지만 (실지로 알고 처리해) 나갈 때에는 순서가 있으므로, 쉬운 것을 먼저 하고, 어려운 것을 나중에 하고, 가까운 것을 먼저 하고, 먼 것을 나중에 하고, 밝게 나타난 것을 먼저 하고, 속의 그윽한 것을 나중에 해야 한다.

大全疏註 ⑧ 西山眞氏曰 大學敎人以格物致知 蓋卽物而理在焉 庶幾學者 有著實用功之地 不至馳心於虛無之境 若不就事物之上 推求義理 則至極處 亦無緣知得盡.

서산 진씨가 말했다. 《대학》에서는 사람에게 '격물(格物)로써 치지(致知)하게' 가르친다. 대개 실재하는 사물에 붙어, 그 도리가 있는 법이다. 그러므로 (격물 치지의 교육을 해야) 학자가 사실적으로 공부를 활용하는 바탕을 얻게 되고, 반대로 마음을 허망한 곳으로 쏠리지 않게 하게 될 것이다. 만약에 사물에 붙어 의리를 미루어 찾지 않는다면, 지극한 경지를 끝까지 다 알 길이 없게 된다.

大全疏註 ⑨-1 雙峯饒氏曰 格物窮至 那道理恰好閫奧處 自表而裏 自粗而精 然裏之中又有裏 精之中又有至精 透

得一重又有一重.

쌍봉 요씨가 말했다. '격물(格物)'은 '도리에 있어 가장 합당하고 또 속의 깊은 도리'를 궁구한다는 뜻이다. (도리의 궁구는) 겉에서 속으로 하고, 거친 것에서 정밀한 것으로 한다. 그러나 속에 또 다른 속이 있고 정밀한 속에 더욱 정밀한 것이 있으므로, 한 단계의 도리를 꿰뚫으면 또 다음 단계의 도리를 꿰뚫어야 한다.

大全疏註 ⑨-2 且如爲子必孝 爲臣必忠 此是臣子分上 顯然易見之理 所謂表也 然所以爲孝爲忠 則非一字所能盡 如居則致其敬 養致樂 病致憂 喪致哀 祭致嚴 皆是孝裏節目 所謂裏也.

예를 들면 자식이 효도하고 신하가 충성하는 것은 신하나 자식이 지키고 행할 분수 중, 쉽게 나타나 보이는 이치이며, 이른바 표면적인 것이다. 그러나 효도를 행하고 충성을 행하는 일은 '한마디로 다 말할 수 있는 것이 아니다(非一字所能盡).' 예를 들면 '평소 거처하실 때는 지극히 공경하고, 공양해 올릴 때는 지극히 즐겁게 해 올리고, 병환이 나셨을 때는 지극히 걱정하며, 장례를 지낼 때에는 지극한 슬픔으로 치르고, 제사를 모실 때에는 지극히 엄숙하게 모셔야 한다.' 이 모두가 효도 속에 있는 실천적 항목이며 이것을 속의 도리라 한다.

大全疏註 ⑨-3 然所謂居致敬 又如何而致敬 如進退周旋愼

齊 升降出入揖遊 不敢噦噫嚏咳 不敢欠伸跛倚 寒不敢襲 癢不敢搔之類 皆是致敬中之節文 如此則居致敬 又是表 其間節文之精微曲折 又是裏也.

그러나 '평소 부모를 모실 때 공경을 다함[居致敬]'은 또 어떻게 하는 것을 공경을 다한다고 하나? 예를 들면 (다음같이 함이다) 어른 앞에서 진퇴하거나 돌아설 때에 몸가짐을 신중하게 가지런히 해야 한다. 높이 오르거나 내리거나, 출입할 때에는 자세를 공손하고 단정하게 취해야 한다. 어른 앞에서는 감히 딸꾹질·트림·재채기·헛기침을 하지 않는다. 추워도 옷을 많이 껴입지 않고, 가려워도 긁지 않는다. 이와 같이 하는 것이 어른에게 공경하는 범절 중의 작은 항목이다. 이와 같으므로, '거치경(居致敬)'은 역시 겉에 해당하고, 그 속에 다시 지키고 행할 범절의 정미하고 자세한 것들이 있으니, 그것들이 역시 속에 해당하는 것들이다.

어구 설명 噦(딸꾹질 홰), 噫(트림 희), 嚏(재채기 체), 咳(기침 해), 欠(하품 흠), 伸(기지개 신), 跛(절뚝발이 파), 倚(의지할 의)

참고 ◐ **효행**(孝行)**의 세목**(細目)

《예기(禮記)》 내칙편(內則篇)에 다음같이 있다. '부모나 시부모를 모시고 있을 때는 어른이 부르시면, 즉시 '예'하고 대답하고 경건한 태도로 시립해야 한다. 진퇴 주선할 때는 신중한 자세를 취하고, 계단을 오르거나 내리고, 문을 드나들 때는 몸을 숙여야 한다. 딸꾹질·트림·재채기·하품·몸을 틀거나 사지를 벌리거나, 뻗정다리로 기대서거나, 곁눈질을 하거나, 침을 뱉거나 콧물을 훌쩍이면 안된다. 춥다고 옷을 두텁게 껴입으면 안된다. 가려운 데를 긁으면 안된다.(在父母舅姑之所 有命之 應唯敬對 進退周旋愼齊 升降出入揖遊 不敢噦噫嚔咳 欠伸跛倚睇視 不敢唾洟 寒不敢襲 癢不敢搔)'

大全疏註 ⑨-4 然此特敬之見於外者耳 至於洞洞屬屬 如執玉奉盈 如弗勝 以至視於無形 聽於無聲 又是那節文裏面骨髓 須是格之又格 以至於無可格 方是極處.

그러나 이것들도 다만 '거치경(居致敬)'이 밖으로 나타나 보이는 것들이다. 공손하고 경건한 자세로, 손에 귀중한 옥이나 물이 넘치는 그릇을 받쳐 들고 견디기 어려운 듯 신중한 자세를 지녀야 한다. 또 미리 부모의 나타나지 않은 기색을 살피고, 미리 부모의 말없는 뜻을 알아차려야 한다. 이러한 것들이 곧 지키고 행할 범절 속에 있는 골수에 해당하는 것들이다. 그러므로 (한 단계, 한 단계 깊이 들어가고) 더 도달할 것이 없어야 비로소 지극한 경지에 이를 것이다.

참고 ◐ **효도의 마음가짐**

《예기(禮記)》 제의편(祭義篇)에 다음같이 있다. '효자는 (제사를 지낼 때에) 손에 옥을 잡은 듯, 물이 찬 물그릇을 받쳐 든 듯이, 공손하고 신중하고, 힘겨운 듯, 잃지나 않을까 겁을 내는 듯 한다(孝子如執玉如奉盈 洞洞屬屬然 如弗勝 如將失之).'

大全疏註 ⑨-5 精粗亦然 如養親一也 而有所謂養口體 有所謂養志 口體須是粗 然粗中亦有精 養志須是精 然精中

更有精 若見其表不窮其裏 見之粗不窮其精固不盡 然但究其裏而遺其表 索其精而遺其粗 亦未盡 須是表裏精粗 無所不到 方是物格.

정조(精粗)에 있어서도 같다. 부모님 공양은 하나이지만, 이른바 육체적 공양이 있고, 심지(心志)에 대한 공양이 있다. (이런 경우) 육체적 공양은 '조(粗)'에 속하고, 심지에 대한 공양은 '정(精)'에 속한다. 육체적 공양은 조이지만, 조 중에도 정이 있다. 한편 심지를 공양하는 것은 정이지만 정 중에도 한층 더 정밀한 정이 있다. 만약 표면만 보고 속의 도리를 궁구하지 않거나, 조만 보고 정을 궁구하지 않으면, 물론 다한 것이 아니다. 그러나 또 속만 궁구하고 겉을 빠뜨리거나, 정만 찾고 조를 소홀히 하면 역시 미진하게 마련이다. 모름지기 '표리정조(表裏精粗)'에 다 도달해야 하며 그래야 비로소 '사물의 도리에 도달한 것이다.'

大全疏註 ⑩-1 玉溪盧氏曰 心外無理 故窮理卽所以致知 理外無物 故格物卽所以窮理 知者心之神明 乃萬理之統會 而萬事萬物之主宰 言窮理則易流於恍惚 言格物則一歸於眞實.

옥계 노씨가 말했다. 마음 밖에는 도리가 없다. 그러므로 궁리(窮理)가 곧 치지(致知)의 바탕이다. 이(理) 밖에는 사물이 없다. 그러므로 격물(格物)이 곧 궁리의 바탕이다.

'지(知)'는 '(모든 사물에 대한) 마음의 신령한 발명'이다. '지'는 곧 모든 사물의 도리를 통합적으로 이해하고 아울러 만사 만물을 주재한다. '지'를 '궁리'라고 말하면, 추상적 도리에 흐르기 쉽고, '격물'이라고 해야 실질과 하나가 될 것이다.

大全疏註 ⑩-2 表也粗也 理之用也 裏也精也 理之體也 衆理之體 卽吾心之體 衆理之用 卽吾心之用 心之全體大用 無不明 則明明德之端 在是矣 物格知至 雖二事 而實一事 故結之曰 此謂物格 此謂知之至也.

'표(表)와 조(粗)'는 '이(理)의 용(用)'이고, '이(裏)와 정(精)'은 '이(理)의 체(體)'이다. 모든 도리의 본체는 곧 나의 마음의 본체이고, 모든 도리의 활용은 곧 나의 마음의 활용이다. 마음의 전체와 대용(大用)이 모두 밝게 나타나면 곧 '명명덕'의 단서가 있게 되는 것이다. 그러므로 물격(物格)과 지지(知至)는 비록 다른 일이지만 실지로는 하나의 일이다. 고로 묶어서 '이것이 물격(物格)'이고, 이것이 '지의 이름[知之至]'이라고 한다.

전문 6장

경문 팔조목(八條目) 중 '성의(誠意)'를 풀이한 전문(傳文)이다. 주자(朱子)의 〈대학장구(大學章句)〉에서는 앞의 '전문 제5장-격물보전(格物補傳)'과 함께 가장 중요한 전문이다. 총 4절로 구성되었다.

1절-所謂誠其意者 無自欺也 如惡惡臭 如好好色 此之謂自謙 故君子必愼其獨也.

2절-小人閒居 爲不善 無所不至 見君子以后 厭然 揜其不善而著其善 人之視己 如見其肺肝然 則何益矣 此謂誠於中 形於外 故君子必愼其獨也.

3절-曾子曰 十目所視 十手所指 其嚴乎.

4절-富潤屋 德潤身 心廣體胖 故君子必誠其意.

전문 6장 1절

원문 所謂誠其意者 毋自欺也 如惡惡臭 如好好色 此之謂自謙 故君子必愼其獨也.

소위 성기의자(는) 무자기야(니) 여오악취(하며) 여호호색(이니) 차지위자겸(이라) 고(로) 군자(는) 필신기독야(하니라).

직역 이른바 '마음속의 뜻을 성실하게 함'은 '자신을 속이지 않음'이다. 악취를 싫어하듯이 (악을 미워하고) 미색을 좋아하듯이 (선을 좋아하니) 이를 자겸(自謙 : 스스로 즐겁고 흡족함)이라고 한다. 고로 군자는 반드시 혼자만이 (아는 마음가짐과) 혼자 있는 (은밀한 곳에서) 신중하게 한다.

어구 설명 ㅇ所謂誠其意者(소위성기의자)－이른바 '성의(誠意)'라고 하는 것은. '성의'를 일반적으로 '뜻을 성실하게 한다'로 풀이한다. 그러나 주자가 말하는 '성의'의 뜻은 깊다. 《중용(中庸)》에서 '성(誠)은 하늘의 도리다(誠者天之道)'라고 했다. 그러므로 '뜻을 천도에 맞게 하는 것'이 곧 '성의'이다. '의(意)'는 '어떻게 하겠다는 뜻의 발동이다. 즉 마음속의 뜻'이다. ㅇ毋自欺也(무자기야)－스스로 속이지 않아야 한다. 즉 '하늘이 내려준 명덕(明德), 선본성(善本性)을 기준으로 선을 행하고, 악을 제거해야 한다'는 뜻이다. ㅇ如惡惡臭(여오악취)－고약한 냄새를 싫어하듯이 (악을 미워한다). ㅇ如好好色(여호호색)－미색(美色)을 좋아하듯이 (선을 좋아한다). ㅇ此之謂自謙(차지위자겸)－그와 같이 (본성적으로 선을 행하고, 악을 물리치는 것을) '자겸(自謙)'이라 한다. '자겸'은 '선본성(善本性)에 비추어 스스로 즐겁고 흡족하다'는 뜻. ㅇ故君子必愼其獨也(고군자필신기독야)－고로 군자는 반드시 자기 혼자만이 알 수 있는 자신의 깊은 마음가짐을 신중하고 성실하게 지닌다. 즉 자신의 속마음이나, 자기 홀로 있는 경우에도 (자기의 마음가짐이나 몸가짐을) 신중하게 한다. 〈原註〉 '오악취(惡惡臭), 호호색(好好色)'의 위의 '호(好)와 오(惡)'는 거성(去聲)으로 읽는다. 〈原註〉 '겸(謙)은 겸(慊)의 뜻, 고겁반(苦劫反).'

章句集註 (1) 誠其意者 自修之首也.

'자신의 속뜻을 성실하게 함'이 '자기 수양의 첫머리, 즉 시발이 된다.'

大全疏註 ① 雙峯饒氏曰 心之正不正 身之修不修 只判於意之誠不誠 所以中庸孟子 只說誠身 便貫了誠意正心修身 此章雖專釋誠意 而所以正心修身之要 實在於此 故下二章第言 心不正身不修之病 而不言所以治病之方 以已具於此章故也.

쌍봉 요씨가 말했다. '마음이 바르고 안 바르고[心之正不正]와 '몸이 닦아지고 안 닦아짐[身之修不修]'은 오직 '속뜻이 성실하냐 아니냐[意之誠不誠]'에 따라 나누어진다. 한편 《중용》이나 《맹자》에서 다만 '성신(誠身)'이라고 말한 까닭은 '성의(誠意), 정심(正心), 수신(修身)'을 통합해서 말한 것이다. 이 장은 비록 전적으로 '성의'에 대한 해석을 했으나 '정심과 수신의 바탕이 되는 요점'도 그 속에 실재한다. 그러므로 다음 '전문 7장, 6장, 두 장'에서는 다만 '마음이 바르지 않거나, 몸이 닦아지지 않은 경우의 병폐[心不正身不修之病]'만을 말하고, '그 병폐를 치유하는 방도'에 대해서는 말하지 않았다. 그 이유는 이 장에 이미 갖추어져 있기 때문이다.

大全疏註 ② 雲峯胡氏曰 大學條目有八 只作六傳 格物致知 二者 實是一事 故統作一傳 自正心以下五者 工夫次第 相接 故統作四傳 唯誠意獨作一傳 然誠意者自修之首 已兼正心修身而言矣 章末 曰潤身 曰心廣 提出身與心 二字 意已可見.

운봉 호씨가 말했다. 《대학》의 조목은 여덟 개가 있으나 (전문 풀이에서는) 다만 여섯 개만이 있다. (그 이유는 다음과 같다) '격물(格物)과 치지(致知)'는 두 조목이지만 실제로는 하나이다. 그래서 통합해서 하나의 전문으로 만들었다. '정심(正心)·수신(修身)·제가(齊家)·치국(治國)·평천하(平天下)'의 다섯 조목은 배우고 익히는 전후의 단계가 서로 이어진 것이므로 네 개의 전문으로 통합했다. 다만 '성의(誠意)'에 대한 전문은 하나로 만들었다. '성의'는 '자기 수신'의 시초이기 때문에, 이미 그 속에 '정심과 수신'을 포함해서 말한 것이다. 즉 이 장의 끝에 있는 '윤신(潤身), 심광(心廣)'이라는 구절에서 '신(身)과 심(心)'의 두 글자를 제시했으므로 그 뜻을 알 수 있다.

大全疏註 ③ 新安陳氏曰 前章云 如琢如磨者 自修也 誠意 正心修身 皆自修之事 而誠意居其首 故曰自修之首.

신안 진씨가 말했다. 앞장에서 '탁마(琢磨)를 자수(自修)'라고 풀이했다. 한편 '성의(誠意)·정심(正心)·수신(修身)'은 '자수'

에 관한 일이다. '성의'가 첫 번째에 해당한다. 그래서 '성의를 자수의 첫머리'라고 말한 것이다.

章句集註 (2) 毋者 禁止之辭 自欺云者 知爲善以去惡 而心之所發 有未實也.

'무(毋)'는 '하지 말라는 뜻'이다. '스스로 속인다〔自欺〕'라고 한 말은 '선을 행하고 악을 제거해야 함을 알면서' '마음이 발동할 때에 성실하지 못한 구석이 있다'는 뜻이다.

어구 설명 ㅇ毋者禁止之辭(무자금지지사)－'무(毋)'는 '……을 하지 말라는 뜻'이다. ㅇ自欺云者(자기운자)－'스스로 속인다〔自欺〕라고 한 말'은. ㅇ知爲善以去惡(지위선이거악)－선을 행하고 악을 제거해야 함을 알지만, 〈原註〉'거(去)는 상성(上聲), 다음도 같다.' 〈原註〉'지(知)는 앞의 장의 치지(致知)의 지와 뜻과 계통이 같다.' ㅇ而心之所發(이심지소발)－그러나 마음이 발동할 때에. ㅇ有未實也(유미실야)－미처 성실하지 못한 구석이 있다.

大全疏註 ① 雲峯胡氏曰 毋自欺三字 釋誠意二字 自字與意字相應 欺字與誠字相反.

운봉 호씨가 말했다. '무자기(毋自欺)' 세 글자는 '성의(誠意)' 두 글자를 해석한 것이다. 자(自)와 의(意) 두 글자는 서로 호응하고, 기(欺)와 성(誠) 두 글자는 서로 상반된다.

大全疏註 ② 新安陳氏曰 自欺自謾也.

신안 진씨가 말했다. '자기(自欺)는 자만(自謾)과 같은 뜻이다.'

＊ 欺(속일 기), 謾(속일 만).

大全疏註 ③ 東陽許氏曰 誠意是致知以後事 故章句曰 知爲善以去惡 而心之所發 有未實也.

동양 허씨가 말했다. '성의(誠意)'는 '치지(致知)' 다음 단계의 일이다. 그래서 〈장구〉에서 '선을 행하고 악을 제거해야 함을 알면서도[知爲善以去惡]', '마음의 발동에 성실하지 못함이 있다[心之所發有未實也]'고 말한 것이다.

章句集註 (3) **謙快也足也 獨者人所不知 而己所獨知之地也.**

겸(謙)은 '기뻐할 쾌(快), 흡족할 족(足)'의 뜻이다. 독(獨)은 '다른 사람은 모르고 자기 혼자 아는 곳'이다.

大全疏註 ① 朱子曰 誠意章 在兩箇自字 上用功.

주자가 말했다. '성의장(誠意章)'에 '자(自)'가 두 개 있다. 위의 '자'는 '공부한다[用功]'의 뜻이다.

大全疏註 ② 新安陳氏曰 謙字與慊字 同音同義 爲快字說不盡 又添足字 快而足字 而且是自謙.

신안 진씨가 말했다. '겸(謙)과 협(慊)' 두 글자는 음과 뜻이 같다. (뜻풀이에 있어) '쾌(快)'자만으로는 충분하지 못하므로 '족(足)'자를 덧붙여야 한다. (결국) '즐겁다[快]와 만족하다

〔足〕는 두 글자를 겹친 것이 '자겸(自謙)'의 뜻이다.

＊ 慊(쾌할 협) (古音으로는 동음)

章句集註 (4) 言欲自修者 知爲善以去其惡 則當實用其力 而禁止其自欺 使其惡惡則如惡惡臭 好善則如好好色 皆務決去 而求必得之 以自快足於己 不可徒苟且以徇外而爲人也 然其實與不實 蓋有他人所不及知 而己獨知之者 故必謹之於此 以審其幾焉.

전문은 다음 같은 뜻을 말한 것이다. 자신을 수양하려고 하는 자는 '선을 행하고 악을 제거해야 함'을 알고 마땅히 실지로 힘을 쓰고 노력해서 스스로 자기의 속마음을 속이지 말아야 한다. 즉 자신으로 하여금 악을 미워함을 악취를 싫어함과 같이하고, 선 좋아하기를 곧 미색을 좋아하듯 하고, 힘써 결행해야 한다. 그래서 구하는 것 (즉 致知·誠意·自修를) 이루어야 하고 또 그렇게 함으로써 자신을 즐겁고 흡족하게 해야 한다. 다만 구차하게 겉치레만을 좇고 남을 위한 (거짓된 짓을 하면) 안된다. 그러나 그것이 성실한 것인지 아닌지는 무릇 타인이 미처 알 수 있는 바가 아니고 자기 혼자만이 아는 것이다. 고로 (자기 혼자만이 아는 속마음을) 신중하고 근신하게 지니고 그 기미한 마음의 발동을 신중하게 살펴야 한다.

어구 설명 ㅇ言(언)－(전문은 다음 같은 뜻을) 말한 것이다. 언(言)의 목적어는 다음 구절 전체이다. ㅇ欲自修者(욕자수자)－자신을 수양하려고 하는 자는. ㅇ知爲善以去其惡(지위선이거기악)－'선을 행하고 악을 제거해야 함'을 알고. ㅇ則當實用其力(즉당실용기력)－마땅히 실지로 힘을 쓰고 노력해서. ㅇ而禁止其自欺(이금지기자기)－스스로 자기의 속마음을 속이는 일을 금지해야 한다. ㅇ使其惡惡則如惡惡臭(사기오악즉여오악취)－자신으로 하여금 악을 미워함을 곧 악취를 싫어함과 같이하고. ㅇ好善則如好好色(호선즉여호호색)－선 좋아하기를 곧 미색을 좋아하듯하고. '사(使)'는 여기까지 걸린다. ㅇ皆務決去(개무결거)－다 노력해서 결단코 행한다, '즉 실제로 선은 행하고 악은 버린다'는 뜻. '무결거(務決去)'를 '힘써 결행한다'는 뜻으로 풀이할 수도 있다. 이때의 '거(去)'는 추향보어(趨向補語). ㅇ而求必得之(이구필득지)－그래서 구하는 것을 반드시 얻게 해야 한다. '치지(致知)·성의(誠意)·자수(自修)'를 달성한다. ㅇ以自快足於己(이자쾌족어기)－그래서 자신이 본심으로 즐겁고 흡족하게 여기게 된다. ㅇ不可徒苟且(불가도구차)－다만 구차하게 하면 안된다. ㅇ以徇外而爲人也(이순외이위인야)－겉치레만을 좇고 남에게 보이기 위한 (기만적인 것이면) 안된다[不可]. 〈原註〉 '자협(自慊)을 구하지 않는 것이 곧 남을 위함이다.(不求自慊便是爲人)' 〈大全疏註〉 ㅇ然其實與不實(연기실여불실)－그러나 그것이 성실한 것인지 아닌지는. ㅇ蓋有他人所不及知(개유타인소불급지)－무릇, 타인이 미처 알 수 있는 바가 아니고. ㅇ而己獨知之者(이기독지지자)－나 혼자만이 아는 것이다. ㅇ故必謹之於此(고필근지어차)－그러므로 자기 혼자만이 아는 속마음을 신중하고 근신하게 지니고. 〈原註〉 '차(此)는 독(獨)을 가리킨다.(此指獨字)' [大全疏註] ㅇ以審其幾焉(이심기기언)－그 기미한 마음의 발동을 신중하게 살펴야 한다.

大全疏註 ① 新安陳氏曰 周子云 幾善惡己所獨知 乃念頭初萌動 善惡誠僞所由分之幾微處 必審察於此 以實爲善

去惡 如別岐途之始分處 起脚不差 行方 能由乎正路 否則起脚處一差 差毫釐而 繆千里矣.

신안 진씨가 말했다. 주자(周子)가 '기(幾)는 선한지 악한지 혼자만이 아는 경지다'라고 말했다. 이는 곧 염두가 처음 싹트고 발동하는 경지로 선과 악, 성실과 위선이 나뉘어지는 기미의 분기점이다. 그래서 (속마음의 발동인) 뜻을 세밀하게 살피고 성실하게 선을 행하고 악을 제거해야 한다. 예컨대 갈림길의 첫 분기점에서 첫발을 행방을 틀리지 않게 내딛어야 바른 길을 갈 수 있다. 그렇지 않고 첫발을 한발 잘못 딛으면 (처음에는) 그 차질이 미소하지만 나중에는 그 차질이 천리로 벌어질 것이다.

大全疏註 ② 朱子曰 幾者動之微 是欲動不動之間 便有善惡 便須就這處理會 若到發出處 更怎生奈何得.

주자가 말했다. (〈장구〉에서 審其幾라고 한) '기(幾)'는 '동(動)의 기미(機微)'이다. 그 기미는 (사람으로 하여금) 움직이게도 하고 안 움직이게도 하는 사이에 있으며 그 기미 속에 선과 악이 있다. 그러므로 그 기미가 있는 곳을 잘 다스려야 한다. 만약에 (그 기미의 고비를 넘어서) 뜻이 발동하고 나타난 다음 지경에 이르면 어떻게 새삼 다시 수습할 수가 있겠느냐?

어구 설명 ㅇ幾者動之微(기자동지미)－앞의 〈장구집주〉의 '기(幾)'자는 '마음을 발동케 하는 기미(幾微=機微)'다. 이는 곧 남은 모르고 자기만이 알 수 있는 '기미한 속마음의 뜻[意]'이다. ㅇ是欲動不動之間(시욕동부동지간)－이 기미가 동(動)과 부동(不動) 사이다. 즉 기미가 '동과 부동'

을 결정한다. '기미한 뜻[意]'이 발동하면 행동을 하고, 발동을 안하면 행동을 안한다. ㅇ便有善惡(편유선악)－뜻에는 선(善)과 악(惡)이 내포되어 있다. ㅇ須就這處理會(수취저처리회)－그러므로 모름지기 그 '기미한 뜻'에 붙어서 잘 다스려야 한다. '기미한 뜻'이 이(理)에 맞게 다스려야 한다. ㅇ若到發出處(약도발출처)－만약에 (뜻을 이에 맞게 다스리지 못하고) 발동하고 나타난 다음 경지에 이르면. ㅇ更怎生奈何得(갱즘생내하득)－다시 어떻게 새삼 바르게 할 수 있겠느냐?

大全疏註 ③ 問 知至了 如何到誠意 又說毋自欺 曰 到這裏方可著手下工夫 不是知至了 下面許多一齊掃去 下面節節有工夫在.

〔질문〕 이미 '치지(致知)'를 완료했는데 어째서 성의(誠意)의 단계에 와서 다시 '자신을 속이지 마라[無自欺]'고 합니까?

〔대답〕 성의의 경지에서 '무지기(毋自欺)'해야 비로소 다음 단계의 공부를 할 수 있다. '치지'를 했다고 다음 단계의 여러 공부를 다 쓸어버린다는 뜻이 아니다. 다음 단계에도 저마다의 공부가 있다.

大全疏註 ④ 譬如一塊物 外面是銀 裏面是鐵 便是自欺 須表裏如一 方是不自欺 須是見得分曉 如知烏喙不可食 水火不可踏 則自不食不踏 如寒欲衣饑欲食 則自是不能已 人果見善 如饑欲食寒欲衣 見惡如烏喙不可食 水火不可踏 則此意自是實矣.

예를 들어 한 물체의 겉은 은이고 속이 쇠인 경우를 곧 자기기만이라고 한다. 마땅히 표리가 같아야 자기기만이 아니다. (그러므로 선악시비를) 보고 분명히 알아야 한다. 예컨대 오훼(烏喙 : 독약)는 먹지 못하고 물이나 불 위를 걸을 수 없음을 잘 알기 때문에 자연히 먹지도 않고 걷지도 않는 것이다. 또 추우면 옷을 입고 싶고 배고프면 먹고 싶기 때문에 어쩔 수 없이 입고 먹는다. 사람이 과연 선을 보고 행하기를 배고프면 먹고 추우면 입는 것처럼 하고 한편 악을 보고 물리치기를 오훼를 안 먹듯, 물이나 불 위를 걷지 못하듯이 한다면 그것이 곧 뜻이 스스로 성실하게 된 것이다.

어구 설명 ㅇ烏喙(오훼)－독약의 이름. 〈原註〉 '약 이름, 먹으면 사람을 죽게 한다.(烏喙藥名 食之能殺人)' 〈大全疏註〉

大全疏註 ⑤ 自欺是半知半不知底人 知道善我所當爲 却又不十分去爲善 知道惡我不可爲 却又自家舍他不得 這便是自欺 不知不識 只喚做不知不識 只喚做自欺.

'자기(自欺)'는 반은 알고 반은 모르는 사람을 지적한 말이다. 내가 마땅히 선을 행해야 함을 알면서도 완전하게 선을 행하지 않거나, 혹은 내가 악을 행하면 안되는 줄 알면서도 그 자신이 악을 버리지 못하는 (그런 경우를) 곧 '자기(自欺)'라고 한다. '부지불식(不知不識)'은 오직 '부지불식'이라고 말하지, 그것을 '자기(自欺)'라고 말하지 않는다.

〈原註〉 '신안 진씨가 말했다. 이상은 앎이 중요하다는 뜻을 말한 것이다. 바르게 '물격지지(物格知至)'하는 것이 '뜻을 성실하

게 하는〔意誠〕'의 바탕이다.(新安陳氏曰 以上 語以知爲重 見得物格知至 爲意誠之根基也)' 〈大全疏註〉

大全疏註 ⑥ 纔說不自欺 則其好善惡惡 只要求以自快自足 如寒而思衣以自溫 饑而思食以自飽 非有牽强苟且 姑以爲人之意也.

'부자기(不自欺)'라고 말하기 위해서는 적어도 '선을 좋아하고 악을 미워하는 것이 스스로 즐겁고 스스로 만족하는 경지가 되기'를 필요로 한다. 예를 들면 추우면 옷을 입고 스스로 따뜻하기를 생각하고 배고프면 먹고 스스로 배부르기를 생각하는 것과 같다. 강제로 구차하게 남을 위해서 하는 그런 뜻이 아니다.

大全疏註 ⑦ 如鑄私錢做官會 此是大故無狀人 豈自欺之謂耶 此處工夫極細 未便說到粗處 前後學者說差了 緣賺連下文小人閒居一節看了 所以差也.

사전을 주조해서 관청 회계에 충당하는 무법죄인에게 어찌 '스스로 속이고 말고' 하겠느냐? '무자기(無自欺)의 공부'는 지극히 미세한 마음속의 일이다. (그러므로 무법죄인 같은) 조잡한 행위에 대해서 말하는 것이 아니다. (그런데) 앞뒤의 학자들이 잘못 설명한 이유는 (그들이) 다음에 있는 '소인한거(小人閒居)라는 구절'과 잘못되게 연결해서 보기 때문에 틀리게 설명한 것이다.

大全疏註 ⑧ 如有九分義理 雜了一分私意 便是自欺 到得厭

然掩著之時 又其甚者.

만약 (자신의 뜻 속에) 9분의 의리가 있으되 1분의 사심(私心)이 섞였어도 '자기(自欺)'라고 한다. 더욱 그 사심을 억지로 눌러 덮고 숨길 때의 '자기'는 더 심한 것이다.

어구 설명 ㅇ厭然掩著(엽연엄저)－(자기의 속마음의 잡된 私心을) 억지로 눌러 덮고 가리는 것은.

大全疏註 ⑨ 十分爲善 有一分不好底意 潛發於其間 便由邪徑以長這箇 却是實前面而善意 却是虛矣.

10분의 선을 해도 그 틈 사이에 1분의 좋지 않은 뜻이 잠재하고 발한다면, (그 악한 뜻이) 사악한 길을 따라 자라날 것이므로, 도리어 성실했던 앞의 선(善)마저 허망하게 된다.

大全疏註 ⑩ 凡惡惡之不眞 爲善之不勇 外然而中實不然 或有爲而爲之 或始勤而終怠 皆不實而自欺之患也.

악을 미워함이 참되지 않거나, 선을 행함이 용맹하지 않거나, 겉은 그럴듯해도 속은 알차지 못하거나, (공리를 위해서) 일을 하거나, 처음에는 부지런하다가 나중에는 태만해지는 등, (이상의 모든 것들이 다) '부실하고 스스로 속이는' 병폐들이다.

大全疏註 ⑪ 論自欺細處 且如爲善 自家也知得是當爲 也勉强去做 只是心裏 又有些便不消如此做 也不妨底意思 如爲不善 也知得不當爲而不爲 心中 也又有些便爲也

不妨底意思 便是自欺 便是虛僞不實矣.

'자기(自欺)'의 자세한 경지를 말하겠다. 예를 들어 선을 행함에 있어 자신이 당연히 해야 함을 알고 열심히 하지만, 그러나 마음속에 약간이라도 그렇게 하지 않아도 상관이 없을 것이라는 생각이 들거나, 또 한편 나쁜 짓에 대해서 자신도 부당하다고 알고 나쁜 짓을 안하지만, 동시에 마음 한구석에 좀 해도 무방하다는 생각을 갖는다면, 그런 것이 '자기'이며, 곧 (속뜻이) 거짓되고 부실한 것이다.

大全疏註 ⑫ 自謙 與孟子行有不慊於心 相類 亦微不同 孟子訓滿足意多 大學訓快意多 問自謙 只是眞實爲善去惡 無牽滯於己私 只是快底意 方是心下滿足 曰是.

《대학》의 '자겸(自謙)'은 맹자가 '행동이 마음에 만족하지 않음이 있다[行有不慊於心]'고 말한 '겸(慊)'자와 유사하지만 역시 약간 뜻이 다르다. 맹자의 '겸'은 '만족하다는 뜻이 많으나', 《대학》의 '겸'은 '유쾌하다는 뜻이 많다.' (어떤 사람이) '자겸은 오직 진실하게 선을 행하고 악을 물리치며 자신의 사욕에 매이지 않으므로써 유쾌하고 마음속이 만족하다는 뜻입니까?'하고 묻자, 주자가 '그렇다'고 대답했다.

大全疏註 ⑬ 自謙是合下好惡時 便是要自謙了 非謂做得善了 方能自謙 自謙正與自欺相對 所謂誠其意 便是要毋自欺 非是誠其意了 方能不自欺也 自謙者外面如此 中

心也是如此 表裏一般 自欺者 外面如此 中心其實有些子不願 只此便是二心 誠僞之所由分也.

'자겸(自謙)'은 '호오(好惡)를 정할 때'에 함께 '자겸'해야 한다. 착하게 한 다음에 비로소 '자겸'할 수 있는 것이 아니다. '자겸'은 바로 '자기(自欺)'와 대응하며, 이른바 '성기의(誠其意)'가 곧 '무자기(無自欺)'이다. '성기의'한 다음에 '무자기'하는 것이 아니다. '자겸'은 겉과 속이 같고 표리가 일치한다. '자기'는 겉으로 나타난 것과 속마음이 실질적으로 같지 않으므로 곧 두 마음이며, 그래서 성실과 기만이 나누어진다.

大全疏註 ⑭ 謹獨則於善惡之幾 察之愈精愈密.

'근독(謹獨)'은 곧 '선악이 나타나는 기미(幾微)한 뜻[意]을 더욱 정밀하게 살핌'이다.

大全疏註 ⑮ 如與衆人對坐 自心中發一念 或正或不正 此亦是獨處.

여러 사람을 대하고 앉아 있어도 자신의 마음속으로부터 생각이 발하여 바르기도 하고 바르지 않기도 할 것이다. 그와 같은 (속의 마음이) 곧 '독처(獨處)'의 뜻이다.

大全疏註 ⑯-1 北溪陳氏曰 誠者自表而裏 眞實如一之謂 自欺誠之反也 大抵此章 在自慊而無自欺 首言如好好色惡惡臭 是就人情分曉處譬之 好色人所同好 好則求必

得之 惡臭人所同惡 惡則求必去之 而後快足吾意 意所快足處 是自家表裏眞實恁地 非苟且徒爲此也.

북계 진씨가 말했다. '성(誠)'은 '겉에서 속까지 진실여일(眞實如一)하다'는 뜻을 말한 것이고, '자기(自欺)'는 '성과 반대'가 된다. 대체로 이 장의 요점은 '자겸이무자기(自慊而無自欺)'에 있다. 그래서 첫머리에서 '미색을 좋아하고 악취를 싫어하듯 한다'고 말한 것은 곧 인정으로 분명히 나뉘어지는 것을 가지고 비유한 것이다. 미색은 누구나 좋아하는 바다. 좋아하면 구하고 반드시 얻고자 한다. 악취는 누구나 싫어하는 바다. 싫어하므로 반드시 제거하고자 한다. 그리고 다음에 자신의 뜻을 유쾌하고 만족하게 하려고 한다. 뜻이 유쾌하고 만족한가는 바로 자신의 표리가 진실하다고 생각하는 경지다. 아무렇게나 건성으로 얻어지는 경지가 아니다.

大全疏註 ⑯-2 人之好善惡惡 亦須表裏眞實如此 自求快足 方是誠意 如梢有不眞實 胸次間 便自覺有欠缺處 如何會快足 此便是自欺 果能自表而裏 斷斷然眞實恁地 是快足吾意 此便是自謙 便是誠 然 自謙自欺 皆自家心裏事 非他人所知 而己獨知之 所以君子 貴就那獨處便謹審其幾之發也.

사람이 선을 좋아하고 악을 미워함도 역시 그와 같이 표리가 진실해야 하며 (아울러) 스스로 유쾌하고 만족함을 구해야 비로소 '성의(誠意)'이다. 만약에 조금이라도 진실하지 않음이 있으면 가슴속에 부족함을 느끼게 될 것이니 어찌 유쾌하고 만족하겠는가? 그런 것이 곧 '자기(自欺)'이다. 과연 능히 스스로 표리가 단연코 진실하다고 생각할 때에 자기의 뜻이 유쾌하고 만족하게 되니, 그것이 곧 '자겸(自謙)'이고 또 '성(誠)'이다. 그러나 '자겸이나 자기'는 다 자기의 마음속의 일이며 남은 모르고 자신만이 홀로 아는 경지이다. 그러므로 군자는 자기 혼자만이 아는 경지를 중하게 여기고〔貴就那獨處〕, 기미(幾微)한 마음속의 뜻의 발동을 삼가 살핀다.

大全疏註 ⑰ 徽庵程氏曰 愼不但訓謹 有審之意焉.

휘암 정씨가 말했다. '신(愼)'은 '삼갈 근(謹)'의 뜻만이 아니라 '살필 심(審)'의 뜻도 있다.

大全疏註 ⑱ 問毋自欺 還是須從戒謹恐懼上 做起 抑戒謹恐懼 卽是毋自欺境界 潛室陳氏曰 戒謹恐懼與謹獨 是兩項地頭 戒謹恐懼 是自家不睹不聞之時 存誠養性氣象如此 謹獨是衆人不聞不睹之際 存誠工夫如此 中庸兼已發未發說 故動息皆有養 大學 只就意之所發說 故只防他罅漏處.

'무자기(毋自欺)는 계근공구(戒謹恐懼)를 바탕으로 하고 이루어지는 것입니까? 혹은 계근공구가 곧 무자기의 경지입니까?'하고 묻자, 잠실 진씨가 말했다. 계근공구와 근독(謹獨)은 서로 그 경지가 다르다. 계근공구는 '자신이 보고 듣지 않는 속에서 존성양성(存誠養性)하는 기상'을 말하고, '근독은 남들이 보고 듣지 않는 곳에서 존성양성하는 공부를 그와 같이 하라는 뜻'이다. 《중용(中庸)》에서는 '이발(已發)과 미발(未發)을 겸해서 말했으니 동(動)하거나 식(息)하거나 다 존양(存養)한다. 그러나 《대학(大學)》에서는 '의(意)가 발동할 때'만을 말한다. 고로 틈이 나고 새는 것을 막아야 한다.

大全疏註 ⑲ 雙峯饒氏曰 此章用工之要 在謹獨上 凡人於顯然處致謹 其意未必果出於誠 若能於獨處致謹 方是誠意.

쌍봉 요씨가 말했다. 이 장의 공부의 요점은 '근독(謹獨)'에 있다. 범인은 밝게 나타난 곳에서는 근(謹)하지만, 그 의(意)가 반드시 성(誠)에서 나온 것이 아니다. (그러므로) 능히 독근(獨謹)할 수 있어야 비로소 성의(誠意)하게 된다.

大全疏註 ⑳ 雲峯胡氏曰 君子小人所以分 只在自欺與自慊上兩自字與自修之字相應 自欺者誠之反 自修者不可如此 自慊者誠之充 自修者必欲如此 獨字便是自字 便是意字 所以中庸論誠 首尾言愼獨 此章論誠意 亦兩言愼獨.

운봉 호씨가 말했다. 군자와 소인을 구분하는 바탕은 '자기(自欺)와 자겸(自慊)'에 있다. 위의 두 개의 자(自)는 '자수(自修)'의 자와 상응한다. '자기'는 '성(誠)'의 반대다. 그러므로 '자수하는 사람'은 '자기'하면 안된다. '자겸'은 '성의 충만'이다. 그러므로 '자수하는 사람'은 반드시 '자겸'해야 한다. '독(獨)'은 '자'와 같고 곧 '의(意)'자이다. 그러므로 《중용(中庸)》에서 처음과 끝에서 '신독(愼獨)'을 강조했으니, 이 장에서 '성의(誠意)'를 논할 때 역시 '신독'을 두 번 말했다.

大全疏註 ㉑ 東陽許氏曰 誠意只是著實爲善 著實去惡 自欺是誠意之反 毋自欺是誠意工夫 二如是誠意之實 自慊是欺之反 而誠意之效 愼獨是誠意地頭.

동양 허씨가 말했다. 성의(誠意)는 착실하게 선을 행하고 악을 물리친다는 뜻이다. 자기(自欺)는 성의의 반대로 '무자기(毋自欺)'는 성의를 위한 공부이다. 앞의 전문(傳文) 두 개의 '여(如)'자는 '성의의 실례를 들고 (그와 같이 하라는 뜻)'을 나타낸 글자이다. 자겸(自慊)은 자기의 반대로 성의의 효험이다. 신독(愼獨)은 성의의 경지이다.

大全疏註 ㉒ 欺慊皆言自 是意之誠不誠 皆自爲之 自欺者適害已 不自慊者徒爲人.

전문(傳文)에서 '자기(自欺), 자겸(自慊)'이라고 다 자(自)를 붙인 것은 '뜻[意]을 성실하게 하거나 성실하지 않게 하는 것이 다 자신이 한다는 뜻'을 나타내기 위해서다. '자기자(自欺者)'는 바로 자기를 해치고, '부자겸자(不自慊者)'는 다만 남을 위하게 된다.

大全疏註 ㉓ 惡惡臭 好好色 人人皆有此心 非僞也 二如字 曉學者 當實爲善去惡 若惡惡臭 好好色之爲也.

'악취를 싫어하고 미색을 좋아함'은 모든 사람이 다 지니고 있는 (본성적인) 마음이며, 꾸민 것이 아니다. (앞에 붙인) '여(如)'자는 '학문을 밝히는 사람은 마땅히 실질적으로 선을 행하고 악을 물리침에 있어' '악취를 싫어하고 미색을 좋아함'과 같이하라는 뜻이다.

전문 6장 2절

원문 小人閒居 爲不善 無所不至 見君子而后 厭然揜其不善 而著其善 人之視己 如見其肺肝然 則何益矣 此謂誠於中 形於外 故君子必愼其獨也.

소인(이) 한거(에) 위불선(하야) 무소부지(하다가) 견군자이후(에) 안연엄기불선(하고) 이저기선(하나) 인지시기(이) 여견기폐간연(이니) 즉하익의(리오) 차위성어중(이면) 형어외(니) 고(로) 군자(는) 필신기독야(니라).

직역 소인은 혼자 있을 때에는 (남의 눈을 속이고) 착하지 않은 짓을 하며 이르지 않는 곳이 없다. (그러나) 군자가 나타나면 풀 죽고 서둘러 덮고 감추고 자기의 잘못을 가리고 착한 것만을 내보이려고 한다. 그러나 남들은 나의 소행을 흡사 속에 있는 폐나 간을 보듯이 훤히 꿰뚫어본다. 그러니 (감추고 숨긴들) 무슨 소용이 있겠느냐. 이를 일컬어 '속뜻이 성실하면 밖으로 나타난다' 고 말하는 것이다. 고로 군자는 반드시 혼자 있을 때의 (마음이나 몸가짐을) 신중히 한다.

어구 설명 ㅇ小人閒居(소인한거)－소인은 혼자 있을 때, 남들이 보지 않는 곳에서. 〈原註〉 '한(閒)'의 음은 '한(閑)'이다. 〔大全疏註〕 ㅇ爲不善(위불선)－착하지 않은 짓을 한다, 악한 짓을 한다. ㅇ無所不至(무소부지)－이르지 않는 곳이 없다. 온갖 악을 다 한다는 뜻. ㅇ見君子而后(견군자이후)－군자를 본 다음에는, 자기 앞에 군자가 나타나면. '견(見)'을 '현'으로 읽어도 된다. (아무도 안 보는 곳에서는 나쁜 짓을 하다가도, 눈앞에 군자가 나타나면) ㅇ厭然(안연)－(군자 앞에서) 풀죽고 〈서둘러 잘못을〉 덮어 가리고 깊이 감추려고 한다. 〈原註〉 '염(厭)'을 정현(鄭玄)은 '안(黶 : 於簡反)으로 읽었다' 〈大全疏註〉 ㅇ揜其不善(엄기불선)－자기의 잘못을 가려 덮고. 揜(가릴 엄). ㅇ而著其善(이저기선)－그리고 자기의 착한 것만을 나타내 보인다. ㅇ人之視己(인지시기)－다른 사람이 나의 소행을 볼 때에. ㅇ如見其肺肝然(여견기폐간연)－흡사 속에 있는 폐나 간을 들여다보듯이 (나의 소행을) 다 꿰뚫어본다. ㅇ則何益矣(즉하익의)－(가리고 감추어도) 무슨 소용이 있겠느냐. ㅇ此謂(차위)－이를 ……라고 말한다. ㅇ誠於中形於外(성어중형어외)－속의 뜻이 성실하면 밖으로 나타난다. 이때의 '성어중(誠於中)'의 '성(誠)'은 '진실무망(眞實無妄)'의 뜻. ㅇ故君子必愼其獨也(고군자필신기독야)－고로 군자는 반드시 혼자 있을 때에 (자기의 마음이나 몸가짐을) 신중하게 하고 근신한다.

章句集註 (1) 閒居 獨處也.

'한거(閒居)'는 '혼자 거처하고 있다'는 뜻이다.

어구 설명 ㅇ閒居獨處也(한거독처야)－'한거(閒居)'는 '혼자 거처하고 있다'는 뜻이다. 〈原註〉 '처(處)'는 상성(上聲)으로 읽는다. 〔大全疏註〕

大全疏註 ① 新安陳氏曰 獨處是身所獨居 與上文己所獨知之獨不同.

신안 진씨가 말했다. '독처(獨處)'는 '자신이 홀로 거처하고 있다는 뜻'이다. 앞의 글에서 자기 혼자 알고 있다는 독(獨)과 같지 않다.

章句集註 (2) 厭然 消沮閉藏之貌.

'안연(厭然)'은 '풀죽고 자기의 악을 감추고 덮으려고 야단을 떠는 모양이다.'

어구 설명 ㅇ厭然消沮閉藏之貌(안연소저폐장지모)－'안연(厭然)'은 '(군자 앞에서) 풀죽고(消沮) 또 자기의 악을 (지워 없애고) 감추고 덮으려고 하는 모양', '소저(消沮)'를 '풀죽다'와 '악을 지워 없애다'로 풀이할 수 있다. 消(없앨 소), 沮(막을 저), 閉(닫을 폐), 藏(감출 장).

大全疏註 ① 雙峯饒氏曰 黶字 有黑暗遮閉之意.

쌍봉 요씨가 말했다. '안(黶, 염)'은 어둠으로 가리고 밀폐한다는 뜻이다.

大全疏註 ② 新安陳氏曰 四字 形容小人見君子 羞愧遮障之情狀.

신안 진씨가 말했다. '소저폐장(消沮閉藏)' 네 글자는 소인이 군자를 보고 (혹은 군자 앞에서 자기의 잘못을) 수치스럽고 부끄럽게 여기고 막고 가리는 형상을 그린 것이다.

* 羞(수치 수), 愧(부끄러울 괴), 遮(막을 차), 障(가로막을 장).

章句集註 (3) 此言 小人陰爲不善 而陽欲揜之 則是非不知善之當爲與惡之當去也 但不能實用其力以至此耳 然欲揜其惡而卒不可揜 欲詐爲善而卒不可詐 則亦何益之有哉 此君子所以重以爲戒 而必謹其獨也.

이 2절은 (다음과 같은 뜻을) 말한 것이다. 즉 소인이 음으로 나쁜 짓을 하고 양으로는 (자기의 나쁜 짓을) 가리고 덮으려고 한다. 이는 곧 그가 마땅히 선을 행하고 악을 물리쳐야 함을 모르지 않고 (잘 알지만), 다만 실지로 힘을 쓰지 못하고 그렇게 된 것이다. 그러나 자기의 악을 가리고 덮으려 해도 끝까지 가리고 덮을 수가 없으며 또 착하게 한 것처럼 속이려 해도 끝까지 속일 수가 없으니 또한 무슨 이득이 있겠느냐. 그러하므로 군자는 거듭 경계를 하고 아울러 반드시 홀로 있을 때를 근신해야 하는 것이다.

어구 설명 ㅇ此言(차언)－이 2절은 (다음과 같은 뜻을) 말한 것이다. ㅇ小人陰爲不善(소인음위불선)－소인이 음으로 나쁜 짓을 하고. ㅇ而陽欲揜之(이양욕엄지)－양으로는 (자기의 나쁜 짓을) 가리고 덮으려고 한다. 〈原註〉 '혼자 있을 때를 음이라 하고, 군자가 나타난 때를 양이라 한다.(閒居爲陰 見君子爲陽)' 〈大全疏註〉 ㅇ則是(즉시)－곧 ……이다. ㅇ非不知(비부지)－모르지 않는다. 잘 안다는 뜻. ㅇ善之當爲(선지당위)－마땅히 선을 행하는 것과. ㅇ與惡之當去也(여악지당거야)－(마땅히) 악을 물리쳐야 함을 (잘 알지만). ㅇ但不能實用其力(단불능실용기력)－다만 실지로 힘을 쓰지 못하고, 즉 실천하지 못하고. ㅇ以至此耳(이지차이)－음으로는 악을 행하고, 양으로는 숨기려 한다. ㅇ然欲揜其惡(연욕엄기악)－그러나 자기의 악을 가리고 덮으려 해도. ㅇ而卒不可揜(이졸불가엄)－끝까지 가리고 덮을 수가 없으며. ㅇ欲詐爲善(욕사위선)－착하게 한 것처럼 속이려 해도. ㅇ而卒不可詐(이졸불가사)－끝까지 속일 수가 없으니. ㅇ則亦何益之有哉(즉역하익지유재)－즉 또한 무슨 이득이 있겠느냐. ㅇ此(차)－이와 같으므로, 그러하므로. ㅇ君子所以重以爲戒(군자소이중이위계)－군자가 거듭 경계를 하는 바이며. ㅇ而必謹其獨也(이필근기독야)－아울러 반드시 홀로 있을 때를 근신해야 한다.

大全疏註 ① 朱子曰 小人閒居爲不善 是誠心爲不善也 掩其不善 而著其善 是爲善不誠也 爲惡於隱微之中 而詐善於顯明之地 將虛假之善 來蓋眞實之惡 自欺以欺人也 然人豈可欺哉.

주자가 말했다. 소인이 혼자 있을 때에 착하지 않게 한 것은 바로 자기의 마음으로 착하지 않게 한 것이다. 착하지 않은 것을 가리고 착한 것을 나타내는 태도는 선을 행함이 성실하지 못한 것이다. 은미(隱微)한 속에서 악을 행하고 밝게 나타난 곳에서 거짓된 선을 행하는 것은 허황하고 거짓된 선을 가지고 사실적 악을 덮으려 하는 짓이며 이는 곧 자기를 속이고 남을 속이는 것이다. 그러나 사람들을 어찌 속일 수 있겠느냐.

大全疏註 ② 閒居爲不善 便是惡惡不如惡惡臭 掩不善著其善 便是好善不如好好色.

홀로 있을 때 착하지 않은 짓을 함은 곧 악을 미워함이 악취를 싫어함과 같지 않기 때문이다. 착하지 않은 것을 가리고 착한 것을 나타나게 함은 곧 선을 좋아함이 미색을 좋아함과 같지 않기 때문이다.

大全疏註 ③ 君子小人之分 却在誠其意處 誠於爲善便是君子 不誠底便是小人.

군자와 소인의 갈림은 뜻의 발동이 성실한가 (아닌가에) 달려 있다. 선을 행함에 성실하면 곧 군자이고 성실하지 않으면 곧 소인이다.

大全疏註 ④ 雙峯饒氏曰 閒居爲不善自欺也 厭然則不自慊矣 揜其不善而著其善 是又欺人也 自欺與欺人 常相因 始焉自欺 終焉必至於欺人 此謂誠於中形於外 此誠字是謙善惡說.

쌍봉 요씨가 말했다. 혼자 있을 때 착하지 않게 함은 스스로를 속임이다. 착하지 않은 것을 감추고 착한 것을 내보이는 것 또한 남을 속이는 짓이다. 자기를 속이는 것과 남을 속이는 것은 서로 관련이 있다. 처음에는 자기를 속이면 나중에는 반드시 남을 속이게 된다. 그러므로 속마음이 성실하면 밖으로 나타난다고 말한다. 이때의 '성(誠)'은 선악(善惡)을 겸해서 한 말이다.

어구 설명 ㅇ此誠字是謙善惡說(차성자시겸선악설)—이때의 '성(誠)'은 선악(善惡)을 겸해서 한 말이다. 속마음이 착할 때는 성실하다고 풀이한다.

그러나 속마음이 악할 때에 (성실하다는 뜻은) 곧 악한 마음을 악한 그대로 나타낸다는 뜻이다.

大全疏註 ⑤ 厭然與心廣體胖爲對 厭然是小人爲惡之驗 心廣體胖是爲善之驗.

'풀죽고 감추려는 안연(厭然)한 태도'는 (4절에 있는) '마음이 넓고 몸이 편안하다는 심광체반(心廣體胖)'과 반대가 된다. '안연한 태도'는 '소인이 악을 저지른 결과'이고 '심광체반'은 '군자가 선을 행한 결과'이다.

大全疏註 ⑥ 雲峯胡氏曰 前章未分君子小人 此章分別君子小人甚嚴 蓋誠意爲善惡關 過得此關 方是君子 過不得此關 猶是小人 傳末章 長國家而務財用之小人 卽此閒居爲不善之小人也 意有不誠 已害自家心術 他日用之爲天下國家害也必矣.

운봉 호씨가 말했다. 앞의 5장에서는 군자와 소인이 분명하지 않았으나, 이 장에서는 군자와 소인을 엄격하게 분별했다. (그 이유는) 대략 성의(誠意)는 선악(善惡)의 관문이며, 그 관문을 제대로 넘으면 비로소 군자이고, 못 넘으면 그대로 소인이기 때문이다. 전문 끝장 즉 10장에서 말한 '국가의 지도자가 되어서 재물 낭비를 힘쓰는 소인'이 곧 여기서 말하는 '혼자 있으면 착하지 않은 짓을 하는 소인'이다. 뜻이 성실하지 못하면 이미 자기의 마음을 해치므로 (소인이) 후일에 (나쁜 짓을 하면) 반드시 천하와 국가에 해를 끼칠 것이다.

大全疏註 ⑦ 玉溪盧氏曰 兩言愼獨 讀上節 固當直下承當 讀此節 尤當痛自警省.

옥계 노씨가 말했다. '신독(愼獨)'이 두 번 나온다. 앞의 1절을 읽고 마땅히 '혼자 있을 때를 삼가야' 한다. 그러나 이 장을 읽으면 '더욱 스스로 경계하고 반성해야 한다.'

大全疏註 ⑧ 新安陳氏曰 上一節毋自欺 說得細密 乃自君子隱然心術之微處言之 此一節言小人之欺人 說得粗 乃自小人顯然詐爲之著者言之 無上一節毋自欺 而必自謙之工夫 則爲惡詐善之流弊 其極必將至此 所以君子必先自愼其獨 至此又重以小人爲戒而尤必愼其獨.

신안 진씨가 말했다. 앞의 1절에서는 '무자기(毋自欺)'에 대한 설명을 세밀하게 했다. 즉 군자의 은밀한 심술을 미묘하게 설명했다. 이 2절에서는 '소인이 남을 속인다'를 거칠게 설명했다. 즉 소인의 밝게 나타나는 거짓된 행동을 들어 설명했다. '1절의 무자기와 자겸(自謙)의 공부가 없으면' 즉 '악을 거짓되게 선으로 꾸미는 폐단에 흐르게 되며 마침내는 (2절에서 말한 바와 같은) 극단적 악을 행하게 된다.' 그러므로 군자는 반드시 먼저 '신기독(愼其獨)'하고 여기서와 같이 거듭 '소인도 경계하고 더욱 홀로 있을 때를 신중히 하라'고 말한 것이다.

전문 6장 3절

원문 曾子曰 十目所視 十手所指 其嚴乎.

증자왈 십목소시(며) 십수소지(니) 기엄호(인저)

직역 증자가 말했다. 열 사람의 눈이 보는 바이며, 열 사람의 손이 지적하는 바이니 참으로 엄하고 두려워해야 한다.

어구 설명 ㅇ曾子曰(증자왈)－증자가 말했다. 본래 전문(傳文)은 증자가 서술한 것이다. 새삼스럽게 '증자왈'이라고 한 것은, 제2절의 뜻을 요약했음을 알리기 위해서다. ㅇ十目所視(십목소시)－열 사람의 눈이 보는 바다. '십(十)'은 '많은 사람'의 뜻. ㅇ十手所指(십수소지)－열 사람의 손이 지적하는 바다. ㅇ其嚴乎(기엄호)－참으로 엄격하게 하고 두려워해야 한다. 경외(敬畏)해야 한다.

참고 ◐ **의(意)는 행동으로 나타난다**

'의(意)'는 '마음속으로 어떻게 해야 하겠다는 뜻'이다. '속의 뜻'은 행동으로 나타난다. '착한 뜻'은 착한 행동으로 나타나고 '악한 뜻'은 악한 행동으로 나타난다. 물론 '속마음의 뜻'은 나만이 알고 남은 모른다. 그러나 나타난 행동을 모든 사람이 눈으로 보고, 손으로 지시할 수 있다[十目所視 十手所指]. 그러므로 행동의 근원이 되는 '뜻의 발동'을 엄숙하고 성실(誠實)하게 해야 한다.

章句集註 (1) 引此以明上文之意 言雖幽獨之中 而其善惡之不可揜如此 可畏之甚也.

이 말을 인용해서 앞글의 뜻을 밝힌 것이다. 즉 (행동의 근원이 되는) 뜻[意]은 비록 그윽하고 혼자만이 아는 마음속에 있는 것이지만 (반드시 행동으로 나타나므로 자신이 뜻한 바) 선악은 (결국) 감출 수 없다. 이렇게 뜻이 꼭 나타나고 모든 사람이 알게 되므로 (뜻 세우기가) 심히 두려운 것이다.

어구 설명 ㅇ引此(인차)－이 말, 즉 '십목소시(十目所視) 십수소지(十手所指)'를 인용해서. ㅇ以明上文之意(이명상문지의)－(그것으로써) 앞의 글의 뜻을 밝힌 것이다. ㅇ言(언)－(전문은 곧) 다음과 같은 뜻을 말한 것이다. ㅇ雖幽獨之中(수유독지중)－(행동의 근원이 되는) 뜻[意]은 비록 그윽하고 혼자만이 아는 마음속에 있는 것이지만. ㅇ而其善惡之不可揜(이기선악지불가엄)－그러나 (반드시 행동으로 나타나므로 자신이 뜻한 바) 선악은 (결국) 감출 수 없다. ㅇ如此(여차)－이와 같이 뜻이 꼭 나타나고 모든 사람이 알게 되므로. ㅇ可畏之甚也(가외지심야)－(뜻 세우기가) 심히 두렵다.

大全疏註 ① 朱子曰 此是承上文人之視己 如見其肺肝之意 不可說人不知 人曉然共知如此 人雖不知 我已自知 自是甚可皇恐了 其與十目十手所視所指 何異哉.

주자가 말했다. 이 글은 앞의 글 '남이 나의 (속마음의 뜻) 보기를 흡사 속의 폐나 간을 보는 것처럼 꿰뚫어본다는 뜻'이다. 그러므로 남은 모른다고 말하면 안된다. 남들이 다같이 환하게 (속뜻을) 알며, 비록 남은 모른다 해도, 나는 이미 스스로 알고 있는 바, 나 자신은 지극히 황송하게 두려워해야 한다. 그러니 '모든 사람이 눈으로 보고 손으로 지적하는 것과' 무엇이 다르겠느냐.

大全疏註 ② 玉溪盧氏曰 實理無隱顯之間 人所不知己所獨知之地 卽十目十手共視共指之地 故爲善於獨者 不求人知 而人自知 爲不善於獨者 惟恐人知 而人必知 其可畏之甚如此 曾子所以戰兢臨履 直至啓手足而後已者 此也.

옥계 노씨가 말했다. 겉으로 나타나는 사실과 속에 있는 도리는 숨어 있을 때나 나타날 때나 서로 간격이나 다름이 없다. 그러므로 남은 모르고 나 혼자만이 아는 (마음속의 뜻이) 곧 많은 사람들이 눈으로 보고 손으로 가리키는 곳이다. 고로 혼자서 선을 행하고 남이 알기를 구하지 않아도, 남들이 자연히 알게 된다. (반대로) 혼자서 악한 일을 하고 남들이 알까 겁을 내고 (숨겨도), 남들이 반드시 알게 된다. (그러므로 홀로 아는 속마음의 뜻 지니기를) 그와 같이 심히 두렵게 여겨야 한다. 증자가 '전전긍긍하고 물가에 임하듯 엷은 얼음을 밟듯이 조심하고 임종에 자기의 손발을 열어보라고 하는 데 이른 까닭'이 바로 그러한 것이다.

어구 설명 ㅇ實理(실리)－겉으로 나타나는 사실과 속에 있는 도리. 여기서는 '성실한 마음이나 뜻'으로 풀어도 된다. ㅇ無隱顯之間(무은현지간)－속에 숨어 있을 때나 겉으로 나타날 때나 간격이나 차이가 없다. ㅇ其可畏之甚如此(기가외지심여차)－그와 같이 마음가짐과 몸가짐을 심히 두렵게 여기고 근신해야 한다. ㅇ曾子所以(증자소이)－증자가 평생을 두고 (마음이나 몸가짐을 조심한) 까닭이다. ㅇ戰兢臨履(전긍림리)－전전긍긍하며 깊은 물가에 임하듯, 엷은 얼음을 밟고 가듯이 조심하고 두려워한다. ㅇ直至(직지)－'곧바로 죽을 때까지'의 뜻. ㅇ啓手足(계수족)－나의 손과 발을 펴보아라. 《논어(論語)》 태백편(泰伯篇)에 다음같이 있다. '曾子有疾 召門弟子曰 啓予足 啓予手 詩云 戰戰兢兢 如臨深淵 如履薄氷 而今而後 吾知免夫 小子'. 《시경(詩經)》 소아(小雅) 소호편(小旻篇)에 '임심리박(臨深履薄)'이라는 말이 있다. ㅇ而後已者(이후이자)－'그런 다음에 그만두었다'고 하는 (《논어》의 말이 바로). ㅇ此也(차야)－이와 같은 것을 말한 것이다.

大全疏註 ③ 雲峯胡氏曰 中庸所謂 莫見乎隱 莫顯乎微 蓋本諸此 上文獨者 便是隱微 此所謂十目十手 卽是莫見莫顯.

운봉 호씨가 말했다. 《중용(中庸)》에서 '막견호은(莫見乎隱), 막현호미(莫顯乎微)'라고 한 말은 아마 이것을 바탕으로 했을 것이다. 1절의 '독(獨)'은 곧 '은미(隱微)'이고, 이 2절의 '십목십수(十目十手)'는 곧 '막견호은, 막현호미'이다.

어구 설명 ㅇ中庸(중용)－《중용》 1장에 있다. '莫見乎隱 莫顯乎微 故君子必愼其獨也'. ㅇ莫見乎隱(막견호은)－숨어 있는 것보다 잘 나타나 보이는 것이 없다. ㅇ莫顯乎微(막현호미)－미세한 것보다 더 잘 나타나 보이는 것이 없다.

大全疏註 ④ 新安陳氏曰 幽獨之中 勿謂無視之無指之者 當常如十目所共視十手所共指 可畏之甚 釋其嚴乎.

신안 진씨가 말했다. 그윽하고 홀로 있는 속에서도 '보는 눈이 없다, 혹은 가리키는 손이 없다'고 생각하지 말고, 마땅히 항상 모든 사람의 눈이 함께 보고, 손이 함께 지적하는 것처럼 (두려워해야 한다). '가외지심(可畏之甚)'은 (제1절의) '기엄호(其嚴

乎)'를 해석한 말이다.

전문 6장 4절

원문 富潤屋 德潤身 心廣體胖 故君子必誠其意.
부윤옥(이요) 덕윤신(이라) 심광체반(하나니) 고(로) 군자(는) 필성기의(니라)

직역 부는 집을 윤택하게 하고 덕은 몸을 윤택하게 한다. 마음이 넓으면 몸이 편안하다. 고로 군자는 반드시 마음속의 뜻을 성실하게 한다.

어구 설명 ㅇ富潤屋(부윤옥)—부는 집을 윤택하게 한다. 집안에 재물이 많으면 밖으로 보이는 가옥의 꾸밈이나 생활양식이 빛나고 화려하게 된다. ㅇ德潤身(덕윤신)—덕은 몸을 윤택하게 한다. 마음속에 인덕(仁德)이 넘치면 밖으로 나타나는 몸가짐이나 행동이 빛나고 숭고하다. ㅇ心廣體胖(심광체반)—(속에 덕이 넘쳐 몸을 윤택하게 하므로, 그 결과) 마음도 넓고 몸도 편안하다. 〈原註〉 '반(胖)'은 '보단반(步丹反)' 〈大全疏註〉 ㅇ故君子必誠其意(고군자필성기의)—고로 군자는 반드시 마음속의 뜻을 성실하게 한다.

참고 ◐ **심광체반(心廣體胖)에 대한 해석**

고주(古註)는 '심광체반'을 '마음이 넓으면 봄이 편안하고 느긋하다'로 풀이한다. 그러나 신주(新註)에서는 '덕에 의해서 몸이 윤택하게 된 사람은 그 마음도 넓고 몸도 편안하다'는 뜻으로 풀이한다.

章句集註 (1) 胖安舒也 言富則能潤屋矣 德則能潤身矣.

‘반(胖)’은 편안하고 느긋하다는 뜻이다. 부(富)는 가옥(家屋)을 윤택하게 하고 덕(德)은 몸[身]을 윤택하게 한다. (그래서 ‘몸이 편하고 느긋하다는 뜻’을 말한 것이다)

어구 설명 ㅇ胖安舒也(반안서야)－‘반(胖)’은 ‘편안하고 느긋하다’는 뜻이다. ㅇ言(언)－다음과 같은 뜻을 말한 것이다. ㅇ富則能潤屋矣(부즉능윤옥의)－집안 살림이 부유하면 능히 밖으로 나타나는 가옥의 꾸밈이나 생활양식도 윤택하게 된다. ㅇ德則能潤身矣(덕즉능윤신의)－속에 인덕(仁德)이 넘치면 몸가짐이나 행동이 빛나고 남에게 혜택을 베풀면 더욱 평화롭고 안락하게 마련이다.

大全疏註 ① 三山陳氏曰 財積於中 則屋潤於外 德積於中 則身亦潤於外矣 潤猶華澤也,

삼산 진씨가 말했다. 재물이 속에 쌓이면 집의 윤택함이 밖으로 나타난다. 덕이 속에 쌓이면 몸가짐이나 행동 역시 빛나고 윤택하게 된다. ‘윤(潤)’은 화려하고 광택이 난다는 뜻이다.

大全疏註 ② 新安陳氏曰 此借富潤屋 以起下句德潤身之意 德如孟子所謂仁義禮智根於心 潤身如所謂其生色見面盎背是也 下文心廣體胖 乃申言之.

신안 진씨가 말했다. 이것은 ‘부윤옥(富潤屋)’을 빌려서 다음의 구절 '덕윤신(德潤身)'의 뜻을 일으킨 것이다. '덕(德)'은 맹자가 말한 '인의예지(仁義禮智)'와 같이 마음에 뿌리를 둔 것이고, '윤신(潤身)'은 '이른바 빛이 살아나고 등에 가득 찬다'와 같은 것이다. 다음의 '심광체반(心廣體胖)'은 즉 윗말을 거듭 말한 것이다.

章句集註 (2) 故心無愧怍 則廣大寬平 而體常舒泰 德之潤身者然也 蓋善之實於中 而形於外者如此 故又言此以結之.

고로 마음에 부끄러움이 없으면 (마음이) 넓고 크고, 관대하고 태평하게 되고 아울러 몸도 항상 편안하고 아름답게 빛난다. 속의 덕이 밖의 몸을 그와 같이 윤택하게 한 것이다. 대략 속에 선(善)이 알차면 그와 같이 밖의 몸으로 나타나게 마련이다. 그러므로 다시 말하고 전체를 결론지은 것이다.

어구 설명 ㅇ故心無愧怍(고심무괴작)-고로 마음에 부끄러움이 없으면. 愧(부끄러울 괴), 怍(부끄러울 작). ㅇ則廣大寬平(즉광대관평)-(마음이) 넓고 크고, 관대하고 태평하다. ㅇ而體常舒泰(이체상서태)-그리고 몸도 항상 편안하고 아름답게 빛난다. 舒(조용할 서). ㅇ德之潤身者然也(덕지윤신자연야)-속의 덕이 밖의 몸을 윤택하게 한 형용이다. ㅇ蓋善之實於中(개선지실어중)-대략 속에 선(善)이 알차고. ㅇ而形於外者如此(이형어외자여차)-밖의 몸으로 그와 같이 나타난 것이다. ㅇ故又言此以結之(고우언차이결지)-고로 이 말로써 전체를 결론지은 것이다.

大全疏註 ① 朱子曰 富潤屋以下 是說意誠之驗如此 心本是

闊大底物事 只因愧怍 便卑狹 被他隔礙了 所以體不能得安舒.

주자가 말했다. '부윤옥(富潤屋)' 다음의 구절은 '뜻을 성실하게 한 효험이 그와 같음'을 말한 것이다. 마음은 본래 넓고 큰 것이다. 다만 부끄러움으로 인해서 비루하고 협소해지고 (본래의 마음에서) 멀어지고 차단되었으며, 그래서 몸이 편안하고 느긋할 수 없게 되는 것이다.

大全疏註 ② 毋自欺是誠意 自慊是意誠.

'무자기(毋自欺)'는 '뜻을 성실하게 하는 것〔誠意〕'이고, '자겸(自慊)'은 '뜻이 성실하게 된 경지〔意誠〕'이다.

大全疏註 ③ 小人閒居以下 是形容自欺之狀 心廣體胖 是形容自慊之狀.

'소인한거(小人閒居)' 다음은 '자기(自欺)의 모습'을 형용한 말이고, '심광체반(心廣體胖)'은 '자겸(自慊)의 모습'을 형용한 말이다.

大全疏註 ④ 無愧怍 是無物欲之蔽 所以能廣大.

'부끄러움이 없으면〔無愧怍〕' 곧 물욕의 폐단이 없으므로 따라서 (마음이) 넓고 클 수 있다.

大全疏註 ⑤ 三山陳氏曰 心在內者也 以理之無歉 故能廣大

體在外者也 以心之旣廣 故能舒泰 人之一心 少有所歉 則視聽怵迫 而擧動跼蹐 雖吾四體 將不得其所安 皆自然之應也.

삼산 진씨가 말했다. 마음은 속에 있으나 도리에 있어 부족함이 없으므로 광대하게 될 수 있다. 몸은 밖에 있으나 마음이 먼저 넓어졌으므로 따라서 (몸도) 느긋하고 편하게 될 수 있다. 사람의 마음에 조금이라도 부족함이 있으면 보고 듣는 것이 두렵고 각박해지므로 따라서 거동도 겁먹고 위축되어 비록 자신의 사지라도 편안하지 못하게 된다. 이런 것이 다 자연적인 반응이다.

어구 설명 ㅇ以理之無歉(이리지무겸)－(마음으로 터득한) 천리(天理)나 도리에 있어 부족함이 없기 때문에[以], 즉 마음으로 천리를 충분히 터득하고 있기 때문에. ㅇ故能廣大(고능광대)－(천리와 하나가 된 마음은) 넓고 크게 될 수 있다. ㅇ故能舒泰(고능서태)－(마음이 이미 천리를 터득하고 광대하니깐) 따라서 몸도 느긋하고 태연할 수 있다. ㅇ少有所歉(소유소겸)－(천리에 있어) 조금이라도 부족함이 있으면, 즉 '동물적·이기적 욕심이 남아 있으면'의 뜻. ㅇ則視聽怵迫(즉시청출박)－보고 듣는 것이 두렵고 각박하게 된다. 즉 천리를 어기고 나쁜 욕심을 채우려고 하니깐 하늘이 두렵고 촉박하게 몰린다는 뜻. ㅇ而擧動跼蹐(이거동국척)－그래서 거동이 국천척지(跼天蹐地)하게 된다. 跼(구부릴 국), 蹐(살금살금 걸을 척).

大全疏註 ⑥ 上說小人實有是惡 故其惡形見於外 此說君子實有是善 故其善亦形見於外.

앞의 2절은 소인이 실지로 악한 뜻을 품었으므로 그 악함이 밖의 행동으로 나타났음을 말한 것이고, 이 4절에서는 군자가 실지로 착한 뜻을 품었으므로 그 착함이 밖의 행동으로 나타났음을 말한 것이다.

大全疏註 ⑦ 雙峯饒氏曰 心不正何以能廣 身不修 何以能胖 心廣體胖 卽心正身修之驗 所以能心廣體胖 只在於誠其意 以此見誠意爲正心修身之要.

쌍봉 요씨가 말했다. 마음이 바르지 않으면 어떻게 넓을 수 있으며, 몸이 수양되지 않으면 어떻게 편안할 수 있는가. '마음이 넓고 몸이 편안함[心廣體胖]'은 곧 '마음이 바르고 몸이 수양된 효험[心正身修之驗]'이다. 그러므로 '심광체반(心廣體胖)'은 오직 '뜻을 성실하게 함[誠其意]에 있다.' 이것으로써 '성의(誠意)'가 '정심(正心)과 수신(修身)의 요점임'을 알 수 있다.

大全疏註 ⑧ 玉溪盧氏曰 前兩言必愼其獨 此申言必誠其意 三言必字 示人可謂眞切.

옥계 노씨가 말했다. 앞에서 두 번 '필신기독(必愼其獨)'이라 했고, 여기서는 한 번 '필성기의(必誠其意)'라 하고 '필(必)'자를 세 번 말했다. 사람에 대한 훈시가 참되고 절실하다고 말할 수 있다.

大全疏註 ⑨ 仁山金氏曰 小人閒居以下 自欺 敗露之可畏 德潤身 心廣體胖 自慊快足之可樂.

인산 김씨가 말했다. '소인한거(小人閒居) 다음의 글'은 '자기(自欺)'이며, (악하게 한 일이) 파탄나고 노출되는 것을 겁내는 경지이다. 한편 '덕윤신(德潤身)과 심광체반(心廣體胖)'은 '자겸(自慊)이며 (선을 행하여) 즐겁고 만족하다는 경지'이다.

大全疏註 ⑩ 雲峯胡氏曰 孟子說浩氣處 與此章意合 不自欺卽自反而縮 自欺卽自反而不縮 厭然 卽是氣餒 心廣體胖 卽是浩然之氣.

운봉 호씨가 말했다. 맹자가 '호연지기(浩然之氣)'를 말한 대목과 이 장의 뜻이 같다. '부자기(不自欺)'는 즉 '스스로 반성해서 위축함'이다. '자기(自欺)'는 즉 '스스로 반성하고도 위축되지 않음'이다. '안연(厭然)'은 즉 '기가 굶주린 것'이고 '심광체반(心廣體胖)'은 즉 '호연지기'이다.

大全疏註 ⑪ 新安陳氏曰 上文誠於中形於外是惡之實中形於外者 此是善之實中形於外者.

신안 진씨가 말했다. 앞의 2절의 '성어중(誠於中) 형어외(形於外)'는 '악이 속에서 열매가 되어 밖으로 나타난 것'이고, 이 4절은 '선이 속에서 열매가 되어 밖으로 나타난 것'이다.

章句集註 (3) 右傳之六章 釋誠意.

이상이 전문 제6장이며 '성의(誠意)'를 풀이한 것이다.

大全疏註 ① 朱子曰 許多病痛 都在誠意章 一齊說了 下面

有些小病痛亦輕 可此章最緊切 若透過此一關 此去做工夫便易了 由是而之 便駸駸進於善 而決不至下陷於惡矣.

주자가 말했다. 허다한 병폐를 '제6장 성의장(誠意章)'에서 모두 추려서 말했다. 다음에도 약간의 작은 병폐에 대한 말이 있으나 역시 가벼운 것들이다. 그러므로 이 장이 가장 긴요하다고 말하겠다. 만약 이 관문을 통과하고 나가면 공부가 용이하게 된다. 그대로 말달리듯이 선을 향해 나가면 절대로 악에 빠지는 일이 없다.

大全疏註 ②-1 雙峯饒氏曰 傳之諸章釋八事 每章皆連兩事而言 獨此章單擧誠意 蓋知至意誠 固是相因 然致知屬知 誠意屬行 知行畢竟是二事 當各自用力 不可謂知了便自然能行 所以誠意章 不連致知說者 爲此.

쌍봉 요씨가 말했다. 전문의 모든 장은 (경문의) 팔조목(八條目)을 해석한 것이다. 전문의 다른 장은 (팔조목 중) 두 조목을 연결해서 풀이했다. 그러나 이 6장만은 (팔조목 중) 단독으로 '성의(誠意)'만을 풀이했다. 아마 (그 이유는 다음 같을 것이다) '앎을 이루는 것[知至]'과 '뜻을 성실하게 함[意誠]'은 서로 이어지며 '치지(致知)는 지(知)에 속하고, 성의(誠意)는 행(行)에 속한다.' 그러나 '지'와 '행'은 결국은 다르며 저마다 힘들여 공부해야 한다. 즉 '지'하면 저절로 '행'할 수 있다고 말할 수 없다. '이 6장 성의장'을 '치지'와 연결해서 풀이하지 않은 것은 그러한 까닭이다.

大全疏註 ②-2 正心誠意 雖皆屬行 然誠意不特爲正心之要 自修身至平天下 皆以此爲要 故程子論天德與王道 皆曰 其要只在謹獨 天德卽心正身修之謂 王道卽齊家治國平天下之謂 謹獨卽誠意之要旨 若只連正心說 則其意促狹 無以見其功用之廣大如此也.

'정심(正心)과 성의(誠意)'는 다 '행(行)'에 속하지만 '성의'는 '정심의 요(要)'일 뿐 아니라, '수신(修身)에서 평천하(平天下)에 이르는 모든 조목이 다 성의를 요'한다. 고로 정자(程子)가 '천덕(天德)과 왕도(王道)'를 논하여 '모두가 오직 근독(謹獨)에 있다고' 말했으니 즉 '천덕'은 곧 '심정(心正) · 신수(身修)'를 말하고 '왕도'는 곧 '제가(齊家) · 치국(治國) · 평천하'를 말하고 '근독(謹獨)은 곧 성의를 요약'해서 한한 것이다. 만약에 '정심장(正心章)'과 연계해서 말한다면 그 뜻이 좁아지고 공효(功效)가 이 같이 광대(廣大)하게 나타나지 않을 것이다.

大全疏註 ②-3 此章 乃大學一篇之緊要處 傳者於此章 說得極痛切 始言謹獨 誠意之方也 中言小人之意不誠 所以爲戒也 終言誠意之效驗 所以爲勸也.

이 장은 바로 《대학》 전편에서 가장 긴요한 대목이며 전문(傳文)의 작자도 가장 통절하게 말했다. 처음에 말한 '근독(謹獨)'은 성의(誠意)의 방도이다. 중간에 말한 '소인의 뜻이 성실하지 않다〔小人之意不誠〕'고 한 것은 그러니 경계하라는 뜻이다. 끝으로 '성의지효험(誠意之效驗)을 말한 것'은 그러므로 그렇게 하라고 권(勸)한 것이다.

章句集註 (4) 經曰 欲誠其意 先致其知 又曰 知至而后意誠 蓋心體之明有所未盡 則其所發必有不能實用其力 而苟焉以自欺者.

경문에 '뜻을 성실하게 하려면 먼저 앎을 이루어야 한다'고 했으며 또 '앎이 이르러야 뜻이 성실하게 된다'고 말했다. 대개 '마음의 본체의 밝음〔心體之明〕'에 미진한 점이 있으면, 그 마음이 발현할 때에 필연적으로 (마음의 본체의 밝음의) 힘을 알차게 쓰지 못하고 구차하게 할 것이며 따라서 '스스로 속이게〔自欺〕' 된다.

大全疏註 ① 朱子曰 大學雖使人戒夫自欺 而推其本 則必其有以用力於格物致知之地 然後理明心一 而所發自然莫非眞實 不然則正念方萌 而私意隨起 亦非力之所能制矣.

주자가 말했다. 《대학》은 비록 사람으로 하여금 '자기(自欺)'를 경계하게 한다. 그러나 근본을 추구하면 반드시 힘을 '격물치지(格物致知)'에 써야 한다. 그래야 도리를 밝게 알고 마음이 한결같아진다. 그리고 마음의 발동이 자연히 진실하지 않음이 없게 된다. 그렇지 않으면 바르게 하려는 생각이 싹트는 순간 사사로운 생각이 따라 일어나므로 힘만으로는 제어하지 못하게 된다.

大全疏註 ② 若知有不至 則其不知之處 惡必藏焉 以爲自欺之主 雖欲致其謹獨之功 亦且無主之能爲 而無地之可據矣 此又傳文所未發 而其理已具於經者 皆不可以不察也.

만약에 앎이 충분하지 못하면 알지 못한 곳에 악함이 반드시 숨어들고 자기(自欺)의 중심이 된다. 비록 근독(謹獨)의 공을 이루려고 해도 그렇게 할 수 있는 중심이 없고 또 의지할 곳도 없게 된다. 이것도 역시 전문이 밝힌 바 아니지만 이미 그 도리는 경문에 갖추어져 있으니 잘 살피지 않으면 안된다.

大全疏註 ③ 新安陳氏曰 此言 知不至 則意不誠.

신안 진씨가 말했다. 이것은 '앎이 이르지 못하면〔知不至〕' 즉 '뜻이 성실하지 않게 됨〔意不誠〕'을 말한 것이다.

章句集註 (5) 然或已明而不謹乎此 則其所明又非己有而無以爲進德之基.

그러나 '마음의 본체의 밝음〔心體之明〕'을 이미 밝혀도 '근독(謹獨)'하지 않으면 그 밝힌 바가 또한 이미 있음이 아니게 되고 따라서 '덕으로 나가는 기본이〔進德之基〕' 되지 않는다.

大全疏註 ① 三山陳氏曰 於知已至後 亦非聽之自誠 蓋無一

刻不用其戒謹之功.

삼산 진씨가 말했다. '앎이 이미 이른 다음에(於知已至後)' '역시 자신의 성의(誠意)의 말을 듣지 않았음이다(亦非聽之自誠)' (그러니) 모름지기 일각도 계근(戒謹)의 공부를 하지 않으면 안 된다.

大全疏註 ② 新安陳氏曰 此言知至後 又不可不誠其意 蓋誠意者 進德之基本也.

신안 진씨가 말했다. 이는 앎이 이른 후에도 또한 뜻을 성실하게 해야 한다는 말이다. 무릇 성의(誠意)는 덕으로 가는 기본이다.

章句集註 (6) **故此章之指 必承上章而通考之 然後有以見其用力之始終 其序不可亂 而功不可闕如此云.**

고로 이 6장의 가르침을 반드시 앞의 장과 함께 통괄해서 생각해보아야 한다. 그러면 힘들여 공부할 처음과 끝을 알게 될 것이다. 그 순서를 어지럽힐 수 없고 또 공부를 빠뜨릴 수 없음이 (바로 이 장에서) 말한 것과 같다.

大全疏註 ① 玉溪盧氏曰 由致知方能誠意 此序之不可亂 既致知又不可不誠意 此功之不可闕 誠意至平天下 序皆不可亂 功皆不可闕 序不可亂 則不可躐等而進 功不可

闕 則不可半途而廢云.

옥계 노씨가 말했다. 치지(致知)를 거쳐야 비로소 성의(誠意) 할 수 있다. 이는 순서를 어지럽히지 않음이다. 이미 치지(致知) 하면 또 불가불 성의해야 한다. 이는 공부를 빠뜨리지 않음이다. 성의에서 평천하(平天下)에 이르기까지 그 순서를 어지럽게 하거나 그 공부를 빠뜨리면 안된다. 순서를 어지럽히지 않음은 곧 단계를 뛰어넘으면 안된다는 뜻이고 공부를 빠뜨리지 않음은 도중에 그만두고 폐하지 않는다는 뜻이다.

전문 7장

전문(傳文) 제7장은 경문의 팔조목(八條目) 중, '정심(正心)과 수신(修身)'을 풀이한 글이다. 총 3절이다.

1 절－所謂修身在正其心者 身有所忿懥 則不得其正 有所恐懼 則不得其正 有所好樂 則不得其正 有所憂患 則不得其正.

2 절－心不在焉 視而不見 聽而不聞 食而不知其味.

3 절－此謂修身 在正其心.

전문 7장 1절

원문 所謂修身 在正其心者 身〔心〕有所忿懥 則不得其正 有所恐懼 則不得其正 有所好樂 則不得其正 有所憂患 則不得其正.

소위수신(이) 재정기심자(는) 신〔심〕유소분치 즉부득기정(하고) 유소공구 즉부득기정(하고) 유소호요 즉부득기정(하고) 유소우환 즉부득기정(이니라)

직역 이른바 수신(修身)의 요체는 마음을 바르게 함에 있다. 마음에 성내고 화내는 바가 있으면 마음을 바르게 지닐 수 없고, 마음에 두렵고 겁내는 바가 있으면 마음을 바르게 지닐 수 없고, 마음에 좋아하고 사랑하는 바가 있으면 마음을 바르게 지닐 수 없고, 마음에 근심하고 걱정하는 바가 있으면 마음을 바르게 지닐 수 없다.

어구 설명 ㅇ所謂修身(소위수신)－이른바 수신의 (요체는). ㅇ在正其心者(재정기심자)－자기 마음을 바르게 가짐에 있다. 즉 '정심(正心)'이 '수신(修身)'의 바탕이다. ㅇ身有所忿懥(신유소분치)－정자(程子)는 '신(身)'을 '심(心)'으로 고치라고 했다. '마음으로 성을 내고 마음속에 노여움을 묻어두면'의 뜻. 忿(성낼 분), 懥(성낼 치). ㅇ則不得其正(즉부득기정)－(그러면 곧) 마음이 바르게 될 수 없다. '부득(不得)'은 '……할 수 없다'의 뜻. '부득기정(不得其正)'은 '마음의 중정(中正)을 얻을 수 없다. 혹은 마음을 평정하게 지닐 수 없다'의 뜻. ㅇ有所恐懼(유소공구)－(마음속에) 겁내고 두려워하는 바가 있으면. ㅇ有所好樂(유소호요)－(마음속에) 좋아하고 사랑하는 바가 있으면. ㅇ有所憂患(유소우환)－걱정하고 근심하는 바가 있으면.

참고 **정심(正心)의 깊은 뜻**

《상서(尙書)》 대우모(大禹謨)에 순(舜)이 우(禹)에게 훈계한 말이 있다. '인심(人心)은 위태롭고 도심(道心)은 정미(精微)하다. 그대는 정성으로 한결같이 살펴서 진실로 중정(中正)을 지켜야 한다.(人心惟危 道心惟微 惟精惟一 允執厥中)' 이것이 중국 심학(心學)의 도통(道統)이다. 주자(朱子)가 말하는 정심(正心)은 바로 도심(道心)이다. '도심'은 '천리(天理)를 터득하고 윤리 도덕을 실천하는 마음'이다. '도심'을 주체로 하고 '인심(人心)'을 다스리는 것이 곧 수신(修身)의 바탕이다.

章句集註 (1) 程子曰 身有之身當作心.

정자가 말했다. '신유(身有)의 신(身)'은 마땅히 '심(心)'으로 써야 한다.

章句集註 (2) 忿懥怒也.

'분치(忿懥)'는 '성낼 노(怒)'의 뜻이다.

어구 설명 〈原註〉 '분(忿)은 불(弗) 분(粉)의 반절. 치(懥)는 칙(勅) 치(値)의 반절.' '호(好), 요(樂)는 다 거성(去聲)이다.' 〈大全疏註〉

大全疏註 ① 雙峯饒氏曰 忿者怒之甚 懥者怒之留.

쌍봉 요씨가 말했다. '분(忿)'은 심하게 노여워함이고, '치(懥)'는 노여움을 남겨둔다는 뜻이다.

章句集註 (3) 蓋是四者 皆心之用 而人所不能無者 然一有之 而不能察 則欲動情勝 而其用之所行 或不能不失其正矣.

대개 네 가지, 즉 '분치(忿懥)·공구(恐懼)·호요(好樂)·우환(憂患)'은 모두가 다 마음의 작용으로 사람이라면 없을 수 없는 바다. 그러나 (누구나 다) 한결같이 있지만 (마음을 쓸 때에) 잘 살피지 않으면 곧 욕심이 발동하고 감정이 넘치게 되고 따라서 마음의 작용이 행동화 할 때에 간혹 (마음의) 중정(中正)을 잃을 수 있다.

어구 설명 ○蓋是四者(개시사자)－대개 이 네 가지, 즉 '분치(忿懥), 공구(恐懼), 호요(好樂), 우환(憂患)'의 네 가지. ○皆心之用(개심지용)－다 마음의 작용. ○人所不能無者(인소불능무자)－사람으로서는 (그 작용이) 없을 수 없다. ○然一有之(연일유지)－그러나 (누구나 다 네 가지 감정이) 있고 (또 그 감정을) 나타내지만. ○而不能察(이불능찰)－(그러나) 잘 살피고 조종할 줄 모르면. ○則欲動情勝(즉욕동정승)－욕심이 발동하고 감정이 승하여. ○而其用之所行(이기용지소행)－(마음속에 있는 감정을) 쓰고 나타날 때에. ○或不能不失其正矣(혹불능불실기정의)－간혹 마음의 중정이나 평정을 잃지 않을 수 없게 된다.

참고 ◐ **심통성정**(心統性情)

주자학(朱子學)에서는 '마음은 성과 정을 주재한다(心統性情)'고 말한다. '성(性)'은 만물의 영장(靈長)인 사람만이 가지고 있는 '본연의 성품(本然之性)'으로 '하늘이나 사물의 도리를 깨닫고 따르고 행하는 순수이성(純粹理性) 혹은 도덕성'에 해당한다.

'정(情)'은 육신(肉身)과 기질(氣質)을 바탕으로 한 '넓은 의미의 정욕(情欲)'이다. 사람은 외계 만물과 접촉하면 '감정(感情)과 욕구(欲求)'가 발생하고 또 행동하게 마련이다. 이와 같은 '성과 정'을 통합하고 조절하는 것이 '마음〔心〕'다. 이때에 '마음'은 '성(性)'을 높이고 '정(情)'을 알맞게 표현해야 한다. '과격한 욕심이나 감정'을 바탕으로 행동하면 도리에 어긋나는 짓을 하게 된다. 마음의 중정(中正) 혹은 평정(平靜)은 '성(性)=이(理)'를 바르게 간직한다는 뜻이다. '정심(正心)'은 '중정의 이를 잃지 않은 바른 마음'이다.

大全疏註 ① 三山陳氏曰 章句緊要說 一察字 亦非從外撰來 蓋因下文心不在焉一句 發出察者 察乎理也.

삼산 진씨가 말했다. 〈장구(章句)〉에서 가장 긴요한 말은 '찰(察)'이라는 한 글자다. '살필 찰(察)'은 역시 밖에서 구해 오는 것이 아니다. (자신이 마음속으로 살핀다는 뜻이다) 아마 다음의 '심부재언(心不在焉)'이란 구절 때문에 '찰'자를 내세웠을 것이다. 즉 '도리를 살피라는' 뜻이다.

大全疏註 ② 新安陳氏曰 察之一字 乃朱子推廣傳文之意 使學者有下手處耳.

신안 진씨가 말했다. '찰(察)'자는 전문의 뜻을 미루어 넓혀서 학자(學者)로 하여금 '손댈 곳〔下手處〕'을 있게 하기 위한 것이다.

어구 설명 ㅇ下手處(하수처)-공부하는 바탕, 혹은 핵심이 되는 요점. 즉 정심(正心)과 수신(修身)을 위한 공부의 바탕이 바로 '찰(察)'에 있다는 뜻.

大全疏註 ③ 問有所忿懥恐懼好樂憂患 心不得其正 是要無此數者 心乃正乎 程子曰 非是謂無 只是不以此動其心 學者未到不動處 須是執持其志.

'분치(忿懥)·공구(恐懼)·호요(好樂)·우환(憂患)하는 마음이 있으면 바를 수 없다고 했으니, 그 중 몇 가지가 없어야 마음이 곧 바르게 됩니까?'하고 묻자, 정자가 대답했다. 없애라는 말이 아니다. 다만 그것들 때문에 마음을 흔들리지 말라는 뜻이다. 학자로서 아직 흔들리지 않을 만한 경지에 도달하지 못한 경우에는 (흔들리지 않겠다는) 뜻만이라도 굳게 지녀야 한다.

大全疏註 ④ 朱子曰 大學格物誠意都已鍊成 到得正心修身章都易了 意有善惡之殊 意或不誠 則易於爲惡 心有偏正之異 心有不正 則爲物欲所動 未免有偏處 却未必爲惡.

주자가 말했다. 《대학》에서 '격물(格物)과 성의(誠意)'의 공부를 충분히 연마하면 '정심(正心)과 수신(修身)' 장(章)에 이르러 용이하게 된다. '뜻[意]'은 선과 악으로 나누어진다. '뜻'이 혹 성실하지 않으면 쉽사리 악을 행하게 된다. '마음[心]'은 치우치고[偏] 바르고[正]의 차이가 있다. '마음'이 바르지 못하면 즉 물욕(物欲)에 흔들리고 편벽됨을 면치 못할 것이다. 그러나 반드시 악을 행하는 것은 아니다.

大全疏註 ⑤ 四者只要從無處發出 不可先有在心下 須看有所二字 如有所忿怒 因人有罪而撻之 纔了其心便平 是不有 若此心常常不平 便是有.

(마음의 평정을 잃게 하는) 네 가지 감정은 바로 아무렇지 않다가 돌발적으로 불쑥 나타나는 감정을 말하는 것이지, 전부터 마음속에 품고 있는 감정이 아니다. 그러므로 모름지기 '유소(有所)' 두 글자의 뜻을 잘 알아야 한다. 예를 들면 '죄를 진 사람에게 버럭 분노하고[有所忿怒]' 매질을 하고 매가 끝나면 마음이 평정해지는 경우는 '유소분노(有所忿怒)'라고 하지 않는다. 만약 (平靜해야 할) 마음이 노상 평정하지 못하면 (그때의 마음을 감정에 뒤흔들리고) 있다고 말하는 것이다.

어구 설명 ㅇ四者(사자)－네 가지 감정, 즉 '분치(忿懥)·공구(恐懼)·호요(好樂)·우환(憂患)'이다. 이와 같은 감정이 과격하게 폭발하고 나타나면 마음의 평정을 잃고 사리를 바르게 분별하지 못하게 된다. ㅇ須看有所二字(수간유소이자)－모름지기 '유소(有所)'라는 두 글자를 잘 보아야 한다. '유소'는 '그와 같은 감정이 폭발하고 나타나 있을 때'라는 뜻이다.

大全疏註 ⑥ 所謂有所 是被他主於內 心反爲他動也.

이른바 '유소(有所)'라고 하는 말은 '(불쑥 나타난 격한) 감정에 속을 지배당하고 마음이 도리어 흔들린다'는 뜻이다.

大全疏註 ⑦ 心纔繫於物 便爲所動 所以繫於物者有三 事未

來先有箇期待之心 或事已應過 又留在心下 不能忘 或正應事時 意有偏重 都是爲物所繫縛 便是有這箇物事到別事來到面前 應之便差了 如何心得其正 聖人之心瑩然虛明 看事物來 若大若小 四方八面 莫不隨物隨應此心元不曾有這物事.

마음이 조금이라도 사물에 매이게 되면 이내 흔들리게 된다. 마음이 사물에 매이는 사유에 세 가지가 있다. 아직 나타나지 않은 사물을 성급하게 기대하는 마음이다. 혹은 사물이 이미 끝났는데도 여전히 마음속에 두고 잊지 못하는 경우다. 혹은 지금 대하고 있는 사물에 지나치게 편중된 의식을 갖는 것 등이 다 사물에 매이고 묶이는 것이다. (그에게는) 곧 그것만이 있고 (소중할 것이니) 다른 일이 닥쳐와도 그에 대한 대응에 차이가 날 것이다. 그러니 어떻게 마음이 평정할 것인가? 성인의 마음은 (거울같이) 맑고 비어있으며 모든 사물을 (있는 그대로) 보고 받는다. (성인은) 큰 것이나 작은 것이나 사방 팔방의 모든 사물을 받아들이고 따르지 않음이 없으니 원래 (성인의 마음속에는) 한 가지 사물에 매이고 묶인 것이 없는 법이다.

大全疏註 ⑧ 如顏子不遷怒 可怒在物 顏子未嘗爲血氣所動而移於人也 則豈怒而心有不正哉.

예를 들면 '안자같이 노여움을 옮기지 말아야 한다.' 노여움의 원인은 대상에 있다. 또 안자는 전연 혈기가 날뛰는 대로 노여움을 남에게 옮기지 않았다. 그러니 어찌 노할 일이 있다 한들 나의 마음속이 평정하지 않을 것인가.

어구 설명 ㅇ如顔子不遷怒(여안자불천노)－예를 들면《논어》에서 공자가 '안자는 노여움을 옮기지 않았다'고 말했으며 (그 깊은 참뜻을 다음같이 말할 수 있다). ㅇ可怒在物(가노재물)－노여워할 (원인은) 대상에 있다. ㅇ顔子未嘗爲血氣所動(안자미상위혈기소동)－안자는 전연 혈기에 동하는 일이 없었으며. ㅇ而移於人也(이이어인야)－그래서 노여움을 남에게 옮겨 성내는 일이 없었다는 뜻이다. ㅇ則豈怒而(즉기노이)－(안자같이 잘 배우면) 어찌 노할 일이 있다고 해도. ㅇ心有不正哉(심유부정재)－마음의 평정을 잃겠는가?

참고 ◐ **안자는 노여움을 옮기지 않았다**(顔子不遷怒)

《논어(論語)》에 있다. 애공(哀公)이 공자(孔子)에게 '제자들 중에 누가 글 배우기를 잘 합니까?'하고 묻자 공자가 대답했다. '안회가 글을 잘 배웁니다. 그는 노여움을 옮기지 않고 과실을 두 번 거듭하지 않습니다. 그러나 불행하게도 단명으로 죽었습니다.(哀公問曰 弟子孰爲好學 孔子對曰 有顔回者 好學 不遷怒 不貳過 不幸短命死矣)' 〈雍也-3〉

大全疏註 ⑨ 今人多是才怒 雖有可喜事 亦所不喜 才喜雖有當怒之事來 亦不復怒 便是蹉過事理了 蓋這物事 纔私便不去 只管在胸中 推盪終不消釋 使此心如大虛 則應接萬務 各止其所 而我無所與可也 看此一章 只是要人不可先有此心耳.

오늘의 사람들은 대개가 조금 화를 내면 기뻐야 할 일이 있어도 기뻐하지 않고 반대로 조금 기뻐하면 당연히 화를 내야 할 일에도 다시 화를 내지 않는다. 이와 같은 태도는 다 사리에 어긋나는 것이다. 대개 사물에 일단 사(私)가 끼어들면 좀처럼 (그 사를) 제거할 수 없으며 어디까지나 가슴속에 있게 마련이다. (설사 그 사를) 밀어내고 씻어버리려 해도 끝내 다 지워 버릴 수 없다. (그러므로) 자기 마음에서 (사를 버리고) 크게 허정(虛靜)하게 간직하면 즉 만사 만물을 응대하고 처리해도 저마다 도리에 맞게 되며 (사사로운) 내가 끼어들지 않을 수 있다. 그러므로 이 전문 7장은 오직 사람으로 하여금 먼저 '이와 같은 사사로운 마음'을 갖지 않기를 요구하는 글이다.

大全疏註 ⑩ 問 忿好自己事 可勉强不爲 憂患恐懼 自外來不由自家 曰 便是自外來 須要我有道理處之 事來亦合當憂懼 但只管累其本心 亦濟甚事 孔子畏於匡 文王囚羑里 死生在前 聖人元不動心 處之恬然.

'분노(忿怒)와 호요(好樂)은 자기가 하는 일이므로 노력하면 안할 수 있겠지만, 우환(憂患)과 공구(恐懼)는 밖으로부터 오는 것이니 자기 마음대로 안되지 않습니까?'하고 묻자 주자가 대답해서 말했다. 즉 밖에서 오지만 내 자신이 반드시 도리를 가지고 대처해야 한다. (그럴만한) 일이 닥쳐오면 역시 (내 자신이) 합당하게 걱정하고 두려워해야 한다. 다만 (걱정거리에) 본심을 연루하고 묶으면 어떻게 일을 제도하겠는가? 공자는 광(匡)에서 위협을 당했고, 문왕은 유리(羑里)에 갇혔으며 생사가 눈앞에 걸려 있었다. 그래도 두 성인은 원래부터 마음을 동요하지 않고 태연하게 대처했던 것이다.

大全疏註 ⑪ 或問 大學不要先有恐懼 中庸却要恐懼 何也 西山眞氏曰 中庸只是 未形之時 常常持敬 令心不昏昧 而已 大學之恐懼 却是俗語恐怖之類 自與中庸有異.

어떤 사람이 '《대학》에서는 먼저 공구(恐懼)하지 말라 하고 《중용》에서는 도리어 공구하라고 했으니 왜 그러합니까?'하고 묻자 서산 진씨가 대답했다. 《중용》에서는 (사태가) 형성되기 전에 항상 경건함을 간직하고 마음을 어둡게 하지 말라는 뜻이다. 한편 《대학》에서 말하는 공구는 속어로 말하는 공포라는 뜻이며 중용의 뜻과는 다르다.'

大全疏註 ⑫ 喜怒憂懼 乃心之用 非惟不能無 亦不可無 但平居無事時 不要先有此四者在胸中 如平居 先有四者 卽是私意 人若有些私意塞在胸中 便是不得其正 須是涵養此心 未應物時 湛然虛靜 如鑑之明 如衡之平 到得應物之時 方不差錯 當喜而喜 當怒而怒 當憂而憂 當懼而懼 恰好則止 更無過 當如此 方得本心之正.

'희노우구(喜怒憂懼)'는 마음의 작용이니 없을 수도 없고 또 없어도 안된다. 단 평상시 일이 없을 때 (그와 같은 감정을) 미리 가슴속에 품으면 안된다. 평상시 그와 같은 네 가지 감정을 품는 것은 곧 사사로운 뜻(意)이다. 만약 약간이라도 사사로운 뜻이 가슴속에 차 있으면 마음의 평정을 얻지 못한다. 그러므로 모름지기 마음을 함양하여 미처 사물에 대응하지 않을 때는 (마음을) 차분하고 허정하게 지니고 거울같이 밝고 저울대같이 평형을 유지해야 한다. 그래야 사물을 대응하게 되었을 때에 비로소 차질이 없게 될 것이다. 기뻐할 때는 기뻐하고, 노할 때는 노하고 걱정할 때는 걱정하고 두려워할 때는 두려워해야 한다. 알맞게 하고 그만두고 더욱 지나치게 하면 안된다. 이와 같이 해야 비로소 본심의 평정을 얻을 수 있다.

大全疏註 ⑬-1 玉溪盧氏曰 心者身之主 而明德之所存也 未應物之前 寂然不動 無所忿懥恐懼 則心之本體無不正 而明德之本體無不明 方應物之際 感而遂通 當忿懥而忿懥 當恐懼而恐懼 則心之妙用 無不正 而明德之妙用無不明.

옥계 노씨가 말했다. 마음은 몸을 주재하고 (그 속에) 명덕이 있다. 마음은 사물에 대응하기 전에는 조용히 움직이지 않고 또 분노[忿懥]나 두려움[恐懼] 같은 감정도 품지 않는다. 바로 그런 상태가 마음의 본체이고 평정하지 않음이 없다. 따라서 명덕의 본체도 바르지 않음이 없고 또 명덕의 본체도 밝게 빛나지 않음이 없다. (그러므로) 사물에 대응하면 (바르게) 느끼고 잘 통한다. 즉 분노할 때는 마땅히 분노하고 두려워할 때는 마땅히 두려워한다. (이와 같이 감정을 적당히 표현하는 것도) 마음의 미묘한 작용이며 바르지 않은 것이 없으며 아울러 명덕의 (즉 性理의) 미묘한 작용도 밝게 나타나지 않음이 없게 되는 것이다.

大全疏註 ⑬-2 旣應物之後 依舊寂然不動 未嘗有所忿懥恐懼 則心之本體終始無不正 而明德之本體 終始無不明也 人患不識其本心耳 唯虛故靈 纔失其虛 便失其靈 此心之所以爲心 而明德之所以明德也.

한편 사물에 대응한 후에도 (자기의 본심을) 전과 같이 적연부동하게 간직해야 분노하거나 두려워하는 바가 없게 되고 따라서 마음의 본체도 시종 평정할 것이고 또 명덕의 본체도 시종 밝게 빛날 것이다. 사람은 그 본심 모르는 것을 근심해야 한다. 마음은 공허하니깐 영특하다. 일단 그 공허함을 잃으면 그 영특함도 잃게 된다. 이것이 마음이 마음 된 연유이고 또 명덕이 명덕된 연유이다.

大全疏註 ⑭-1 雲峯胡氏曰 心之體無不正 所謂正心者 正其心之用爾 在正其心 此正字 是說正之之工夫 蓋謂心之用 或有不正 不可不正之也 不得其正 此正字 是說心之體 本無不正 而人自失之者也 曰正其 曰其正 自分體用.

운봉 호씨가 말했다. 마음의 본체는 바르지 않음이 없다. 이른바 '정심자(正心者)'는 '자기 마음의 쓰임을 바르게 함'이다. '재정기심(在正其心)'의 '정(正)'은 '(마음을) 바르게 하는 공부의 뜻을 말한 것'이다. 무릇 마음의 쓰임이 혹 바르지 못하면 불가불 바르게 해야 함을 말한 것이다.

'부득기정(不得其正)'의 '정(正)'은 마음의 체는 본래 바르지 않음이 없거늘 사람이 스스로 잃었다는 뜻을 말한 것이다. '정기(正其)'라고 한 것이나 '기정(其正)'이라고 한 것은 스스로 체(體)와 용(用)을 나눈 것이다.

大全疏註 ⑭-2 心之體 本如大虛 或景星慶雲 或烈風雷雨 而大虛自若 人之一心 豈能無喜怒憂懼 然可怒則怒 怒過不留 可喜則喜 喜已而休 喜怒憂懼 皆在物 而不在我 我雖日接物 不物於物 此所以能全其本體之虛 而無不正也.

마음의 본체는 본래 '하늘[大虛]'같이 (크고 공허한) 것이다. 혹 한쪽에서 별이 번쩍이고 경사스런 구름이 뜨거나 혹은 세찬 바람이 불고 뇌우가 쳐도 '하늘' 전체는 태연자약하다. 사람의 마음에 어찌 '희노우구(喜怒憂懼)'가 없을 수 있겠느냐. 그러나 노할 때는 노하되 지나가면 노여움을 남기지 말아야 한다. 또 기뻐할 때는 기뻐하되 끝나면 다시 조용해야 한다. '희노우구'는 다 사물에 있고 '나의 마음속에 있는 것'이 아니다. 내가 비록 날마다 사물을 접해도 '나의 마음이 사물에 의해서 사물로 변하는 것이 아니다[不物於物]' 그러므로 나는 능히 '마음의 본체의 허정(虛靜)'을 온전하게 간직하고 또 바르지 않음이 없게 되는 것이다.

大全疏註 ⑭-3 或疑中庸首章 先言存養 而後言省察 大學誠

意 言省察而欠存養 殊不知此章正自有存養省察工夫 忿懥恐懼等之未發也 不可先有期待之心 其將發也 不可一有偏繫之心 其已發也 不可猶有留滯之心 事之方來 念之方萌 是省察時節 前念已過 後事未來 是存養時節 存養者 存此心本體之正 省察者 惟恐此心之用或失之不正 而求以正之也 宜仔細看 章句之二察字 及三四存字.

혹《중용》은 첫 장에서 먼저 존양(存養)을 말하고 나중에 성찰(省察)을 말했으나《대학》의 성의(誠意)는 성찰만 말하고 존양을 빠뜨렸다고 의심할지도 모른다. 그러나 그와 같은 의심은 특히 이 장에서 말하는 '정(正)' 속에 '존양과 성찰의 공부'가 있음을 모르기 때문이다. '분노나 두려움 등의 감정'이 미처 나타나지 않은 때에 미리 앞질러 감정을 내겠다는 마음을 가지면 안 된다. 감정이 바야흐로 나타나려고 해도 그에 매이지 말아야 한다. 이미 감정이 나타났으면 길게 끌지 말아야 한다. 일이 다가오면 상념도 싹이 트니 바로 그때가 성찰할 때다. 앞의 상념이 지나가고 미처 뒷일이 오지 않을 때가 바로 마음을 존양할 때다. 존양은 마음의 본체를 바르게 지닌다는 뜻이다. 성찰은 마음의 쓰임이 부정하게 되지 않을까 걱정하고 바르게 하려고 생각하고 구하는 노력이다. 모름지기 이 장구에 있는 두 개의 '찰(察)'자와 서너 개의 '존(存)'자의 뜻을 자세히 살펴보아야 한다.

전문 7장 2절

원문 心不在焉 視而不見 聽而不聞 食而不知其味.

심부재언(이면) 시이불견(하며) 청이불문(하며) 식이부지기미(니라)

직역 마음이 있지 않으면 보아도 보이지 않고, 들어도 들리지 않고, 먹어도 그 맛을 모르느니라.

참고 ◐ **'심부재언(心不在焉)'의 깊은 뜻**

'심부재언'을 일반적으로 '마음이 없으면'의 뜻으로 풀이한다. 즉 '공부하려는 마음이 없으면 책을 보아도 글이 제대로 눈에 들어오지 않는다'의 뜻이다. 그러나 '심부재언'에는 더 깊은 뜻이 있다. 즉 '마음속에 성리(性理)가 없으면' 사물(事物)을 보아도 '사물의 도리를 따라' '바르게 보거나, 듣거나 하지 못한다'는 뜻이다. 즉 '마음이 몸의 주체(心者 身之主)' 혹은 '마음이 성과 정을 통합하다(心統性情)'의 마음이다.

章句集註 (1) 心有不存 則無以檢其身 是以君子必察乎此 而敬以直之 然後此心常存 而身無不修也.

마음속에 (본연의 性理가) 없으면 그 몸을 바르게 검속(檢束)할 수 없다. 그러므로 군자는 반드시 이 점을 깊이 살피고 경건하게 (본연의 성리를) 지니고 곧게 해야 한다. 그런 다음에 마음속에 항상 (본연의 성리가) 있게 되고 따라서 몸도 닦아지지 않음이 없게 될 것이다.

어구 설명 ㅇ心有不存(심유부존)－마음속의 '하늘이 절대명령으로 내려준 선본성(先本性), 즉 도심(道心)'이 없으면, '도심'은 '하늘의 도리를 따르려는 마음' 즉 '천명지성(天命之性)' '본성적 이성(本性的 性理)' '도덕성(道德性)'이다. ㅇ則無以檢其身(즉무이검기신)－즉 자기의 몸을 검속(檢束)할 수 없다. ㅇ是以君子必察乎此(시이군자필찰호차)－그러므로 군자는 반드시 이 점을 잘 살펴야 한다. '차(此)'는 마음속에 있는 '도심(道心)과 성리(性理)'. ㅇ而敬以直之(이경이직지)－그리고 (마음속에 항상 성리가 있도록) 경건하고 경외하는 마음으로 (성리를) 곧게 간직하고 행해야 한다. ㅇ然後(연후)－그런 다음에 비로소. ㅇ此心常存(차심상존)－그 마음속에 항상 (본연의 성리가) 있어서 (마음이 바르게 되고). ㅇ而身無不修也(이신무불수야)－따라서 몸도 닦아지지 않음이 없을 것이다.

大全疏註 ① 朱子曰 心若不存 一身便無主宰.

주자가 말했다. 마음속에 만약의 '천명지성(天命之性)'이 없다면 그 사람의 몸에는 주재자가 없게 된다.

大全疏註 ② 敬是常要此心在這裏 直是直上直下 無纖毫委曲.

'경(敬)'은 그와 같은 마음을 항상 그곳에 있게 한다는 뜻이다. '직(直)'은 위아래로 (본성을) 곧게 뻗고 지키고 조금도 구부러지지 않게 한다는 뜻이다.

大全疏註 ③ 問 視而不見 聽而不聞 只是說知覺之心 却不及義理之心 曰 才知覺 義理便在此 才昏便不見了.

'시이불견(視而不見)과 청이불문(聽而不聞)'은 다만 '지각지심(知覺之心)을 말하고 의리지심(義理之心)에는 미치지 않습니까' 하고 묻자, 주자가 대답했다. 지각(知覺)하면 바로 그 속에 의리(義理)가 있다. (지각이) 흐리고 어두우면 (의리도) 보지 못한다.

참고 ◐ **참다운 지각**(知覺)

지각(知覺)에는 '외형적 지각'과 '내면적 지각'이 있다. 전자는 사물의 외형만을 보고 아는 것이다. 후자는 사물의 외형만이 아니라 그 사물의 내재적 도리(道理)를 아는 것이다. 주자가 말한 지각은 후자의 경우이며 그것이 '참다운 지각'이다.

大全疏註 ④ 雙峯饒氏曰 四不得其正 言心不正也 視不見以下 言身不修也 言此 而不言所以正心修身者 已具於誠意章故也 聲色臭味 事物之粗 而易見者耳 心之精神知覺 一不在此 則於粗而易見者 已不能見 況義理之精者乎 傳者之意 蓋借粗以明精耳.

쌍봉 요씨가 말했다. (1절의) '네 가지의 부득기정(不得其正)'은 곧 '마음이 바르게 되지 못한다'는 뜻이고 (2절의) '시불견(視不見) 이하'는 '몸이 닦아지지 않음(身不修)'을 말한 것이다. 이렇게만 말하고 '정심(正心)과 수신(修身)의 바탕'이라고 말하지 않은 것은 이미 앞의 '성의장(誠意章)'에서 자세히 말했기 때문이다. '소리[聲]·형색[色]·냄새[臭]·맛[味]' 등은 (감각으로 알 수 있는) 사물의 외형적으로 나타나는 거친 형질이며 (사람의 감각으로) 쉽게 알 수 있는 것이다. (그러나) '마음으로 터득하는 정신적 지각(心之精神知覺)'이 만약에 없다면 즉 '겉으로 쉽게 볼 수 있는 거친 것들도 바르게 보고 알 수 없을 것이다. (則於粗而易見者 已不能見)' (그러니) '하물며 내재하고 있는 정밀한 의리를 어찌 알겠는가(況義理之精者乎)' 전문(傳文)의 저술자의 의도는 아마 겉으로 나타나는 거친 것을 빌려서 내재하는 정밀한 의리를 밝히려 했을 것이다.

大全疏註 ⑤ 蛟峯方氏曰 上一節說 有心者之病 心不在焉一節 說無心者之病 上節說 心不可有所偏主 此節說 心不可無所存主 不可有者私主也 不可無者 主宰之主也 心有存主 則羣妄自然退聽 而心正身修矣 然則中虛 而有主宰者 其正心之藥方也歟.

교봉 방씨가 말했다. 앞의 1절은 '정기심(正其心)'을 방해하는 '병폐'를 설명하고, 2절 '심부재언(心不在焉)'에서는 '본성의 마음이 없는 사람'의 병폐를 설명했다. 1절에서는 마음을 편벽된 감정이 지배하면 안됨을 설명하고, 2절에서는 마음에는 주재하는 바가 없으면 안됨을 설명했다. 있으면 안되는 것은 사사로운 주재이고, 없을 수 없는 것은 (性理가) 주재하는 주장이다. 마음에 성리의 주재가 있으면 모든 망령된 생각이 자연히 물러나고 마음이 바르고 몸이 닦아질 것이다. 그러므로 속은 비었으나 주재하는 것, 즉 성리(性理)가 바로 마음을 바르게 하는 약방문이라 하겠다.

大全疏註 ⑥ 新安陳氏曰 朱子於此 又下一察字 且曰 敬以

直之 以足大學本文未言之意 提出正心之要法 以示萬世學者.

신안 진씨가 말했다. 주자는 〈장구집주〉에서 '찰(察)'이란 한 글자를 써넣었고 또 '경이직지(敬以直之)'라고 말했다. 이렇게 해서 《대학》 본문에서 말하지 않은 뜻을 보충하고 또 '정심(正心)의 요법'을 밝혀서 모든 학자에게 제시했다.

전문 7장 3절

원문 此謂修身 在正其心.

차위수신(이) 재정기심(이니라)

직역 그것이 바로 수신의 바탕이 마음을 바르게 함에 있다고 말하는 것이다.

어구 설명 ㅇ此(차)－그것이 곧, '전문 1절, 2절'에서 '정심(正心)'을 강조한 것이 곧. ㅇ謂(위)－말하는 것이다. ㅇ修身(수신)－수신의 (바탕이). ㅇ在正其心(재정기심)－'정기심(正其心)'에 있다. '정기심'을 일반적으로 '자기의 마음을 바르게 한다'로 푼다. 그러나 주자학(朱子學)의 견지에서는 '기심(其心)'을 '하늘이 내려준 자기의 본성(本性)＝이(理)'라고 본다. 그러므로 '성리(性理)를 바르게 간직한다'로 푸는 것이 좋다.

章句集註 (1) 右傳之七章 釋正心修身 此亦承上章 以起下章.

이상이 전문의 7장으로 '정심(正心)과 수신(修身)'에 대한 해석이다. 이 7장도 역시 앞의 6장을 이어받고 아울러 다음의 8장을 이끌어 내고 있다.

章句集註 (2) 蓋意誠 則眞無惡而實有善矣 所以能存是心以檢其身.

대개 뜻이 성실하면 참으로 악함이 없게 되고, 아울러 실지로 착함이 있게 되며, 따라서 본성적인 착한 마음을 지니고 자기 몸을 단속할 수 있게 된다.

大全疏註 ① 朱子曰 意誠然後 心得其正 自有先後.

주자가 말했다. '뜻이 성실〔意誠〕'해야 '마음이 바르게 될 수 있으니〔心得其正〕' 자연히 선후가 있다.

大全疏註 ② 新安陳氏曰 此言意誠而後 心可得而正 蓋其序之不可亂者.

신안 진씨가 말했다. 이것은 '뜻이 성실'하게 된 다음에 '마음이 바르게 됨'을 말한 것이며, 그 앞뒤의 순서를 어지럽히면 안 된다.

章句集註 (3) 然或但知誠意 而不能密察此心之存否 則又無以直內而修身也.

그러나 혹 뜻을 성실하게 하는 것만을 알고 그 마음이 있는지 없는지를 세밀하게 살피지 못하면 역시 마음이나 정신을 강직하게 지니고 인격을 완성하지 못한다.

大全疏註 ① 新安陳氏曰 此言 誠意又不可不正其心 乃工夫之不可缺者.

신안 진씨가 말했다. 위의 말은 '뜻을 성실히 하고 또 그 마음을 바르게 하지 않으면 안됨'을 말한 것이다. 그러므로 공부를 결하면 아니된다.

大全疏註 ② 或謂意誠則心正 朱子曰 不然 這幾句連了又斷斷了又連 雖若不相連綴 中間又自相貫 譬如一竿竹 雖只是一竿 然其間 又有許多節 意未誠 則全體是私意更理會甚正心 然意雖誠了 又不可不正其心.

어떤 사람이 '뜻이 성실하면 마음도 바르게 된다'고 말하자 주자가 말했다. 그렇지 않다. 이 구절은 이어지면 끊어지고, 끊어지면 다시 이어진다. 비록 서로 연결되지는 않아도 속으로는 서로 관통한다. 예를 들면 하나의 대나무 줄기와 같다. 즉 한 줄기 속에 여러 개의 마디가 있는 것과 같다. 뜻이 성실하지 못하면 전체에 사의(私意)가 넘칠 것이니, 도리상으로도 어떻게 마음이 바르게 되겠는가? 그러나 비록 뜻이 성실해도 역시 그 마음을 바르게 간직하지 않으면 안된다.

大全疏註 ③ 或謂誠意 則心之所發 已無不實 又何假於正心之功 雲峯胡氏曰 意欲實而心本虛 實其意 則好惡不偏

於方發之初 虛其心 則喜怒不留於已發之後 新安陳氏曰 下一句只說得末一邊 未見得四者 心之用 先本自虛中發出 當添一句云 虛其心則本體不偏於未發之先 妙用不留於已發之後.

어떤 사람이 '뜻이 성실하면 곧 마음의 발동이 실하지 않음이 없을 것인즉 왜 다시 정심(正心)의 공을 빌려야 합니까'하고 묻자, 운봉 호씨가 말했다. 뜻을 성실하게 하고자 하나 마음은 본래 공허한 것이다. 그러므로 뜻을 성실하게 하면 발동하는 처음부터 호오(好惡)의 감정이 치우치지 않는다. (한편) 그 마음을 비우면 발동한 다음에도 희노(喜怒)의 감정이 남아있지 않게 된다. 신안 진씨가 말했다. (운봉 호씨의) 아래 구절은 끝에 나타나는 부분만을 말하고 호오희노(好惡喜怒)의 네 가지가 심지용(心之用)이며 본래 공허한 마음에서 나타난다는 것을 밝히지 않았다. 그러므로 다음 같은 구절을 첨부해야 한다. '그 마음을 비우면, 즉 본체가 발하기 전에 치우치지 않을 것이고 오묘한 작용이 이미 나타난 다음에도 머물러 있지 않을 것이다.'

大全疏註 ④ 東陽許氏曰 蓋意誠以下 言誠意然後 能正心 然或以下 言旣誠意 又須正心.

동양 허씨가 말했다. 〈장구집주(章句集註)〉의 '개의성(蓋意誠)' 이하는 '뜻을 성실하게 하면 마음이 바르게 될 수 있음'을 말한 것이고, '연혹(然或)' 이하는 '뜻을 성실하게 한 다음에도 또 마음을 바르게 해야 함'을 말한 것이다.

章句集註 (4) 自此以下 竝以舊文爲正.

다음은 모두 옛《대학》의 글을 맞는 것으로 삼았다. (즉 전문 제8장, 9장, 10장을 다 옛날《대학》의 글을 그대로 쓴다는 뜻이다)

전문 8장

'전문(傳文) 제8장'은 '수신(修身)이 제가(齊家)의 바탕임'을 풀이한 글이다. 총 3절로 나눈다.

1 절－所謂齊其家 在修其身者 人之其所親愛而辟焉 之其所賤惡而辟焉 之其所畏敬而辟焉 之其所哀矜而辟焉 之其所敖惰而辟焉 故好而知其惡 惡而知其美者 天下鮮矣.

2 절－故諺有之 曰 人莫知其者之惡 莫知其苗之碩.

3 절－此謂身不修 不可而齊其家.

전문 8장 1절

원문 所謂齊其家 在修其身者 人之其所親愛而辟焉 之其所賤惡而辟焉 之其所畏敬而辟焉 之其所哀矜而辟焉 之其所敖惰而辟焉 故好而知其惡 惡而知其美者 天下鮮矣.

소위제기가(이) 재수기신자(는) 인(이) 지기소친애이벽언(하며) 지기소천오이벽언(하며) 지기소외경이벽언(하며) 지기소애긍이벽언(하며) 지기소오타이벽언(하나니) 고(로) 호이지기악(하며) 오이지기미자(이) 천하(에) 선의(니라)

직역 이른바 자기 집안을 가지런히 다스리는 바탕은 자신의 몸을 닦음에 있다. 보통사람은 자기가 친애하는 사람에 대해서는 치우친다. 자기가 천시하고 미워하는 사람에 대해서는 치우친다. 자기가 경외하고 존경하는 사람에 대해서는 치우친다. 자기가 애련하고 긍휼히 여기는 사람에 대해서는 치우친다. 자기가 거만을 떨고 무시하는 사람에 대해서는 치우친다. 그러므로 좋아하면서도 그의 나쁜 점을 알거나 미워하면서도 그의 좋은 점을 알아주는 그런 사람은 천하에 많지 않다. (대부분의 사람들은 극단적으로 한쪽으로 치우친다)

어구 설명 〈原註〉 '벽(辟)은 벽(僻)으로 읽는다.' '오이(惡而)의 오(惡)와 오(敖), 호(好)'는 다 거성(去聲)이다. '선(鮮)'은 상성(上聲)이다.' 〈大全疏註〉 ㅇ所謂齊其家(소위제기가)−이른바 자기 일가를 가지런히 다스리는 바탕은. ㅇ在修其身者(재수기신자)－자신의 몸을 닦음에 있다고 (말하는 이유는 다음과 같기 때문이다). ㅇ人(인)－보통사람은, 평범한 사람은. ㅇ之其所親愛而辟焉(지기소친애이벽언)－자기가 친애하는 사람에 대해서는 편벽(偏僻)되게 한쪽으로 치우친다. '지(之)'는 '……에 대해', '지기소친애'는 '자기가 친애하는 사람이나 대상에 대해서는', '이벽언'은 '편벽(偏僻)되게 한쪽으로 치우친다, 맹목적으로 치우치고 빠진다, 그래서 중정(中正)의 도리를 잃는다.' ㅇ之其所賤惡(지기소천오)－자기가 천하게 여기고 미워하는 사람이나 대상에 대해서는. ㅇ之其所畏敬(지기소외경)－자기가 경외하고 존경하는 사람이나 대상에 대해서는. ㅇ之其所哀矜(지기소애긍)－자기가 애련(哀憐)하고 긍휼(矜恤)히 여기는 사람이나 대상에 대해서는. ㅇ之其所敖惰(지기소오타)－자기가 거만을 떨고 무시하는 사람이나 상대에 대해서는. ㅇ故好而知其惡(고호이지기악)－그러므로 (대상을) 좋아하면서도 그의 나쁜 점을 알거나. ㅇ惡而知其美者(오이지기미자)－미워하되 장점을 알아주는 사람은. ㅇ天下鮮矣(천하선의)－천하에 적다.

참고 ◐ '제가(齊家)'의 깊은 뜻

'제(齊)'는 '고르다, 공평하다, 평등하다'의 뜻이다. '가(家)'는 좁게는 '한집안 식구', 넓게는 '일가 친족을 포함한 동본 동족의 모든 가족'의 뜻이다. '제가(齊家)'는 '사람이나 사물을 천리(天理)나 예절의 도리를 바탕으로 공평무사(公平無私)하게 대하고 또 처리한다'는 뜻이다. '공평(公平)'은 '맹목적으로 똑같이 한다'는 뜻이 아니다. 노쇠한 조부모에게는 죽을 올리고, 유아는 젖을 먹게 하고, 힘차게 일하는 장정에게는 고봉밥을 주는 것이 '공평＝제(齊)'의 뜻이다. '무사(無私)'는 편벽(偏僻)된 감정으로 대하지 않는다는 뜻이다. 처(妻)나 자식에 대한 사랑에 빠져, 부모

형제를 소외하면 안된다. '윤리 도덕과 예의 범절'에 따라, '상하·좌우·원근(遠近)·대소(大小)의 모든 가족들'을 '법도(法度)'에 맞게 '고르게〔齊〕' 대하고 모든 사물을 공평무사하게 도리에 맞게 처리하고 다스려야 한다.

이 '전문 8장, 1절'의 '제가(齊家)'는 주로 집안을 다스리는 가장이나 어른만을 말하지 않고, 가족 모든 개개인이 서로 상대방에게 윤리 도덕 및 예의 범절의 도리에 맞게 대해야 함을 강조한 것이다. 즉 가족 개개인이 편벽된 마음이나 혹은 치우친 감정으로 차등을 두거나 서로 대립하면 가정이 고르게 될 수 없다. 여기서 말하는 '수신(修身)'도 좁은 뜻으로 '사사로운 감정에 사로잡히지 않고, 공정하게 남에게 대한다'는 뜻이다.

章句集註 (1) 人謂衆人 之猶於也 辟猶偏也.

'인(人)'은 일반 사람의 뜻이다. '지(之)'는 '어(於)'와 같다. '벽(辟)'은 '치우칠 편(偏)'과 같다.

어구 설명 ㅇ人謂衆人(인위중인)-(전문 8장 1절의) '인(人)'은 '중인(衆人)'을 말한다. '일반 대중, 평범한 사람'을 말한다. 즉 '성인(聖人)이나 군자(君子)'가 아니고 보통사람이라는 뜻이다. ㅇ之猶於也(지유어야)-'지(之)'는 여기서는 '어(於)'와 같다. 즉 '지'를 '……에 대해서'의 뜻으로 풀이한다. ㅇ辟猶偏也(벽유편야)-'벽(辟)'은 '치우칠 편(偏)'과 같다.

大全疏註 ① 朱子曰 古註 辟音譬 窒礙不通 只是辟字便通 況此篇自有僻字 辟則爲天下僇是矣.

주자가 말했다. 고주(古註)에 '벽(辟)'을 '비유할 비(譬)'자로 풀었다. (그러나) 뜻이 '꽉 막히고 통하지 않는다(窒礙不通)'이다. 그러므로 오직 '벽'자라야 통한다. 하물며 《대학》에서도 '치우칠 벽(僻)'으로 풀이한 예가 있다. (즉 전문 10장 3절에 있는) '벽즉위천하륙(辟則爲天下僇)'의 구절이다.

어구 설명 ㅇ辟則爲天下僇(벽즉위천하륙)—편벽(偏僻)되게 한쪽으로 치우치면 천하에 의해서 주륙(誅戮)된다.

章句集註 (2) 五者在人 本有當然之則 然常人之情 惟其所向 而不可察焉 則必陷於一偏 而身不修矣.

'친애(親愛)·천오(賤惡)·외경(畏敬)·애긍(哀矜)·오타(敖惰)' 등의 다섯 가지 감정 표현에는, 저마다 사람이 본래 당연히 지키고 행할 규범과 절도가 있게 마련이다. 그러나 평범한 사람들이 감정을 쏟고 나타날 때에는 다만 감정이 향하는 대로 (표현하고) 당연한 규범이나 절도를 깊이 살피지 않는다. (그래서) 반드시 한쪽으로 치우치고 빠지고 따라서 몸이 바르게 닦아지지 않는다. (즉 당연한 규범이나 절도에 맞게 남에게 대하지 못하게 된다)

어구 설명 ㅇ五者(오자)—'친애(親愛)·천오(賤惡)·외경(畏敬)·애긍(哀矜)·오타(敖惰)'를 말한다. (자세한 풀이는⇒참고) ㅇ在人(재인)—사람에게 있어. ㅇ本有當然之則(본유당연지칙)—본래 당연히 지키고 행할 규범과 절도가 있다. '칙(則)'은 '규범과 절도'의 뜻. 즉 가족 상호간에 서로 지키고 행할 가정윤리의 규범과 절도가 있게 마련이다. ㅇ然常人之情(연상인지정)—그러나 평범한 사람들이 정(情)을 쏟고 나타낼 때에, 즉 남에게 '오자(五者)의 정'을 표현할 때에. ㅇ惟其所向(유기소향)—오직 감정이 향하는 대로 (표현하고). ㅇ而不可察焉(이불가찰언)-당연한 규범이나 절도를 깊이 살피지 않는다. ㅇ則必陷於一偏(즉필함어일편)-(그러므로) 반드시 한쪽으로 치우치고 빠진다. ㅇ而身不修矣(이신불수의)-그래서 몸이 닦아지지 않는다. 이때의 '몸을 닦음'은 곧 '당연한 규범이나 절도에 맞게 남에게 대한다'는 뜻이다.

참고 ◐ '오자(五者)'의 뜻

'오자(五者)'는 곧 '친애(親愛)·천오(賤惡)·외경(畏敬)·애긍(哀矜)·오타(敖惰)'로 주로 '가정 안에서 내가 다른 가족을 대하는 다섯 가지 태도'를 말한다. 다음에서 특수한 예를 들고 설명하겠다.

① 친애(親愛) : 남편이 아내에게 빠지거나 부모가 자식만을 친애한다.

② 천오(賤惡) : 밑에 부리는 하인이나 노비를 천시(賤視)하거나 미워한다.

③ 외경(畏敬) : 집안의 어른인 조부모(祖父母)나 부모를 두려워하고 존경한다.

④ 애긍(哀矜) : 불쌍하게 여기고 동정한다. 애련(哀憐)하고 연민(憐憫)한다.

⑤ 오타(敖惰) : 남에게 거만하고 남을 소홀히 대한다.

이와 같이 남을 친애하거나 증오하는 것은 '인지상정(人之常情)'이다. 그러나 도리와 절도에 맞게 해야 한다. 치우치면 안된다. 가장(家長)이나 가족 개개인이 중정(中正)의 도리를 지켜야 한다.

大全疏註 ① 新安眞氏曰 此章朱子亦以察字言之 興國本作察 他本作審者非.

신안 진씨가 말했다. 이 장에서 주자도 역시 '찰(察)'이라고 했다. '흥국본(興國本)'에도 '찰'이라고 했다. 다른 판본에서 '심(審)'으로 쓴 것은 틀린다.

大全疏註 ② 西山眞氏曰 偏之一字 爲修身齊家之深病.

서산 진씨가 말했다. '편(偏)' 한 글자가 '수신과 제가'를 (해치는) 심각한 병이다.

어구 설명 ㅇ偏之一字(편지일자)－(남을 사랑하거나 미워함에 있어) 한쪽으로 치우치는 것이. ㅇ爲修身齊家之深病(위수신제가지심병)－'수신과 제가'를 (해치는) 심각한 병폐이다.

大全疏註 ③ 朱子曰 正心修身兩段 大槩差錯處 皆非在人欲上 皆是人合有底 事如在官街上差了路.

주자가 말했다. 정심(正心)과 수신(修身) 두 단계에서 (나타나는) 대개의 잘못은 인욕(人欲)에 있는 것이 아니고 사람들이 합쳐 (함께 살 때에) 나타나는 것이다. 사물을 관청에서 함께 처리하기 때문에 잘못되는 것과 같다.

大全疏註 ④ 忿懥等是心與物接時事 親愛等是 身與物接時事.

분치(忿懥) 같은 감정은 마음과 대상이 접할 때 일어나고, 친애(親愛) 같은 애정은 내가 남과 접할 때 발생한다.

어구 설명 ㅇ心與物接時事(심여물접시사)－마음이 대상과 접할 때의 일, 즉 '내가 대상을 마주했을 때 나의 마음속에서 일어나는 감정'이란 뜻이다. '물(物)'은 '사람이나 사물을 포함한 대상(對象)'의 뜻. ㅇ身與物接時事(신여물접시사)－'내 자신이 남을 대했을 때 일어나는 애정, 인정 혹은 감정'이라는 뜻.

大全疏註 ⑤ 之所親愛 如父子當主於愛 然父有不義 不可以不爭 子有不肖 亦不可不知教之 之所敬畏 如君固當敬畏 然君當正救責難也 只管敬畏不得 賤惡固可惡 或尚可教 或有長處 亦當知之.

친애함에 있어 부자는 당연히 사랑을 주로 해야 한다. 그러나 만약 아버지에게 불의(不義)한 점이 있으면 자식은 불가불 간쟁(諫爭)하지 않을 수 없다. 만약 자식에게 잘못이 있으면 아버지는 불가불 가르쳐 알게 해야 한다. 경외에 있어서도 임금을 당연히 경외해야 한다. 그러나 임금이라 해도 (경우에 따라서는 신하가) 바르게 구제하고 바른 말을 올려야 하므로 맹목적으로 경외만 할 수 없다. 천하고 악덕한 (우매한 아랫것들을) 미워할지라도 혹 가르칠 만하고 쓸만한 점을 알리고 교화해야 한다.

大全疏註 ⑥ 問敖惰恐非好事 曰此如明鏡之懸 姸醜隨其來而應之 不成醜者至前亦喚做姸者 又傲惰是輕 賤惡是重 旣賤惡得 如何却不得敖惰 然傳者猶戒其僻 則須檢點 不可有過當處.

'오타(敖惰), 즉 교만하고 무시하는 태도는 아마도 나쁘지 않은가요?'하고 묻자 주자가 대답했다. (마음은) 걸려있는 거울과 같다. 아름답거나 추하거나 사실대로 반영한다. 추한 자가 왔는데 아름답다고 말할 수 없다. 또 (오타와 賤惡를 비교하면) '오타는 가볍고 천오는 무겁다. 이미 천오할 수 있으니, 어찌 오타할 수 없겠느냐?

그러니 전문을 쓴 사람은 편벽(偏僻)되는 것을 경계했으니, 모름지기 점검해서 지나치지 않게 해야 한다.

大全疏註 ⑦ 哀矜 如有大姦 方欲懲之 被他哀鳴懇告 又却寬之 這便是哀矜之偏處.

(전문 8장 1절에서 말하는) '애긍(哀矜)'은 (다음과 같은 뜻이다) 예를 들어 크게 나쁜 사람을 징벌하려고 하다가 그의 슬픈 울음과 간절한 말에 넘어가 도리어 그를 관대하게 처리했다면, 그것이 곧 '애긍'의 치우침이다.

大全疏註 ⑧ 五者各自有當然之則 只不可偏 如人饑而食 只合當食 食纔過些子 便是偏 渴而飮 飮纔過些子 便是偏 如愛其人之善 若愛之過 則不知其惡 便是因其所重而陷於所偏 惡惡亦然 下面說人莫知其子之惡 莫知其苗之碩 上面許多偏病不除 必至於此.

'다섯 가지'에는 저마다 합당한 도리와 절도가 있으므로 어디까지나 치우치면 안된다. 예를 들어 사람은 굶주리면 먹어야 한다. 그때에 합당하게 먹어야지 조금이라도 과식하면 그것이 곧 치우침이다. 목이 마르면 마시되 조금이라도 과하게 마시면 그것이 곧 치우침이다. 남의 선(善)을 사랑하되 지나치게 사랑하면 곧 그 사람의 악(惡)을 모르게 된다. 이는 곧 중하게 여기는 바 때문에 치우침에 빠지는 것이다. 남의 악을 미워하는 경우에도 같다. 다음 2절에서 '인막지기자지악(人莫知其子之惡) 막지기묘지석(莫知其苗之碩)'이라 했다. 곧 앞의 여러 가지 치우치는 병폐를 제거하지 않으면 반드시 이와 같이 된다.

大全疏註 ⑨ 北溪陳氏曰 敖只是簡於爲禮 惰只是懶於爲禮 有一等人 上非可愛 次非可敬 只是平平人 接之自令人簡慢.

북계 진씨가 말했다. '오(敖)'는 다만 예를 행함에 간략하게 함이고, '타(惰)'는 다만 예를 행함에 가볍게 한다는 뜻이다. 어떤 부류에 속하는 사람들은 높이 사랑할 수도 없고 그 다음으로 경외할 수도 없으며 그냥 평범하게 접해야 할 경우가 있다. 이들을 대할 때는 자연히 예를 간만(簡慢)하게 해야 한다.

大全疏註 ⑩ 問人之其所親愛而辟焉一章 終未見身與物接意思 潛室陳氏曰 接此五種人 偏有此五種辟 豈不是身與物接.

'전문 8장 1절에는 끝내 나와 남이 접한다는 뜻이 안 보인다'는 의문에 대해 잠실 진씨가 말했다. 다섯 가지 감정을 치우치게 나타낸 사람과 접했으니, 그것이 어찌 나와 남이 접한 것이 아니겠느냐?

어구 설명 ㅇ人之其所親愛而辟焉一章(인지기소친애이벽언일장)—'인지기소친애이벽언'으로 시작되는 한 장의 글. 즉 '전문 8장 1절'의 글이다. ㅇ終未見(종미견)—끝내 보이지 않는다. ㅇ身與物接意思(신여물접의사)—나 자신이 상대와 접한다는 뜻이 (보이지 않는다). 앞의 '대전소주 ⑩'에서 주자가 '친애등시신여물접시사(親愛等是身與物接時事)'라고 말했다.

大全疏註 ⑪ 玉溪盧氏曰 好而知其惡 是親愛之不偏 惡而知其美 是賤惡之不偏 二不偏 惟明德無不明者能之 所好且知其惡 則一家孰敢爲惡 所惡且知其美 則一家孰不爲善 如此則明德明於一家矣.

옥계 노씨가 말했다. 좋아하면서도 그의 단점을 아는 것이 바로 친애(親愛)의 치우치지 않음이다. 미워하면서도 그의 장점을 아는 것이 바로 천오(賤惡)의 치우치지 않음이다. (이렇게) 두 가지 불편은 오직 명덕(明德)을 다 밝힌 사람만이 할 수 있다. 좋아하면서도 그의 결점을 알고 (가족을 다스리니) 한집안에서 누가 악할 수 있으며, 미워하면서도 그의 장점을 알고 (가족을 다스리니) 한집안에서 누가 선하지 않을 수 있느냐? 이와 같은 것이 곧 명덕을 한집안에 밝히는 것이다.

大全疏註 ⑫ 勿軒熊氏曰 親愛畏敬哀矜 指所愛之人 言有此三等 賤惡敖惰 指所惡之人 言有此二等 偏於愛 則

不知其人之惡 偏於惡 則不知其人之善 上下文相照應如此.

물헌 웅씨가 말했다. (상대방을) '친애 · 외경 · 애긍'함은 사랑할 사람에도 이와 같이 세 등급이 있음을 말한 것이다. '천오 · 오타'함은 미워할 사람에도 이와 같이 두 등급이 있음을 말한 것이다. 사랑에 치우치면 그 사람의 악을 모르고 미움에 치우치면 그 사람의 선을 모른다. 앞과 뒤의 글이 이와 같이 서로 통하고 대응한다.

大全疏註 ⑬ 雲峯胡氏曰 或疑敖惰不當有 殊不知本文人字非爲君子 言乃爲衆人 言章句曰衆人 又曰常人是也 衆人中固自有偏於敖惰之人 與下文人莫知其子之 惡其苗之碩 亦泛言多溺愛貪得之人也 兩人字是戒深矣.

운봉 호씨가 말했다. 어떤 사람이 '오타(敖惰)는 부당한 것이라고' 의아하게 여기자 주자가 말했다. 특히 본문의 인(人)자의 뜻을 모르기 때문이다. 인은 군자가 아니고 중인(衆人)을 말한다. 〈장구〉에서 중인이라 하거나 또는 상인(常人)이라 한 뜻의 사람이다. 중인 중에는 당연히 치우치게 오타하는 사람이 있다. 다음 2절에서 말하는 '인막지기자지악 기묘지석(人莫知其子之惡其苗之碩)'과 또 일반적으로 말하는 지나치게 익애(溺愛)하거나 탐욕(貪欲)한 사람의 뜻이다. 이러한 경우의 사람에게 깊은 경계를 표시한 것이다.

전문 8장 2절

원문 故諺有之 曰 人莫知其子之惡 莫知其苗之碩.

고(로) 언(에) 유지(하니) 왈 인(이) 막지기자지악(하며) 막지기묘지석(이라 하니라)

직역 고로 속담에서 말했다. '보통사람은 자기 자식의 악함을 모르고 자기의 곡식이 큼을 모른다.'

어구 설명 〈原註〉 '언(諺)의 음은 언(彦), 석(碩)은 협운(叶韻), 시(時), 약(若)의 반절음' 〈大全疏註〉 ㅇ諺有之曰(언유지왈)－속담에서 (다음같이) 말했다. ㅇ人(인)－보통사람, 평범한 사람. ㅇ莫知其子之惡(막지기자지악)－(자식 사랑에 빠져서) 자기 자식의 악한 점을 알지 못한다. ㅇ莫知其苗之碩(막지기묘지석)－자기 밭의 묘가 큰 것을 모른다(욕심 때문에).

章句集註 (1) 諺俗語也 溺愛者不明 貪得者無厭 是則偏之爲害 而家之所以不齊也.

언(諺)은 속어라는 뜻이다. 사랑에 빠지고 치우친 사람은 밝게 보지 못한다. 탐욕스럽게 얻으려는 사람은 만족하지 못한다. 이것이 곧 치우친 해독이며 아울러 집안을 가지런히 다스리지 못하는 원인이다.

大全疏註 ① 雙峯饒氏曰 之其親愛等而辟者 言身之不修也 莫知其子之惡 言家之不齊也 大意謂 惟其溺於一偏 故好不知其惡 惡不知其美 惟其身不修 故家不齊 當看兩

故字 人之其親愛等而辟 爲凡爲人者 言莫知子之惡 姑擧家之一端言之.

쌍봉 요씨가 말했다. '남을 사랑하거나 미워함에 있어 치우침이 있는 것은[之其親愛等而辟者]' (결국) '나 자신이 수양되지 못했음을 말한다[言身之不修也]'. (자식 사랑에 빠져) '자기 자식의 잘못을 알지 못한다[莫知其子之惡]'는 말은 곧 '집안을 가지런히 다스리지 못함을 말한 것이다[言家之不齊也]'. (〈장구집주〉의) 대의는 다음과 같다. 인정은 한쪽으로 빠지고 치우치는 고로 좋아하면 그의 잘못을 알지 못하고 미워하면 그의 장점을 알지 못한다. 자신이 수양되지 않은 고로 집안 식구나 사물을 가지런히 다스리지 못한다. 두개의 '고(故)'자를 잘 보아야 한다. 사람이 남을 사랑하거나 미워함에 있어 치우치고 또 평범한 사람은 자기 자식의 잘못을 알지 못한다고 말한 것은 잠시 집안을 다스리는 일단을 예로 들어서 말한 것이다.

어구 설명 ㅇ之其親愛等而辟者(지기친애등이벽자)－(직역) '자기가 친애하거나 기타에[等] 있어 치우침은'. ㅇ言身之不修也(언신지불수야)－(직역) 몸의 불수(不修)를 말한다. 즉 나 자신이 수양되지 못했으므로 남을 사랑하거나 미워함에 있어 한쪽으로 치우친다.

大全疏註 ② 玉溪盧氏曰 子之惡苗之碩 皆就家而言.

옥계 노씨가 말했다. '자식의 결점이나 묘의 큼'은 다 집안일을 가지고 말한 것이다.

大全疏註 ③ 雲峯胡氏曰 心與物接 唯怒最易發而難制 所以

前章以忿懥先之 身與事接 唯愛最易偏 故此章以親愛先之 至引諺曰 只是說愛之偏處 人情所易偏者 愛爲尤甚 況閨門之內 義不勝恩 情愛比昵之私 尤所難克 身所以不修 家所以不齊者 其深病皆在於此.

운봉 호씨가 말했다. 마음이 사물에 접할 때는 오직 노(怒)하기 쉽고 또 제어하기 어렵다. 그래서 앞의 7장에서 분치(忿懥)를 앞에 내세웠다. 자신이 남을 대할 때는 오직 사랑에 치우치기 쉽다. 그러므로 이 장에서 친애(親愛)를 앞에 내세웠다. 속담을 인용한 말은 오직 사랑의 치우침을 말한 것이다. 사람의 정 중에서 가장 치우치기 쉬운 것은 사랑이다. 더욱 (남녀가 어울리는) 규방 안에서는 의리보다 은총이 이기게 마련이다. 정애(情愛)가 밀착된 사사로운 애정(愛情)은 특히 극복하기 어렵다. 자기 몸을 수양하지 못하고 집안을 가지런히 다스리지 못하는 심각한 병폐의 원인이 모두 (이와 같이 사사로운) 애정에 있는 것이다.

어구 설명 ㅇ情愛比昵之私(정애비닐지사)－정과 사랑이 서로 밀착된 사사로운 (남녀간의) 애정. 昵(친할 닐). ㅇ尤所難克(우소난극)－특히 억제하고 극복하기 어렵다.

전문 8장 3절

원문 此謂身不修 不可以齊其家.

차위신불수(면) 불가이제기가(니라)

직역 이를 일러 '몸을 닦지 않고서는 그 집안을 가지런히 다스릴 수 없다'고 말하는 것이다.

어구 설명 ㅇ此(차)－이상, '1장, 2장'과 같이. ㅇ謂(위)－곧 ……를 말한 것이다. '차위(此謂)'를 '이상으로써 ……라고 말한다'고 의역할 수 있다. ㅇ身不修(신불수)－몸을 닦지 않으면, 자신을 수양하지 않고서는. ㅇ不可以齊其家(불가이제기가)－자기 집안을 가지런하게 다스릴 수가 없다.

大全疏註 ① 問如何修身專指待人而言 朱子曰 修身以後 大槩說向接物待人去 又與只說心處不同 要之根本之理則一 但一節說闊一節去.

'왜 수신(修身)을 오직 대인(待人)을 주로 하고 말했습니까?' 하고 묻자 주자가 대답했다. 수신한 다음에는 대개 '접물(接物)과 대인'하는 방향으로 (수신을) 설명했으며 또 오직 심리적인 수신을 설명한 것과는 다르다. 요는 근본 이칙(理則)은 하나다. 그러나 (실제로 수신을 설명함에 있어) 절(節)을 따라 그 범위를 넓혀 설명한 것이다.

大全疏註 ② 錢氏曰 上章四箇有所字 此章六箇辟字 其實皆心之病也 但上四者 只是自身裏來事 此六者却施於人卽處家之道也.

전씨가 말했다. 앞의 7장의 '네 개의 유소(有所)'와 이 8장의 '여섯 개의 벽(辟)자'는 실지로는 '마음의 병폐'를 말한 것이다. 그러나 '앞의 7장의 네 개'는 다만 자신의 마음속에 일어나는 일이다. 그러나 '이 8장의 여섯 개'는 가족에 대하는 한 정(情)

이며 (그 정을 바르게 하는 것이) 곧 집안을 다스리는 도리이기도 하다.

어구 설명 ㅇ上章四箇有所字(상장사개유소자)－'앞의 전문 7장 1절'에 있는 '네 개의 유소(有所)' 즉 '身有所忿懥 則不得其正 有所恐懼 則不得其正 有所好樂 則不得其正 有所憂患 則不得其正'의 넷을 말한다. ㅇ此章六箇辟字(차장육개벽자)－'이 전문 8장 1절'에 있는 여섯 개의 벽(辟)자(字), 실제로는 다섯 개의 벽이 있다. 즉 '(1)人之其所親愛而辟焉 (2)之其所賤惡而辟焉 (3)之其所畏敬而辟焉 (4)之其所哀矜而辟焉 (5)之其所敖惰而辟焉'의 다섯이다. ㅇ其實皆心之病也(기실개심지병야)－'전문 7장, 8장'에서 말한 '네 가지 감정과 다섯 가지의 치우친 감정'은 실질적으로 마음속의 병폐(病弊)이다. ㅇ但上四者(단상사자)－단 '전문 7장'의 네 가지 병폐는. ㅇ只是自身裏來事(지시자신리래사)－다만 자기 마음속에서 일어나는 일, 즉 감정이다. ㅇ此六者却施於人(차육자각시어인)－이 '전문 8장'의 (여섯 가지－잘못) 즉 '다섯 가지'는 남에게 대해서 품거나 나타내는 감정이다. ㅇ卽處家之道也(즉처가지도야)－(가족에 대한 감정을 바르게 하는 것이) 집안을 다스리는 바른 길이다.

大全疏註 ③-1 雙峯饒氏曰 身以心爲之主 而心以意爲之機 人所以之其親愛而辟者 以其心之不正耳 心所以有忿懥等 則不得其正者 以其意之不誠耳 意苟誠矣 則忿懥等之 必謹其獨 而毋敢失其正 親愛等之 必謹其獨 而毋敢流於僻 是知誠意 卽正心修身之要也 章句所以丁寧之 以密察加察 卽謹獨之謂也 有所忿懥等 而能密察 是謹獨以正其心也 之其所親愛等而能加察 是謹獨以修其身也.

쌍봉 요씨가 말했다. 몸은 마음을 주체로 삼고 마음은 의(意)를 기틀로 삼는다. 사람이 자기가 친애하는 정에 치우치는 원인은 자기 마음이 바르지 못하기 때문이다. 마음이 분노하고 바르지 못하게 되는 원인은 그 의가 성실하지 못하기 때문이다. 의가 성실하면 분치(忿懥) 같은 감정을 낼 때에도 '반드시 자기 홀로 아는 속마음을 근신하고[必謹其獨]' 감히 마음의 중정(中正)을 잃지 않을 것이다. 또 친애(親愛) 같은 감정을 품을 때에도 '반드시 자기 홀로 아는 속마음을 근신하고[必謹其獨]' 감히 한쪽으로 편벽되게 흐르지 않을 것이다. 이것으로써 성의(誠意)가 곧 정심(正心)과 수신(修身)의 요건임을 알 것이다. 〈장구〉에서 거듭하여 '세밀히 살펴라[密察]' '거듭 살펴라[加察]'고 말한 이유는 '근독(謹獨)'하라는 뜻이다. 분치(忿懥)할 때에 세밀히 살필 수 있으면 그것이 곧 근독하고 자기 마음을 바르게 함이다. 친애하는 사람에 대해서 더욱 살필 수 있으면 그것이 곧 근독하고 몸을 닦는 것이다.

大全疏註 ③-2 章句於二章 察之一字 凡四言之 省察之工夫 豈非自誠意章之謹獨而發哉　不特正心修身章爲然也 由是而齊家治國平天下　無往不自謹獨出焉　傳於釋齊家治國章 曰心誠求之 釋平天下章 曰忠信以得之 曰誠求曰忠信　皆誠其意之謂也 誠其意卽謹獨之謂也.

〈장구〉에서는 두 장에 걸쳐 '찰(察)'이 네 번이나 나왔다. 성찰(省察)의 공부가 어찌 성의장(誠意章)의 근독(謹獨)에서 나온 것이 아니겠는가. 오직 정심(正心)이나 수신(修身)만이 아니고 더 나가서 제가(齊家)·치국(治國)·평천하(平天下) 모두가 근독(謹獨)에서 나오지 않은 것이 없다. 전문 제가·치국을 해석한 장에서 '마음을 성실하게 하고 구하라(心誠求之)'고 했고, 평천하를 해석한 장에서는 '충신으로 얻는다(忠信以得之)'라고 했다. '성실하게 구하라, 충신으로'라고 한 말은 곧 '자기의 뜻을 성실하게 한다는 뜻이다(誠其意之謂也)'. '성기의(誠其意)'는 곧 '근독'을 말하는 것이다.

大全疏註 ③-3 故程子論天德王道 皆曰其要只在謹獨 論出門使民 亦曰惟謹獨 便是 守之之法 可謂得其要矣.

고로 정자가 '천덕(天德) 왕도(王道)'를 논할 때 모두 '그 요점은 오직 근독(謹獨)에 있다'고 말했다. 또 '《논어(論語)》의 출문사민(出門使民)'을 논할 때도 역시 '오직 근독만이 곧 지켜야 할 법이다'라고 말했으니 참으로 요점을 얻은 말이라 하겠다.

章句集註 (1) 右傳之八章 釋修身齊家.

이상이 전문의 제8장이며 수신(修身)과 제가(齊家)를 해석한 것이다.

전문 9장

전문 제9장은 제가(齊家)가 치국(治國)의 바탕임을 강조한 글이다. 전체를 다시 9개의 절(節)로 나눈다.

1 절—所謂治國 必先齊其家者 其家不可敎 而能敎人者無之 故君子不出家 而成敎於國 孝者所以事君也 弟者所以事長也 慈者所以使衆也.

2 절—康誥曰 如保赤子 心誠求之 雖不中 不遠矣 未有學養子而后嫁者也.

3 절—一家仁 一國興仁 一家讓 一國興讓 一人貪戾 一國作亂 其機如此 此謂一言僨事 一人定國.

4 절—堯舜帥天下以仁 而民從之 桀紂帥天下以暴 而民從之 其所令反其所好 而民不從 是故君子有諸己 而後求諸人 無諸己 而後非諸人 所藏乎身不恕 而能喩諸人者未之有也.

5 절—故治國 在齊其家.

6 절—詩云 桃之夭夭 其葉蓁蓁 之子于歸 宜其家人 宜其家人而后可以敎國人.

7절-詩云 宜兄宜弟 宜兄宜弟 而后可以敎國人.

8절-詩云 其儀不忒 正是四國 其爲父子兄弟足法 而后民法之也.

9절-此謂治國 在齊其家.

전문 9장 1절

원문 所謂治國 必先齊其家者 其家不可教 而能教人者無之 故君子不出家 而成教於國 孝者所以事君也 弟者所以事長也 慈者所以使衆也.

소위치국(이) 필선제기가자(는) 기가(를) 불가교(이오) 이능교인자(이) 무지(하니) 고(로) 군자(는) 불출가 이성교어국(하나니) 효자(는) 소이사군야(요) 제자(는) 소이사장야(요) 자자(는) 소이사중야(이니라)

직역 이른바 치국(治國)은 반드시 먼저 자기 집안을 가지런히 함이다라고 말하는 (까닭은) 자기 집안 사람들을 교화하지 못하고 능히 다른 사람들을 교화한 예가 없기 때문이다. 고로 군자는 집을 나가지 않고도 (덕의 힘으로써) 모든 사람들에 대한 교화를 할 수 있다. (부모에 대한) 효도는 곧 (국가적으로는) 임금을 잘 섬기는 (충성의) 바탕이다. (형제간의 우애 공경인) 제(弟=悌)는 곧 (사회에서) 연장자나 선배를 잘 섬기는 바탕이다. (가정에서 자녀나 아랫사람에게 베푸는) 자애는 곧 (국가적인 차원에서) 백성이나 대중을 (仁愛로써) 부리고 쓰는 바탕이다.

어구 설명 ○所謂治國必先齊其家者(소위치국필선제기가자)－이른바 '치국(治國)'은 '반드시 먼저 자기 집안을 가지런히 함이다[必先齊其家]'라고 말한다. 이 구절은 다음같이 분석한다. '소위(所謂)……자(者)(이른바……라고 말하는 것은)' '……'는 곧 '치국필선제기가(治國必先齊其家)'. ○其家不可教(기가불가교)－자기 집안 사람들을 교화하지 못하고. ○而能教人者無之(이능교인자무지)－(그러면서) 능히 다른 사람들을 교화한 예가 없다. ㅇ故君子不出家(고군자불출가)－고로 군자는 집을 나가지 않고도 (덕의 힘으로써). ㅇ而成教於國(이성교어국)－나라의 모든 사람들에 대한 교화를 할 수 있다. ㅇ孝者(효자)－부모에 대한 효도 효행은. ㅇ所以事君也(소이사군야)－(국가에서) 임금을 잘 섬기는 바탕이다. ㅇ弟者(제자)－형님에 대한 존경 공순(恭順)은, '제(弟)＝제(悌)(형을 높이고 순종함)'. ㅇ所以事長也(소이사장야)－사회나 국가에서 연장자나 선배를 잘 섬기는 바탕이다. ㅇ慈者(자자)－가정에서 자녀나 아랫사람에게 자애를 베푸는 것은. ㅇ所以使衆也(소이사중야)－사회나 국가적인 차원에서 백성이나 대중을 인애(仁愛)로써 부리고 쓰는 바탕이다.

章句集註 (1) 身修則家可教矣 孝弟慈所以修身 而教於家者也 然而國之所以事君事長使衆之道 不外乎此 此所以家齊於上 而教成於下也.

몸을 닦아야 비로소 집안사람들을 교화할 수 있다. 부모에 대한 효도, 형장에 대한 경애, 아랫사람에 대한 자애 셋이 자신을 수양하고 집안사람들을 교화하는 바탕이다. 그러나 나라에 있어 임금을 섬기고, 윗사람을 섬기고 또 백성을 부려쓰는 도리도 이에서 벗어나지 않는다. 이 셋이 위로는 집안을 가지런하게 다스리고 아래로는 백성들을 교화하는 바탕이다.

어구 설명 ㅇ身修(신수)－몸을 닦아야, 자기 자신을 수양해야. ㅇ則家可教矣(즉가가교의)－비로소 집안사람들을 교화할 수 있다. ㅇ孝弟慈(효제자)－부모에 대한 효도, 형장(兄長)에 대한 경애(敬愛), 아랫사람에 대한 자애(慈愛). ㅇ所以修身而教於家者也(소이수신이교어가자야)－(孝弟慈 셋이) 자신을 수양하고 집안사람들을 교화하는 바탕이다. ㅇ然而(연이)－그러나. ㅇ國之所以事君事長使衆之道(국지소이사군사장사중지도)－

나라에 있어, 임금을 섬기고, 윗사람을 섬기고 또 백성을 부려쓰는 도리도. ㅇ不外乎此(불외호차)－이에서 벗어나지 않는다. 〈原註〉'이는 '효제자'를 가리킨다.(此字指孝弟慈而言)' 〈大全疏註〉 ㅇ此所以家齊於上而教成於下也(차소이가제어상이교성어하야)－이 '효제자(孝弟慈)' 셋이 위로는 집안을 가지런하게 다스리고 아래로는 백성들을 교화하는 바탕이다.

大全疏註 ① 因家不可教 而推家所以可教之由 實自修身始.

집안사람들을 교화할 수 없다는 원인을 가지고, 집안사람들을 교육할 수 있는 원인을 미루어 볼 때, (이 모두가) 실로 수신(修身)에서부터 시작한다.

大全疏註 ② 朱子曰 上面說 不出家而成教於國 下面便說 所以教者如此 此三者便是教之目.

주자가 말했다. 전문 앞에서 '집에서 나가지 않고 나라를 교화한다(不出家而成教於國)'고 말했고 이어 '교화의 바탕이 그와 같다(所以教者如此)'고 말했으니, 그 (孝弟慈) 셋은 곧 교화의 항목이다.

大全疏註 ③ 孝者所以事君 弟者所以事長 慈者所以使衆 此道理皆是 我家裏做成了 天下人看著 自能如此 不是我推之於國.

효(孝)는 임금을 섬기는 바탕이고, 제(弟)는 형장(兄長)을 섬기는 바탕이고, 자(慈)는 백성을 부리는 바탕이다. 이 도리를 다 내가 집안에서 충분히 실천하면 천하 만민들이 보고 스스로 (감화되어) 그와 같은 도리를 실천하게 된다. 내가 직접 나서서 나라의 백성들에게 추진케 하는 것이 아니다.

大全疏註 ④ 孝以事親 而使一家之人皆孝 弟以事長 而使一家之人皆弟 慈以使衆 而使一家之人皆慈 是乃成敎於國者也.

자신이 효(孝)로써 어버이를 섬겨 집안사람으로 하여금 다 효도하게 한다. 자신이 제(弟)로써 형님을 섬겨 집안사람으로 하여금 다 공경하게 한다. 자신이 자(慈)로써 모든 사람들을 부려쓰고 집안사람으로 하여금 다 자애롭게 한다. 이와 같이 하는 것이 곧 나라 사람들을 교화하는 것이다.

大全疏註 ⑤ 陳氏曰 在我事親之孝 卽國之所以事君者 在我事兄之弟 卽國之所以事長者 在我愛子之慈 卽國之所以使衆者 能修之於家 則敎自行於國矣.

진씨가 말했다. 내가 어버이를 섬기는 효(孝)는 곧 나라에서 임금을 섬기는 바탕이 되고, 내가 형님을 섬기는 제(弟)는 곧 나라에서 어른을 섬기는 바탕이 되고, 내가 자식을 사랑하는 자(慈)는 곧 나라에서 백성을 부려쓰는 바탕이 된다. (이와 같이) 집안에서 (孝弟慈를) 능히 실천할 수 있으면 곧 (효제자의) 교화가 나라에서 스스로 이루어진다.

大全疏註 ⑥ 玉溪盧氏曰 孝弟慈三者 明德之大目 人倫之大

綱 擧此可該其餘矣.

옥계 노씨가 말했다. '효제자(孝弟慈)' 셋은 명덕(明德)의 큰 항목이고, 인륜(人倫)의 큰 강령이다. 이 셋을 높이고 행하면 기타의 덕행이 다 포함된다.

大全疏註 ⑦ 雲峯胡氏曰 修身以上 皆是學之事 齊家治國 方是敎之事 所以此章 首拈出敎之一字 然其所以爲敎者 又只從身上說來 孝弟慈所以修身 而敎於家者也 獨擧三者 蓋從齊家上說 一家之中 有父母故曰孝 有兄長故曰弟 有子弟僕隷故曰慈 事君事長使衆 方從治國上說.

운봉 호씨가 말했다. (八條目 중) '수신(修身)' 앞의 (넷은) 모두 학(學)의 일이고 '제가치국(齊家治國)'이 비로소 교(敎)의 일이다. 그래서 이 장 (즉 전문 9장) 앞에 '교'자를 내세웠다. 그러나 '교'의 바탕 또한 자신으로부터 말해야 한다. '효제자(孝弟慈)'가 수신하고 일가를 교화하는 바탕이다. 세 개만을 내세운 것은 (모든 교화를) 제가(齊家)에서부터 말하기 때문이다. 집안에는 부모가 계시므로 효(孝)해야 하고, 형님이 있으니깐 제(弟)해야 하고, 자제(子弟) 복비(僕婢)가 있으니 자(慈)해야 한다. (이와 같이 효제자를 바탕으로) '임금을 섬기고 윗사람을 섬기고 백성을 부려야 한다고(事君事長使衆)' 치국(治國)에 관한 말을 한 것이다.

大全疏註 ⑧ 吳氏曰 傳只言治國先齊其家 章句幷修身言之

推本之論也 孝弟慈 體之身 則爲修其身 行之家 則爲齊其家 推之國 則爲治其國 天理人倫 一以貫之而已 況家有父 猶國猶君 家有兄 猶國有長 家有幼 猶國有衆 分雖殊 理則一也.

오씨가 말했다. 전문에서는 다만 '치국선제기가(治國先齊其家)'라고 했고 〈장구〉에서는 '수신(修身)'을 겸해서 말했으니 그것은 근본을 미루어 말한 것이다. '효제자(孝弟慈)'를 '몸에 체득하는 것'이 곧 '자기 몸을 닦음이 되고(爲修其身)' '집안에서 행하는 것(行之家)'이 곧 '자기 집안을 가지런히 함이 되고(爲齊其家)' '나라에 미루어 나가는 것(推之國)'이 곧 '그 나라를 다스림이 된다(爲治其國)'. (이와 같이) 천리와 인륜은 일이관지(一以貫之)'하는 것이다. 하물며 집안에 아버지가 계심은 나라에 임금이 계심과 같고 집안에 형님이 있음은 나라에 장자(長者)가 있음과 같고 집안에 어린이가 있음은 나라에 백성이 있음과 같다. 분수는 서로 다르지만 이치는 같은 하나이다.

전문 9장 2절

원문 康誥曰 如保赤子 心誠求之 雖不中 不遠矣 未有學養子 而后嫁者也.

강고(에) 왈 여보적자(라하니) 심성구지(면) 수부중(이나) 불원의(니) 미유학양자 이후(에) 가자야(니라)

직역 《서경》 강고편에 '갓난아이를 보육하는 것같이 하라'고 말했다. 마음속으로부터 성실하게 구하면 비록 맞지 않아도 멀게 되지는 않을 것이다. 자식 양육하는 법을 배운 다음에 시집가는 사람은 없느니라.

어구 설명 ㅇ康誥(강고)-《서경(書經)》 주서(周書) 강고편(康誥篇)의 글. ㅇ如保赤子(여보적자)-갓난아기를 보육(保育)하듯이 하라. 사람은 천성(天性)으로 자식을 낳고 사랑으로 양육한다(그와 같이 천성의 仁心을 바탕으로 남들을 사랑하고 돌보아 주어야 한다). ㅇ心誠求之(심성구지)-하늘이 자모(慈母)에게 준 본연(本然)의 자애심(慈愛心)을 가지고 성실하게 구하면 (아이의 보육을 구하면). ㅇ雖不中(수부중)-비록 들어맞지는 않아도 (아이의 욕구에 적중하지는 않아도). 〈原註〉 '중(中)은 거성(去聲)' 〈大全疏註〉 ㅇ不遠矣(불원의)-멀리 벗어나지 않는다. ㅇ未有(미유)……者(자)-아직까지 ……한 사람은 없었다. ㅇ學養子(학양자)-자식 양육하는 법을 먼저 배우고. ㅇ而后嫁者也(이후가자야)-그런 다음에 시집가는 사람은 없다.

章句集註 (1) 此引書而釋之 又明立敎之本 不假强爲 在識其端 而推廣之耳.

이 장구는 《서경》의 구절을 인용하고 해석해서 교화의 근본을 세우는 일은 강제적 힘을 빌려서 하는 것이 아니고 (각자가 스스로 윤리 도덕의) 단서를 알고 아울러 미루어 넓혀나감에 있음을 밝힌 것이다.

어구 설명 ㅇ此引書而釋之(차인서이석지)-이것은 《서경》의 구절을 인용하고 해석하고. ㅇ又明(우명)-또 밝힌 것이다. '명(明)'은 끝까지 걸린다. ㅇ立敎之本(입교지본)-교화의 근본을 세우는 일은. ㅇ不假强爲(불가강

위)－강제적 힘을 빌려서 하는 것이 아니고. ㅇ在識其端(재식기단)－(각자가 스스로 윤리 도덕의) 단서를 알고. '재(在)'는 끝까지 걸린다. ㅇ而推廣之耳(이추광지이)－아울러 미루어 넓혀나감에 (있음을 밝히는 것이다).

大全疏註 ① 朱子曰 孝弟雖人所同有 能守而不失者鮮 惟保赤子 罕有失者 故特卽人所易曉者 以示訓 亦與孟子言見孺子入井之意同.

주자가 말했다. 효제(孝弟)의 본성(本性)은 사람들이 다 같이 지니고 있으나 능히 지키고 잃지 않는 사람은 적다. 다만 적자(赤子)를 보육(保育)하려는 (慈愛心을) 잃는 사람은 별로 없다. 그러므로 특히 사람들이 쉽게 알 수 있는 (保赤子를) 가지고 가르친 것이다. 이는 또 《맹자》에 나오는 '아이가 우물에 빠지려는 것을 보면 놀라고 측은하게 여긴다'라고 한 말과 같은 뜻이다.

어구 설명 ㅇ惟保赤子罕有失者(유보적자한유실자)－다만 갓난아이를 잘 보양하려는 (본능적인) 모성애(母性愛)를 잃어버리는 사람은 거의 없다. ㅇ孟子言見孺子入井之意同(맹자언견유자입정지의동)－《맹자》 공손추(公孫丑) 장에 있다.

大全疏註 ② 保赤子 慈於家也 如保赤子 慈於國也 保赤子是慈 如保赤子是使衆 心誠求赤子所欲 於民 亦當求其不能自達者 此是惟慈幼之心 以使衆也.

'보적자(保赤子)'는 집안에서 자애롭게 한다는 뜻이고 '여보적자(如保赤子)'는 나라에서 (백성에게) 자애를 베푼다는 뜻이다.

'보적자'는 자애함이고 '여보적자'는 백성을 (자애롭게) 부려씀이다. (어머니가) 마음을 성실하게 하고 아이가 원하는 것을 채워주려고 하듯이, (임금은) 백성에 대해서 마땅히 (백성 자신의 힘으로) 달성할 수 없는 일을 (나라의 힘으로) 해주어야 한다. 그렇게 하는 것이 곧 (자식을) 자애하는 마음으로 백성을 (자애롭게) 잘살게 해준다는 뜻이 된다.

大全疏註 ③ 此且只說動化爲本 未說到推上 後方全是說推.

여기서는 다만 (남들을) 감동케 하고 교화하는 것만을 근본으로 하는 말만을 했으며 (자신이) 미루어 올라가는 것에 대한 말을 안했다. 뒤에서 전적으로 미루어 올라가는 것에 대한 말을 하겠다.

大全疏註 ④ 黃氏曰 言但以誠心求之 則自然得赤子之心 不待勉强而後知之也.

황씨가 말했다. '다만 성심으로 구한다'고 말한 것은 곧 자연스럽게 어린아이의 마음을 안다는 뜻이다. 애쓰고 힘들인 다음에 비로소 (어린아이의 마음을) 안다는 뜻이 아니다.

大全疏註 ⑤ 三山陳氏曰 赤子有欲 不能自言 慈母獨得其所欲 雖不中亦不遠者 愛出於誠 彼己不隔 以心求之 不待學而後能也.

삼산 진씨가 말했다. 어린아이는 욕구가 있어도 자신이 말하지 못한다. 자모가 홀로 아이의 욕구를 알게 마련이다. (그것은) 비록 딱 맞지 않아도 멀리 다르지 않는다. 자모의 사랑은 성심에서 나오며 자기와 아이의 간격이 없이 성심으로 (아이의 욕구를) 채워주려고 한다. (자식에 대한 자애는) 배우지 않아도 능히 행할 수 있다.

大全疏註 ⑥ 玉溪盧氏曰 引書卽慈之道 以明孝弟之道也 立敎之本 本者明德是已 在識其端 端者 明德之發見 爲孝弟慈是已.

옥계 노씨가 말했다. 《서경》의 인용문은 자애의 도리이며, 이를 가지고 효제의 도를 밝힌 것이다. '입교지본(立敎之本)'의 '본(本)'은 곧 '명덕(明德)'이다. '재식기단(在識其端)'의 '단(端)'은 '명덕이 나타나서 효제자(孝弟慈)가 되는 단서'이다.

어구 설명 ㅇ是已(시이)-'……이다', 어미조사(語尾助詞).

大全疏註 ⑦ 仁山金氏曰 此段章句 本章首敎字三者 俱作敎說 不作推說 立敎之本 說孝弟慈 不假强爲 說未有學養子而後嫁 在識其端 而推廣之 說心誠求之.

인산 김씨가 말했다. 이 (2절에 대한) 〈장구집주〉는 (전문 9장 1절에 있는) 세 개의 '교(敎)'자를 바탕으로 하고 '여러 가지 교화를 말한 것이지(俱作敎說)' '미루어 나간 것에 대한 말을 한 것이 아니다(不作推說)'. '입교지본(立敎之本)'은 '효제자(孝弟慈)'를 말한 것이고 '불가강위(不假强爲)'는 '자식 양육하는 법을 배우고 난 다음에 시집가는 사람이 없음(未有學養子而後嫁)'을 말한 것이다. '재식기단(在識其端) 이추광지(而推廣之)'는 '마음을 성실하게 하고 구함을 말한(說心誠求之)' 것이다.

大全疏註 ⑧ 雲峯胡氏曰 孝弟慈 皆人心之天 此獨言慈者 世教衰 孝弟或有失其天者 獨母之保赤子慈之天 未有失者也 大要只在心誠求之一句上 擧其慈之出於天者 庶可以觸其孝弟之天 孝弟亦在乎誠而已.

운봉 호씨가 말했다. 효제자(孝弟慈)는 다 '사람 마음속에 있는 하늘이 준 본성(人心之天)'이다. (그런데) 여기서 유독 '자(慈)'만을 말한 이유는 '세상의 풍교(風敎)가 쇠퇴하면 간혹 하늘이 준 본성적인 효제(孝弟)를 잃기도 한다(世教衰 孝弟或有失其天者)'. 그러나 '오직 모친이 적자를 보육하는 자애의 천성만은 잃는 법이 없다(獨母之保赤子慈之天 未有失者也)'. (그래서 慈를 내세운 것이다) 큰 요점은 오직 '재심성구지(在心誠求之)'라는 한 구절에 있다. '어머니의 자애가 하늘에서 나왔음을 높이 들면(擧其慈之出於天者)' 효제(孝弟)도 하늘이 준 본성임을 알게 할 수 있다(庶可以觸其孝弟之天)'. 효제도 역시 성(誠) 속에 있는 것이다.

大全疏註 ⑨ 新安陳氏曰 立教之本 總言孝弟慈 傳引書 只言慈幼 章句乃總三者言之 蓋因慈之良知良能 而知孝弟之良知良能 皆不假於强爲 只在識其端倪之發見處

而從此推廣去耳.

신안 진씨가 말했다. '입교지본(立教之本)'을 총괄하면 '효제자(孝弟慈)'이다. '전문(傳文)'에서는 《서경》을 인용하되 '다만 어린아이를 자애한다고 말했다(只言慈幼)'. (그러나) 〈장구집주〉에서는 곧 '효제자 셋을 다 말했다.' 아마 자(慈)의 양지양능(良知良能)을 바탕으로 효제(孝弟)의 양지양능을 아는 일은 강제적 힘을 빌리지 않고 된다. (그러므로) 다만 단서가 나타나는 곳을 인식하고 미루어 넓혀나가면 된다는 생각에서 자(慈)만을 말했을 것이다.

大全疏註 ⑩ 東陽許氏曰 保赤子 是父母愛子之心 如保者 是言君養民 亦當如父母之保赤子 赤子不能言 父母保之 雖不中不遠 況民之能言 而意易曉者 所欲與之聚 所惡毋施 雖不中民之心 不遠矣.

동양 허씨가 말했다. '보적자(保赤子)'는 '부모가 자식을 사랑하는 마음이다.' '여보자(如保者)'는 곧 임금이 백성을 양육하는 것을 역시 부모가 적자를 보양함과 같이함을 말한다. 적자는 말을 못한다. 그래도 부모가 보양함에 있어 딱 맞지는 않아도 멀리 어긋나지 않는다. 하물며 백성은 말을 할 수 있으니깐 그들의 뜻도 알기 쉽다. (그러므로 임금이) 그들의 욕구를 이루어 주어 (그들이) 모이게 하고[聚] 그들이 싫어하는 바를 강요하지 않으면 비록 딱 맞지는 않아도 멀리 빗나가지는 않을 것이다.

전문 9장 3절

원문 一家仁 一國興仁 一家讓 一國興讓 一人貪戾 一國作亂 其機如此 此謂一言僨事 一人定國.

일가(이) 인(이면) 일국(이) 흥인(하고), 일가(이) 양(이면) 일국(이) 흥양(하고), 일인(이) 탐려(하면) 일국(이) 작란(하나니), 기기여차(하니) 차위 일언(이) 분사(며) 일인(이) 정국(이니라)

직역 한집안에서 인(仁)의 기풍이 넘치면 (백성들이 감화되어) 나라 전체에 인의 기풍이 흥성하게 된다. 한 집안에서 겸양의 예(禮)가 잘 행해지면 나라 전체에 겸양의 예가 진작된다. 임금 한 사람이 탐욕하게 이(利)를 취하면 나라 모든 사람들도 (탐욕하게 이를 취하고 마침내는) 난(亂)을 일으키게 된다. 그 기틀이 이와 같이 기미(機微)하게 엮어져 있다. 그래서 '임금의 그릇된 말 한마디가 국사(國事)를 망치기도 하고 임금 한 사람의 인덕(仁德)이 나라를 안정되게 한다'고 말하는 것이다.

어구 설명 ㅇ一家仁(일가인)-(임금의) 한 집안에서 인풍(仁風)이 넘치면 (백성들이 감화되어). ㅇ一國興仁(일국흥인)-한 나라 전체에 인의 기풍이 진작된다. ㅇ一家讓(일가양)-(임금의) 한 집안에서 겸양의 예(禮)가 잘 행해지면. ㅇ一國興讓(일국흥양)-한 나라 전체에 겸양의 예가 진작된다. ㅇ一人貪戾(일인탐려)-임금 한 사람이 탐욕하게 이(利)를 취하면. ㅇ一國作亂(일국작란)-한 나라 모든 사람들도 (탐욕하게 利를 취하고 마침내는) 작란(作亂)하게 된다. ㅇ其機如此(기기여차)-그 기틀이 이와 같이 기미(機微)하게 엮어져 있다. ㅇ此謂(차위)-그러므로 ……라고 말한다. ㅇ一言僨事(일언분사)-임금의 (그릇된) 말 한마디가 국사(國事)

를 망치기도 하고. ㅇ一人定國(일인정국)-임금 한 사람의 (仁德이) 나라를 안정되게 하기도 한다.

章句集註 (1) 一人謂君也 機發動所由也 僨覆敗也 此言教成於國之效.

'일인(一人)'은 임금을 말한다. '기(機)'는 발동(發動)하는 요인이다. '분(僨)'은 뒤집어엎고 망친다는 뜻이다. '이 3절'은 임금의 교화가 나라에 주는 효험이나 영향을 말한 것이다.

어구 설명 ㅇ一人謂君也(일인위군야)-'일인(一人)'은 임금을 말한다. ㅇ機發動所由也(기발동소유야)-'기(機)'는 발동(發動)의 근본 요인이다. 즉 '기(機)'는 모든 사람으로 하여금 활동케 하거나 모든 사물의 현상을 나타나게 하는 기미(機微)한 요인과 기틀〔mechanism〕을 함께 묶어 '기'라고 했다. ㅇ僨覆敗也(분복패야)-'분(僨)'은 뒤집어엎고 망친다는 뜻이다. ㅇ此言教成於國之效(차언교성어국지효)-'이 3절'은 임금의 교화가 나라에 주는 영향이나 효험을 말한 것이다.

大全疏註 ① 朱子曰 一家仁 一國興仁 一家讓 一國興讓 自家禮讓 有以感之 故民亦如此興起 自家好爭利 却責民間禮讓 如何得他應.

주자가 말했다. 임금의 집안이 인(仁)하면 나라에 인이 흥하고, 임금의 집안이 예양(禮讓)하면 나라에 예양이 흥한다. 그것은 임금 일가의 예양이 (남들을) 감화하기 때문에 백성들도 역시 그와 같이 흥기(興起)하는 것이다. 임금 자신은 다투어 이를 취하면서 민간에게만 예양을 요구한들 어떻게 순응하겠는가.

大全疏註 ② 一家仁以上 是推其家以治國 一家仁以下 是人自化之也.

'일가인(一家仁)' 앞의 (1절과 2절은) 자기 집안을 미루어 나라 다스림을 말한 것이고 '일가인' 다음의 (3절에서 9절까지는) 사람들이 스스로 교화됨을 말한 것이다.

大全疏註 ③ 雙峯饒氏曰 仁讓是本上文孝弟而言 仁屬孝 讓屬弟 貪戾者慈之反也 上言不出家而成敎於國底道理 此言不出家而成敎於國底效驗.

쌍봉 요씨가 말했다. '인(仁)과 양(讓)'은 앞의 글 1절의 '효(孝)와 제(弟)'를 바탕으로 한 말이다. '인은 효에 속하고 양은 제에 속한다.' '탐려(貪戾)는 자(慈)와 반대가 된다.' 앞의 1절은 '불출가(不出家)하고 나라를 교화하는 도리'를 말한 것이고 이 2절은 '불출가하고도 나라가 교화된 효험'을 말한 것이다.

大全疏註 ④ 玉溪盧氏曰 仁讓善也 接上文孝弟言 貪戾惡也 貪則不讓 戾則不仁 有善無惡之理 雖原於天 而爲善爲惡之機 實由於君 仁讓之化 必待行於家 而後行於國 貪戾之失 才自於君 而卽見於國 從善如登 見其難 從惡如崩 見其易 機之所在 可畏如此 可不謹歟 僨事定國 蓋古語 觀此謂二字 可見引以證上文.

옥계 노씨가 말했다. '인(仁)과 양(讓)은 선(善)하다.' 앞의 글

1절의 '효(孝)와 제(弟)'에 맞춰 말한 것이다. '탐려(貪戾)는 악(惡)하다.' '탐(貪)하면 예양(禮讓)하지 않고, 여(戾)하면 인자(仁慈)하지 못하다.' 착하기만 하고 악함이 없는 도리는 비록 하늘에서 연유한 (본성 속에 주어진) 것이다. 그러나 (실제로) 선을 행하거나 악을 행하는 기틀은 실로 임금으로부터 연유하는 것이다. 인양(仁讓)의 교화는 반드시 임금의 집안에서 행해진 다음에 비로소 나라 전체에 행해질 것이다. 탐려(貪戾)의 실덕은 임금이 행하는 즉시 나라 전체에 나타나게 마련이다. (나라가 임금의) 선을 따르기는 산에 오르듯이 (효과가) 나타나기 어렵다. 그러나 악을 따르기는 무너지는 것과 같아서 쉽게 나타난다. (백성의 善惡의) 기틀의 소재가 이와 같이 두려우니 참으로 삼가지 않을 수 있으랴. '일언분사(一言僨事), 일인정국(一人定國)'은 옛말일 것이다. '차위(此謂)' 두 글자를 보면 옛말을 인용해서 앞의 글을 증명한 것임을 알 수 있다.

大全疏註 ⑤ 仁山金氏曰 定國謂之一人 蓋總一身而論 僨事謂之一言 則不過片言之間 善惡功效之難易 尤爲可懼也已.

인산 김씨가 말했다. '정국(定國)의 경우, 일인(一人)이라 한' 것은 대략 임금 한 몸의 행동을 총괄해서 말한 것이다. '분사(僨事)의 경우, 일언(一言)'이라 한 것은 즉 토막말에 불과해도 (그 속에 분사할 수 있음을 말한 것이다). 이와 같이 선(善)의 공은 나타나기 어렵고 악(惡)은 나타나기 쉬우므로 특히 두려워해야 한다.

大全疏註 ⑥ 新安陳氏曰 一家仁讓 而一國仁讓 家齊而國治也 一人才貪戾 而一國卽作亂 身不修則家國卽不齊不治也 機者弩牙矢之發動所由 譬仁讓之興 其機由一家 悖亂之作 其機由一人 故總斷云 其機如此 一言僨事 結作亂句 一人定國 結興仁讓句.

신안 진씨가 말했다. '일가(一家)에서 인애(仁愛)와 예양(禮讓)이 행하면 일국(一國)에서 인애와 예양이 흥한다는 것은' 곧 '가제(家齊)하고 국치(國治)한다는 뜻이다.' '일인(一人)이 탐려(貪戾)하면 일국이 어지러워진다'고 함은 곧 '신불수(身不修)면 가(家)와 국(國)이 부제(不齊) 불치(不治)한다는 뜻이다.' '기(機)는 쇠뇌에 화살을 메겨서 쏘아 날리는 기틀이다.' 예를 들면 일국에 인양(仁讓)이 흥하는 그 기틀은 일가에서 연유하고 패란(悖亂)이 일어나는 그 기틀은 일인에서 연유한다. 고로 함께 묶어 '기기여차(其機如此)'라고 말한 것이다. '일언분사(一言僨事)는 '작란구(作亂句)'를 묶은 것이고, '일인정국(一人定國)'은 '흥인양구(興仁讓句)'를 묶은 것이다.

大全疏註 ⑦ 東陽許氏曰 仁讓必一家 方能一國化 貪戾只一人 便能一國亂 至於僨事 又只在人之一言 以此 見爲善難爲惡易 不可忽如此.

동양 허씨가 말했다. 인양(仁讓)은 반드시 일가(一家)에서 흥해야 비로소 일국(一國)이 교화된다. 탐려(貪戾)는 단 일인(一人)이라도 바로 일국을 어지럽힌다. 분사(僨事)에 이르러서는 말 한마디에 걸려 있다. 이렇게 선한 것이 나타나기는 어렵고 악한 것이 나타나기는 쉽다. 소홀하게 여길 수 없음이 그와 같다.

참고 ◐ **일인군야**(一人君也)

고주(古注)는 대체로 임금을 주체로 하고 《대학》을 풀이했다. '명명덕(明明德)'도 '임금의 명명덕'으로 풀었다. 그러나 주자(朱子)는 '넓은 의미의 군자'로 해석했다. 그러나 여기서는 '일인(一人), 일가(一家)'를 '임금'으로 풀었다.

전문 9장 4절

원문 堯舜帥天下以仁 而民從之 桀紂帥天下以暴 而民從之 其所令 反其所好 而民不從 是故 君子有諸己 而後求諸人 無諸己 而後非諸人 所藏乎身不恕 而能喩諸人者 未之有也.

요순(이) 솔천하이인(하신대) 이민(이) 종지(하고) 걸주(이) 솔천하이포(한대) 이민종지(하니) 기소령(이) 반기소호(면) 이민(이) 부종(하나니) 시고(로) 군자(는) 유제기 이후(에) 구제인(하며) 무제기 이후(에) 비제인(하나니) 소장호신(이) 불서(요) 이능유제인자(이) 미지유야(니라)

직역 요(堯)와 순(舜) 두 성제(聖帝)가 천하를 인덕(仁德)으로 통솔하고 다스리자 천하 만민들이 잘 따르고 (감화되어 인덕을 높이고 실천했다). 하(夏)의 걸왕(桀王)과 은(殷)의 주왕(紂王)은 천하를 포학무도(暴虐無道)하게 통솔했으며 이에 백성들도 (걸왕과 주왕을) 따라 (포학무도하게 되었다. 포학무도한 임금이) 내리는 명령이 자기들이 좋아하는 바와 반대가 되고 (즉 자기들은 포학무도한 짓을 좋아하고 행하면서 백성에게는) 반대로 (착하게 하라고) 명령을 내렸다. 그러므로 백성들은 (착하게 하라는) 명령을 안 따르고 (포학무도한 짓을 했다). 그런 고로 군자는 먼저 자기가 (선한 덕을) 갖추어 가지고 그런 다음에 남에게 (선한 덕) 갖기를 구한다. (한편) 자기에게 (허물이) 없게 한 다음 그리고 나서 남에게 (허물 있음을) 비난한다. 내가 속에 '불서(不恕)'를 지니고 있으면서 남을 능히 교화하고 깨우치게 할 사람은 절대로 없다.

어구 설명 ㅇ堯舜帥天下以仁(요순솔천하이인)－요(堯)와 순(舜) 두 성제(聖帝)가 천하를 인덕(仁德)으로 통솔하고 다스리자. '수(帥)'를 '솔'로 읽는다. ㅇ而民從之(이민종지)－천하 만민들이 잘 따르고 (감화되어 인덕을 높이고 실천했다). ㅇ桀紂帥天下以暴(걸주솔천하이포)－걸왕(桀王)과 주왕(紂王)은 천하를 포학(暴虐)으로 통솔했다. ㅇ而民從之(이민종지)－그래서 만민들도 (걸왕과 주왕을) 따라 (포학하게 되었다). ㅇ其所令(기소령)－(포학무도한 임금이) 내리는 명령이. ㅇ反其所好(반기소호)－자기들이 좋아하는 바와 반대가 되므로, 즉 자기들은 포학무도한 짓을 좋아서 행하면서, (백성에게는) 반대로 (착하게 하라고) 명령을 내린다. ㅇ而民不從(이민부종)－그러므로 백성들도 (착하게 하라는) 명령을 안 따르고 (포학한 짓을 했다). ㅇ是故(시고)－그런 고로. ㅇ君子有諸己(군자유제기)－군자는 먼저 자기가 (선한 덕을) 갖추어 가지고. ㅇ而後求諸人(이후구제인)－그리고 나서 남에게 (선한 덕) 갖기를 구한다. ○無諸己(무제기)-자기에게 (허물이) 없게 하고. ○而後非諸人(이후비제인)-그리고 나서 남이 (허물 있다고) 비난한다. ○所藏乎身不恕(소장호신불서)-내가 속에 '불서(不恕)'를 깊이 지니고 있으면서. '서(恕)'는 '추기급인(推己及人)'이다. '내가 마음으로 좋아하는 바를 미루어 남에게 달성케 하고, 내가 싫어하는 바를 미루어 남에게 강요하지 않는다'는 뜻이다. '불서'는 '서'의 반대. 즉 '자기가 좋아하는 바를 남에게 주지 않고, 자기가 싫어하는 바를 남에게 강요한다'는 뜻이다. '소장호신불서(所藏乎身不恕)'를 다음같이 의역(意譯)할 수 있다. '좋은 것은 자기 혼자 독차지하고 나쁜 것은 남에게 강요하려는 악한 마음씨를 속에 품고서는'이다. ○而能喩諸人者(이능유제인자)-남을 능히 교화하고 깨우치게 할 사람은. ○未之有也(미지유야)-(그런 사람은) 있지 않다, 절대로 없다.

章句集註 (1) 此又承上文一人定國而言.

이것은 앞의 3절에 있는 '일인정국(一人定國)'을 이어받는 말이다.

大全疏註 ① 新安陳氏曰 民之仁暴 唯上所帥 帥之以所好 則民從 如好暴 而令以仁 所令與所好反 民不從矣.

신안 진씨가 말했다. '백성들이 인덕(仁德)을 따르느냐 (반대로) 포학(暴虐)하게 되느냐'하는 것은 오직 임금이 통솔하기에 따라 결정된다. 임금이 좋아하는 바 (인덕으로) 다스리면 백성들도 (임금이 좋아하는 바 인덕을) 따른다. 만약에 임금 자신은 포학을 좋아하면서 (백성들에게만) 인덕을 행하라고 영(令)을 내린다면, 그 영은 (임금 자신이) 좋아하는 바와 반대가 되므로,

따라서 백성들은 따르지 않을 것이다.

章句集註 (2) 有善於己 然後 可以責人之善 無惡於己 然後 可以正人之惡 皆推己以及人 所謂恕也.

자신에게 선(善)이 있은 다음에 남에게 선하기를 구할 수 있으며, 자신에게 악(惡)이 없게 된 다음에 남의 악을 바로잡을 수 있다. (이와 같이) 자기를 미루어 남에게 미치는 것을 이른바 서(恕)라 한다.

어구 설명 ㅇ有善於己(유선어기)－자신에게 선(善)이 있다, 즉 자기가 몸에 선덕(善德)을 갖추다. ㅇ然後(연후)－그런 다음에. ㅇ可以責人之善(가이책인지선)－남에게 선(善)하기를 구할 수 있다. '책(責)＝구(求)' 〈동사〉, '인지선(人之善)' 〈목적어〉, 이때의 '지(之)'는 종속구(從屬句)의 '주어와 술어'를 연결하는 허사(虛詞). ㅇ無惡於己(무악어기)－나에게 악(惡)이 없으면. ㅇ可以正人之惡(가이정인지악)－남의 악을 바로잡을 수 있다. ㅇ推己以及人(추기이급인)－자기를 미루어 남에게 미친다. ㅇ所謂恕也(소위서야)－이른바 서(恕)이다. '추기급인(推己及人)'을 서라 한다.

大全疏註 ① 蛟峯方氏曰 此章 是如治己之心 以治人之恕 絜矩章 是如愛己之心 以愛人之恕.

교봉 방씨가 말했다. 이 장은 '자기를 다스리는 마음과 같은 마음으로 남을 다스리라는 서(恕)를 말한 것'이다. (다음 장에 있는) 혈구장(絜矩章)은 '자기를 사랑하는 마음과 같은 마음으로 남을 사랑하라는 서(恕)를 말한 것'이다.

참고 ◐ 서(恕)의 깊은 뜻

'서(恕)'는 '여(如)와 심(心)을 합친 자로 자기 마음같이 남에게 한다'는 뜻이 있다. 즉 자기가 좋아하는 바를 남에게도 달성케 하고, 반대로 자기가 싫어하는 바를 남에게 강요하지 않는다는 뜻이다. 이를 주자는 '나를 미루어 남에게 미친다(推己及人)'라고 말했다. '서'에는 적극적인 서와 소극적인 서가 있다. '적극적인 서'는 남에게 사랑을 밀고 나가는 것으로 충(忠)이라고도 한다. '소극적인 서'는 남에게 관용을 베푸는 것으로 좁은 의미의 서(恕)라고 한다. 《논어(論語)》에 있다. '자공문왈(子貢問曰) 유일언이가이종신행지자호(有一言而可以終身行之者乎) 자왈(子曰) 기서호(其恕乎) 기소불욕물시어인야(己所不欲勿施於人也)－〈위령공(衛靈公)〉' 공자가 '일이관지(一以貫之)한 도(道)'가 곧 충(忠)과 서를 합친 인도(仁道)였다.

章句集註 (3) 不如是 則所令 反其所好 而民不從矣 喩曉也.

이와 같이 하지 않으면, 백성에게 내리는 명령이 자신이 좋아하는 바와 반대가 된다. 그래서 백성들이 따르지 않는 것이다. '유(喩)'는 '깨달을 효(曉)'의 뜻이다.

어구 설명 ㅇ不如是(불여시)－이와 같이 하지 않으면 (推己及人하는 仁愛의 도리로써 백성들을 다스리지 않으면). ㅇ則所令(즉소령)－즉 (임금이 백성에게 내리는) 명령이. ㅇ反其所好(반기소호)－임금 자신이 좋아하는 바와 반대가 된다. 즉 임금이 좋아하는 포학(暴虐)과 반대가 되므로.

ㅇ而民不從矣(이민부종의)－그러므로 백성들이 따르지 않는다. ㅇ喩曉也(유효야)－'유(喩)'는 '깨달을 효(曉)'의 뜻이다.

大全疏註 ① 問 此章言治國 乃言帥天下以仁 又似說平天下 言有諸己 又似說修身 何也 朱子曰 聖賢之文簡暢 身是齊治平之本 治國平天下自是相關 豈可截然不相入.

'이 장은 치국(治國)을 논한 것으로 곧 천하를 인(仁)으로 통솔하라고 말하면서 또한 평천하(平天下)를 말한 것 같기도 합니다. 아울러 자기가 지니고 있어야 함을 말하면서 또한 수신을 말한 것 같기도 합니다. 왜 그러합니까?'하고 묻자 주자가 말했다. 성현의 글은 간결하면서도 두루 통한다. 몸은 제가(齊家)·치국·평천하의 근본이고 치국과 평천하는 서로 관련되어 있다. 그러니 어찌 잘라낸 듯이 서로 어울리지 않게 할 수가 있겠느냐?

大全疏註 ② 尋常人 若有諸己 又何必求諸人 無諸己 又何必非諸人 如孔子說 躬自厚而薄責於人 攻其惡 無攻人之惡 至於大學之說 是有天下國家者 勢不可以不責他 大抵治國者 禁人惡 勸人善 便是求諸人 非諸人.

보통사람은 만약에 자기에게 착함이 있어도 어찌 남에게 착하기를 구하며 또 자기에게 잘못이 없다고 어찌 남의 잘못을 비난하겠는가? (역시) 공자의 말같이 자신에게는 심하게 책망하고 남에게는 가볍게 책망하며 또 자기의 악함은 공격하되 남의 악함은 공격하지 말아야 한다. 그러나 《대학》에서 말한 것은 천하와 국가를 지니고 다스리는 사람을 말한 것이라 형세에 있어 남을 책망하지 않을 수 없다. 대체로 나라를 다스리는 사람은 남의 악함을 금하고 남의 착함을 권한다. 그것이 곧 '구제인(求諸人), 비제인(非諸人)'의 뜻이다.

大全疏註 ③ 三山陳氏曰 己有此善 然後可以求人有此善 己無此惡 然後可以非人有此惡 皆己先之也.

삼산 진씨가 말했다. 나에게 선이 있어야 다음에 남에게도 착함 있기를 구하고, 나에게 악이 없어야 다음에 남이 악을 가졌다고 비난할 수 있다. 모두 자신을 먼저 내세워야 한다.

大全疏註 ④-1 雙峯饒氏曰 無善而欲責人 有惡而欲禁人 是無己可推 而欲及人也 此章雖釋齊家治國 然自一人貪戾以下 皆歸重人主之身 此乃極本窮原之論.

쌍봉 요씨가 말했다. 자기에게 선이 없으면서 남을 책망하고 자기에게 악이 있으면서 남의 악을 금하는 것은 바로 자기에게 미룰만한 것이 없는데 남에게 미치게 하려는 것이다. 이 장은 비록 '제가(齊家)와 치국(治國)'을 풀이한 것이지만 '일인탐려(一人貪戾)' 다음은 중점을 임금 자신에게 두었으니 이는 곧 근본과 근원을 궁구(窮究)하라는 주장이다.

大全疏註 ④-2 問 恕者推己及人 却說所藏於身 曰恕有首尾 藏乎身者其首 及人者其尾也 忠是恕之首 治國平天下章 皆說恕 此章言有諸己無諸己 是要人於修己上下工

夫 其重在首 下章言所惡於上 無以使下等 是要人於及人上下工夫 其重在尾 兩章互相發明.

'서(恕)는 추기급인(推己及人)인데 어째서 소장어신(所藏於身)이라고 말합니까?'하고 묻자 주자가 대답했다. 서에는 머리와 꼬리가 있다. 소장어신은 머리고 추기급인은 꼬리다. 충(忠)은 서의 머리이다. 다음의 10장 '치국평천하장(治國平天下章)'에서도 다 서를 말하고 있다. 이 9장에서 '유제기(有諸己) 무제기(無諸己)'를 말한 것은 사람에게 수신(修身)에 대한 공부를 요구한 것이며 중점은 서의 머리, 즉 충에 있다. 다음 10장에서 '소오어상(所惡於上) 무이사하(無以使下)'라고 한 말들은 사람에게 추기급인에 대한 공부를 요구한 것이며 중점은 서의 꼬리에 있다. 두 장은 서로 상응하면서 뜻을 밝혀내고 있다.

大全疏註 ⑤ 仁山金氏曰 治國者必有法制號令 以禁民爲非而律民以善 雖桀紂之世 亦所必有 但其所好 則不若此 故民從其所好 不從其所令 所以治國者 在反求諸己 乃政令之本.

인산 김씨가 말했다. 나라를 다스리는 사람은 반드시 법제나 명령으로 백성의 비행을 금하고 선으로써 율을 세워야 한다. 비록 (폭군) 걸(桀)과 주(紂) 때에도 역시 법령은 있었다. 그러나 그들 폭군이 좋아하고 행한 바는 (악행이었으며 악을 금하는 법령과) 같지 않았다. 그래서 백성들은 (폭군이) 좋아하는 악을 따랐고 (악을 금하는) 법령을 따르지 않았다. 고로 나라를 다스리는 사람은 (백성에게 구하기에 앞서) 반대로 자신에게 구해야 한다. 그것이 곧 정령의 근본이다.

大全疏註 ⑥-1 藏乎身者 自其盡己處言之 恕者自其推己處言也 所藏是指有諸己無諸己者也 恕是指求諸人非諸人者也 所藏乎身不恕 謂所藏於己者 未有可推以及人 如何能喩諸人.

'장호신(藏乎身)'은 진기(盡己)하는 견지에서 말한 것이다. '서(恕)'는 추기(推己)하는 견지에서 말한 것이다. '소장(所藏)'은 '나에게 선이 있다(有諸己) 혹은 악이 없다(無諸己)'를 가리킨다. '서'는 '남에게 구한다(求諸人) 혹은 남을 비난한다(非諸人)'를 가리킨다. '소장호신불서(所藏乎身不恕)'는 '내가 속에 지닌 바가 아직 나를 미루어 남에게 미칠 만하지 못하므로 어떻게 남을 깨우치게 할 수 있느냐의 뜻'을 말한 것이다.

大全疏註 ⑥-2 然所謂堯舜師天下以仁 以己及物者也 仁也 所謂有諸己 而後求諸人 無諸己而後非諸人 推己及物者也 恕也 至所謂桀紂師天下以暴 不仁者也 所藏乎身不恕 反上文也.

그러나 이른바 요(堯)와 순(舜)이 천하를 인(仁)으로 통솔했다고 하는 것은 자기를 남에게 미치게 한 것으로 인이다. 이른바 나에게 선이 있은 다음에 남에게 구하고 나에게 악이 없는 다음에 남을 비난하는 것이 곧 추기급물(推己及物)이며 서(恕)다.

이른바 걸(桀)과 주(紂)가 천하를 포학으로 다스렸다고 하는 것이 곧 불인(不仁)이다. (그들이) 속에 지니고 있는 것이 '불서(不恕)'이며, 위의 글과는 반대되는 것이다.

大全疏註 ⑦ 雲峯胡氏曰 此一恕字 人皆知其以推己之恕言 不知藏乎身三字 已帶盡己之忠言矣 此章有無二字 必自誠意章相貫說來 天下未有無忠之恕 上文心誠求之 卽是誠意之誠 非有二也 誠意者如惡惡臭如好好色 皆務決去 而求必得之 求必得之 則有諸己矣 務決去之 則無諸己矣.

운봉 호씨가 말했다. 이 '서(恕)'라고 하는 한 글자에 대해서 모든 사람들은 (그것이) 자기를 미루는 서(推己之恕)'의 뜻이라는 것은 안다. 그러나 (그것이) '장호신(藏乎身)' 세 글자 속에 내포된 '진기지충(盡己之忠)'의 뜻인 줄은 모른다. 이 장 (4절의 有諸己 無諸己에 있는) '유무(有無)' 두 글자는 반드시 (앞의 6장) 성의장(誠意章)과 서로 연관해서 풀어야 한다. 천하에 충(忠)이 없는 서는 없다. 앞의 2절에서 '심성구지(心誠求之)'라고 한 것이 곧 '성의(誠意)의 성(誠)'이며 다른 것이 아니고 하나다. '성의'는 악취를 싫어하고 미색을 좋아함과 같이 악은 척결해서 버리고 선은 반드시 구해서 얻는다는 뜻이다. 선을 구해서 반드시 얻으면 곧 자기에게 있게 되고, 악을 척결해서 버리면 곧 자기에게 없게 된다.

大全疏註 ⑧ 新安陳氏曰 有善無惡於己 盡己之忠也 推己以責人正人 由忠以爲恕也 忠卽恕之藏於內者 恕卽忠之顯於外者 所藏乎身不恕 無藏於內之忠 而欲爲恕 是乃程子所謂無忠做恕不出者也 其能喩人者無之.

신안 진씨가 말했다. '자기에게 선만 있고 악이 없는 것'이 '진기지충(盡己之忠)'이다. '자기를 미루어 남을 책망하고 바르게 잡는 것'이 '충을 바탕으로 한 서(恕)'이다. 충(忠)은 곧 속에 있는 서이고, 서는 곧 밖으로 나타난 충이다. 몸속에 불서(不恕)가 숨어있으면 곧 속에 충이 없거늘 (그런데도) 서를 베풀고자 한다. 이와 같은 자는 바로 정자(程子)가 말한 바 '충(忠)이 없어 서를 베풀지 못하는 자'다. 그런 자는 절대로 남을 깨닫고 알게 할 수 없다.

전문 9장 5절

원문 故治國在齊其家.

고(로) 치국(이) 재제기가(니라)

직역 그러므로 나라 다스림이 그 집을 가지런히 함에 있느니라.

어구 설명 ㅇ故(고)－그러므로, 이상에서 본 바와 같으므로. ㅇ治國(치국)－나라를 잘 다스리는 일. ㅇ在(재)－……에 있다. ㅇ齊其家(제기가)－(먼저) 자기 집을 가지런히 해야 한다. 자기 집안 식구와 일가 친척들이 다 화목하고 고르게 잘 살아야 한다. (그래야) 나라가 잘 다스려진다.

章句集註 (1) 通結上文.

이 (5절의) 글은 앞의 (1절에서 4절까지의) 글을 통합해서 묶은 것이다.

전문 9장 6절

원문 詩云 桃之夭夭 其葉蓁蓁 之子于歸 宜其家人 宜其家人 而后可以教國人.

시운 도지요요(여) 기엽진진(이로다) 지자우귀(여) 의기가인(이라하니) 의기가인 이후(에) 가이교국인(이니라)

직역 《시경(詩經)》 주남(周南) 도요편(桃夭篇)에 '복숭아나무가 싱싱하게 마냥 자라고, 그 잎이 푸르고 무성하다. 이 아이가 시집을 가니, 그 집안 사람들에게 잘하리라'고 읊었으니, 그 집안 사람들이 화목하고 제가(齊家)가 이루어진 후에 비로소 나라 사람들을 교화할 수 있다.

어구 설명 ㅇ詩云(시운)-《시경》 주남(周南) 도요편(桃夭篇)의 시. ㅇ桃之夭夭(도지요요)-복숭아나무가 싱싱하게 마냥 자라다. '요요(夭夭)'는 어리고 싱싱하다. ㅇ其葉蓁蓁(기엽진진)-그 잎이 푸르고 무성하다. ㅇ之子于歸(지자우귀)-이 아이가 시집을 가다. '지자(之子)'는 '이 아이', 《시경》에 자주 나오는 독특한 표현. 즉 '싱싱하게 자라는 복숭아나무의 푸르고 무성한 잎같이' '세차고 젊고 아름다운 이 아가씨가 시집을 간다'는 뜻. ㅇ宜其家人(의기가인)-그 집안 사람들에게 잘하리라, 혹은 그 집안 사람들이 화목하리라, 그 집안 사람들이 화목하고 제가(齊家)가 되다.

ㅇ而后(이후)－그러므로. ㅇ可以教國人(가이교국인)－비로소 나라 사람들을 교화할 수 있다. 〈原註〉 '요(夭)는 평성(平聲)' '진(蓁)의 음은 진(臻)' 〈大全疏註〉

章句集註 (1) **詩周南桃夭之篇 夭夭少好貌 蓁蓁美盛貌 興也 之子猶言是子 此指女子之嫁者而言也 婦人謂嫁曰歸 宜猶善也.**

《시경(詩經)》 국풍(國風) 주남(周南)에 있는 도요편(桃夭篇)의 시다. '요요(夭夭)'는 '어리고 좋은 모습(少好貌)', '진진(蓁蓁)'은 '아름답고 무성한 품(美盛貌)'이다. 이 시는 흥(興)에 해당한다. '지자(之子)'는 '시자(是子)'와 같은 말이다. 여기서는 출가하는 여자를 말한다. 여자가 시집가는 것을 '귀(歸)'라 한다. '의(宜)'는 '좋을 선(善)'이다.

어구 설명 ㅇ詩(시)－《시경》 국풍(國風)에 있는. ㅇ周南桃夭之篇(주남도요지편)－주남(周南) 도요편(桃夭篇) 제3장의 시. ㅇ夭夭少好貌(요요소호모)－'요요(夭夭)'는 '어리고 좋은 모습(少好貌)', 〈原註〉 '소(少)는 거성(去聲)' '호모(好貌)는 소눈야(少嫩也 : 어리고 예쁘다)' 〈大全疏註〉 ㅇ蓁蓁美盛貌(진진미성모)－'진진(蓁蓁)'은 '아름답고 무성한 품(美盛貌)'. ㅇ興也(흥야)－이 시는 흥(興)에 해당한다. 〈原註〉 '흥(興)은 거성(去聲)이다.' '육의에서 흥에 속한다(於六義屬興)' 〈大全疏註〉 ㅇ興(흥)－《시경》 육의(六義)의 하나. 먼저 자연의 사물을 묘사하고 그것으로 어떠한 성품이나 풍정(風情)을 연상케 하는 시의 표현법. 여기서는 '싱싱하게 자라나는 복숭아나무'를 가지고 '젊고 아름다운 아가씨'를 연상케 했다. ㅇ之子猶言是子(지자유언시자)－'지자(之子)'는 '시자(是子)'와 같은 말이다. '시자'는 '이 사람, 이 여자'. ㅇ此指女子之嫁者而言也(차지녀자지가자이언야)－여기서는 출가하는 여자를 말한다. ㅇ婦人謂嫁曰歸(부인위가왈귀)－여자가 시집가는 것을 귀(歸)라 한다. ㅇ宜猶善也(의유선야)－'의(宜)'는 '좋을 선(善)'이다.

大全疏註 ① 玉溪盧氏曰 可以教國人 應其家不可教 而能教人者無之之意.

옥계 노씨가 말했다. 이 6절의 '가이교국인(可以教國人)'은 앞의 1절에 있는 구절 '기가불가교 이능교인자무지(其家不可教 而能教人者無之)'의 뜻과 호응한다.

전문 9장 7절

원문 **詩云 宜兄宜弟 宜兄宜弟 而后可以教國人.**

시운 의형의제(하나니) 의형의제 이후(에) 가이교국인(이니라)

직역 《시경(詩經)》 소아(小雅) 육소편(蓼蕭篇)에 '형에게도 잘하고 아우에게도 잘한다'고 읊었다. (이와 같이) 형제가 우애하고 화목한 다음에 비로소 나라 사람들을 가르칠 수 있느니라.

어구 설명 ㅇ詩云(시운)－《시경》 소아(小雅) 육소편(蓼蕭篇)의 시. ㅇ宜兄宜弟(의형의제)－(동생이) 형에게 잘하고 (형은) 아우에게 잘한다. 즉 형제가 저마다 제(弟＝悌)를 따라 서로 우애하고 공경한다. ㅇ而后(이후)－그런 다음에, 즉 '가제(家齊)'한 다음에. ㅇ可以教國人(가이교국인)－나라 사람들을 가르칠 수 있다.

章句集註 (1) 詩 小雅 蓼蕭篇.

《시경(詩經)》 소아(小雅) 육소편(蓼蕭篇)의 시다.

〈原註〉 '육(蓼)'의 음은 '육(六)'이다. 〈大全疏註〉

전문 9장 8절

원문 詩云 其儀不忒 正是四國 其爲父子兄弟 足法 而后民法之也.

시운 기의불특(이라) 정시사국(이라하니) 기위부자형제(이) 족법 이후(에) 민(이) 법지야(니라)

직역 《시경(詩經)》 조풍(曹風) 시구편(鳲鳩篇)에 '그 위의(威儀)가 어긋나지 않으니 사방의 나라를 바르게 한다'라고 읊었다. 그 집안은 부(父)·자(子)·형(兄)·제(弟)가 저마다 도리를 지키고 화목하니 족히 법도로 삼을 만했다. 그러므로 모든 백성들이 (그와 그의 집안을) 법도로 삼고 교화되었던 것이다.

어구 설명 ㅇ詩云(시운)-《시경》 조풍(曹風) 시구편(鳲鳩篇)에 (다음 같은 구절이 있다). ㅇ其儀不忒(기의불특)-그 위의(威儀)가 어긋나지 않으니. 忒(어긋날 특). ㅇ正是四國(정시사국)-사방의 나라를 바르게 한다. ㅇ其爲父子兄弟(기위부자형제)-(그 집안에서는) 부(父)·자(子)·형(兄)·제(弟)가 저마다 도리를 지키고 화목했으므로. ㅇ足法(족법)-충분히 모범으로 삼을 만하다. ㅇ而后(이후)-그런 다음에, 즉 '가제(家齊)한 다음에. ㅇ民法之也(민법지야)-모든 백성들이 (그와 그의 집안을) 법도로 삼고 교화되었다.

章句集註 (1) 詩曹風鳲鳩篇 忒差也.

시(詩)는 《시경》 조풍(曹風) 시구편(鳲鳩篇)이다. 특(忒)은 어긋나다〔差〕의 뜻이다.

〈原註〉 '시(鳲)의 음은 시(尸)다.' 〈大全疏註〉

大全疏註 ① 問父子兄弟足法 而後民法之 然堯舜不能化其子 周公不能和兄弟 是如何 朱子曰 聖賢是論其常 堯舜周公是處其變 如不將天下與其子 而傳賢 便是能處變得好 若周公不辟管叔 周如何不亂 是不得已著恁地 而今且理會常底 今未解有父瞽瞍 兄弟如管蔡 未論到變處.

〔질문〕 '부자형제가 화목하고 법도로 삼을 만한 다음에 백성이 법도로 삼고 따른다고 했는데, 그러나 요임금·순임금도 자기 아들을 교화하지 못했고, 주공도 형제와 화목하지 못했으니, 어찌된 일입니까?' 주자가 대답했다. 성현의 말은 상도(常道)를 논한 것이고, 요임금·순임금 및 주공의 경우는 비정상적(非正常的) 변란(變亂)에 대처한 것이다. 요임금·순임금이 천하를 자기 자식에게 전하지 않고 현명한 사람에게 전한 것은 곧 당시의 변란에 대처할 수 있는 가장 좋은 것이었다. 만약에 주공이 관숙(管叔)과 채숙(蔡叔)을 물리치지 않았다면 주나라가 어떻게 혼란하지 않았겠느냐. 모두가 부득이하게 그와 같이 한 일일 것이다. 그러나 지금 (만약에) 정상적인 도리만을 알고 (순임금에게) 고수 같은 부친이 있었다, 혹은 (주공에게) 관숙과 채숙 같

은 형제가 있다는 것을 이해하지 못하면 변란을 논할 수 없다.

大全疏註 ② 三山陳氏曰 說正四國 及仁帥天下 皆是說到極處.

삼산 진씨가 말했다. '사방의 나라를 바르게 한다, 인으로 천하를 통솔한다'는 말은 (德治의) 최고점을 말한 것이다.

大全疏註 ③ 玉溪盧氏曰 父子兄弟足法 儀之不忒也 民法之 四國之正也 教國人 是治國之事 所以明明德於其國 民法之 是國治之事 則明德明於其國矣.

옥계 노씨가 말했다. '부자·형제가 족히 법도로 삼을 만하다(父子兄弟足法)'는 곧 '위의(威儀)가 어긋나지 않음이다(儀之不忒也)'. '백성이 법도로 삼고 따름(民法之)'은 '사방의 나라가 바르게 됨이다(四國之正也)'. '나라 사람을 교화함이(教國人)'이 바로 '나라를 다스리는 일이고(是治國之事)' '명덕을 그 나라에 밝히는 바탕이다(所以明明德於其國)'. '백성이 법도로 삼고 따름(民法之)'은 바로 '나라가 다스려지는 일이고(是國治之事)' 곧 '명덕이 그 나라에 밝게 빛나고 있음이다(則明德明於其國矣)'.

大全疏註 ④ 新安陳氏曰 足法家齊 而可以示法於人也 民法之 國人取法於己也.

신안 진씨가 말했다. '법도로 삼을 만하다(足法)'는 '집안이 가지런하게 다스려짐이다(家齊)' '그래서 남에게 본을 보일 수 있음이다(而可以示法於人也)' '백성이 법도로 삼다(民法之)'는 곧 '나라 사람들이 자기로부터 법도를 취한다는 뜻이다(國人取法於己也)'.

전문 9장 9절

원문 此謂治國 在齊其家.

차위치국(이) 재제기가(니라)

직역 이상을 일컬어 치국(治國)이 '그 집안을 가지런히 함(齊其家)'에 있다고 말하는 것이다.

어구 설명 ㅇ此謂(차위)－이를 일컬어 ……라고 한다. '차(此)'는 '전문 9장, 1절에서 8절까지' 다 포함한다. ㅇ治國(치국)－나라를 다스리는 (바탕이). ㅇ在齊其家(재제기가)－자기 집안을 가지런히 함에 있다.

章句集註 (1) 此三引詩 皆以詠歎上文之事 而又結之如此 其味深長 最宜潛玩.

이와 같이 세 번이나 《시경》을 인용한 것은 앞에 있는 전문(傳文)의 기술에 대해서 감탄하고 또 시로 묶기 위해서다. (감탄할 만큼) 그 의미가 깊고 중요하니, 모름지기 속뜻을 잘 음미해야 한다.

大全疏註 ① 三山陳氏曰 古人凡辭有盡 而意無窮者 多援詩

以吟詠其餘意.

삼산 진씨가 말했다. 옛사람들은 말을 다하고도 (속에 있는) 뜻이 끝없을 때에 흔히 시(詩)를 원용해서 그 나머지 뜻을 음영(吟詠)했던 것이다.

大全疏註 ② 玉溪盧氏曰 此章言治國甚略 言齊家甚詳 所以明齊家之道 卽治國之道 以人同此心 心同此明德故也.

옥계 노씨가 말했다. 이 장에서 치국(治國)에 대한 말은 간략하고 제가(齊家)에 대한 말을 자세하게 했다. 그 이유는 '제가의 도를 밝히는 것(明齊家之道)'이 곧 '치국지도(治國之道)'이기 때문이다. 또 '사람은 같은 마음을 공유하고 있으며, 마음으로 공유하는 것이 곧 명덕이기 때문이다(以人同此心 心同此明德故也)'.

大全疏註 ③-1 仁山金氏曰 三引詩 首引之子宜家 繼引宜兄宜弟 何也 蓋天下之未易化者婦人 而人情之每易失者兄弟 齊家而能使之子之宜家 兄弟之相宜 則家無不齊者矣 宜乎其儀不忒 而足以正是四國也.

인산 김씨가 말했다. '세 번 《시경》을 인용하면서 처음에는 지자의가(之子宜家), 다음에는 의형의제(宜兄宜弟)를 인용한 것은 어찌해서인가요?' (주자가 말했다) 대개 천하에서 교화하기 쉽지 않은 사람이 부인이고, 인정에서 매번 잃기 쉬운 사이가 형제간이다. 제가(齊家)에 있어 능히 며느리로 하여금 집안사람에게 잘하게 하고, 또 형제가 서로 화목하면 곧 그 집안이 가지런하게 되고, 또 마땅히 위엄과 예의가 어긋나지 않아서 족히 사방의 나라를 바로잡을 만하게 된다.

大全疏註 ③-2 自修身而齊家 自齊家而治國而平天下 有二道焉 一是化 一是推 化者自身教而動化也 推者推此道而廣充之也.

'수신에서 제가(自修身而齊家)'하거나 '제가에서 치국 및 평천하(自齊家而治國而平天下)'하는 데에는 '두 길[道]'이 있다. 하나는 교화(敎化)이고 하나는 추기(推己)이다. '교화는 몸소 가르쳐 감동하고 화하는 것이고(化者自身教而動化也)' '추기는 도리를 미루어 나가 확충하는 것이다(推者推此道而廣充之也)'.

大全疏註 ③-3 故此一章 竝含兩意 自章首至成教於國一節是化 三所以是推 如保赤子繼慈者 使衆而言是推.

그래서 이 장에는 두 가지 뜻이 다 포함되었다. '이 장의 (1절 앞에 있는) 첫 말에서 성교어국(成敎於國)까지'는 교화를 말한 것이다. '이 장의 (1절 뒤에 있는) 세 개의 소이(所以)의 구절'은 추기(推己)를 말한 것이다. '(2절에 있는) 여보적자(如保赤子)'는 (1절에 있는) '자(慈)는 많은 사람을 부리는 바탕(慈者使衆)'을 이은 말로 추기(推己)이다.

大全疏註 ③-4 一家仁以下一節是化 帥天下一節是化 有諸己一節 繼所令反其所好而言 是推 三引詩是化.

(3절에 있는) '일가인(一家仁)' 이하는 다 교화(敎化)이다. (4절에 있는) '솔천하(帥天下)' 1절도 교화(敎化)이다. '유제기(有諸己)' 1절은 '소령반기소호(所令反其所好)'를 이은 말이고 추기(推己)의 뜻이다. 세 번 시를 인용한 것도 교화이다.

大全疏註 ③-5 惟化則可推 惟推則皆化 非化則推不行 非推則化不周.

교화해야 추기(推己)할 수 있고, 추기하면 교화가 된다. 한편 교화가 안되면 추기가 안되고, 추기하지 않으면 교화가 두루 이루어지지 않는다.

大全疏註 ④ 雲峯胡氏曰 中庸引詩 明行遠自邇之意 必先妻子好合 而後兄弟旣翕 此三引詩 首以婦人之宜家人 而繼以宜兄弟 蓋家人離必起於婦人 非刑於寡妻者 未易至于兄弟 亦未易御于家邦也 其示人以治國在齊其家也 益嚴矣.

운봉 호씨가 말했다. 《중용》에서 시를 인용하고 '먼 길도 가까운 데서 시작한다는 뜻'을 밝혔다. 반드시 (집안에서) 처나 자식과 화합한 후에 형제와 화합한다. 여기서는 세 번 《시경》을 인용했으니, 먼저 부인이 집안사람들에게 잘하고 그리고 형제들에게도 잘한다고 했다. 대개 집안사람들이 멀어지는 것은 반드시 부인으로 인한다. 그러므로 자기와 처가 모범이 되지 못하면 형제가 (화합하기) 쉽지 않고 또 집안이나 나라를 다스리기도 쉽지 않게 된다. '치국의 바탕이 자기 집안 다스리기에 있음'을 지시함이 이렇게 더욱 엄격한 것이다.

大全疏註 ⑤ 東陽許氏曰 三引詩自內以至外 婦人女子最難於化 而夫婦之間 常人之情最易失於動不以正 化能行於閨門 則德盛矣 故引詩言 夫婦爲首 而兄弟次之 總一家言者 又次之.

동양 허씨가 말했다. 세 번 시를 인용했으나, (의미상으로는) 안에서 밖으로 나갔다. 부인과 여자는 교화하기 가장 어렵다. 그리고 부부간의 평범한 인정은 바르지 않게 행동하기 쉽다. (그러므로) 교화를 능히 규방에서 행할 수 있으면 곧 덕이 성하게 된다. 고로 부부를 먼저 내세웠고, 형제를 다음에 말했고, 일가 전체에 대한 말을 그 다음에 했다.

章句集註 (2) 右傳之九章 釋齊家治國.

이상이 전문 9장이며, 제가(齊家)와 치국(治國)을 해석한 것이다.

전문 10장

전문 10장은 치국(治國)과 평천하(平天下)를 풀이했다. 그러나 10장은 마지막 장이므로《대학》의 삼강령(三綱領)과 팔조목(八條目)을 통합한 차원에서 치국과 평천하의 핵심 사항을 풀이했다. 그러므로 이 장은《대학》전체를 마무리하는 글이기도 하다. 주자는 전문 10장을 다시 '여덟 개의 절'로 나누어야 한다고 말했다. 그러나 〈장구집주대전(章句集註大全)〉에서는 '한 절'을 다시 세분하여 풀이했다. 대략 다음과 같이 나누었다.

1절-所謂平天下 在治其國者 上老老而 民興孝 上長長而 民興弟 上恤孤而 民不倍 是以 君子有絜矩之道也.

2절-所惡於上 毋以使下 所惡於下 毋以事上 所惡於前 毋以先後 所惡於後 毋以從前 所惡於右 毋以交於左 所惡於左 毋以交於右 此之謂絜矩之道也.

3절-(1) 詩云 樂只君子 民之父母 民之所好 好之 民之所惡惡之 此之謂民之父母.

(2) 詩云 節彼南山 維石巖巖 赫赫師尹 民具爾瞻 有國者 不可以不愼 辟則爲天下僇矣.

(3) 詩云 殷之未喪師 克配上帝 儀監于殷 峻命不易 道得衆則得國 失衆則失國.

4절－(1) 是故 君子先愼乎德 有德此有人 有人此有土 有土此有財 有財此有用.

(2) 德者本也 財者末也.

(3) 外本內末 爭民施奪.

(4) 是故財聚則民散 財散則民聚.

(5) 是故言悖而出者 亦悖而入 貨悖而入者 亦悖而出.

(6) 康誥曰 惟命不于常 道善則得之 不善則失之矣.

5절－(1) 楚書曰 楚國無以爲寶 惟善以爲寶.

(2) 舅犯曰亡人 無以爲寶 仁親以爲寶.

6절－(1) 秦誓曰 若有一个臣 斷斷兮無他技 其心休休焉 其如有容焉 人之有技 若己有之人之彦聖 其心好之 不啻若自其口出 寔能容之 以能保我子孫黎民 尙亦有利哉 人之有技 娼疾以惡之 人之彦聖 而違之 俾不通寔不能容 以不能保我子孫黎民 亦曰殆哉.

(2) 唯仁人 放流之 迸諸四夷 不與同中國 此謂唯仁人爲能愛人 能惡人.

(3) 見賢而不能擧 擧而不能先 命也 見不善而不能退 退而不能遠 過也.

(4) 好人之所惡 惡人之所好 是謂拂人之性 菑必逮夫身.

7절－是故君子有大道 必忠信以得之 驕泰以失之.

8절－(1) 生財有大道 生之者衆 食之者寡 爲之者疾 用之者舒 則財恒足矣.

(2) 仁者以財發身 不仁者以身發財.

(3) 未有上好仁 而下不好義者也 未有好義 其事不終者也 未有府庫財 非其財者也.

(4) 孟獻子曰 畜馬乘 不察於鷄豚 伐氷之家 不畜牛羊 百乘之家 不畜聚斂之臣 與其有聚 斂之臣 寧有盜臣 此謂國不以利爲利 以義爲利也.

(5) 長國家而務財用者 必自小人矣 彼爲善之 小而之使爲國家 菑害竝至 雖有善者亦無 如之何矣 此謂國不以利爲利 以義爲利也.

전문 10장 1절

원문 所謂平天下 在治其國者 上老老 而民興孝 上長長 而民興弟 上恤孤 而民不倍 是以君子有絜矩之道也.

소위평천하(이) 재치기국자(는) 상로로(하여) 이민흥효(하며) 상장장(하여) 이민흥제(하며) 상휼고(하여) 이민불배(하나니) 시이(로) 군자(는) 유혈구지도야(니라).

직역 이른바 '평천하(平天下)의 바탕이 치기국(治其國)에 있다'고 함은 (다음과 같은 뜻을 말한 것이다) 윗사람이 자기 일가의 노인들을 노인에 대한 예절로 섬기므로 백성들이 감화되어 효도를 진작하게 되고, 윗사람이 자기 일가의 연장자들을 연장자에 대한 예절로 공경하므로 백성들이 감화되어 제(弟=悌)를 진작하게 되고, 윗사람이 (나라의 모든) 고아를 구휼하므로 백성들이 감화되어 등을 돌리지 않게 된다. 그러므로 임금이나 군자는 '혈구지도(絜矩之道)'를 따르고 실천해야 한다.

어구 설명 〈原註〉 '장(長)은 상성(上聲), 제(弟)는 거성(去聲), 배(倍)는 배(背)와 같다. 혈(絜)은 호(胡)와 결(結)의 반절음.' 〈大全疏註〉 ㅇ所謂(소위)－앞의 경문(經文)에서 말한 바. ㅇ平天下在治其國者(평천하재치기국자)－'천하를 평화롭게 하는(平天下)' 바탕이 '저마다의 나라를 잘 다스리는 데(治其國)' 있다고 함은 (바로 다음과 같은 뜻을 말한 것이다). ㅇ上老老(상로로)－'상(上)'은 나라나 백성을 다스리는 윗사람. 앞의 '노(老)'는 동사로 '(노인을 공경하는 예절이나 도리를 따라) 잘 모시고 섬긴다'는 뜻. 뒤의 '노'는 명사로 앞의 동사 '노'의 목적어. '자기의 친부모는 물론, 일가 친척의 모든 늙은 어른들까지 다 포함한다.' '상로로'를 다음같이 풀이한다. '윗사람이 (솔선해서) 자기 일가의 노부모나 여러 늙은 어른들을 노인을 모시는 예절이나 도리로 잘 공경하고 섬긴다'. ㅇ而民興孝(이민흥효)－그러면 백성들이 교화되어 효도를 돈독하게 실천한다. '흥(興)'은 진작(振作), 흥기(興起)의 뜻. '이(而)'는 '윗사람이 잘 하므로 따라서 백성들이 감화되어'의 뜻이 내포되어 있다. ㅇ上長長(상장장)－윗사람이 먼저 솔선해서 자기 집안의 형님이나 연장자를 공경하고 잘 섬기니깐. ㅇ而民興弟(이민흥제)－그래서 백성들이 감화되어 제(弟＝悌)를 진작하고 실천한다. '제(弟)＝제(悌)'는 여기서는 연하자(年下者)가 연상자(年上者)를 공경하고 섬긴다. ㅇ上恤孤(상휼고)－윗사람이 부모 없는 고아를 구휼(救恤)하니깐. ㅇ而民不倍(이민불배)－그래서 백성들이 (윗사람의 慈愛에 감동하고 따르므로) 등을 돌리거나 배반하지 않는다. '배(倍)'는 '배(背)'. ㅇ是以(시이)－그러므로. ㅇ君子(군자)－나라를 다스리는 임금이나 정치에 참여하는 군자. ㅇ有絜矩之道也(유혈구지도야)－직역하면 혈구지도(絜矩之道)가 있다. ㅇ絜矩之道(혈구지도)－'혈(絜)'을 주자는 '헤아리다, 재고, 맞게 하다'로 풀이했다. '구(矩)'를 주자는 '곡척(曲尺), 직각을 재거나 그리는 자'로 풀었다. '혈구'는 '옷이나 기물을 만들 때에 곡척으로 재고 헤아려서, 반듯하게 만든다'는 뜻이다. 이것을 덕치(德治)에 비유했다.

참고 ◐ '혈구지도(絜矩之道)'의 깊은 뜻

'혈구지도'는 문자상으로는 '곡척(曲尺)으로 재고 헤아려서 방정하게 만드는 도리'의 뜻이다. 그러나 주자는 '혈구지도'를 '명명덕(明明德)'하고 또 '평천하(平天下)'하는 바탕이 되는 핵심의 도리이자 덕행으로 중시했다. 즉 '임금이 자기의 마음을 백성의 마음과 일치시키는 덕치(德治)의 도리'로 확대 심화했다.

章句集註 (1) 老老所謂老吾老也 興謂有所感發而興起也 孤者幼而無父之稱 絜度也 矩所以爲方也.

'노로(老老)'는 '자기 집안의 노인들을 노인을 섬기는 예절이나 도리로 잘 섬긴다[老吾老]'는 뜻이다. '흥(興)'은 '감화되고 분발하고 진작(振作) 흥기(興起)한다'는 뜻을 말한 것이다. '고자(孤者)'는 '부모 없는 아이를 일컫는다.' '혈(絜)'은 '자로 재고 헤아리다'의 뜻이다. '구(矩)'는 '네모지게 하는 도구', 즉 곡척(曲尺)이다.

어구 설명 ㅇ興謂有所(흥위유소)－'흥(興)은 (다음과 같은) 바 있음을 말한다.' 이때의 '유소(有所)'는 가볍게 풀이한다. ㅇ感發(감발)－(백성들이) 감동하고 감화되어 스스로 분발하다. ㅇ而興起也(이흥기야)－그래가지고 (백성들이) '효(孝)·제(弟＝悌)·자(慈)의 덕행'을 진작(振作)하고 행하다. ㅇ度(탁)－〈原註〉 대(待)와 낙(洛)의 반절, 다음의 집주(集註)에 나오는 '추이도물(推以度物)'의 '도(度)'도 같은 음이다. ㅇ矩(구)－〈原註〉 '구'는 각을 만드는 기구, 속칭 곡척(曲尺)이다. 이것을 빌려 비유해서 말한 것이다.(矩者制方之器 俗呼曲尺 此借以爲喩)' 〈大全疏註〉

참고 ◐ **효**(孝)·**제**(弟＝悌)·**자**(慈)

노로(老老)는 효(孝), 장장(長長)은 제(弟＝悌), 휼고(恤孤)는 자(慈)다.

章句集註 (2) 言此三者 上行下效 捷於影響 所謂家齊而國治也.

이 세 가지는 '상행하효(上行下效)'를 말한 것으로, 그 속도가 그림자나 메아리보다도 빠르다. 이것을 두고 이른바 '가제(家齊)하고 국치(國治)한다'고 말하는 것이다.

어구 설명 ㅇ言(언)－(위의 글은) 곧 (다음 같은 뜻을) 말한 것이다. ㅇ此三者(차삼자)－이들 세 가지, 즉 '상로로 이민흥효(上老老而民興孝)', '상장장 이민흥제(上長長而民興弟)', '상휼고 이민불배(上恤孤而民不背)'. ㅇ上行下效(상행하효)－위가 행하는 바를 아래가 본받고 따라 행한다. ㅇ捷(첩)－그 속도가 빠르다, '상행(上行)'을 '하효(下效)'하는 속도가 빠르다. '위에서 행하는 바를 아래가 즉시 본받고 행한다'는 뜻. 〈原註〉 '첩(捷)은 질(疾)과 업(業)의 반절음'. 단 여기서는 '첩'으로 일반 음대로 읽었다. ㅇ於影響(어영향)－(上行下效하는 속도가) 그림자와 메아리보다 더 빠르다. '어(於)'는 '……보다 더'. ㅇ所謂家齊而國治也(소위가제이국치야)－(그러므로) 이른바 가제(家齊)해야 국치(國治)한다고 말하는 것이다.

大全疏註 ① 新安陳氏曰 上行謂老老長長恤孤 下效謂民興效興弟不倍 此卽上章孝弟慈 所以不出家而成敎於國者 章句接上章說下來.

신안 진씨가 말했다. '상행(上行)'은 '노로(老老), 장장(長長), 휼고(恤孤)'를 말한다. '하효(下效)'는 '백성들의 흥효(興效), 흥제(興弟), 불배(不倍)'를 말한다. 이 셋은 곧 상장(上章 : 제9장)에 있는 '효(孝)·제(弟)·자(慈)'이며 (또) '(군자가) 집 밖에 나가지 않고도 국민들을 교화하는 연유이다'. 이 〈장구〉도 앞의 장구와 연결해서 풀이한 것이다.

章句集註 (3) 亦可以見人心之所同 而不可使有一夫之

不獲矣.

또한 사람의 마음이 같음을 알 수 있다. 그러므로 한 사람일지라도 얻지 못하는 바 있게 해서는 안된다.

어구 설명 ㅇ亦可以見(역가이견)－또 볼 수 있다. ㅇ人心之所同(인심지소동)－사람의 마음이 같다. 이때의 '같은 마음'은 곧 '마음속에 있는 도덕성(道德性)의 뜻이다.'《대학》에서 말하는 도덕성의 핵심은 명덕(明德)이다. ㅇ而不可使有一夫之不獲矣(이불가사유일부지불획의)－그러므로 한 사람일지라도 얻지 못하는 바가 있게 해서는 안된다(孝弟慈를 모든 사람이 행하게 해야 한다).

大全疏註 ① 新安陳氏曰 可見人同欲遂其孝弟慈之心 便當平其政以處之 不可使有一人之不得其所也.

신안 진씨가 말했다. 사람은 누구나 다 같이 '효제자(孝弟慈)'를 수행하려는 마음이 있음을 알 수 있다. 그러므로 마땅히 정치를 공평하게 다스리고 대처해서, 한 사람일지라도 자기가 소원하는 바를 얻지 못하게 하는 일이 있어서는 안된다.

章句集註 (4) 是以君子必當因其所同 推以度物 使彼我之間 各得分願 則上下四旁 均齊方正 而天下平矣.

그러므로 군자는 반드시 마땅히 다 같이 지니고 있는 도덕성을 바탕으로 하고, 미루어 상대를 헤아리고 저울질해서, 피차간에 서로가 각자 분수에 맞게 원하는 바를 얻게 해주면, 즉 상하 사방이 균등하게 고르고 방정하게 되며, 천하가 태평하게 된다.

어구 설명 ㅇ是以君子(시이군자)-그러므로 군자는. ㅇ必當因其所同(필당인기소동)-반드시 마땅히 그 같은 바를 바탕으로 하고, 곧 모든 사람이 다 같이 지니고 있는 도덕성(道德性)을 바탕으로 한다. ㅇ推以度物(추이탁물)-미루어 상대방을 헤아리고 저울질해서. 〈原註〉 '물은 즉 사람이다.(物卽人也)' 〈大全疏註〉 ㅇ使彼我之間(사피아지간)-피차간에. '사(使)'는 다음 구절까지 걸린다. ㅇ各得分願(각득분원)-각자 분수에 맞게 소원을 얻게 (달성하게) 한다. ㅇ則上下四旁(즉상하사방)-즉 상하 사방 모든 사람들이. ㅇ均齊方正(균제방정)-균등하고 고르고 방정하게 되며. ㅇ而天下平矣(이천하평의)-따라서 천하가 화평하게 된다.

大全疏註 ①-1 朱子曰 老老長長恤孤 方是就自家切近處說所謂家齊也 民興孝興弟不倍 是就民之感發興起處說治國而治國之事也.

주자가 말했다. '노로(老老), 장장(長長), 휼고(恤孤)'는 자기 집에서 절실하고 가깝게 행할 일을 가지고 이른바 '집안을 가지런히 함(家齊)'을 말한 것이다. '백성의 흥효(興孝), 흥제(興弟), 불배(不倍)'는 '백성이 감화되고 분발하고 진작함'을 가지고 '치국(治國)과 치국의 일(治國之事)'을 말한 것이다.

大全疏註 ①-2 上行下效 感應甚速 可見人心所同者如此 是以君子有絜矩之道也 此句方是 引起絜矩事 下面方說絜矩而結之 云此之謂絜矩之道.

'윗사람이 행하는 바를 백성이 본받고 따라 행하며' 그 감응의 속도가 심히 빠르다. 사람의 마음 같음이 그와 같음을 알 수 있다. '그러므로 군자에게는 혈구의 도가 있다'고 한 구절에 있어 (전문을 지은 증자는) 먼저 혈구의 일들을 인용하고 다음에 혈구를 말하고 결론적으로 (그와 같은 것이) 혈구의 도라고 말했다.

大全疏註 ② 絜矩之說 不在前數章 却在治國平天下章 到此是節次成了方用得.

'혈구의 설'을 앞의 여러 장에서는 말하지 않고 '치국·평천하장'에서 말한 것은 이곳에 와야 그 절차를 비로소 쓸 수 있게 되었기 때문이다.

大全疏註 ③ 先說上行下效 到絜矩處 是就政事上說 若但興起其善心 不使得遂其心 雖能興起 亦徒然耳 如政煩賦重 不得養其父母畜其妻子 又安得遂其善心 須是推己之心 以及於彼 使彼仰足以事俯足以育方得.

앞에서 '상행하효(上行下效)'가 '혈구의 경지(絜矩處)'에까지 도달해야 한다고 말한 것은 곧 '정치의 실질적 일(政事)'에 대해서 말한 것이다. 만약에 백성들의 착한 마음을 돋아내기만하고, (실지로) 그 마음을 성취할 수 있게 하지 못한다면, 비록 (백성들의 착한 마음을) 돋아 일으킨다 해도 (실지로는) 헛된 것이 되고 만다. 만약에 정치를 번거롭게 하고 부과를 무겁게 하면 백성들이 자기 부모를 공양하고 처자식을 양육하지 못할 것이니, 어떻게 그들의 착한 마음을 성취할 수 있겠느냐? 그러므로 모름지기 자기의 마음을 미루어 그들 백성에게 미치게 해야 하며 그들로 하여금 위로는 족히 부모를 잘 섬기고 아래로는 족히 처자식을 양육하게 해주어야 비로소 되는 것이다.

어구 설명 ㅇ推己之心(추기지심)-윗사람이 자기의 마음을 미루어. 이때의 마음은 곧 '노로(老老), 장장(長長), 휼고(恤孤)' 즉 '효제자(孝弟慈)'의 도덕심(道德心)이다. 이는 곧 '명명덕(明明德)'하려는 마음이다. ㅇ以及於彼(이급어피)-그들 백성에게 미치게 한다. 윗사람이 솔선수범해서 백성을 감화하고 백성을 교화해서 그들이 실지로 '효제자(孝弟慈)'를 실천케 한다. 이 경지가 '신민(新民)' '지어지선(止於至善)'이다.

大全疏註 ④ 能使人興起者 聖人之敎化也 能遂其興起之心者 聖人之政事也.

사람으로 하여금 (도덕심을) 돋아나게 하는 바탕이 곧 성인의 교화다. 돋아난 도덕심을 성취하게 하는 바탕이 곧 성인의 덕치(德治)이다.

大全疏註 ⑤ 矩者心也 我心所欲 卽他人所欲 我欲孝弟慈 必使他人皆如我之孝弟慈 不使一人之不獲 方可 只我能如此 他人不能如此 卽是不平矣.

'구(矩)'는 마음, 즉 도덕심이다. 내 마음이 원하는 바는 곧 타인이 원하는 바다. 내가 '효제자(孝弟慈)'를 원하면 반드시 타인도 나같이 '효제자'를 이루게 해야 하며, 한 사람도 이루지 못하는 사람이 없어야 비로소 좋다고 하겠다. 나만 마음으로 원하는 바를 달성하고, 남들은 그렇게 되지 못하면 공평하지 못하다.

어구 설명 ㅇ矩者心也(구자심야)－(기물을 만들 때 기준이 되는) 곡척(曲尺)은 곧 도덕을 따르고 행하려는 마음이다. 즉 도덕심(道德心)이다.
ㅇ不使一人之不獲方可(불사일인지불획방가)－한 사람도 얻지 못하지 않게 해야 비로소 가하다. 모든 사람으로 하여금 얻게 해야 좋다. '획(獲)'은 도덕심이 원하는 바를 달성한다.

大全疏註 ⑥ 絜矩不是外面別有箇道理　只便是前面正心修身底 推而措之.

혈구(絜矩)의 정치도리가 밖에 따로 있는 것이 아니다. 다만 앞에서 말한 정심(正心)과 수신(修身)의 도리를 미루어 행하는 것이다.

大全疏註 ⑦ 問絜矩之道 是廣仁之用否 曰此乃求仁工夫 正要著力　若仁者只是擧而措之耳　不待絜矩而自無不平矣 絜矩正是恕者之事.

'혈구지도(絜矩之道)'는 '인을 넓이는 작용(廣仁之用)'이 아닙니까'하고 묻자, 주자가 대답했다. '그것은 인(仁)을 구하는 공부로 바로 힘을 써야 한다. 만약 인자(仁者)라면 다만 (그 인을) 높이고 행하면 되며 '혈구(絜矩)'를 기다리지 않고도 스스로 공평하지 않은 것이 없게 된다. '혈구'는 바로 '서의 일(恕之事)'이다.

어구 설명 ㅇ絜矩之道(혈구지도)－여기서는 군자(君子)가 자신의 '명덕을 밝히고(明明德)' 백성들을 감화해서 그들도 '명명덕(明明德)'하게 만든다는 뜻으로 활용되었다. ㅇ此乃求仁工夫(차내구인공부)－혈구(絜矩)는 곧 인(仁)을 구하는 공부다. ㅇ絜矩正是恕者之事(혈구정시서자지사)－혈구는 바로 '서(恕)', 즉 '나의 마음을 미루어 남에게 미치게 한다'는 뜻.

大全疏註 ⑧ 興孝興弟不倍 上行下效之意 上章已言之矣 此章再擧之者 乃欲引起下文 君子必修絜矩 然後可以平天下之意 不然則雖民化 其上以興於善 而天下終不免於不平也 故此一章 首尾皆以絜矩之意推之 而未嘗復言躬行化下之說.

'흥효(興孝)·흥제(興弟)·불배(不倍)'는 '상행하효(上行下效)의 뜻'이며, 앞의 장에서 이미 말했다. 이 장에서 거듭 드러낸 것은 다음의 글, 즉 '군자가 반드시 혈구의 도를 닦은 다음에 비로소 평천하할 수 있다는 뜻(君子必修絜矩 然後可以平天下之意)'을 끌어내기 위해서다. 안 그러면 비록 백성이 윗사람에게 감화되어 선을 흥기(興起)해도, 천하는 끝내 불공평을 면하지 못할 것이다. 그런고로 이 장에서는 처음부터 끝까지 혈구의 뜻을 강조했고, 윗사람이 몸소 행하고 아래를 감화한다는 말을 하지 않았다.

大全疏註 ⑨ 問上老老而民興孝 下面接是以君子有絜矩之道也 似不相續如何 曰這箇便是相續 絜矩是四面均平底道理 敎他各得老其老 各得長其長 各得幼其幼 不成自家老其老 敎他不得老其老 長其長 敎他不得長其長 幼其幼 敎他不得幼其幼 便不得 是以二字是結上文

猶言君子爲是之故 所以有絜矩之道.

'상로로이민흥효(上老老而民興孝)'와 다음에 있는 '시이군자유혈구지도야(是以君子有絜矩之道也)'가 잘 이어지지 않는 것 같은데 어째서입니까?'하고 묻자, 주자가 말했다. 그것들은 잘 이어진다. 혈구(絜矩)는 사방을 고르게 하는 도리다. '남으로 하여금 저마다 노기로(老其老)하고 장기장(長其長)하고 유기유(幼其幼)하게 한다.' '자기는 노기로하고 남은 노기로하지 못하게 하고, 자기는 장기장하고 남은 장기장하지 못하게 하고, 자기는 유기유하고 남은 유기유하지 못하게 하면 안된다'. '시이(是以)' 두 자는 흡사 '군자는 그러므로 혈구의 도를 지키고 행해야 한다(君子爲是之故 所以有絜矩之道)'는 말과 같다.

大全疏註 ⑩ 絜矩如自家好安樂 便是他人亦欲安樂 當使無老稚轉乎溝壑 壯者散而之四方之患 制其田里 敎之樹畜 皆以此推之.

'혈구(絜矩)'는 곧 '자기가 안락을 좋아하는 것처럼, 남도 역시 안락하기를 바라는 것을 말한다.' (그러므로 다스리는 군자는) 모든 노인이나 어린아이가 도랑에 빠져들지 않게 하고, 젊은 사람이 사방으로 흩어져 갈 걱정이 없게 해야 한다. 또 밭이나 마을에 수목을 자라게 하고 가축을 키워 (백성을 잘살게 하는 것도) 다 자기의 마음과 아울러서 미루어 나가는 것이다.

大全疏註 ⑪ 雙峯饒氏曰 矩所以爲方之具也 匠欲以方 必先

度之以矩 欲平天下者 以何物爲矩而度之 亦惟此心而已 絜者以索圍物而知其大小度之義也 匠之度物以矩 君子之度人 以心爲矩.

쌍봉 요씨가 말했다. '구(矩)'는 방정(方正)하게 만드는 도구다. 장인이 사각을 만들려면 반드시 먼저 곡척(曲尺)으로 잰다. (군자가) 천하를 태평하게 하려면 무엇을 자로 삼고 헤아리겠나. 역시 오직 본연의 착한 마음뿐이다. '혈(絜)'은 끈으로 물건의 둘레를 재서 대소의 크기를 헤아린다는 뜻이다. 장인은 곡척으로 물건을 재고, 군자가 사람을 헤아릴 때는 마음을 자로 삼는다.

大全疏註 ⑫ 玉溪盧氏曰 矩猶則也 明德至善 吾心本然之則也 以此齊家 絜矩於家也 以此治國 絜矩於國也 以此平天下 絜矩於天下也 絜矩之道 卽明明德於天下之道也.

옥계 노씨가 말했다. '구(矩)'는 '준칙'과 같다. '명덕(明德)과 지선(至善)'은 '나의 마음의 본연의 준칙'이다. 그것으로 제가(齊家)하는 것은 곧 집안에서 혈구(絜矩)함이다. 그것으로 치국(治國)하는 것은 곧 나라에서 혈구함이다. 그것으로 평천하(平天下)하는 것은 곧 천하에서 혈구함이다. '혈구지도(絜矩之道)'는 곧 '명덕을 천하에 밝히는 도리(明明德於天下之道)'이다.

大全疏註 ⑬ 仁山金氏曰 首三句是化 絜矩是推 旣有以化之 而興其孝弟不倍之心 必有以推之 而遂其孝弟不倍之

願 推之者 莫大於從其所好 勿施所惡 所好在因其利 所惡在奪其利.

인산 김씨가 말했다. (전문 10장 1절의) 앞의 세 구절은 (백성들에 대한) 감화를 말한 것이고, (다음 구절에 있는) 혈구(絜矩)는 미루어 나감을 말한 것이다.

백성들이 감화되어 '효(孝)·제(弟)·불배(不倍)의 마음을 돋아 일으켰으니', (다스리는 군자는) 반드시 미루어 나가 (백성들로 하여금) '효·제·불배의 소망'을 (실지로) 달성하게 해주어야 한다. 미루어 나감에 있어, 가장 중요한 것은 백성들이 좋아하는 바를 따르고, 싫어하는 바를 강요하지 않는 것이다. 백성들이 좋아함은 이득이 되기 때문이고, 싫어함은 이득을 탈취당하기 때문이다.

어구 설명 ㅇ莫大於從其所好(막대어종기소호) 勿施所惡(물시소악)－(의역) 가장 중요한 것은 백성들이 좋아하는 바를 따르고, 싫어하는 바를 강요하지 않는 것이다. ㅇ所好在因其利(소호재인기리) 所惡在奪其利(소오재탈기리)－(의역) 백성들이 좋아함은 이득이 되기 때문이고, 싫어함은 이득을 탈취당하기 때문이다.

大全疏註 ⑭-1 雲峯胡氏曰 此章當分爲八節 右一節言所以有絜矩之道 夫子十五志學 卽此所謂大學 志學以下分知行到末節 方言不踰矩 是生知安行之極致 大學格物而下 亦分知行到末章 亦言絜矩 是致知力行之極功.

운봉 호씨가 말했다. '전문 10장'을 다시 마땅히 여덟 개의 절

(節)로 나누어야 한다. 앞의 첫 구절은 혈구의 도를 지켜야 할 이유를 말한 것이다. (한편) 공자가《논어》에서 '열다섯 살에 학문에 뜻을 두었다'고 말한 '학문'은 곧 '대학 공부'이다. (《논어》에서 공자는) '지학(志學)' 다음에 한 말에서 '지(知)와 행(行)'을 나누고, 마지막 단계에 와서 비로소 '불유구(不踰矩)'라고 말했다. 이 경지는 바로 '천생으로 알고 자연스럽게 행하는 생지안행(生知安行)'의 극치이다.《대학》에서도 격물(格物) 다음에 지(知)와 행(行)을 나누어 말하고 마지막 장에서 역시 혈구(絜矩)를 말했으니, 그것도 '치지역행(致知力行)'의 공부의 극치이다.

어구 설명 ㅇ有絜矩之道(유혈구지도)－(의역) 혈구의 도리를 따르고 행한다. ㅇ志學以下(지학이하)－《논어》에 있다. '삼십이립(三十而立), 사십이불혹(四十而不惑), 오십이지천명(五十而知天命), 육십이이순(六十而耳順)'이라. '삼십이립, 사십이불혹'은 행(行)에 속하고, '오십이지천명, 육십이이순'은 지(知)에 속한다.

大全疏註 ⑭-2 矩者何 人心天理當然之則也 吾心自有此天則 聖人隨吾心之所欲 自不踰乎此則 故曰不踰矩 人心同有此天則 學者卽吾心之所欲 以爲施於人之則 故曰絜矩 只是一箇矩字 但不踰矩之矩 渾然在聖人方寸中 是矩之體 絜矩之矩 於人己交接之際見之 是矩之用 規矩皆法度之器 此獨曰矩者 規圓矩方 圓者動 而方者止 不踰矩卽是明德之止至善 絜矩卽是新民之止至善.

'구(矩)'는 무엇인가. 그것은 모든 사람의 마음속에 있는 천리의 당연한 준칙이며, 나의 마음속에도 그 천리의 준칙이 있다. 성인은 자기 마음이 원하는 바를 따르므로 자연히 '불유구(不踰矩)'라고 한다. 다른 사람의 마음속에도 같이 그 천리의 준칙이 있다. 배우는 사람이 자기 마음이 원하는 바에 따라, 다른 사람의 기준에 맞게 베풀기 때문에 혈구(絜矩)라고 한다. 오직 같은 '구'자이지만, '불유구의 구'는 성인의 방촌(方寸) 크기의 작은 마음속에 혼연일체가 된 것이며 '구의 본체'이다. '혈구의 구'는 남과 내가 교접할 때에 나타나는 것으로 '구'의 작용'이다. '그림쇠 규(規)'나 '곡척 구(矩)'는 다 법도를 잡아주는 기구다. 그런데 여기서 '구'만을 말했다. (그 이유는) '규'는 원형(圓形)을 재고, '구'는 방형(方形)을 재는 기구로, '원형은 움직이면서 재지만, 방형은 멈춘 채로 잰다. '불유구'는 곧 '명덕이 지선의 경지에 멈춘 상태이다'. 한편 '혈구'는 '신민이 지선의 경지에 가서 멈춘 상태이다'.

전문 10장 2절

원문 所惡於上 毋以使下 所惡於下 毋以事上 所惡於前 毋以先後 所惡於後 毋以從前 所惡於右 毋以交於左 所惡於左 毋以交於右 此之謂絜矩之道.

소오어상(으로) 무이사하(하며) 소오어하(로) 무이사상(하며) 소오어전(으로) 무이선후(하며) 소오어후(로) 무이종전(하며) 소오어우(로) 무이교어좌

(하며) 소오어좌(로) 무이교어우(이) 차지위혈구지도(니라)

직역 윗사람을 싫어하는 원인이 된, 그의 무례한 태도를 가지고, 아랫사람을 부리고 쓰면 안된다. 아랫사람을 미워하는 원인이 된 그의 불충한 태도를 가지고, 윗사람을 섬기면 안된다. 앞사람을 미워하는 원인이 된 그의 나쁜 태도를 가지고 나보다 뒤에 있는 사람을 제쳐놓고 앞으로 나서면 안된다. 뒤에 처진 사람을 미워하는 원인이 된 그의 잘못된 태도를 가지고 앞에 있는 사람의 뒤를 따르면 안된다. 왼쪽 사람을 미워하는 원인이 된 그의 잘못된 태도를 가지고 오른쪽 사람과 사귀면 안된다. 오른쪽 사람을 미워하는 원인이 된 그의 잘못된 태도를 가지고 왼쪽 사람과 사귀면 안된다. 이와 같이 (절대선의 기준을 가지고) 상하(上下) 사방(四方)을 공평하고 방정하게 틀 잡는 것을 '혈구지도'라고 한다.

어구 설명 ○所惡於上(소오어상)－윗사람을 싫어하는 바로. ○毋以使下(무이사하)－아랫사람을 부리고 쓰면 안된다. '소오어상 무이사하'를 직역하면 '윗사람을 싫어하는 바로 아래를 부려쓰지 마라'가 된다. 그러나 뜻이 애매하다. 뜻이 애매하면 바르게 행할 수 없다. 그러므로 뜻을 보충하고 의역(意譯)해야 한다. 먼저 '소오어상'을 살펴보자. '내가 윗사람을 싫어하게 된 이유는 그가 나에게 무례했기 때문이다'. 그러므로 '소오어상'을 '윗사람을 싫어하는 원인이 된 그의 무례한 태도를 가지고'로 풀이해야 한다. 그래야 '무이사하(毋以使下 : 아랫사람을 부리고 쓰면 안된다)'와 뜻이 잘 이어지고 실제로 행할 수도 있다. 즉 나는 아랫사람에게 예양(禮讓)해야 한다. 안 그러면 내가 윗사람을 미워하듯이, 아랫사람도 나를 미워한다. '전문 10장 2절'에 있는 다른 구절도 의역해야 한다. ○所惡於下(소오어하)－아랫사람을 미워하는 원인이 된 그의 불충(不忠)한 태도를 가지고. ○毋以事上(무이사상)－윗사람을 섬기면 안된다. ○所惡於前

(소오어전)—앞사람을 미워하는 원인이 된 그의 잘못된 태도를 가지고. ㅇ毋以先後(무이선후)—뒤에 있는 사람을 제쳐놓고 앞으로 나서면 안된다. 즉 부당한 방법으로 앞에 나서거나 또는 교만한 태도를 취하면 안된다. ㅇ所惡於後(소오어후)—뒤에 처진 사람을 미워하는 원인이 된 그의 잘못된 태도를 가지고, 즉 태만하고 우둔한 태도로. ㅇ毋以從前(무이종전)—앞에 있는 사람의 뒤를 따르면 안된다. ㅇ所惡於右(소오어우)—왼쪽 사람을 미워하는 원인이 된 그의 잘못된 태도로. ㅇ毋以交於左(무이교어좌)—오른쪽 사람과 사귀면 안된다. ㅇ所惡於左(소오어좌)—오른쪽 사람을 미워하는 원인이 된 그의 잘못된 태도를 가지고. ㅇ毋以交於右(무이교어우)—왼쪽 사람과 사귀면 안된다. ㅇ此之謂絜矩之道(차지위혈구지도)—이와 같이 (절대선의 기준을 가지고) 상하(上下) 사방(四方)을 공평하고 방정하게 틀 잡는 것을 '혈구지도'라고 한다. 〈原註〉 '오(惡)와 선(先)은 다 거성이다.(惡先並去聲)'

章句集註 (1) 此覆解上文 絜矩二字之義 如不欲上之無禮於我 則必以此度下之心 而亦不敢以此無禮使之 不欲下之不忠於我 則必以此度上之心 而亦不敢以此不忠事之 至於前後左右 無不皆然 則身之所處 上下四旁 長短廣狹 彼此如一 而無不方矣 彼同有是心 而興起焉者 又豈有一夫之不獲哉.

이 '전문 10장 2절'도 거듭 앞의 글에 있는 혈구(絜矩) 두 글자의 뜻을 해석한 것이다. 만약에 윗사람이 나에게 무례하게 하기를 바라지 않으면 반드시 그 마음으로 아랫사람의 마음을 헤아려서 나도 역시 감히 그와 같은 무례한 태도로 그들을 부려쓰지 말아야 한다. 아랫사람이 나에게 불충하기를 원치 않으면 곧 반드시 그와 같은 마음으로 윗사람의 마음을 헤아려서 역시 감히 그와 같은 불충한 태도로 윗사람을 섬기지 말아야 한다. 전후좌우에 대해서도 그렇지 않은 것이 없게 한다. 그러면 즉 자신의 처신과 행하는 바가, 상하 사방에 대해서나, 길거나 짧거나, 넓거나 좁거나, 모든 일에 대해서, 피차 여일하게 될 것이며 또 방정하지 않음이 없게 된다. 다른 사람도 한결같이 그러한 마음을 가지고 감화되고 일어날 것이니 어찌 한 사람일지라도 바르게 얻지 못함이 있겠느냐.

어구 설명 ㅇ此覆解上文(차복해상문)－이 '전문 10장 2절'도 거듭 앞의 글을 해석한 것이다. ㅇ絜矩二字之義(혈구이자지의)－(앞의 글 속에 있는) 혈구(絜矩) 두 글자의 뜻을 (해석한 것이다). ㅇ如不欲上之無禮於我(여불욕상지무례어아)－만약에 윗사람이 나에게 무례하게 하기를 바라지 않으면. ㅇ則必以此度下之心(즉필이차탁하지심)－반드시 그 마음으로 아랫사람의 마음을 헤아려서, 즉 아랫사람도 내가 그들에게 무례하게 하면 싫어하는구나하고 헤아리다. ㅇ而亦不敢以此無禮使之(이역불감이차무례사지)－그래서 나도 역시 감히 그와 같은 무례한 태도로 그들을 부려쓰지 말아야 한다. ㅇ不欲下之不忠於我(불욕하지불충어아)－아랫사람이 나에게 불충(不忠)하기를 원치 않으면. 불충은 불성실(不誠實)과 같은 뜻. ㅇ則必以此度上之心(즉필이차탁상지심)－즉 반드시 그와 같은 마음으로 윗사람의 마음을 헤아려서. ㅇ而亦不敢以此不忠事之(이역불감이차불충사지)－역시 감히 그와 같은 불충한 태도로 윗사람을 섬기지 말아야 한다. ㅇ至於前後左右(지어전후좌우)－전후좌우에 대해서도. ㅇ無不皆然(무불개연)－그렇지 않은 것이 없게 한다. ㅇ則身之所處(즉신지소처)－자신의 처신과 (행하는 바가). 〈原註〉 '처(處)는 상성(上聲)'. ㅇ上下四旁(상하사방)－상하 사방에 대해서나. 〈原註〉 '상하(上下)는 이미 앞에 나왔다. 전후좌우(前後左右)가 사방(四旁)이다, 사방은 즉 사방(四方)이다. ㅇ長短廣狹(장단광협)－길거나 짧거나, 넓거나 좁거나, 모든 일에 대해서. ㅇ彼此如一(피차여일)－피차 같게 될 것이며. ㅇ而無不方矣(이무불방의)－또 방정하지 않음이 없게 된다. ㅇ彼同有是心(피동유시심)－다른 사람도 한결같이 그러한 마음을 가지고. ㅇ而興起焉者(이흥기언자)－감화되고 일어날 것이다. ㅇ又豈有一夫之不獲哉(우기유일부지불획재)－어찌 또 한 사람일지라도 바르게 얻지 못함이 있겠느냐.

大全疏註 ① 新安陳氏曰 有此絜矩之道以處之 則始焉興起其孝弟不倍之心者 今果得以遂其心矣.

신안 진씨가 말했다. (다스리는 사람이) 이와 같은 '혈구의 도리'를 가지고 임하면, 즉 애당초 (감화되어) '효(孝)·제(弟)·불배(不倍)'하려는 마음을 일으켰던 (백성들이), 비로소 과연 그들이 바라던 마음을 달성할 수 있게 되는 것이다.

章句集註 (2) 所操者約 而所及者廣 此平天下之要道也 故章內之意 皆自此而推之.

(다스리는 사람이 마음속에 두고) 조종하는 바, 도리는 간략하지만, 미치는 바, 효과는 넓다. 이렇게 하는 것이 '평천하(平天下)'의 긴요한 도리다. 그러므로 이 '전문 10장' 안에 있는 모든 글의 뜻을 다 이 '혈구의 도리(絜矩之道)'에서 풀이하고 또 미루어 나가야 한다.

어구 설명 ㅇ所操者約(소조자약)－(다스리는 사람이 마음속에 두고) 조종하는 바, 도리는 간략하지만. ㅇ而所及者廣(이소급자광)－그러나 미치는 바, (백성에 대한) 효과는 넓다. ㅇ此平天下之要道也(차평천하지요도야)-이렇게 하는 것이 '평천하(平天下)'의 긴요한 도리다. ㅇ故章內之意(고장내지의)-그러므로 이 '전문 10장' 안에 있는 모든 글의 뜻을. ㅇ皆自此而推之(개자차이추지)-모두, 이 '혈구의 도리(絜矩之道)'에서 풀이하고 또 미루어 나가야 한다.

大全疏註 ① 雲峯胡氏曰 只一矩字 此心所操者約 加一絜字 此心所及者廣.

운봉 호씨가 말했다. 단지 한 글자 '구(矩)'는 '마음으로 조종하는 도리가 간략하다'는 뜻뿐이다. 그러나 한 글자 '혈(絜)'을 앞에 붙이면 '마음의 미치는 바가 넓게 된다'는 뜻으로 확대된다.

大全疏註 ② 朱子曰 上下前後左右 都只一樣心 只是將那頭折轉來 比這頭 在我上者 使我如此而我惡之 更不將來待在下之人如此 則自家在中央 上面也占許多地步 下面也占許多地步 均平方正 若下之事我如此 而我惡之 我若將去事上 便下面長 上面短 不方了 左右前後皆然.

(이 구절은 의역을 해야 뜻이 통한다) 주자가 말했다. 어디까지나 같은 마음으로 '상하·전후·좌우'에 대해야 한다. 저쪽에 대하던 마음을 돌려 이쪽에도 같은 비중으로 대해야 한다. 윗사람의 잘못된 태도를 내가 미워하면, 나는 더욱 그와 같은 잘못된 태도를 가지고 아랫사람에게 대하지 않아야 한다. 그래야 내가 중간에서 위아래로 같은 거리를 대하게 되며 따라서 평등하고 방

정하게 된다. 만약에 아랫사람이 나를 섬길 때, 그가 잘못하고, 내가 그것을 미워한다. (그러면서도) 만약에 내가 (그와 같은 잘못된 태도로) 윗사람을 섬긴다면, 곧 내가 아래에 대해서는 거리를 길게 하고, 위에 대해서는 거리를 짧게 한 것이라, 방정하지 못하다. 좌우·전후에 대해서도 같이, 방정하게 대해야 한다.

어구 설명 ㅇ都只一樣心(도지일양심)-'상하(上下)·전후(前後)·좌우(左右)'에 대해서 같은 마음으로 대해야 한다. 그것이 '혈구지도(絜矩之道)'다. ㅇ只是將那頭折轉來(지시장나두절전래)-어디까지나, 저쪽에 대하던 마음가짐을 돌려서. ㅇ比這頭(비저두)-이쪽에도 같은 비중으로 대해야 한다. ㅇ待在下之人如此(대재하지인여차)-'여차(如此)'를 (내가 미워한 윗사람의 잘못된 태도와) '똑같은 태도'로 의역해야 한다. ㅇ自家在中央(자가재중앙)-나 자신을 중간점에 두고. ㅇ占許多地步(점허다지보)-상하로 '같은 거리를 둔다'로 의역한다. ㅇ我若將去事上(아약장거사상)-내가 만약에 (내가 미워했던 잘못된 태도를 가지고) 윗사람을 섬긴다면. ㅇ下面長(하면장) 上面短(상면단)-상하(上下)에 대한 거리를 한쪽은 길고, 한쪽은 짧게 둔다.

大全疏註 ③ 譬如交代官 前官之待我 旣不善 吾無以前官所以待我者 待後官也 左右如東西隣 以隣國爲壑 是所惡於左 毋以交於右可也 上下前後左右 做九個人來看 便見.

관직 교대에 비유하면, 앞의 관리가 나를 대할 때, 나쁘게 했으면, 나는 그와 같은 나쁜 태도로 뒤의 관리에 대하지 말아야 한다. 좌우는 동서에 있는 이웃나라와 같다. 이웃나라를 구렁이로 만드는 것은 좌(左)를 미워하는 것이며, 그와 같은 (잘못된 마음을 가지고) 우(右)와 사귀면 안된다. '좌우·전후·상하'의 모든 관계를 아홉 개의 인간관계로 보면, 잘 알 수 있다.

大全疏註 ④ 己欲立而立人 己欲達而達人 是兩摺說 只以己對人言 若絜矩 則上之人所以待我 我又思以待下之人 是三摺說 如中庸所求乎子 以事父未能 亦是此意 但中庸是言其所好 此言其所惡也 人莫不有在我之上者 莫不有在我之下者 如親在我之上 子孫在我之下 我欲子孫孝於我 而我却不能孝於親 我欲親慈於我 而我却不能慈於子孫 便是一畔長一畔短 不是絜矩.

(《논어》에 있듯이) '내가 나서고자 하는 자리에 먼저 남을 내세우고, 내가 도달하려는 곳에 남을 먼저 도달케 한다'고 한 말은 양자관계(兩者關係)로 다만 나를 남에 대립시킨 말이다. '혈구의 도'는 윗사람이 나에게 대한 태도로 내가 아랫사람에게 대하자고 생각하는 것이며, 이는 (나를 중심으로 한) 삼자관계(三者關係)를 말한 것이다. 예를 들면, 《중용》에서 '자식에게 바라는 바대로 아버지를 섬기지 못했다'고 한 말이 이와 같은 뜻이다. 단 《중용》은 좋아하는 바를 말했으나, 여기서는 미워하는 바를 말했다. 사람은 누구나 나의 윗사람이 없을 수 없고 또 나의 아랫사람이 없을 수 없다. 부모는 내 위에 계시고, 자손은 내 아래에 있다. 나는 자손이 나에게 효도하기를 바라지만 나는 도리어 부모에게 효도하지 못한다. 나는 부모가 나에게 자애(慈愛)하기를 바라지만, 나는 도리어 자식에게 자애하지 못한다. 이는

곧 한쪽은 길고 한쪽은 짧은 것이며, '혈구의 도리'가 아니다.

大全疏註 ⑤ 問長短廣狹 如一而無不方 在人有天子諸侯士庶人之分 何以使之均平 曰非言上下之分欲使之均平 蓋事親事長 當使之均平 上下皆得行之 上之人得事其親 下之人也得事其親 但各隨其分 得盡其事親事長之意耳.

'(혈구지도는) 장단・광협을 한결같이 하고 또 방정하지 않음이 없게 하는 것이라고 했으나, 인간 세상에는 천자・제후・사 및 서인의 신분상의 차등이 있거늘 무엇으로 균등하게 합니까' 하고 묻자, 주자가 대답했다. (혈구지도는) 신분상의 상하의 차등을 (없애고) 평등하게 한다는 뜻이 아니다. 부모를 섬기고 연장자를 섬기는 일을 한결같이 하자는 뜻이며, (따라서) 상하 모든 사람들이 행해야 할 것이다. 신분이 높은 사람도 자기 부모를 섬겨야 하고, 신분이 낮은 사람도 자기 부모를 섬겨야 한다. 다만 각자의 신분에 따라 저마다 온 힘을 기울여 부모를 섬기고 연장자를 섬겨야 한다는 뜻이다.

大全疏註 ⑥ 雙峯饒氏曰 以上下左右前後言 則我當其中 上之使我 猶我之使下 下之事我 猶我之事上 至於左右前後皆然 故皆不當以所惡者及之 然以上之使我者使下而不以事上 以下之事我者事上 而不以使下 則上下之分殊矣 以前之先我者先後 而不以從前 以後之從我者

從前 而不以先後 則前後之分殊矣 是理一之中 又有分殊者存 此所以異於墨氏之兼愛 佛法之平等也.

쌍봉 요씨가 말했다. '상하·좌우·전후'라고 하면 곧 내가 중간에 해당한다. 위가 나를 부려쓰듯이 나도 아래를 부려쓴다. 아래가 나를 섬기듯이 나도 위를 섬긴다. 이와 같은 관계가 좌우·전후에 미치게 된다. 고로 (누구에게나) 내가 싫어하는 태도를 가지고 남에게 미치게 하지 말아야 한다. 그러나 위가 나를 부려쓰는 태도로 내가 아래를 부려쓰되, 위를 섬기지는 않는다. 아래가 나를 섬기는 태도로 내가 위를 섬기되, 아래를 부려쓰지는 않는다. 그것은 곧 상하의 분별이 다르기 때문이다. 전자(前者)가 나를 앞지른 방식으로 나도 후자(後者)를 앞지른다. 그러나 (그 방식으로) 나는 전자를 따르지는 않는다. 후자가 나를 따르는 방식으로 나도 전자를 따른다. 그러나 (그 방식으로) 후자를 앞지르지는 않는다. 그것은 곧 전후의 분별이 다르기 때문이다. 이와 같이 도리는 같으나, (그 속에) 또한 분별과 차이가 있다. 그 점이 묵자의 겸애설이나 불교의 평등설과 다르다.

大全疏註 ⑦ 雲峯胡氏曰 右第二節 言此之謂絜矩之道 須看是以有此之謂六字 人之心本無間於己 是以有絜矩之道 己之心能不間於人 此之謂絜矩之道.

운봉 호씨가 말했다. 이상이 '전문 10장 2절'이며 '혈구의 도'를 말한 것이다. 반드시 '(전문 10장 1절의) 시이유(是以有)'와 '(전문 10장 2절의) 차지위(此之謂)' 여섯 자의 (차이를) 살펴야 한다. 다른 사람의 마음은 본래 나와 간격이 있지 않다. 그래서 '(1절에서) 시이유혈구지도(是以有絜矩之道)'라고 했다. 한편 나는 마음으로 능히 남과 간격을 두지 않을 수 있다. 그래서 '(2절에서) 차지위혈구지도(此之謂絜矩之道)'라고 했다.

大全疏註 ⑧ 新安陳氏曰 下文節節提掇 能絜矩與不能絜矩者之得與失 皆是自此一節 而推廣之.

신안 진씨가 말했다. (10장의) 모든 구절은 '혈구할 수 있는 사람'과 '혈구하지 못하는 사람'의 '득(得)과 실(失)'을 기술한 것이다. 모든 글의 내용이 다 '이 2절'에서 미루어 확대한 것이다.

전문 10장 3절(1)

원문 詩云 樂只君子 民之父母 民之所好 好之 民之所惡 惡之 此之謂民之父母.

시운 낙지군자(여) 민지부모(라하니) 민지소호(를) 호지(하고) 민지소오(를) 오지(하니) 차지 위 민지부모(니라)

직역 《시경(詩經)》 소아(小雅) 남산유대편(南山有臺篇)에 다음과 같은 구절이 있다. '마냥, 즐거워라, 군자다운 임금이시여! 저분이 백성들의 부모로다' 백성들이 좋아하는 바를 임금이 좋아하고, 백성들이 싫어하는 바를 임금도 싫어하시니, 이를 일컬어 백성들의 부모라 하노라.

어구 설명 〈原註〉 '낙(樂)의 음은 낙(洛), 지(只)의 음은 지(紙), 호(好), 오(惡)는 다 거성(去聲), 다음도 같다'. ㅇ詩云(시운)-《시경(詩經)》 소아(小雅) 남산유대편(南山有臺篇)의 구절. ㅇ樂只君子(낙지군자)-즐거워라, 군자여! '지(只)'는 어조사(語助辭)로 별로 뜻이 없다. '군자(君子)'는 인덕(仁德)으로 다스리는 임금. ㅇ民之父母(민지부모)-백성들의 부모로다. ㅇ民之所好(민지소호)-백성들이 좋아하는 바를. ㅇ好之(호지)-임금이 좋아하고 (백성들의 욕구를 채워준다). ㅇ民之所惡(민지소오)-백성들이 싫어하는 바를. ㅇ惡之(오지)-임금도 싫어하고 (따라서 백성들에게 강요하지 않는다). ㅇ此之謂民之父母(차지위민지부모)-이렇게 (백성들의 욕구를 채워주고 싫어하는 바를 면제해주는 임금을) 백성의 부모라 한다.

章句集註 (1) 詩小雅南山有臺之篇 只語助辭 言能絜矩而以民心爲己心 則是愛民如子 而民愛之如父母矣.

시는 《시경》 소아 남산유대편이다. 지(只)는 어조사다. (임금이) '혈구의 도리'로 백성의 마음을 자기 마음으로 삼을 수 있으면, 즉 백성을 자식같이 사랑하며 따라서 백성도 임금을 부모같이 사랑한다는 뜻을 말한 것이다.

어구 설명 ㅇ詩小雅南山有臺之篇(시소아남산유대지편)-시는 《시경》 소아 남산유대편이다. ㅇ只語助辭(지어조사)-지(只)는 어조사다. ㅇ言(언)-언은 끝까지 걸린다. ㅇ能絜矩而以民心爲己心(능혈구이이민심위기심)-'혈구의 도리'로 백성의 마음을 나의 마음으로 삼을 수 있으니. ㅇ則是愛民如子(즉시애민여자)-곧 백성을 자식같이 사랑하며. ㅇ而民愛之如父母矣(이민애지여부모의)-따라서 백성이 그를 사랑하기를 부모같이 한다. '언(言)'은 여기까지 걸린다. 〈原註〉 '이것은 능히 혈구의 도를 행한 윗사람의 효험을 말한 것이다.(此言能絜矩之效)'

大全疏註 ① 東陽許氏曰 言上之人 能如愛子之道 愛其民 則下民愛其上 如愛父母 然愛民之道 不過順其好惡之心而已 大約言之 民所好者 飽暖安樂 所惡者 饑寒勞苦 使民常得其所好 而不以所惡之事加之 則愛民之道也.

동양 허씨가 말했다. (전문 10장 2절은) 다음과 같은 뜻을 말한 것이다. 윗사람이 능히 자식 사랑하는 도리와 같이 그 백성을 사랑하면 곧 아래의 백성들도 윗사람 사랑하기를 자기 부모 사랑하는 것같이 한다. 그러나 '애민지도(愛民之道)'는 다만 '백성들의 호오(好惡)의 마음을 따르는 것'뿐이다. 요약해서 말하면, 백성이 좋아하는 바는 '포난안락(飽暖安樂)'이고, 싫어하는 바는 '기한노고(饑寒勞苦)'다. (그러므로) 항상 백성들로 하여금 좋아하는 바를 얻게 하고 싫어하는 일들이 닥쳐오지 않게 해주는 것이 곧 '애민지도(愛民之道)'이다.

전문 10장 3절(2)

원문 詩云 節彼南山 維石巖巖 赫赫師尹 民具爾瞻 有國者不可以不愼 辟則爲天下僇矣.

시운 절피남산(이여) 유석암암(이로다) 혁혁사윤(이여) 민구이첨(이라하

니) 유국자(이) 불가이불신(이니) 벽즉위천하륙의(니라)

직역 《시경(詩經)》 소아(小雅) 절남산편(節南山篇)에 있다. '우뚝 높이 솟은 남산이여! 암석이 높이 쌓여 장엄하다. 높이 빛나는 태사(太師) 윤씨(尹氏)여! 백성들이 모두 그대를 우러러보노라.' (그러므로) 나라를 다스리는 임금이나 군자는 삼가지 않으면 안된다. 치우치고 사벽(邪辟)하면 천하 만민에게 살륙(殺戮)을 당한다.

어구 설명 ㅇ詩云(시운)-《시경(詩經)》 소아(小雅) 절남산편(節南山篇)의 시에 있다. ㅇ節彼南山(절피남산)-우뚝 높이 솟은 남산이여! 절(節)은 우뚝 높다. 〈原註〉 '절(節)은 절(截)로 읽는다.(節讀截)' ㅇ維石巖巖(유석암암)-암석이 높이 쌓였도다. 유(維)는 오직, 참으로, 감탄의 뜻을 나타내는 허사(虛詞). 암암(巖巖)은 (산 전체가) 암석으로 높이 쌓이고 장엄하다. ㅇ赫赫師尹(혁혁사윤)-높이 빛나는 태사(太師) 윤씨(尹氏). 주(周)나라의 최고 관직인 삼공(三公)의 으뜸을 '태사'라 한다. ㅇ民具爾瞻(민구이첨)-백성들이 모두 그대를 우러러보고 있다. ㅇ有國者(유국자)-나라를 다스리는 임금이나, 군자들. ㅇ不可以不愼(불가이불신)-삼가지 않으면 안된다. ㅇ辟(벽)-치우친다, 편벽(偏僻), 사벽(邪辟). 벽(辟)=벽(僻). 〈原註〉 '벽(辟)은 벽(僻)으로 읽는다.(辟讀爲僻)' ㅇ爲天下僇矣(위천하륙의)-천하 (만민에 의해서) 살륙(殺戮)을 당한다. 육(僇)은 육(戮), 주자(朱子)는 치욕(恥辱)을 받는다로 풀었다. 〈原註〉 '육(僇)과 육(戮)은 같다.(僇與戮同)'

章句集註 (1) 詩小雅節南山之篇 節截然高大貌 師尹周太史尹氏也 具俱也 辟偏也 言在上者 人所瞻仰 不可不謹 若不能絜矩而好惡徇於一己之偏 則

身弑國亡 爲天下之大戮矣.

《시경(詩經)》 소아(小雅) 절남산(節南山)편의 시다. 절(節)은 우뚝 높은 모양, 사(史)는 주(周)나라의 태사(太史) 윤씨(尹氏)다. 구(具)는 다함께, 모두의 뜻이다. 벽(辟)은 벽(僻)이다. (이 시 구절은) 위에 있는 사람은 모든 사람이 우러러 쳐다보는 바로, 근신하지 않으면 안된다. 만약에 혈구의 도를 지키지 못하고 도리어 호오(好惡)를 자기 한 사람의 편벽에 맞추고 따르면, 즉시 자신도 살해되고 나라도 망하고 천하 만민에 의해 크게 주살될 것이다.

어구 설명 ㅇ詩小雅節南山之篇(시소아절남산지편)－《시경(詩經)》 소아(小雅) 절남산(節南山)편의 시. ㅇ節截然高大貌(절절연고대모)－절(節)은 우뚝 높이 웅대한 모양. ㅇ師尹周太史尹氏也(사윤주태사윤씨야)－사(史)는 주(周)나라의 태사(太史) 윤씨(尹氏)다. ㅇ具俱也(구구야)－구(具)는 다함께, 모두의 뜻이다. ㅇ辟偏也(벽편야)－벽(辟)은 벽(僻)이다. ㅇ言(언)－(시 구절은 다음과 같은 뜻을) 말한 것이다. ㅇ在上者(재상자)－위에 있는 사람은. ㅇ人所瞻仰(인소첨앙)－모든 사람이 우러러 쳐다보는 바다. ㅇ不可不謹(불가불근)－근신하지 않으면 안된다. ㅇ若不能絜矩(약불능혈구)－만약에 혈구의 도를 지키지 못하고. ㅇ而好惡徇於一己之偏(이호악순어일기지편)－도리어 호오(好惡)를 자기 한 사람의 편벽에 맞추고 따르면. 순(徇)=순(順). ㅇ則(즉)－곧, 즉시. ㅇ身弑國亡(신시국망)－자신도 죽고 나라도 망한다. ㅇ爲天下之大戮矣(위천하지대륙의)－천하 만민에 의해 크게 살해될 것이다. 戮(죽일 륙).

大全疏註 ① 此言 不能絜矩之禍 與上一節 正相反者也.

이는 '혈구의 도를 지키지 못하는 화가, 앞의 1절과 정반대가 됨을' 말한 것이다.

전문 10장 3절(3)

원문 詩云 殷之未喪師 克配上帝 儀監于殷 峻命不易 道得衆則得國 失衆則失國.

시운 은지미상사(엔) 극배상제(러니) 의감우은(이어다) 준명불이(라하니) 도득중 즉득국(하고) 실중 즉실국(이니라)

직역 《시경(詩經)》 대아(大雅) 문왕편(文王篇)에 있다. '은(殷)나라가 백성의 마음을 잃지 않았을 때는 능히 상제와 잘 어울렸다. 마땅히 은나라를 거울로 삼고 살펴야 한다. 하늘이 내리는 큰 명은 (받고 달성하기가) 쉽지 않다.' 이는 곧 '백성들의 마음을 얻으면 나라도 얻고 백성들의 마음을 잃으면 나라도 잃는다'는 뜻을 말한 것이다.

어구 설명 〈原註〉 '상(喪)은 거성(去聲), 의(儀)를 《시경》에는 의(宜)로 적었다. 준(峻)을 《시경》에는 준(駿)으로 적었다. 이(易)는 거성(去聲)'. ㅇ詩云(시운)－《시경(詩經)》 대아(大雅) 문왕편(文王篇)의 시에 있다. ㅇ殷之未喪師(은지미상사)－은(殷)나라가 아직 대중의 마음을 잃지 않았을 때는. 사(師)를 무리[衆]로 푼다. 즉 만민의 마음을 잃지 않았을 때. ㅇ克配上帝(극배상제)－능히 상제와 어울렸다. 상제는 하늘, 하늘을 다스리는 절대자. 배(配)는 짝이 되고, 잘 어울리다. 즉 은나라를 세운 탕왕(湯王) 같은 성군이 하늘의 뜻과 도리를 잘 따르고 잘 맞추었다. ㅇ儀監于殷(의감우은)－마땅히 은나라를 (거울로 삼고) 살펴보아야 한다. 의(儀)를 의(宜)로 푼다. 감(監)을 감(鑑)으로 푼다. ㅇ峻命不易(준명불이)－하늘이 내리는 큰 명은 쉽지 않다. 즉 천명을 내려 받고 또 잘 다스리기는 쉽지 않다는 뜻. ㅇ道(도)－여기서는 말하다[言]의 뜻. ㅇ得衆

則得國(득중즉득국)-백성들의 마음을 얻으면 나라도 얻는다. ㅇ失衆則失國(실중즉실국)-백성들의 마음을 잃으면 나라도 잃는다.

章句集註 (1) 詩文王篇 師衆也 配對也 配上帝 言其爲天下君 而對乎上帝也 監視也 峻大也 不易言難保也 道言也 引詩而言此以結上文兩節之意 有天下者能存此心而不失 則所以絜矩而與民同欲者 自不能已矣.

《시경(詩經)》 문왕편(文王篇)의 시이다. 사(師)는 무리〔衆〕의 뜻. 배(配)는 대(對)한다는 뜻. '배상제(配上帝)'는 '그가 천하의 임금이 되어 상제와 대한다'는 뜻을 말한 것이다. 감(監)은 본다는 뜻. 준(峻)은 크다는 뜻. 불이(不易)는 나라를 간직하기 어렵다는 뜻. 도(道)는 말한다는 뜻. 시를 인용하여 앞의 '전문 10장 3절'의 (1), (2) 두 구절의 뜻을 묶은 것이다. (그러므로) 천하를 다스리는 사람은 능히 그와 같은 마음을 가질 수 있어야 나라를 잃지 않는다. 이는 곧 혈구의 도를 행하고 백성과 원하는 바를 (임금이) 같이하는 바탕이므로 자의(恣意)로 그만둘 수 없다.

어구 설명 ㅇ有天下者能存此心而不失(유천하자능존차심이불실)-천하를 다스리는 사람이 능히 그와 같은 마음을 가지고 다스려야 나라를 잃지 않는다. ㅇ則所以絜矩而與民同欲者(즉소이혈구이여민동욕자)-(그렇게 하는 것이) 곧 혈구의 도리를 따라 백성과 호오(好惡)의 마음을 같이 하는 바탕이다.

大全疏註 ① 雙峯饒氏曰 未喪師 則克配上帝 是得衆則得國 能絜矩而爲民父母者也 喪師 則不能配上帝 是失衆則失國 不能絜矩而辟 則爲天下僇者也.

쌍봉 요씨가 말했다. '무리를 잃지 않으면 상제와 대할 수 있다(未喪師 則克配上帝)'는 말은 '백성의 마음도 얻고 나라도 얻는다'는 뜻이다. (그러므로) 혈구(絜矩)해야 백성의 부모가 될 수 있다. (이와 반대로) '무리를 잃으면 상제와 대할 수 없다(喪師 則不能配上帝)'는 말은 '백성의 마음을 잃으면 나라도 잃는다'는 뜻이다. (그러므로) 혈구하지 못하고 편벽되면 천하만민에 의해 살해되고 욕을 받는다.

大全疏註 ② 玉溪盧氏曰 殷之喪師 紂之失人心也 其未喪師 先王之得人心也 得人心所以配上帝 失人心所以不能 天命之去留 判於人心之向背 人心之向背 又在君之能絜矩與否而已 得衆得國 應南山有臺之意 失衆失國 應節南山之意 存此而不失 明德之體 所以立 絜矩而與民同欲 明德之用 所以行.

옥계 노씨가 말했다. '은나라가 무리를 잃었다(殷之喪師)'는 말은 (바로) 주(紂)가 인심을 잃었음을 말한다. '은나라가 무리를 잃지 않았다(其未喪師)'는 말은 (바로) 선왕(先王) 탕(湯)이 인심을 얻었음을 말한다. '득인심(得人心)'은 상제와 대가 될 수 있는 이유이다. '실인심(失人心)'은 (상제와) 대가 될 수 없는 이유이다.

'천명(天命)의 거류(去留)'는 인심의 향배(向背)에 따라 판정된다. 또 '인심의 향배'는 혈구(絜矩)할 수 있느냐 못하느냐에 걸려있다. '무리를 얻고 나라를 얻었다(得衆得國)'는 말은 (전문 10장 3절(1)에 인용한) '남산유대편(南山有臺篇)의 뜻'에 대응되고, '무리를 잃고 나라를 잃었다(失衆失國)'는 말은 (전문 10장 3절(2)에 인용한) '절남산편(節南山篇)의 뜻'과 대응한다. '민심을 얻고 잘 간직하고 잃지 않음(存此而不失)'은 '명덕의 체를 세우는 바탕(明德之體 所以立)'이다. '혈구하고 백성과 욕구를 같이함(絜矩而與民同欲)'은 '명덕의 용을 행하는 바탕이다.(明德之用 所以行)'

大全疏註 ③ 雲峯胡氏曰 右第三節 就好惡言絜矩 蓋好惡二字 已見誠意修身二章 特誠意章 是好惡 其在已者 修身章 推之 以好惡 其在人者 此章 又推之 以好惡 天下之人者也 誠意章主愼獨 其爲好惡也 一誠無僞 此章主絜矩 其爲好惡也 一公無私 修身章 是言 不能愼獨 則好惡之辟 不足以齊其家 此章 是言 不能絜矩 則好惡之辟 不足以平天下 所謂血脈貫通者 又於此見之 不可不詳味也 愼獨是敬以直內 絜矩是義以方外.

운봉 호씨가 말했다. 앞의 '(전문 10장) 3절(3)'은 호오(好惡)를 가지고 혈구(絜矩)를 말한 것이다. 호오 두 글자는 이미 '성의와 수신' 두 장에 나왔다. 특히 '성의장'에서는 호오가 자기에게 있음을 말한 것이고, '수신장'에서는 그것을 미루어 호오가 남에게 미침을 말한 것이고, 이 장에서는 그것을 미루어 호오가 천하 만인에게 미침을 말한 것이다. 성의장은 신독(愼獨)을 주로 하고 호오를 한결같이 성실하고 거짓이 없게 해야 함을 말했다. 이 구절은 혈구를 주로 하고 호오를 한결같이 공평무사하기를 말했다. 수신장은 신독하지 못하면 호오가 편벽하게 되므로 제가(齊家)에 부족함을 말했다. 이 장은 혈구하지 못하면 호오가 편벽하게 되므로 평천하에 부족함을 말했다. 이른바 혈맥이 관통함을 이 장에서도 볼 수 있다. 자세하게 음미해야 한다. 신독은 경(敬)으로써 안을 곧게 함이고, 혈구는 의(義)로써 밖을 방정하게 함이다.

전문 10장 4절(1)

원문 是故 君子先愼乎德 有德此有人 有人此有土 有土此有財 有財此有用.

시고(로) 군자(는) 선신호덕(이니) 유덕(이면) 차유인(이요) 유인(이면) 차유토(요) 유토(면) 차유재(요) 유재(면) 차유용(이니라)

직역 그러므로 군자는 먼저 덕에 신중해야 한다. 덕이 있어야 비로소 백성들이 있게 되고, 백성들이 있어야 비로소 국토가 있게 되고, 국토가 있어야 비로소 재물이 있게 되고, 재물이 있어야 비로소 재물을 써서 (국가를 경영할 수 있게 된다).

어구 설명 ㅇ是故(시고)－그러므로. ㅇ君子先愼乎德(군자선신호덕)－군자는 먼저 덕을 신중하게 닦아야 한다. ㅇ有德此有人(유덕차유인)－덕이 있어야 (그때에 비로소) 백성들이 있게 되고. ㅇ有人此有土(유인차유토)－백성들이 있어야 (그때에 비로소) 국토가 있게 되고. ㅇ有土此有財(유토

차유재)－국토가 있어야 (그때에 비로소) 재물이 있게 되고. ㅇ有財此有用(유재차유용)－재물이 있어야 (그때에 비로소) 재물을 써서 (국가를 경영할 수 있게 된다).

章句集註 (1) 先謹乎德 承上文不可不謹而言 德卽所謂明德 有人謂得衆 有土謂得國 有國則不患無財用矣.

'먼저 삼가야 한다(先謹乎德)'는 구절은 앞의 '전문 10장 3절(2)'를 받고 '삼가지 않으면 안된다고 하는 말'이다. '덕(德)'은 곧 이른바 명덕(明德)이다. '유인(有人)'은 '무리를 얻음〔得衆〕'을 말한다. '유토(有土)'는 '나라를 얻음〔得國〕'을 말한다. 나라가 있어야 쓸 재물 없음을 걱정하지 않게 된다.

어구 설명 ㅇ'유인위득중(有人謂得衆) 유토위득국(有土謂得國)'의 〈原註〉 '앞의 글, 득중즉득국(得衆則得國)에 대응한다.'

大全疏註 ① 朱子曰 爲國絜矩之大者 又在於財用 所以後面只管說財.

주자가 말했다. 국가 경영에 있어 가장 큰 혈구(絜矩)는 재용(財用)이다. 그래서 다음에서는 오직 재용만을 논했다.

大全疏註 ② 自家若意誠心正身修家齊了 則天下之人 安得不歸於我 如湯無之東征西怨 則自然有人有土.

만약 임금 자신의 뜻이 성실하고, 마음이 바르고, 몸이 닦아졌고, 집안이 가지런하게 되었으면 즉 천하 만민이 어찌 자신에게 귀순(歸順)하지 않으랴? 예를 들면, 은(殷)의 탕왕(湯王)이나 주(周)의 무왕(武王)이 먼저 동쪽을 정벌하면 서쪽 사람들이 (왜 서쪽을 먼저 토벌해주지 않느냐고) 원망을 함과 같이 (성왕에게 귀순할 것이므로) 자연히 백성이 따르고 국토가 있게 되는 것이다.

大全疏註 ③ 雙峯饒氏曰 格致誠正修 所以謹此德也 此有人等此字 此猶斯也.

쌍봉 요씨가 말했다. '격물(格物)·치지(致知)·성의(誠意)·정심(正心)·수신(修身)'이 곧 '이 덕을 삼가는 바탕이다.' '차유인(此有人)'에 있는 '차(此)'자는 '사(斯)'와 같은 뜻이다.

大全疏註 ④ 玉溪盧氏曰 德卽明德 謹德卽謂明明德 先謹乎德 以平天下之大本而言也 有德則能絜矩 所以得衆而得國.

옥계 노씨가 말했다. '덕(德)'은 즉 '명덕(明德)'이고, '근덕(謹德)'은 '명명덕(明明德)'이다. '선근호덕(先謹乎德)'은 '평천하의 대본'을 말한 것이다. 유덕(有德)하면 능히 혈구(絜矩)할 수 있으니, (그것이) '득중(得衆)하고 득국(得國)'의 바탕이다.

大全疏註 ⑤ 新安陳氏曰 揭明德訓此德字 見明明德爲大學一書之綱領 此章言財用始於此 財用之有 本於愼德而有之非私有也.

신안 진씨가 말했다. '명덕(明德)'을 내걸고 '덕(德)'을 풀이한 것은 '명명덕(明明德)'이 《대학》의 강령임을 보인 것이다. 이 장에서 재용(財用)을 처음으로 논했으니 (그것은) '재용의 바른 운영(財用之有)'이 '신덕(愼德)을 바탕으로 하고' 아울러 '그 운영이 사유하지 않음(有之非私有)'이기 때문이다. (그래서 신덕과 혈구 다음에 비로소 재용을 말한 것이다)

大全疏註 ⑥ 東陽許氏曰 言爲人上者 明德爲本 而財用爲末 財固是國家所必用而不可無者 但當修德爲本 絜矩而取於民有制.

동양 허씨가 말했다. (전문 10장 4절(1)은) 다음 같은 뜻을 말한 것이다. '남을 다스리는 윗사람은(爲人上者)'은 '명덕(明德)을 근본으로 하고 재용(財用)을 끝까지 같이해야 한다.' '재물은 절대로 국가에서 써야 하는 것이며 없을 수 없다.' 그러나 (재용은) 마땅히 수덕(修德)을 바탕으로 하고 혈구(絜矩)의 도를 따라 (공평하게) 모든 백성들로부터 (재물을) 취하고 또 절제(節制)해야 한다.

전문 10장 4절(2)

원문 德者本也 財者末也.

덕자(는) 본야(요) 재자(는) 말야(니라)

직역 위정자의 덕(德)이 근본 뿌리가 되고, 재물이나 재용은 가지에 해당된다.

어구 설명 ㅇ德者本也(덕자본야)—덕(德)이 근본이다. '자(者)'는 단락을 표시하는 허사(虛詞). (나라 다스림에 있어) 위정자(爲政者)의 덕이 근본 뿌리가 된다. ㅇ財者末也(재자말야)—재물은 (나무의) 끝가지에 해당한다.

참고 **'말(末)'은 '나무의 가지'**

'말(末)'을 '말단(末端)'으로 번역하면 혹 '소중하지 않은 것'으로 오해하므로 좋지 않다. 나무의 꽃이나 가지는 뿌리를 바탕으로 자라고 또 피어난다. 그와 마찬가지로 위정자의 '덕(德)'을 근본 뿌리로 삼고 재정(財政)이 운용되어야 한다. 국가 경영에 있어, 재물(財物)이나 재용(財用)은 지극히 소중하다. 그러나 그보다 더 중요한 것은 위정자의 덕이다. 위정자가 백성의 마음을 헤아리는 '혈구의 도(絜矩之道)'를 따르는 덕치(德治)를 바탕으로 재정을 펴야 백성이 안락하게 산다. 반대로 위정자가 사악한 욕심을 바탕으로 하면 국가 재정이 파탄나고, 백성이 고생한다.

章句集註 (1) 本上文而言.

앞의 '전문 10장 4절(1)'을 바탕으로 한 말이다.

大全疏註 ① 新安陳氏曰 有德而後有人有土 有土而後方有財 可見德爲本而財爲末矣.

신안 진씨가 말했다. 덕이 있어야 다음에 사람과 땅이 있고, 땅이 있어야 다음에 비로소 재물이 있게 된다. 그러므로 덕이 근본이고 재물이 나무의 가지 같은 것임을 알 수 있다.

전문 10장 4절(3)

원문 外本內末 爭民施奪.

외본내말(이면) 쟁민시탈(이니라)

직역 임금이 근본이 되는 덕을 소외하고 끝가지에 해당하는 재물을 높이면 (임금이) 백성과 다투게 되고, 그 결과 백성들은 서로 쟁탈하게 만든다.

어구 설명 ㅇ外本內末(외본내말)-근본을 밖으로 내몰고, 끝가지를 안에 모시면, 즉 근본이 되는 덕(德)을 소외(疎外)하거나 무시하고, 반대로 끝가지에 해당하는 재물(財物)을 중시하면. ㅇ爭民施奪(쟁민시탈)-주자(朱子)는 '쟁민(爭民)'을 '임금이 백성들과 재물을 다투게 된다'는 뜻으로 풀었다. '시탈(施奪)'을 '그 결과 백성들이 서로 재물을 쟁탈하게 된다'로 풀었다. (다음 참조)

참고 ◐ **외본내말**(外本內末)

'외본(外本)'의 '외(外)'는 동사로 '밖으로 내몰고 소외한다'는 뜻. '본(本)'은 '근본이 되는 덕(德)=명덕(明德)'이다. '내말(內末)'의 '내(內)'도 동사로 '안에 모시고 높인다'는 뜻. '말(末)'은 '끝가지에 해당하는 재물(財物)'이다. 즉 임금의 마음속에 '명명덕(明明德)하려는 생각은 없고, 반대로 재물에 대한 욕심만이 넘치고 있다'는 뜻이다.

◐ **쟁민시탈**(爭民施奪)

'쟁민시탈'을 고주(古注)는 '저마다 재물을 취하려고 서로 다투는 백성들이 서로 뺏기를 한다'는 뜻으로 풀었다. 그러나 혈구

(絜矩)의 도덕정치를 강조하는 주자(朱子)는 다음같이 확대 해석했다. '임금이 재물욕심(財物欲心)에 넘쳐 가렴주구(苛斂誅求)하면, 백성들은 반대하고 부당하게 뺏기지 않으려고 하며, 결국은 재물을 놓고, 임금이 백성들과 다투고 뺏기 내기를 하게 된다.' 아울러 '그 결과 악화(惡化)된 백성들이 서로 쟁탈을 벌이게 된다.' 즉 악덕(惡德)한 임금은 가렴주구하고, 타락한 백성들도 서로 재물 탈취에 골몰하게 된다. 오늘의 정치사회가 바로 이와 같은 악덕에 빠져 위기를 초래하게 된 것이다. 도덕적으로 구제되어야 한다.

章句集註 (1) 人君以德爲外 以財爲內 則是爭鬪其民而施之以劫奪之敎也 蓋財者人之所同欲 不能絜矩而欲專之 則民亦起 而爭奪矣.

사람을 다스리는 임금이 덕을 밖에 내몰고, 안에 재물에 대한 욕심이 가득하면 (결국) 백성들과 (재물을 놓고) 서로 다투고 싸우게 되며 (마침내는) 백성들로 하여금 서로 재물을 쟁탈하게 만든다. 무릇 재물은 모든 사람이 다같이 얻고자 하는 것이다. (만약에 임금이) '혈구(絜矩)의 도'를 행하지 못하고 혼자 욕심을 내고 재물을 제멋대로 쓰면 백성들도 (저마다) 욕심을 일으키고 마침내는 서로 쟁탈하게 된다.

大全疏註 ① 朱子曰 民本不是要爭奪 惟上之人以德爲外 而暴征横斂 民便效 尤攘相奪 是上敎得他如此.

주자가 말했다. 백성은 본래부터 재물을 다투고 뺏으려고 하지 않는다. 다만 윗사람이 덕을 외면하고 (탐욕을 채우기 위해 백성들로부터 재물을) 포악하고 무자비하게 거둬들이기 때문에, 백성도 비로소 (악덕한 짓을) 본받고 따라서 더 심하게 서로 배척하고 서로 쟁탈하게 된다. 이는 곧 윗사람이 백성들에게 그렇게 하게 만든 것이다.

大全疏註 ② 三山陳氏曰 財人所同欲 上欲專之 則不均平 便是不能絜矩.

삼산 진씨가 말했다. 재물은 모든 사람이 한결같이 욕심을 내는 바다. 윗사람이 제멋대로 거두고 혼자만 쓰면 (나라의 재물을) 균등하고 공평하게 쓰는 것이 아니다. 이는 곧 혈구(絜矩)하지 못하는 것이다.

전문 10장 4절(4)

원문 是故 財聚則民散 財散則民聚.

시고(로) 재취즉민산(하고) 재산즉민취(니라)

직역 그런 고로, (임금이 백성들로부터) 재물을 긁어모으면 백성들이 흩어지고, (반대로 백성들을 위해) 재물을 고르게 나누어 쓰면 백성들이 모여든다.

어구 설명 ㅇ財聚則民散(재취즉민산)－임금이 악덕하게 재물을 (백성들로부터) 긁어모으면, 백성들이 (그 임금에게 등을 돌리고) 흩어진다. (백성이 흩어지면 나라를 잃게 된다). ㅇ財散則民聚(재산즉민취)－(임금이 나라의) 재물을 고르게 나누어 쓰면, 백성들이 (임금의 덕을 높이고) 그 임금에게로 모여들고 귀순한다.

章句集註 (1) 外本內末 故財聚 爭民施奪故民散 反是則有德 而有人矣.

임금이 '외본내말(外本內末)'하니깐 재물을 거두어들인다. 임금이 '쟁민시탈(爭民施奪)'하니깐 백성들이 흩어진다. 반대로 임금이 덕을 지니면 곧 백성들이 있게 된다.

大全疏註 ① 括蒼葉氏曰 爲國者 豈可惟知聚財 而不思所以散財 此有天下者之大患也.

괄창 섭씨가 말했다. 나라를 다스리는 사람은 어찌 (백성들로부터) 재물을 거두어 모으는 것만을 알고, (백성들을 위해) 재물을 고르게 나누어 써야 한다는 생각을 안할 수 있으랴? (그 생각을 안하면 사람도 나라도 잃는다) 이것을 천하를 다스릴 사람이 크게 걱정해야 한다.

大全疏註 ② 東陽許氏曰 財聚民散 言不能絜矩取於民無制之害 財散民聚 言能絜矩取於民有制之利 散財不是要上之人 把財與人 只是取其當得者而不過 蓋土地所生只有許多數目 上取之多 則在下少.

동양 허씨가 말했다. '재취민산(財聚民散)'은 곧 '혈구(絜矩)하지 못하고 재물을 백성들로부터 무절제하게 거두어들인 해독'을 말한 것이다. '재산민취'는 곧 '혈구하고 재물을 백성들로부터 적절하게 거두어들인 이득'을 말한 것이다. '산재(散財)'는 윗사람에게 재물을 사람에게 나누어 주기를 강요하는 것이 아니고, 다만 타당하게 재물을 취하기를 요구함이나. 무릇 토지에서 나오는 재물의 수량이나 종목이 많아도, 윗사람이 혼자 많이 취하면, 아래는 취할 것이 적게 마련이다.

전문 10장 4절(5)

원문 是故 言悖而出者 亦悖而入 貨悖而入者 亦悖而出.

시고(로) 언패이출자(는) 역패이입(하고) 화패이입자(는) 역패이출(이니라)

직역 그런고로 말이 (도리에) 어긋나게 (입에서) 나가면 역시 어긋나게 (귀에) 들어온다. 재화(財貨)를 도리에 어긋나게 거두어들이면 역시 어긋나게 나가게 마련이다.

어구 설명 ㅇ是故(시고)－그러므로, 그런고로. ㅇ言悖而出者(언패이출자)－말이 (도리에) 어긋나게 (입에서) 나가면. ㅇ亦悖而入(역패이입)－역시 어긋나게 (귀에) 들어온다. 즉 내가 말을 어긋나게 하면, 어긋난 말을 듣게 마련이다. ㅇ貨悖而入者(화패이입자)－재화(財貨)를 도리에 어긋나게 거두어들이면. ㅇ亦悖而出(역패이출)－역시 어긋나게 나가게 마련이다.

章句集註 (1) 悖逆也 此以言之出入 明貨之出入也 自先謹乎德以下至此 又因財貨 以明能絜矩與不能者之得失也.

‘패(悖)’는 ‘역(逆 : 거스를 역)’의 뜻이다. 이 글은 말이 나가고 들어오는 이치를 가지고 재화가 나가고 들어오는 이치를 밝힌 것이다. (전문 10장 4절(1)의) ‘선근호덕(先謹乎德)’에서부터 이 구절까지는 역시 재화로 인한 혈구할 수 있는 사람과 못하는 사람의 득실을 밝힌 것이다.

어구 설명 ㅇ悖逆也(패역야)－‘패(悖)’는 ‘거스를 역(逆)’의 뜻이다. 즉 ‘도리에 어긋난다’는 뜻. ㅇ此(차)－이 글은. ㅇ以言之出入(이언지출입)－말이 나가고 들어오는 이치를 가지고. ㅇ明貨之出入也(명화지출입야)－재화가 나가고 들어오는 이치를 밝힌 것이다. ㅇ自先謹乎德以下至此(자선근호덕이하지차)－(전문 10장 4절(1)의) ‘선근호덕(先謹乎德)’에서부터 이 구절까지는. ㅇ又因財貨(우인재화)－역시 재화로 인한 (득실을) ㅇ以明(이명)－밝힌 것이다. ㅇ能絜矩與不能者之(능혈구여불능자지)－혈구할 수 있는 사람과 못하는 사람의. ㅇ得失也(득실야)－득실을 밝힌[明] 것이다.

大全疏註 ① 問絜矩如何只管說財利 朱子曰 畢竟人爲這箇較多 所以生養人只是這箇 所以殘害人亦只是這箇.

‘혈구(絜矩)를 어째서 재물의 이(利)만을 중심하고 말하십니까?’하고 묻자 주자가 대답했다. 결국 사람은 재물을 위하는 경우가 비교적 많다. 사람을 잘살게 하고 양육하는 바탕도 재물이고, 사람을 무참하게 해치는 바탕도 역시 재물 때문이다.

大全疏註 ② 此章 大槪是專從絜矩上來 蓋財者人之所同好也 而我欲專其利 則民有不得其所好者矣 大抵有國有家 所以生起禍亂 皆是從這裏來.

이 '전문 10장'은 대개가 전적으로 혈구(絜矩)를 중심하여 말하고 있다. 무릇 재물은 모든 사람이 좋아하는 바다. 그러므로 (만약에) 내가 혼자서 '재물의 이득'을 다 차지하려고 하면, 백성들은 '자기가 좋아하는 바 재물을' 얻지 못하게 된다. 대개 국가나 가정에서 화란(禍亂)이 발생하는 근본원인이 (윗사람이) 재물을 전유(專有)하려고 함에 있다.

大全疏註 ③ 三山陳氏曰 以惡聲加人 人必以惡聲加己 以非道取人之財 人必以非道奪之 言與貨 其出入雖不同 而皆歸諸理 其爲不可悖一也.

삼산 진씨가 말했다. 나쁜 소리를 남에게 하면, 남도 반드시 나쁜 소리를 나에게 한다. 무도하게 남의 재물을 취하면, 남도 무도하게 (나의 재물을) 탈취한다. 말과 재물은 그 나가고 들어오는 (내용과 실질은) 같지 않으나, 둘이 다같은 도리에 귀착된다. (말이나 재물을) 다룰 때에는 하나라도 어긋나게 하면 안된다.

大全疏註 ④ 吳氏曰 愼德而有人有土 與財散民聚 能絜矩者之得也 內末而爭民施奪 與財聚民散 悖入悖出 不能絜矩者之失也.

오씨가 말했다. 덕을 신중하게 베풀고 백성이나 나라를 간직하는 것과, 재물을 나누어 쓰고 백성을 모으는 것은 능히 혈구(絜矩)하는 자가 얻는 이득이다. (반대로) '마음속에 재물만을 높이고〔內末〕' '백성들과 재물을 다투고 빼기를 하고〔爭民施奪〕' '재물을 무도하게 취했다가 무도하게 탈취당하는 것〔悖入悖出〕' 등은 다 능히 혈구하지 못한 자가 당하는 실패이다.

大全疏註 ⑤ 東陽許氏曰 此以言之出入 比貨出入 不能絜矩取於民無制之害.

동양 허씨가 말했다. 이 구절은 주고받는 말을 가지고 재물의 들어오고 나감을 비유했다. 혈구(絜矩)하지 못하고 무절제하게 백성들로부터 재물을 취하는 자의 해독을 (말한 것이다).

전문 10장 4절(6)

원문 康誥曰 惟命不于常 道善則得之 不善則失之矣.

강고(에) 왈 유명(은) 불우상(이라하니) 도선즉득지(하고) 불선즉실지의(니라)

직역 《서경》 강고편에 있다. '오직 천명(天命)은 항상 있는 것이 아니다.' 이는 '착하게 하면 (천명을) 얻지만 착하지 않으면 (천명을) 잃는다'는 뜻을 말한 것이다.

어구 설명 ○康誥曰(강고왈)－강고편에 기록되어 있다. 《서경(書經)》의 강고편(康誥篇)은 무왕(武王)이 강숙(康叔)에게 훈계한 말을 적은 글. ㅇ惟命(유명)-오직 하늘이 내리는 명(命), 즉 천명(天命)은. ㅇ不于常(불우상)-항상 있는 것이 아니다. '우(于)'를 '유(有)'로 풀이한다. ㅇ道(도)-말한다. ㅇ善則得之(선즉득지)-착하게 하면 (천명을) 얻고. ㅇ不善則失之矣(불선즉실지의)-착하지 않으면 (천명을) 잃는다. '선즉득지 불선즉실지의'가 '도(道)'의 목적어.

章句集註 (1) 道言也 因上文引文王詩之意 而申言之 其丁寧反覆之 意益深切矣.

'도(道)'는 '언(言)'이다. 앞(전문 10장 3절(3))에서 인용한 '문왕시(文王詩)'의 뜻을 거듭 말한 것이다. 그렇듯이 간곡하게 반복하니, 뜻이 더욱 깊고 절실하게 된다.

어구 설명 ㅇ上文(상문)-앞의 '전문 10장 3절(3)'이다. 즉 '준명불이(峻命不易) 도득중즉득국(道得衆則得國) 실중즉실국(失衆則失國)'의 뜻을 거듭 말한 것이다.

大全疏註 ① 雙峯饒氏曰 此得失字 串前得失字 以德爲本則善 善則得衆得國矣 以財爲本則不善 不善則失衆失國矣.

쌍봉 요씨가 말했다. 여기에 있는 '득실(得失)'은 앞에 있는 '득실'과 연관된다. 덕을 근본으로 삼으면 선(善)하다. 선하면 곧 백성도 얻고 나라도 얻는다. (반대로) 재물을 근본으로 삼으면, 불선(不善)하다. 불선하면 곧 백성도 잃고 나라도 잃게 된다.

大全疏註 ② 玉溪盧氏曰 有德則能絜矩 是之謂善 所以得人心在此 所以得天命亦在此 無德則不能絜矩 是謂不善 所以失人心在此 所以失天命亦在此 人心歸則天命歸 人心去則天命去 是天命之不常 乃所以爲有常也 此引康誥之書 以結前五節之意 與前引文王詩相應 命不于常 卽峻命不易之理 善則得 不善則失 卽得國失國之意 此所謂善 卽止至善之善.

옥계 노씨가 말했다. 덕이 있으면 혈구(絜矩)할 수 있으며, 이것을 선(善)이라고 말한다. 인심을 얻는 바탕이 이것이며, 천명을 얻는 바탕도 역시 이것이다. 덕이 없으면 혈구하지 못하며, 이것을 불선(不善)이라 한다. 인심을 잃는 바탕도 이것이며, 천명을 잃는 바탕도 역시 이것이다. 인심이 돌아오면 천명도 돌아오고, 인심이 떠나면 천명도 떠난다. 이를 두고 천명이 항상 있는 것이 아니라고 한다. 이는 곧 천명이 항상 선과 함께 있는 까닭이다. 이는 강고편의 글을 인용해서 앞의 다섯 구절의 뜻을 묶고, 아울러 앞에서 인용한 문왕의 시와 상응하게 한 것이다. (여기서 말한) '명불우상(命不于常)'은 즉 (앞에서 말한) '준명불이(峻命不易)'와 같은 도리이다. '선즉득 불선즉실(善則得 不善則失)'은 즉 '득국실국(得國失國)'의 뜻이다. 여기서 말하는 '선(善)'은 곧 '지지선(止至善)'의 선(善)이다.

大全疏註 ③ 雲峯胡氏曰 右第四節 就財用言絜矩 若好惡不能絜矩 任己自私 不可以平天下 財用不能絜矩 瘠

民自肥 亦不可以平天下 欲平天下者 不可不深自警省也.

운봉 호씨가 말했다. 이상의 '전문 10장 제4절'은 재용(財用)을 가지고 혈구(絜矩)를 말한 것이다. 만약의 호오(好惡)에 있어 혈구하지 못하고 자기독단에 빠지면 평천하(平天下)하지 못한다. 재용에 있어 혈구하지 못하고, 백성을 야위게 하고 자기만 비대하면, 역시 평천하하지 못한다. (그러므로) 평천하하려는 자는 불가불 깊이 경계하고 스스로 살펴야 한다.

전문 10장 5절(1)

원문 楚書曰 楚國無以爲寶 惟善以爲寶.

초서(에) 왈 초국(은) 무이위보(요) 유선(을) 이위보(라하니라)

직역 초서에 있다. '초나라에서는 보배로 여기는 것이 없다. 다만 선인(善人)을 보배로 여긴다.'

어구 설명 ㅇ楚書(초서)-집주(集註)에는 '초서(楚書)는 초어(楚語)'라고 풀었다. 즉 《국어(國語)》에 있는 '초어'의 기록이다. 소주(疏註)에는 '초나라 사관이 기록한 글이다' '초서는 초나라 소왕(昭王) 때의 글이다'라고 풀었다. 《국어》는 춘추시대의 여러 나라 기록을 모은 것으로 저자가 분명치 않다. 그 속에 있는 '초나라의 역사 기록'을 '초어'라고 했을 것이다. (다음 참조) ㅇ楚國無以爲寶(초국무이위보)-초나라에서는 아무것도 보배로 여기지 않는다. ㅇ惟善以爲寶(유선이위보)-다만 선인(善人)만을 보배로 여긴다.

章句集註 (1) 楚書楚語.

'초서(楚書)'는 초어(楚語)다.

大全疏註 ① 三山陳氏曰 楚史官所記之策書也.

삼산 진씨가 말했다. 초나라 사관이 기록한 글이다.

大全疏註 ② 古括鄭氏曰 楚書 楚昭王時書也.

고괄 정씨가 말했다. 초서(楚書)는 초나라 소왕(昭王) 때의 글이다.

章句集註 (2) 言不寶金玉 而寶善人也.

(이 구절은) '금이나 옥을 보배로 여기지 않고, 선인(善人)을 보배로 여긴다'는 뜻을 말한 것이다.

大全疏註 ① 國語楚語 王孫圉聘於晉 定公饗之 趙簡子鳴玉以相問 曰楚之白珩猶在乎 其爲寶也幾何矣 曰楚之所寶者 曰觀射父能作訓辭 以行事於諸侯 使無以寡君爲口實 又有左史倚相 能通訓典 以敍百物 以朝夕獻善敗于寡君 使無忘先王之業 若諸侯之好幣貝 而導之以訓辭 寡君其可以免罪於諸侯 而國民保焉 此楚國之寶也 若夫白珩 先王之玩也 實何寶之焉.

《국어》 초어편에 (다음같이 적혀 있다) 왕손어가 시신으로 진나라에 가자, 정공이 잔치를 베풀었다. 조간자가 옥을 울리면서 상견례를 하고 물었다. '초나라의 백형(白珩 : 흰 패옥)이 그대로 있습니까? 그것을 보물로 삼은 지 얼마나 됩니까?' (왕손어가) 대답했다. '초나라에서 보배로 여기는 것은 (금은보석이 아니라) 현신(賢臣) 관야보(觀射父)입니다. 그는 훈사(訓辭 : 훈계하는 말)를 잘 짓고, 다른 나라 제후와의 일들을 (외교적으로 잘 처리합니다). 그래서 우리나라 임금으로 하여금 구실을 삼지 못하게 합니다. (즉 구실이나 트집을 잡고 남의 나라를 침공하지 못하게 한다) 또 좌사 의상(倚相)이 있습니다. 그는 훈전(訓典 : 五帝의 교훈을 적은 책)에 능통하고, 모든 사물의 도리에 통달하여, 조석으로 우리나라 임금에게 정사(政事)의 성패(成敗)를 아뢰어 올리고, (임금으로 하여금) 선왕의 업적을 잊지 않게 합니다. 만약에 (우리나라 임금이) 다른 나라의 제후들과 같이 재물을 좋아했다면, (현명한 신하가) 훈사(訓辭)로 보필하고 인도해도 우리나라 임금이 어찌 다른 나라 제후에게 죄를 짓지 않고 또 나라와 백성들을 보전할 수 있겠습니까? 이와 같이 (임금이 현명한 신하의 말을 듣고 善政을 펴는 것이) 초나라에서 보배로 치는 것입니다. 백형(白珩)은 선왕의 완상품(玩賞品)일 뿐입니다. 사실상 무슨 보배라 하겠습니까?'

어구 설명 ㅇ王孫圉(왕손어)-'초나라 대부(王孫圉楚大夫)' 〈原註〉 ㅇ趙簡子(조간자)-'이름은 앙(趙簡子名鞅)' 〈原註〉 ㅇ鳴玉以相(명옥이상)-'패옥을 울리고 상견례를 한다(鳴玉以相 鳴佩玉以 相禮也).' 〈原註〉 ㅇ珩(형)-'옆으로 찬 패옥(佩玉之橫者)' 〈原註〉 ㅇ以行事於諸侯(이행사어제

후)－다른 나라 제후들과 접촉하고 외교적 제반사를 행하다. ㅇ使無以寡君爲口實(사무이과군위구실)－(외교적으로 친선관계를 수립하여) 우리 임금으로 하여금 핑계나 구실을 잡고 (다른 나라와 싸우지 않게) 했다. ㅇ寡君其可以免罪於諸侯(과군기가이면죄어제후)－우리 임금이 제후에 대해서 죄를 짓지 않을 수 있었다.

전문 10장 5절(2)

원문 舅犯曰 亡人無以爲寶 仁親以爲寶.

구범 왈 망인(은) 무이위보(요) 인친(을) 이위보(라하니라)

직역 외삼촌 자범(子犯)이 말했다. '망명중에 있는 사람은 아무것도 보배로 여기지 않는다. 오직 아버지를 친애하는 효성을 보배로 여긴다.'

어구 설명 ㅇ舅犯(구범)－구(舅)는 외삼촌, 이름은 호언(狐偃), 자(字)가 자범(子犯)이다. 그는 진(晉)나라의 공자 중이(重耳)의 외삼촌이다. ㅇ亡人(망인)－망명중에 있는 사람, 즉 '중이'다. ㅇ無以爲寶(무이위보)－보배로 여기는 것이 없다. 아무것도 보배로 여기지 않는다. ㅇ仁親以爲寶(인친이위보)－인친(仁親)만을 보배로 여긴다. 인친은 '부친을 사랑한다, 즉 부친에게 효도한다'는 뜻.

참고 **중이**(重耳)**와 자범**(子犯)

진(晉)나라 헌공(獻公 : 기원전 676~651 재위)에게는 장성한 세 아들이 있었다. 이미 오래 전에 첫아들 신생(申生)이 태자가 되었으며 둘째 중이(重耳)와 셋째 이오(夷吾)도 요직을 맡고 있었다. 그런데 헌공이 뒤늦게 취한 여희(驪姬)가 아들 해제(奚齊)

를 낳고 요사(妖邪)한 그녀가 자기 아들을 후계자로 만들기 위해 태자 신생을 모살(謀殺)하고 뒤이어 중이와 이오도 살해하려고 획책했다. 그래서 중이는 적(狄)으로, 이오는 양(梁)으로 망명했다.

헌공이 사망하자 진(晉)나라의 충신들이 해제를 죽이고 여희의 도당을 축출하고 왕통(王統)을 되찾고자 했다. 이때에 진(秦)나라의 목공(穆公)이 사신을 적(狄)에 망명중인 중이에게 보내서 '망명을 중단하고 귀국하여 임금자리에 오르라'고 권했다. 그러나 당시는 아직도 정세가 불안했다. 이때에 초(楚)나라의 고관(高官)이며 중이의 외숙(外叔)인 자범(子犯 : 성은 狐, 이름이 偃)이 망명중인 중이에게 이상과 같은 말을 하고 중이로 하여금 사절케 했던 것이다. 《예기(禮記)》 단궁편(檀弓篇) 하(下)에 보인다. (참조 : 다음 章句集註와 大全疏註)

章句集註 (1) 舅犯 晋文公舅 狐偃 字子犯 亡人 文公時爲公子 出亡在外也 仁愛也 事見檀弓.

'구범(舅犯)'은 진(晋) 문공의 외삼촌 '호언'이며, 자가 '자범'이다. '망인(亡人)'은 문공이다. 당시는 공자(公子)로 나라 밖으로 나가 다른 나라에서 망명 생활을 하고 있었다. '인(仁)'은 친애의 뜻이다. 사실은 《예기(禮記)》 단궁편(檀弓篇)에 보인다.

어구 설명 〈原註〉 '공자(公子)의 이름은 중이다.' '현(見)은 형전(形甸)의 반절음이다.'

大全疏註 ① 禮記檀弓篇 晉獻公之喪 秦穆公使人弔公子重

耳 且曰寡人聞之 亡國恒於斯 得國恒於斯 雖吾子儼然在憂服之中 喪亦不可久也 孺子其圖之 以告舅犯 舅犯曰 孺子其辭焉 喪人無寶 仁親以爲寶 父死之謂何 又因以爲利 而天下其孰能說之 孺子其辭焉.

《예기》 단궁편에 있다. 진(晉) 헌공(獻公)이 사망하자 진(秦)의 목공(穆公)이 사람을 보내 (망명중에 있는) 공자(公子) 중이(重耳)에게 조문하고 아울러 다음같이 말을 전했다. '과인이 들은 바 나라를 잃는 것도 이때이고, 나라를 얻는 것도 이때라 했소. (즉 임금이 죽었을 때에 나라를 잃기도 하고 얻기도 한다는 뜻) 비록 공자는 지금 엄숙하게 거상(居喪)하고 있지만, 나라를 비워두는 것도 오래 가면 안되오. (그러니) 그대 (적자[嫡子]가 되는) 공자(公子)가 (돌아가서 임금자리에 앉도록) 도모하시오.'

(중이가) 이 말을 외삼촌 자범(子犯)에게 고하자, 자범이 (중이에게) 말했다. '공자는 거절하시오. 부친의 상중(喪中)에 있는 자식에게는 아무것도 보배로운 것이 없는 법이오. 오직 부친을 사랑하는 (효도만을) 보배로 여겨야 합니다. 부친의 사망은 무어라 말할 수 없는 (애석한 일이거늘) 부친의 사망을 틈타서 이를 도모하면 천하 만민에게 어떻게 (공자의 입장을) 해명할 수 있겠소. 그러니 공자께서는 거절하세요.'

어구 설명 〈原註〉 '중(重)'은 평성(平聲)이다. '상(喪)'은 '상중지상(喪中之喪)'의 '상(喪)'과 같으며, 다 거성(去聲)이다. '상(喪)'은 나라 밖으로 망명했다는 뜻이다. '부친이 죽자 귀국해서 뒤를 이으려 함은 곧 부친의 죽음을 이로 여김이다.(父死而欲反國求爲後 是因以爲利也)' '설(說)'은 문

자대로 해명(解明)의 뜻이다.(說如字猶解也)'

大全疏註 ② 古括鄭氏曰 文公時避驪姬之讒亡在翟 而獻公薨 秦穆公使子顯弔之 勸之復國 舅犯爲之對此辭也.

고괄 정씨가 말했다. (진[晉]의) 문공(文公)이 당시에는 (공자[公子]로) 여희(驪姬)의 참언(讒言)을 피해서 적(翟=狄)에 망명하고 있었다. 헌공(獻公)이 사망하자 진(秦)의 목공(穆公)이 자현(子顯)을 사신으로 보내 조문하고 아울러 (귀국하여) 나라를 되찾을 것을 권고했다. (이때에 공자의) 외삼촌 자범이 (공자에게) 이 말을 했다.

大全疏註 ③ 四明李氏曰 楚爲春秋所惡 舅犯特霸主之佐耳 大學參稽格言 以垂訓萬世 乃於此乎取何歟 蓋天下之善無窮 君子之取善亦無窮 猶書記帝王 而繼之以秦誓 故下文及之.

사명 이씨가 말했다. '초(楚)는 춘추 때에 미움을 받는 나라고 또 구범(舅犯)은 다만 (초나라의) 패도(霸道)의 임금을 보좌한 자일뿐이었다. 한편 《대학》은 (고대의 고전 중의) 좋은 말을 참고하고 헤아려 만세에 교훈을 내리는 경전이다. 그런데 여기에 왜 (구범 같은 자의 말을) 취해서 인용했나요?'하고 묻자 주자가 말했다. 대개 천하에는 선(善)한 것이 무궁하게 많이 있고 또 군자가 취해서 쓸 선도 무궁하게 많다. 예를 들면 《서경(書經)》은 (훌륭한) 제왕들의 기록이지만 뒤에 (훌륭하지 못한) 진서(秦誓)

가 뒤에 붙어있는 것과 같다. 고로 (전문 10장에서도) 그것을 다음에 말했다.

章句集註 (2) 此兩節 又明不外本而內末之意.

이 두 구절, 즉 '10장 5절(1)과 5절(2)'도 역시 '외본내말(外本內末)'하지 않는[不] 뜻을 밝힌 것이다.

어구 설명 ㅇ又明(우명)-밝힌 것이다. ㅇ不外本而內末之意(불외본이내말지의)-'외본이내말'하지 않는 뜻. '외본이내말'은 '근본이 되는 덕을 소외하고 가지에 해당하는 재물을 높인다.'

大全疏註 ① 雙峯饒氏曰 寶者指財而言 此就財上說來 却接用人說去 蓋天下有理財用人二事最大.

쌍봉 요씨가 말했다. '보(寶)'는 재물(財物)을 가리킨 말이다. 여기까지 재물에 대해서 말해오다가 앞에서는 용인(用人)에 대한 말로 바꾸었다. 아마 천하에서 가장 중대한 두 가지 일이 이재(理財)와 용인이기 때문일 것이다.

大全疏註 ② 玉溪盧氏曰 不以金玉爲寶 而以善人爲寶 不爲得國爲寶 而以愛親之道爲寶 是能內本而外末者也.

옥계 노씨가 말했다. '금옥(金玉)'을 보배로 여기지 않고, '선인(善人)'을 보배로 여긴다. '득국(得國)'을 보배로 여기지 않고, '애친지도(愛親之道)'를 보배로 여긴다. 이것이 곧 능히 '내본외말(內本外末)'함이다.

(어구 설명) ㅇ內本外末(내본외말) – '선인(善人)'과 '애친지도(愛親之道)'를 높이고, '금옥(金玉)'과 '득국(得國)'을 멀리한다.

(大全疏註) ③ 雲峯胡氏曰 右第五節 當連上文善與不善看 在我者惟善則得之 在人者亦當惟善是寶 兩寶者結上文財用 惟善仁親 又起下文之意 蓋第三節 言好惡 第四節言財用 此則兼財用好惡言也

운봉 호씨가 말했다. 앞의 '제5절'은 마땅히 앞의 (글, 즉 4절(6)에 있는) '선과 불선(善與不善)'과 연결해서 보아야 한다. 내가 오직 선(善)해야 (모든 것을) 얻고, 남에게도 오직 선한 것만이 보배가 된다. 두 개의 '보(寶)'자는 앞의 글의 '재용(財用)'과 '유선(惟善)' 및 '인친(仁親)'을 결론지은 말이다. 아울러 '다음의 글의 뜻(下文之意)'을 끌어낸다. 무릇 '제3절'에서는 '호오(好惡)'를 말하고, '제4절'에서는 '재용'을 말하고, 여기서는 '재용과 호오'를 겸해서 말했다.

전문 10장 6절(1)

(원문) 秦誓曰 若有一个臣 斷斷兮 無他技 其心 休休焉 其如有容焉 人之有技 若己有之 人之彦聖 其心好之 不啻若自其口出 寔能容之 以能保我子孫黎民 尚亦有利哉 人之有技 媢

疾以惡之 人之彦聖 而違之 俾不通 寔不能容 以不能保我子孫黎民 亦曰殆哉.

진서(에) 왈 약유일개신(이) 단단혜(오) 무타기(나) 기심(이) 휴휴언(하고) 기여유용언(이라) 인지유기(를) 약기유지(하고) 인지언성(을) 기심호지(하며) 불시약자기구출(하고) 식능용지(하니) 이능보아자손려민(이오) 상역유리재(인저) 인지유기(를) 모질이오지(하고) 인지언성(을) 이위지(하야) 비불통(이면) 식불능용(이라) 이불능보아자손려민(이니) 역왈태재(인져)

(《서경(書經)》 주서 마지막편) 진서(秦誓)에 있다. 만약에 한 사람이 있는데, 그의 인품이 성실하고 한결같으며 별로 다른 재주는 없어도 그의 마음이 솔직하고 착하고 (모든 것을) 받아들이고 잘 포용한다. (그는) 다른 사람이 재주있는 것을 흡사 자신이 가진 것처럼 여기고, 다른 사람이 슬기로운 선비답게 신통한 것을, (그가) 진심으로 좋아하고 또 자기 입으로 칭찬할 뿐만 아니라, 진실로 포용한다. (이와 같은 사람을 등용해 써야) 능히 우리 자손과 백성들을 보전할 수 있으며, 또 이롭기를 바랄 수 있는 것이다.

(반대로) 다른 사람이 재주가 있으면 강샘을 하고 미워하고 또 다른 사람의 인품이 선비답고 신통하면 (고의로) 그를 반대하거나 거역하고 그로 하여금 달통(達通)하지 못하게 방해하고 참으로 (그를) 받아들이지 못하는 (자도 있다). (이런 자를 쓰면) 우리 자손과 백성들을 보전하지 못하고 또 나라도 위태롭게 된다.

어구 설명 〈原註〉 '개(个)는 고(古) 하(賀)의 반절, 《서경(書經)》에는 개(介)로 쓰여 있다.' '단(斷)은 정(丁) 난(亂)의 반절' '모(媢)의 음은 모(冒)' ㅇ秦誓(진서)-《서경(書經)》 주서(周書) 마지막에 있는 글. 진(秦)나라 목공(穆公)이 패전(敗戰)한 다음에 군신에게 한 말이다. ㅇ若有一

个臣(약유일개신)—만약에 한 신하가 있으며. '유(有)'는 현상(現象)을 나타내는 동사로 다음에도 걸린다. ㅇ斷斷兮(단단혜)—인품이 성실하고 한결같다. ㅇ無他技(무타기)—별로 특출한 재주는 없지만. ㅇ休休焉(휴휴언)—솔직하고 착하고. ㅇ其如有容焉(기여유용언)—그가 (모든 것을) 넓게 받아들이고 포용하는 것 같다. ㅇ人之有技(인지유기)—다른 사람이 재주 가진 것을. ㅇ若己有之(약기유지)—흡사 자신이 가진 것처럼 여기고. ㅇ人之彦聖(인지언성)—다른 사람의 인품이 선비답고 신통(神通)한 것을. 彦(선비 언). ㅇ其心好之(기심호지)—그는 진심으로 좋아한다. ㅇ不啻(불시)—다만 ……하지 않을 뿐만 아니라. 啻(뿐 시). ㅇ若自其口出(약자기구출)—자기 입으로 (칭찬하는 말을) 할 (뿐만 아니라). ㅇ寔能容之(식능용지)—진실로 그 사람을 받아들이고 포용한다. '식(寔)'은 참으로, 진실로. ㅇ以能保我子孫黎民(이능보아자손려민)—(임금이 그와 같은 포용력 있는 사람을 등용해 쓰면) 능히 우리들의 자손과 백성들을 보전할 수 있으며. ㅇ尙亦有利哉(상역유리재)—또 이롭기를 바랄 수 있다. '상(尙)'은 '바란다'는 뜻. ㅇ人之有技(인지유기)—다른 사람이 재주가 있으면. ㅇ媢疾以惡之(모질이오지)—강샘을 하고 미워한다. 媢(강새암할 모). ㅇ人之彦聖(인지언성)—다른 사람이 선비답고 신통하면. ㅇ而違之(이위지)—그를 반대하거나 거역하고. ㅇ俾不通(비불통)—그로 하여금 달통(達通)하지 못하게 방해한다. ㅇ寔不能容(식불능용)—참으로 (남을) 받아들이지 못한다. ㅇ以(이)—(임금이 만약에 옹졸한 자를 등용해) 쓰면. ㅇ不能保我子孫黎民(불능보아자손려민)—(따라서) 우리 자손과 백성들을 보전하지 못하고. ㅇ亦曰殆哉(역왈태재)—또한 나라도 위태롭게 된다.

章句集註 (1) 秦誓周書 斷斷誠一之貌 彦美士也 聖通明也.

'진서(秦誓)'는 《서경》 주서(周書) 맨 끝에 있는 글이다. '단단(斷斷)'은 '성실하고〔誠〕 한결같은〔一〕 품〔貌〕'이다. '언(彦)'은

'훌륭한 선비'이다. '성(聖)'은 '신통하고 총명하다'는 뜻이다.

어구 설명 ㅇ秦誓周書(진서주서)－'진서(秦誓)'는 《서경》 주서(周書) 맨 끝에 있는 글이다. ㅇ斷斷誠一之貌(단단성일지모)－'단단'은 '성실하고〔誠〕 한결같은〔一〕 품〔貌〕'이다. ㅇ彥美士也(언미사야)－'언'은 '훌륭한 선비'이다. ㅇ聖通明也(성통명야)－'성'은 '신통하고 총명하다'는 뜻이다.

大全疏註 ① 三山陳氏曰 聖字專言之 則爲衆善之極 對衆善言 則止於通明之一端.

삼산 진씨가 말했다. '성(聖)'자의 뜻을 포괄적으로 말하면 곧 '여러 가지 선(善)의 극치'라 하겠고, (성의 뜻을) 다른 여러 가지 선(善)과 상대적으로 말하면 곧 '신통하고 총명하다'는 한 뜻이 된다.

大全疏註 ② 新安陳氏曰 孟子云 大而化之之謂聖 此專言之者也 周禮六德 知仁聖義中和 此對衆善而言之也.

신안 진씨가 말했다. 《맹자》에 '크게 교화하는 것을 성(聖)이라 한다'는 말이 있다. 이는 성의 포괄적 뜻을 말한 것이다. 주례(周禮)는 육덕(六德)으로 '지(知)·인(仁)·성(聖)·의(義)·중(中)·화(和)' 여섯을 들었다. (이때의 聖은) 다른 선(善)과 상대적으로 말한 것이다.

章句集註 (2) 尙庶幾也 娼忌也 違拂戾也 殆危也.

'상(尙)'은 '바란다〔庶幾〕'는 뜻이다. '모(媢)'는 '기피(忌避)한다'는 뜻이다. '위(違)'는 '반대하고 물리친다〔拂戾〕'는 뜻이다.

'태(殆)'는 '위태하다'는 뜻이다.

大全疏註 ① 問絜矩 以好惡財用媢疾彦聖爲言 何也 朱子曰 如桑弘羊 聚斂以奉武帝之好 若是絜矩底人 必思許多財物 必是侵過著民底 滿得我好 民必惡 言財用者 蓋如自家在一鄕之間 却專其利 便是侵過著他底 便是不絜矩 言媢疾彦聖者 蓋有善人 則合當擧之 使之得其所 今則不擧他 使失其所 是侵善人之分 便是不絜矩 此不特言 其好惡財用之類 當絜矩 事事亦當絜矩.

어떤 사람이 물었다. '혈구(絜矩)를 호오(好惡), 재용(財用), 모질(媢疾), 언성(彦聖) 등을 가지고 말한 이유가 무엇입니까?' 주자가 대답해서 말했다. 예를 들면 상홍양(桑弘羊) 같은 사람은 (백성들로부터) 재물을 거두어 모아서 무제(武帝)가 좋아하는 (재물을) 바쳐 올렸다. 만약에 혈구의 도를 지키는 사람이라면 반드시 '많은 재물을 거두어 바치려면 반드시 백성의 재물을 과도하게 침탈(侵奪)하고 또 나의 만족을 채우는 것은 반드시 백성의 미움을 산다는 것'을 생각할 것이다.

재물(財物)에 대해서 말한 (이유는), 대개 내 집이 향리에 있는 경우, 오직 자기의 이득만을 독점하면 반드시 다른 사람의 (재물을) 과도하게 침탈할 것이며, 역시 혈구의 도리가 아니기 때문이다.

모질(媢疾)과 언성(彦聖)에 대해서 말한 (이유는), 대개 선인(善人)이 있으면 마땅히 천거해서 그로 하여금 좋은 자리를 얻게 해야 한다. 그런데 만약에[今] 그를 천거하지 않고, 그 자리를 얻지 못하게 하면, 이는 곧 선인의 분수를 침탈하는 일로 역시 혈구의 도리가 아니기 때문이다. 이는 다만 호오(好惡)나 재용(財用)만을 혈구의 도에 맞게 할 뿐 아니라, 모든 일에도 역시 혈구에 맞게 해야 함을 말한 것이다.

大全疏註 ②-1 玉溪盧氏曰 一个挺然獨立 而無朋黨之謂 斷斷無他技 德有餘而才不足也 休休二字 其意深長 有淡然無欲之意 又有粹然至善之意 曰如有容 其量之大 不可得而測 亦不可得而名言也 有技若己有之 能容天下有才之人 則天下之才 皆其才也 若其有之 不特不娼疾而已 彦聖心好 不啻若自其口出 能容天下有德之人 則天下之德 皆其德也 不啻若自其口出 好善有誠 而口足以盡其心也 能以天下之才德 爲己之才德 信乎其能容矣

옥계 노씨가 말했다. '유일하게 우뚝 높이 홀로 서있다(一个挺然獨立)'고 한 말은 (그러면서도[而]) 붕당에 섞여있지 않다'는 뜻이다. '인품이 성실하고 한결같으며 별로 특출한 재주가 없다(斷斷兮 無他技)'고 한 것은 '덕이 남음이 있을만큼 높으면서 재주가 (비교적) 부족하다(德有餘而才不足)'는 뜻이다. '휴휴(休休)' 두 글자의 뜻은 깊다. 즉 '담담하고 욕심이 없다'는 뜻과 또 '순수하고 지극히 착하다'는 뜻이 있다. '여유용(如有容)'이라고 말한 것은 '그 사람의 도량이 커서 측량할 수 없고 또 무어라 말로 표현할 수 없다'는 뜻이다. '남이 재주 있음을 자기가 있는 것 같이 함(有技若己有之)'이라고 한 말은 '천하의 모든 재주 있는 사람을 포용할 수 있으므로, 곧 천하의 재주가 다 자기가 가진 재주같이 된다'는 뜻이다. '자기가 가지고 있는 것 같다(若其有之)'는 말은 '다만 강샘하고 미워하지 않을 뿐만 아니다'와 '좋은 선비의 신통한 총명을 마음으로 좋아한다'는 뜻이 다 있다. '다만 자기 입으로 칭찬할 뿐만 아니라(不啻若自其口出)'고 한 구절은 '능히 천하의 덕있는 사람을 포용할 수 있어 천하의 모든 덕을 다 자기의 덕으로 한다'는 뜻이 된다. 또 '다만 자기 입으로 칭찬할 뿐만 아니라(不啻若自其口出)'는 구절은 '호선(好善)을 성실하게 하고 아울러 입으로는 자기의 마음을 충분히 표현할 수 없다'는 뜻이기도 하다. 또한 '천하의 재덕(才德)을 자기의 재덕으로 할 수 있다'는 말은 바로 '자기의 포용 능력을 신실(信實)하게 나타낸 것(信乎其能容矣)'이다.

大全疏註 ②-2 前言如有容 此言寔能容 二句相應 人君用此人 其有益於人國可知 有技疾惡之 彦聖俾不通 不能以天下之才德爲才德 人君而用此人 國家豈不危殆 能用者用之 其利如此 不能用者用之 其害又如此 人主在擇一相者此也 此又絜矩之先務也.

앞에서 말한 '여유용(如有容)'과 여기서 말한 '식능용(寔能容)' 두 구절은 상응한다. 임금이 이와 같은 사람을 등용하면 백성이나 나라에 이롭다는 것을 알 수 있다. 재주있는 사람을 미워하고 좋은 선비의 총명을 통하지 못하게 하면 천하의 재덕을 자신의 재덕으로 만들지 못한다. 임금이 이러한 사람을 쓰면 나라가 어찌 위태롭게 되지 않겠는가. (임금이) 포용력 있는 사람을 등용해 쓰면 그 이득이 그만큼 있고 포용력이 없는 사람을 쓰면 그 해독이 또한 그만큼 있다. 임금의 (다스림의 중점이) 한 사람의 재상(宰相) 선택에 있다고 하는 까닭이다. 그러므로 역시 먼저 혈구(絜矩)에 힘써야 한다.

大全疏註 ③ 蛟峯方氏曰 其如有容 其疑辭也 有甚物似他有容者 言無可比他有容之大.

교봉 방씨가 말했다. '기여유용(其如有容)'의 '기(其)'는 의문의 뜻을 나타내는 말이다. 무엇이나 다 그는 포용하는 듯하므로 그의 큰 포용력에 견줄 것이 없음을 말한 것이다.

어구 설명 ㅇ其疑辭也(기의사야)－'기여유용(其如有容)'의 '기(其)'자는 의문(疑問)의 뜻을 나타내는 말이다. 그러나, '방씨(方氏)'가 말하는 '의사(疑辭)'는 오늘의 문법용어로는 '유사사(類似詞)'에 해당한다. ㅇ有甚物似他有容者(유심물사타유용자)－당시의 백화체(白話體)다. '무엇이든지 그가 포용하는 듯하다'로 풀어야 한다. ㅇ言(언)－'기여유용(其如有容)'은 곧 (다음 같은) 뜻을 말한 것이다. ㅇ無可比他有容之大(무가비타유용지대)－그의 큰 포용에 비길 것이 없다.

大全疏註 ④ 新安陳氏曰 有容者 能絜矩 而人所同好者也 媢疾者 不能絜矩 而人所同惡者也 人君能好有容者而用之 惡媢疾者而舍之 是又絜矩之大者.

신안 진씨가 말했다. 포용하는 사람은 능히 혈구(絜矩)한다. 그래서 모든 사람이 다 좋아하는 바다. 시기하고 미워하는 사람은 혈구하지 못한다. 그래서 모든 사람이 다 미워하는 바다. 임금은 능히 '유용자(有容者)'를 좋아하고 등용해 쓰고, '모질자(媢疾者)'를 미워하고 버려야 한다. 그것이 또한 큰 혈구이다.

大全疏註 ⑤ 東陽許氏曰 此專言爲政者好惡之公私 尙亦有利哉 以上一截 言能絜矩 而以公心好人 以下一截 言不能絜矩 而以私心惡人.

동양 허씨가 말했다. 이것은 '위정자의 호오(好惡)가 공적이냐 사적이냐를 포괄해서 말한 것'이다. (6절(1)에 있는) '상역유리재(尙亦有利哉)' 이상의 구절은 '혈구할 수 있으므로 공심(公心)을 가지고 남을 좋아하는 경우'를 말하고, ('상역유리재') 이하의 구절은 '혈구하지 못하고 사심(私心)을 가지고 남을 미워하는 경우'를 말한 것이다.

전문 10장 6절(2)

원문 唯仁人 放流之 迸諸四夷 不與同中國 此謂唯仁人 爲能愛人 能惡人.

유인인(이) 방류지(하고) 병제사이(하야) 불여동중국(하니) 차위 유인인(이) 위능애인(하고) 능오인(하니라)

직역 오직 인인(仁人)은 그들을 추방 유배하고 사방의 오랑캐 땅으로 내몰아 쫓고 더불어 중국에서 함께 살지 못하게 한다. 이를 두고 공자가 '오직 인인만이 진실로 사람을 사랑할 수도 있고 미워할 수도 있다'고 말한 것이다.

어구 설명 〈原註〉 '병(迸)은 병(屛)으로 읽는다. 고자(古字)는 서로 통용한다.' '병(屛)은 필(必)과 정(正)의 반절음, 제거한다는 뜻이다.' ㅇ唯仁人放流之(유인인방류지)－오직 인인(仁人)은 그들은 추방(追放)하고 유배(流配)한다. '지(之)'는 모질(媢疾)하는 나쁜 사람들. ㅇ迸諸四夷(병제사이)－사방의 변방 오랑캐 땅으로 내몰아 쫓아버린다. ㅇ不與同中國(불여동중국)－더불어 중국에서 함께 살지 못하게 한다. ㅇ此謂(차위)－이를 두고 (공자가 《논어》에서) 말했다. ㅇ唯仁人(유인인) 爲能愛人(위능애인) 能惡人(능오인)－오직 인덕(仁德)을 갖춘 사람만이 (진실로) 사람을 사랑할 수도 있고, 미워할 수도 있다.(《논어》 里仁篇)

章句集註 (1) 迸猶逐也 言有此媢疾之人 妨賢而疾國 則仁人必深惡而痛絶之 以其至公無私 故能得好惡之正 如此也.

'병(迸)'은 '쫓을 축(逐)'과 같다. 이는 곧 다음 같은 뜻을 말한 것이다. 남을 시샘하고 미워하는 사람은 현명한 사람의 진출을 방해하고 나라를 병들게 한다. (그러면) 곧 어진 사람은 반드시 그를 깊이 미워하고 단호하게 그를 끊어 버린다. (어진 사람은) 지공무사(至公無私)하기 때문에 능히 '호오(好惡)'를 바르게 하고 (따라서) 그와 같이 (나쁜 사람을) 단절할 수 있는 것이다.

大全疏註 ① 北溪陳氏曰 此能公其好惡 而能絜矩者也.

북계 진씨가 말했다. 그는 곧 자기의 호오(好惡)를 능히 공평무사하게 하고 또 혈구할 수 있는 사람이다.

大全疏註 ② 雙峯饒氏曰 惡人之所同惡 好人之所同好 卽舜之去四凶 擧十六相是也.

쌍봉 요씨가 말했다. (윗사람은) 모든 사람이 좋아하는 바를 좋아하고, 모든 사람이 미워하는 바를 미워해야 한다. 이는 곧 순(舜)임금이 4명의 흉악한 자를 추방하고, 16명의 정승을 등용한 일을 말한다.

어구 설명 ㅇ去四凶(거사흉)—네 명의 흉악한 자들을 제거했다. 공공(共工)·환도(驩兜)·삼묘(三苗)·곤(鯀) 네 사람이다. ㅇ擧十六相(거십륙상)—열여섯 명의 재상(宰相)을 등용했다. 즉 팔원(八元)과 팔개(八凱)다. '팔원'은 고신씨(高辛氏)의 8명의 아들이며, 백성을 교화했다. 팔개는 고양씨(高陽氏)의 8명의 아들로, 국토를 관리했다. 이들을 상(相)이라 했다.

大全疏註 ③ 玉溪盧氏曰 此承上節下一截 而言 媢疾之人待之宜如此 謂之能惡人可也 而謂之能愛人何也 蓋小人不去 卽君子不進 去小人不能絶之 卽雖進君子而不能安之 去小人固所以進君子 絶小人乃所以安君子 吾之威在媢疾之人 吾之恩在天下後世矣 惟吾心純乎天理之公 故吾之好惡 與天下爲公 此仁人所以能愛惡人也.

옥계 노씨가 말했다. 이 '전문 10장 6절(2)'는 앞의 '6절(1)'의 후반의 구절을 이어받고 '모질지인(媢疾之人)'에 대해서 마땅히 그와 같이 (추방해야 한다는 뜻을) 말한 것이다. (그러므로 그 구절의 뜻을) '능히 사람을 미워할 수 있다(能惡人)'고 말하는 것은 가하지만, '능히 사람을 사랑할 수 있다(能愛人)'고 말하는 것은 왜일까? 무릇 소인을 제거하지 않으면 군자가 나가지 못한다. 소인을 제거해도 단절하지 못하면 비록 군자가 진출해도 편할 수 없다. 소인 제거가 당연히 군자 진출의 바탕이고, 소인 단절이 당연히 군자 평안의 바탕이다. 나의 위엄이 '모질지인(媢疾之人)'에게 미쳐 (그들을 쫓아내면 결과적으로) 나의 은혜가 천하와 후세에 미치게 되는 것이다. 오직 나의 마음이 공평무사한 천리에 비추어 순수하기 때문에 따라서 나의 호오(好惡)가 천하와 더불어 공평하게 되는 것이다. 그러므로 인인(仁人)만이 능히 남을 사랑도 하고 혹은 미워도 할 수 있다고 하는 것이다.

大全疏註 ④ 新安陳氏曰 此引家語孔子之言 故以此謂冠之 乃引援古語之例.

신안 진씨가 말했다. 이것은 〈공자가어(孔子家語)〉에 있는 공자의 말을 인용한 것이다. 그러므로 '차위(此謂)'라는 말을 앞에 붙였다. 즉 고어를 인용해 쓸 때의 예이다.

大全疏註 ⑤ 東陽許氏曰 言能絜矩 而惡惡得其正 所謂放流 卽媢疾蔽賢之人 朝廷之上 惡人旣去 則善人方得通 又以仁人 總結之 言能絜矩者也.

동양 허씨가 말했다. (이는 곧) '능히 혈구할 수 있고 아울러 악인을 미워함이 그 바른 도리를 얻었다'는 뜻을 말한 것이다. (또) '이른바 방류(放流)'는 '모질(媢疾)하고 현인을 가리고 막는 (악한 자를 추방하고 유배한다는 뜻을 말한 것이다). '조정에서 악인을 제거하면 즉 선인들이 비로소 통달할 수 있다'(는 뜻을 말한 것이다). 또 '인인(仁人)으로써 모든 것을 묶은 것'은 (곧 인인만이) 능히 '혈구할 수 있음'을 말한 것이다.

전문 10장 6절(3)

원문 見賢而不能擧 擧而不能先 命也 見不善而不能退 退而不能遠 過也.

견현이불능거(하며) 거이불능선(이) 명야(요) 견불선이불능퇴(하며) 퇴이불능원(이) 과야(니라)

직역 현명한 사람을 보고 등용(登用)하지 못하거나 등용하되 우선적으로 등용하지 못하는 것은 태만(怠慢)이다. 나쁜 사람을 보고도 물리치지 못하거나 물리치되 멀리 추방해서 단절하지 못하면 잘못하는 것이다.

어구 설명 〈原註〉 '원(遠)'은 거성(去聲)이다.' ㅇ見賢而不能擧(견현이불능거)－현명한 사람을 보고 등용(登用)하지 못하거나. '거(擧)'는 높이 쓰다. ㅇ擧而不能先(거이불능선)－등용하되 우선적으로 등용하지 못하면. ㅇ命也(명야)－태만(怠慢)으로 푼다. 정현(鄭玄)은 '만(慢)'으로 풀었고, 정자(程子)는 '태(怠)'로 보았다. ㅇ見不善而不能退(견불선이불능퇴)－나

뻔 사람을 보고도 물리치지 못하면. ○退而不能遠(퇴이불능원)－물리치되 멀리 추방해서 단절하지 못하면. ○過也(과야)－잘못이다, 과실이다.

章句集註 (1) 命鄭氏云當作慢 程子云當作怠 未詳孰是 若此者 知所愛惡矣 而未能盡愛惡之道 蓋君子而未仁者也.

'명(命)'을 정현(鄭玄)은 '마땅히 만(慢)이 되어야 한다'고 말했고, 정자(程子)는 '마땅히 태(怠)가 되어야 한다'고 말했다. (그러나 주자는) '어느 것이 옳은지 모르겠다'고 했다. 그렇게 하는 사람은 '애오(愛惡)할 바'를 알되, '애오의 도(愛惡之道)'를 충분히 실천하지 못한 것이다. 무릇 군자이되 아직 인자(仁者)는 아니다.

어구 설명 〈原註〉 명(命)은 만(慢)과 음이 가깝다.

大全疏註 ① 朱子曰 先是早底意 是不能速用之.

주자가 말했다. '선(先)'은 '이르게'의 뜻이다. 즉 '일찍이 빠르게 등용하지 못한다'를 (지적한 것이다).

大全疏註 ② 雙峯饒氏曰 見賢而不能擧 見不善而不能退 如漢元帝 知蕭望之之賢 不能用 知弘恭石顯之姦 而不能去 是也.

쌍봉 요씨가 말했다. 현명한 사람인 줄 알면서도 등용하지 않고 또 나쁜 줄 알면서도 퇴출하지 않는 예가 바로 한(漢) 원제

(元帝)다. 소망지(蕭望之)의 현명을 알면서 쓰지 않았으며 (반대로) 홍공(弘恭) · 석현(石顯)이 악한 줄 알면서도 물리치지 못한 것이 실례다.

참고 **소망지**(蕭望之)**와 홍공**(弘恭) · **석현**(石顯)

한(漢)나라 제10대 원제(元帝)는 우유부단하여 자기의 태자사부(太子師傅)였으며 참다운 충신이자 현명한 학자였던 '소망지(蕭望之)'를 따르지 않고 반대로 간악한 환관(宦官) '홍공(弘恭)과 석현(石顯)'의 모략에 말려들어 충신 '소망지'를 옥에 가두고 결국은 자결케 했다. 그후 홍공과 석현도 죽고 한나라는 왕망(王莽)의 찬탈을 초래했다.

大全疏註 ③ 新安陳氏曰 擧不先 未盡愛之道 退不遠 未盡惡之道 上文能愛惡仁人也 此不能盡 愛惡之道 所以爲君子而未仁者也.

신안 진씨가 말했다. '거불선(擧不先)'은 '애지도(愛之道)'를 다하지 못한 것이다. '퇴불원(退不遠)'은 '오지도(惡之道)'를 다하지 못한 것이다. 앞의 '6절(2)'는 '능히 사랑도 하고 미워도 할 수 있는 사람이 인인(仁人)임'을 말한 것이다. 이 '6절(3)'은 '애오지도(愛惡之道)'를 다하지 못하여, 따라서 군자(君子)이기는 하나, 아직 인자(仁者)가 못된 것을 말한 것이다.

전문 10장 6절(4)

원문 好人之所惡 惡人之所好 是謂拂人之性 菑必逮夫身.

호인지소오(하며) 오인지소호(이) 시위불인지성(이라) 재필체부신(이니라)

직역 사람들이 미워하는 바를 좋아하고, 사람들이 좋아하는 바를 미워하는 것을 본성(本性)에 거스른다고 말한다. 재앙이 반드시 그 몸에 미칠 것이다.

어구 설명 〈原註〉 '치(菑)'는 옛날 글자로 '재앙 재(災)'이다. '부(夫)'의 음은 '부(扶)'다. ㅇ好人之所惡(호인지소오)−사람이 미워하는 바를 좋아한다. 즉 '인간이나 백성이 본성적으로 미워하고 싫어하는 바, 즉 비도덕적인 악덕을 윗사람이 (반대로) 좋아하고 악덕한 짓을 한다'는 뜻이다. ㅇ惡人之所好(오인지소호)−백성들이나 사람들이 본성적으로 좋아하는 선덕(善德)을 윗사람은 (반대로) 싫어하고 악덕한 짓을 한다. ㅇ是謂拂人之性(시위불인지성)−그와 같은 것을 사람의 본성(本性)에 어긋나는 짓이라고 말한다. ㅇ菑必逮夫身(재필체부신)−재앙이 반드시 그 몸에 미친다. 菑(묵정밭 치, 재앙 재)=災(재앙 재), 逮(미칠 체).

참고 **사람의 본성에 어긋나다**(拂人之性)

하늘은 모든 사람에게 천명(天命)으로 선본성(善本性), 즉 명덕(明德)을 주었다. 그러므로 모든 사람은 본성적으로 선덕(善德)을 좋아하고 악덕(惡德)을 미워한다. 만민의 '선본성'을 따르는 것이 곧 '덕치(德治)'다.

章句集註 (1) 拂逆也 好善而惡惡 人之性也 至於拂人之性 則不仁之甚者也 自秦誓至此 又皆以申言好惡公私之極 以明上文所引南山有臺 節南山之意.

'불(拂)'은 '거역하다, 거스르다'의 뜻이다. '선을 좋아하고 악을 미워하는 것(好善而惡惡)'이 '인간의 본성이다.(人之性也)' '사람의 본성에 거역하는 지경에 이른 것(至於拂人之性)'은 곧 '불인(不仁)이 심한 것(則不仁之甚者)'이다. '진서(秦誓, 6절(1))'에서 이 '6절(4)'까지는 다 '호오(好惡)'함에 있어 '공적(公的)과 사적(私的) 양극(兩極)의 경우'를 거듭 말하고 앞에서 인용한 '남산유대(南山有臺, 3절(1))' 및 '절남산(節南山, 3절(2))'의 뜻을 밝힌 것이다.

大全疏註 ① 朱子曰 斷斷者 是能絜矩 娼疾者是不能絜矩 仁人放流之 是大能絜矩 好人所惡 惡人所好 是大不能絜矩.

주자가 말했다. '단단자(斷斷者)'는 혈구할 수 있는 사람이다. '모질자(娼疾者)'는 혈구하지 못하는 사람이다. '인인(仁人)이 악인을 추방하고 유배하니' 곧 크게 혈구를 할 수 있다. '(윗사람이) 모두가 미워하는 바를 좋아하고, 모두가 좋아하는 바를 미워하면' 곧 크게 혈구를 할 수 없다.

大全疏註 ② 括蒼葉氏曰 上一節 雖未盡好惡之極 猶能知所

好惡 尙不至於拂人好惡之常性 今有人焉 於人之所當好 所同好者 反從而惡之 於人之所當惡 所同惡者 反從而好之 如此等人 不仁之甚.

괄창 섭씨가 말했다. 위의 (6절(3)은) 비록 '호오(好惡)의 극치'를 다하지는 못했으나, '능히 호오할 바를 알고 또 사람들의 호오하는 본성을 어기는 데까지는 이르지 않았다.' (그러나) 만약에 어떤 사람이 '남들이 마땅히 좋아하고 또 모두가 함께 좋아하는 바'를 거슬러 미워하거나, (혹은) '남들이 마땅히 미워하고 또 모두가 함께 미워하는 바'를 거슬러 좋아한다면, 그와 같은 사람은 불인(不仁)이 심한 자이다.

大全疏註 ③ 雙峯饒氏曰 好惡與人異 菑必逮夫身 桀紂是也.

쌍봉 요씨가 말했다. 호오(好惡)하는 바가 사람의 본성과 다르면, 재해가 반드시 그 몸에 닥친다. 바로 걸(桀)과 주(紂)가 그러했다.

大全疏註 ④-1 玉溪盧氏曰 人性本有善而無惡 故人皆好善而惡惡 仁人之能好惡 不過順人之性耳 苟好惡惡善而拂人之性 則失其本心甚矣 非不仁之甚而何 菑必逮身 爲天下僇是也 自古有天下者 未嘗不以用君子而興 用小人而亡 能愛惡人 則君子進 小人退 而天下蒙其利 此能絜矩者之所爲也.

옥계 노씨가 말했다. 인간의 성품은 본래 선(善)하고 악(惡)이 없다. 그러므로 사람은 다 선을 좋아하고 악을 미워한다. 인인(仁人)이 능히 호오(好惡)할 수 있는 것은 오직 인간의 본성을 따름일 뿐이다. 만약 악을 좋아하고 선을 미워하고 인간의 본성에 어긋나면, 그것은 본성을 상실함이 심한 것이니, (결국) 불인(不仁)이 심한 것이 아니고 무엇이겠는가. '재해가 반드시 몸에 미치고 천하에 의해 피살된다'는 것이 바로 이것이다. 자고로 천하를 다스리는 사람은 미상불 군자를 등용하면 흥하고 소인을 쓰면 망했으며 또 능히 애오(愛惡)하면 군자가 나서고 소인이 물러났으며 천하가 그 이득을 보았던 것이다. 이것이 능히 혈구할 수 있는 사람의 행위이다.

大全疏註 ④-2 自秦誓至此凡四節 秦誓一節 見君子小人之分 次節言用舍之能盡其道者 又次節言用舍之不盡其道者 此節則言用舍之全失其道者 皆因絜矩者之義 而申明好惡公私之極 以申明平天下之要道也.

'진서(秦誓, 6절(1))'부터 여기까지 도합 4절이다. '진서(6절(1))'에서는 '군자와 소인의 구분'을 보여주었다. '다음 절(6절(2))'에서는 '사람을 쓰고 버리는 데 도를 다할 수 있는 사람'을 말했다. 또 '다음 절(6절(3))'에서는 '사람을 쓰고 버리는 데 도를 다하지 못하는 사람'을 말했다. 그리고 '이 절(6절(4))'에서는 '사람을 쓰고 버리는 데 전적으로 도를 잃은 사람'을 말했다. (이상은) 다 '혈구의 뜻을 바탕으로 하고,' '호오(好惡)의 공사(公私) 간의 양극(兩極)을 거듭 밝히고', 아울러 '평천하(平天下)의 요도(要道)'를 거듭 밝힌 것이다.

大全疏註 ⑤ 雲峯胡氏曰 右第六節 就用人言好惡 大學於此提出仁之一字 而章句又以君子之未仁 小人之不仁者言之 蓋絜矩是恕之事 恕所以行仁 故特以仁結之.

운봉 호씨가 말했다. '앞의 6절'은 '인재 등용을 중심으로 하고 호오(好惡)'를 말했다. (그러면서) '《대학》은 이 6절에서 인(仁)이란 글자를 제시했고' 아울러 〈장구〉에서 또 '군자이면서 미처 어질지 못한 사람(君子之未仁)과 소인으로 어질지 않은 사람(小人之不仁者)'을 말했다. 무릇 혈구(絜矩)는 바로 서(恕)하는 일이고, 서는 인을 행하는 바탕이다. 그래서 특히 인으로 결론을 한 것이다.

전문 10장 7절

원문 是故 君子有大道 必忠信以得之 驕泰以失之.

시고(로) 군자(이) 유대도(하니) 필충신이득지(하고) 교태이실지(니라)

직역 그러므로 군자에게는 큰 도리가 있다. 반드시 충(忠)과 신(信)해야 얻는다. 교(驕)와 태(泰)하면 잃는다.

어구 설명 ㅇ是故(시고)－그러므로. ㅇ君子(군자)－(여기서는 특히) 임금자리에 앉아 나라를 다스리는 군주(君主)의 뜻이다. ㅇ有大道(유대도)－(따르고 행해야 할) 큰 도리, 대원칙이 있다. ㅇ必(필)－반드시. 끝까지 다 걸린다. ㅇ忠信以得之(충신이득지)－'충(忠)과 신(信)'하면 '나라와 백

성을 얻는다.' ㅇ驕泰以失之(교태이실지)－'교(驕)와 태(泰)'하면 '나라도 잃고 백성도 잃는다.'

* '충(忠)·신(信)·교(驕)·태(泰)'에 대해서는 뒤에서 자세히 해석함. 먼저 '장구집주'와 '대전소주'를 보자.

章句集註 (1) 君子以位言之.

'군자(君子)'는 자리를 두고 말한다. 즉 '임금자리에 올라 다스리는 군주를 말한다'는 뜻.

大全疏註 ① 此謂治國平天下之君子.

이는 치국(治國)·평천하(平天下)하는 군자를 말한다.

章句集註 (2) 道謂居其位 而修己治人之術.

'도(道)'는 임금자리에 앉아 '수기치인(修己治人)'하는 도리를 말한다.

어구 설명 ㅇ修己治人(수기치인)－자신을 수양하고 남을 다스리다. 임금이 먼저 자신의 덕을 닦고 모든 사람, 즉 만민을 잘살게 다스리다.

大全疏註 ① 道卽大學之道 修己明明德之事 治人新民之事也.

'도(道)'는 곧 '대학지도(大學之道)'다. '수기(修己)'는 '자신의 명덕(明德)을 밝게 나타내는 일'이다. '치인(治人)'은 '백성들을 새롭게 혁신하는 일'이다.

章句集註 (3) 發己自盡爲忠 循物無違謂信.

'자신을 발현함에 있어, 스스로 최선을 다함(發已自盡)'을 '충(忠)'이라 한다. '모든 사물의 도리를 따르고, 어긋나지 않게 함(循物無違)'을 '신(信)'이라 한다.

어구 설명 ㅇ發已(발기)－자기 발현(發顯)은 곧 '자신의 명덕을 밝혀냄(明明德)'이다. ㅇ自盡(자진)－스스로 다함은 곧 자기의 최선을 다한다는 뜻이다. 이는 바로 '명명덕(明明德)'에 있어 '지어지선(止於至善)'함이다. ㅇ爲忠(위충)－(그렇게 하는 것이) 충(忠)이다. 그러므로 '충은 자기의 최선을 다함이다(盡已之謂忠)'라고 풀이한다. (다음의 '대전소주' 참조) ㅇ循物(순물)－모든 사물의 도리를 따르다. '물(物)'은 '대상(對象)'의 뜻이며 사람도 포함된다. 그러므로 '모든 사람에게 내재하고 있는 선본성(善本性), 즉 명덕(明德)을 따르다'의 뜻도 있다. ㅇ無違(무위)－어긋나지 않게 한다. 즉 사물을 처리할 때는 사물의 도리에 어긋나지 않게 하고, 사람을 다스릴 때는 사람의 착한 본성에 어긋나지 않게 다스린다. ㅇ謂信(위신)－(그렇게 하는 것을) '신(信)'이라 한다. '신'은 '신실(信實)' 즉 '어김없이 뻗어나고 알차게 열매를 맺게 한다'는 뜻이다. '백성으로 하여금 착한 본성을 발휘하여 덕(德)을 세우게 하는 것이 곧 신이다.'

大全疏註 ① 朱子曰 發於已心而自盡 則爲忠 循於物理而不違背 則爲信 忠是信之本 信是忠之發 伊川見明道此語尙晦 故更云 盡已之謂忠 以實之謂信 便更穩當.

주자가 말했다. 내 마음속에 있는 (明德을) 발현(發顯)함에 있어, 자기의 최선을 다하는 것이 곧 충(忠)이다. 사물의 도리를 따르고, (그 도리에) 어긋나지 않게 (처리하고 알차게) 하는 것이 곧 신(信)이다. 충(忠)은 신의 근본이고, 신은 충의 발현이다. 정이천(程伊川)의 형 정명도(程明道)의 말을 보고 역시 애매하므로 다시 고쳐서 '자신의 최선을 다함을 충이라 하고 그로써 열매를 맺게 함을 신이라 한다.(盡己之謂忠 以實之謂信)'고 풀이한 것이 훨씬 온당하다.

참고 **충**(忠)**과 신**(信)

《대학》에서 말하는 착한 마음은 곧 명덕(明德)이다. 임금이 최선을 다해서 명덕을 발현하는 것을 '충(忠)'이라 한다. '천리(天理)'에 맞게 백성을 다스려, 사실적으로 백성들을 잘살게 해주는 것을 '신(信)'이라 한다. 즉 '자신의 최선을 다함이 충이고, 그로써 열매를 맺게 함이 신이다.(盡己之謂忠 以實之謂信)'

章句集註 (4) 驕者矜高 泰者侈肆 此因上所引文王康誥之意而言 章內三言得失 而語益加切 蓋至此而天理存亡之幾決矣.

'교(驕)'는 '신분이 높음을 자랑한다[矜高]'는 뜻이다. '태(泰)'는 '사치(奢侈)하고 방자(放恣)하다'는 뜻이다. 이 구절은 앞에서 인용한 문왕편(文王篇)의 시(3절(3))와 강고편(康誥篇, 4절(6))의 뜻을 바탕으로 하고 말한 것이다. 이 '10장'에서는 '득실(得失)'이란 말이 세 번 나오며, (뒤로 갈수록) 그 뜻이 절실하다. 무릇 이 구절(7절)에 와서 천리를 간직한 경우와 잃은 경우의 미묘한 기틀을 결정지은 것이다.

어구 설명 〈原註〉 '기(幾)는 평성(平聲)'. ㅇ驕者矜高(교자긍고)—'교(驕)'는 '신분이 높음을 자랑한다[矜高]'는 뜻이다. ㅇ泰者侈肆(태자치사)—'태

(泰)'는 '사치(奢侈)하고 방자(放恣)하다'는 뜻이다. ㅇ此因上所引(차인상소인)-이 구절은 앞에서 인용한 (글을) 바탕으로 하고[因]. ㅇ文王(문왕)-(앞 즉 3절(3)의) 문왕편(文王篇)의 시(詩). ㅇ康誥之意(강고지의)-(앞, 즉 4절(6)의) 강고편(康誥篇)의 뜻을 (바탕으로 하고). ㅇ而言(이언)-말한 것이다. ㅇ章內三言得失(장내삼언득실)-이 '10장'에 있는 여러 절에는 '득실'이란 말이 세 번 나오며. ㅇ而語益加切(이어익가절)-(뒤로 갈수록) 그 말의 뜻이 절실하게 되었다. ㅇ蓋至此(개지차)-무릇 이 구절에 와서. ㅇ而天理存亡之幾(이천리존망지기)-천리를 간직한 경우와 잃은 경우의 미묘한 기틀을. ㅇ決矣(결의)-결정적으로 말한 것이다.

大全疏註 ① 朱子曰 初言得衆失衆 再言善則得 不善則失 已切矣 終之以忠信驕泰分明 是就心上 說出得失之由 以決之 忠信乃天理之所以存 驕泰乃天理之所以亡.

주자가 말했다. 처음 (즉 3절(3)의 문왕편)에서 '득중(得衆), 실중(失衆)'을 말했다. 다음(즉 4절(6)의 강고편)에서는 '선즉득(善則得), 불선즉실(不善則失)'이라 말했다. (이상으로도) 이미 절실하게 말한 것이다. (그런데) 끝맺음을 '충신교태로(以忠信驕泰)' 분명히 했다. 이는 곧 마음을 가지고 '득실의 연유(得失之由)'를 말하고, 결판을 지은 것이다. 충신(忠信)은 곧 천리(天理)를 있게 하기 때문이고, 교태(驕泰)는 곧 천리를 잃게 하기 때문이다.

大全疏註 ② 北溪陳氏曰 忠信者 絜矩之本 能絜矩者也 驕泰者任己自恣 不能絜矩者也.

북계 진씨가 말했다. '충신(忠信)'은 혈구(絜矩)의 근본이다.

(그러므로 '충신'하는 사람은) 능히 혈구할 수 있는 사람이다. '교태(驕泰)'는 제멋대로 방자하게 행동하는 사람이다. (그러므로) '혈구의 도'를 행할 수 없다.

大全疏註 ③ 雙峯饒氏曰 此得失字 又串前兩段得失字而言 由上文觀之 固知得衆得國 而又知 善則得之矣 然所以得此善者 亦曰忠信 則得善之道 驕泰則失善之道矣 忠信卽是誠意 驕泰乃忠信之反也 以此觀之 可見誠意不特爲正心修身之要 又爲治鞫平天下之要.

쌍봉 요씨가 말했다. 이 '득실(得失)'은 앞의 두 구절(3절(3)과 4절(6))의 '득실'과 일관되게 말한 것이다. 앞의 글을 보면 (득이) 당연히 '득중(得衆), 득국(得國)'임을 알게 된다. 또 '선해야 얻는다는 것(善則得之)'도 알 것이다. 그러나 그 '선을 얻는 바탕'이 역시 충신(忠信)이라고 말했다. (그러므로 충신은) 곧 선을 얻는 길이고 교태(驕泰)는 선을 잃는 길이다. '충신(忠信)'은 바로 '성의(誠意)'이고, '교태'는 바로 '충신'의 반대다. 이것을 보아 '성의'가 비단 정심(正心)과 수신(修身)의 요체일 뿐 아니라 치국(治國)과 평천하(平天下)의 요체임을 알 수 있다.

大全疏註 ④ 雲峯胡氏曰 右第七章 不分言好惡與財用之絜矩 但言君子有大道 此道字卽章首絜矩之道也 忠信以得之者 在己有矩之心 而發己自盡 則爲忠 在物有矩之理 而循物無違 則爲信 驕泰以失之者 驕者矜高不肯下

同民之好惡 非絜矩之道也 泰者侈肆 必至於橫斂乎民之財用 非絜矩之道也 前兩言得失 人心天命存亡之幾也 此言得失 吾心天理存亡之幾也 章句此一幾字 當與誠意章幾字參看.

운봉 호씨가 말했다. 이상은 제7장이며, '호오(好惡)와 재용(財用)의 혈구(絜矩)'를 나누어서 말하지 않고 다만 '군자의 대도(大道)가 있다'고 말했다. 이 도(道)는 전문 10장 첫머리에서 말한 '혈구의 도'이다. '충신으로써 얻는다(忠信以得之者)'를 (나누어 다음같이 풀이한다). '자기가 혈구하는 마음을 가지고 아울러 발현함에 최선을 다하는 것이 충(忠)'이다. '사물에는 척도가 되는 도리가 있으므로 그 도리를 따르고 어긋나지 않게 하는 것이 신(信)'이다. '교태(驕泰)로써 잃는다(驕泰以失之者)'를 (나누어 다음같이 풀이한다). '교(驕)한 자는 높은 자리를 자랑하고 백성들과 호오(好惡)를 같이하지 않으니 이는 혈구의 도가 아니다.' 또 '태(泰)하는 자는 사치하고 방자하므로 반드시 백성의 재용을 횡령하고 수탈하게 되므로 혈구의 도가 아니다.' 앞(3절(3), 4절(6))에서 두 번 말한 '득실(得失)'은 백성들의 마음속에 천명(天命)이 있고 없고 하는 기틀을 말한 것이다. 이 장(7장)에서 말한 '득실'은 (임금이) 자기 마음속에 천리(天理)를 지니고 있느냐 없느냐 하는 기틀을 말한 것이다. 이 〈장구〉의 기(幾)자는 마땅히 성의장(誠意章)의 '기'자를 참조해 보아야 한다.

전문 10장 8절(1)

원문 生財有大道 生之者衆 食之者寡 爲之者疾 用之者舒 則財恒足矣.

생재(에) 유대도(하니) 생지자중(하고) 식지자과(하며) 위지자질(하고) 용지자서(하면) 즉재항족의(리라).

직역 재물 생산에는 대도가 있다. 생산하는 사람이 많고, 먹고 (쓰는) 사람이 적으며, 생산하는 사람이 빠르게 하고, 쓰는 사람이 느리게 하면 즉 재물이 항상 풍족할 것이다.

어구 설명 〈原註〉 '항(恒)은 호(胡), 등(登)의 반절이다.' (그러나 일반적으로는 '항'으로 읽는다) ㅇ生財(생재)－재물 생산에, 혹은 재산을 증식하는 데. '생재'를 '재물의 생산과 증식'으로 풀어도 된다. ㅇ有大道(유대도)－대도(大道)가 있다, 큰 도리가 있다. '대도'는 큰 길, 모든 사람이 따르고 행해야 할 기본 도리, 대원칙(大原則). ㅇ生之者衆(생지자중)－생산하는 사람이 많다. '생지자(生之者)'는 곧 '생산자(生産者)'다. ㅇ食之者寡(식지자과)－(농산물을) 먹는 사람이 적다. '식지자(食之者)'는 곧 '소비자' 혹은 '불로도식(不勞徒食)하는 사람'의 뜻으로 풀어도 된다. ㅇ爲之者疾(위지자질)－일반적으로는 '생산하는 사람이 (생산을) 빠르게 하다'로 푼다. 그러나 '생산을 때맞추어 빠르게 하다'로 푸는 게 더 좋다. ㅇ用之者舒(용지자서)－'쓰는 사람이 (재물소비를) 느리게 한다.' '서(舒)'는 '시간적으로 다급하지 않게 완만하게 쓴다'는 뜻. '여유있게 천천히 소비한다. 즉 절약한다'는 뜻이 포함되어 있다. ㅇ則財恒足矣(즉재항족의)－그렇게 하면 재물이 항상 풍족하게 될 것이다.

章句集註 (1) 呂氏曰 國無游民 則生者衆矣 朝無幸位

則食者寡矣 不奪農時 則爲之疾矣 量入爲出 則用之舒矣 愚按 此因有土有財而言 以明足國之道在乎務本而節用.

여대림(呂大臨)이 말했다. 나라에 유민(游民)이 없으면 생산이 많게 된다. 조정에 행위(幸位)가 없으면 먹고 축내는 자가 적게 된다. 농사짓는 때를 빼앗지 않고 (농사를 때맞추어 짓게 하면) 생산을 일찍 신속하게 한다. 수입을 헤아려 지출을 하면 씀씀이나 소비가 완만하게 된다. 나는 생각한다. '이것은 국토를 다스리고 재물을 다스리는 바탕을 말한 것이며 그로써 나라를 풍족하게 만드는 도리가 근본이 되는 생산에 힘을 쓰고 씀씀이를 절약함에 있음을 밝힌 말이니라.'

어구 설명 ㅇ呂氏曰(여씨왈)-여씨가 말했다. 〈原註〉 '여씨(呂氏)는 이름이 대림(大臨), 자는 여숙(與叔)이며, 남전(藍田) 사람이다.' ㅇ國無游民(국무유민)-나라에 놀고먹는 백성이 없으면. 유민(游民)은 곧 무위도식(無爲徒食)하는 사람. ㅇ則生者衆矣(즉생자중의)-(그러면) 즉 생산하는 사람이 많게 된다. ㅇ朝無幸位(조무행위)-조정에 '행위(幸位)'가 없으면. '행위'는 요행으로 자리를 차지하고 있는 관원(官員), 군더더기 벼슬아치. 즉 학덕이나 능력이 없으면서, 임금이나 권력자의 편애(偏愛)를 받고 벼슬자리를 차지하고 있는 건달 관리들. ㅇ則食者寡矣(즉식자과의)-즉 (국록을 건달로) 먹고 축내는 자가 적게 된다. ㅇ不奪農時(불탈농시)-농사짓는 때를 빼앗지 않는다. 즉 '나라가 때없이 노력동원을 하여 백성들로 하여금 농사를 때맞추어 지을 수 없게 하지 않는다'는 뜻. ㅇ則爲之疾矣(즉위지질의)-(백성으로 하여금 때맞추어 농사를 짓게 하면) 즉 생산을 일찍 신속하게 한다. ㅇ量入爲出(양입위출)-수입을 헤아려 지출을 한다.

ㅇ則用之舒矣(즉용지서의)－씀씀이나 소비가 완만하게 된다. ㅇ愚按(우안)－나는 (다음같이) 생각한다. ㅇ此因有土有財而言(차인유토유재이언)－이것은 '국토를 다스리고 재물의 (생산과 소비를) 다스리는 바탕을 말한 것이다(因有土有財而言).' '유(有)'를 '다스리다[治]'로 풀 수 있다. ㅇ以明足國之道(이명족국지도)－그래가지고 '나라를 풍족하게 만드는 도리가(足國之道)'. ㅇ在乎務本而節用(재호무본이절용)－'본을 힘쓰고 절용함에 있음을' (밝힌 것이다.) 앞의 '명(明)'은 여기까지 걸린다. '무본이절용(務本而節用)'은 '근본이 되는 생산을 높이고 씀씀이를 절약한다'는 뜻. '본(本)'을 '덕(德)'으로 풀기도 한다. 다음을 참조하자.

大全疏註 ① 新安陳氏曰 務本謂生者衆爲者疾 所以開財之源也 節用謂食者寡用者舒 所以節財之流也 疾謂速舒謂緩.

신안 진씨가 말했다. '무본(務本)'은 '생산하는 사람이 많고 생산을 빨리 한다(生者衆爲者疾)'는 뜻이며, 그렇게 하는 것이 곧 '재물의 근원을 여는 바탕이다(所以開財之源)'. '절용(節用)'은 '먹는 사람이 적고, 씀씀이를 완만하게 함(食者寡用者舒)'을 말하며, 그렇게 하는 것이 '재물이 흘러 새나가는 것을 절제하는 바탕이다(所以節財之流也)'. '질(疾)'은 속(速)의 뜻이고, '서(舒)'는 완(緩)의 뜻이다.

章句集註 (2) 非必外本內末 而後財可聚也 自此以至終篇皆一意也.

반드시 '외본내말(外本內末)'해야지 재물을 모을 수 있는 것이 아니다. 여기서부터 끝까지는 다 같은 뜻을 말한 것이다.

어구 설명 ㅇ非必(비필)－반드시 ……한 것이 아니다. ㅇ外本內末(외본내말)－뿌리에 해당하는 덕(德)을 밖으로 내몰고, 가지에 해당하는 재물을 (마음속의 주인으로 삼고) 높인다. ㅇ而後(이후)－그래야, 그런 다음에. ㅇ財可聚也(재가취야)－재물을 모을 수 있는 것이 아니다. '비(非)'는 여기까지 걸린다.

참고 **덕(德)과 재물(財物)**

유교는 실질적인 물질가치를 소홀히 하고, 무조건 허식적인 예의범절이나 윤리도덕을 높인다고 오해하면 안된다. 공자를 위시하여 주자도 '재물(財物)·재용(財用)·재정(財政)'을 중시한다. 다만 물질이나 무력보다 '덕(德)'을 더 강조한다. 덕을 높여야 더욱 풍성하게 살고 평화롭게 살 수 있다. 폭군(暴君)은 남을 침략하고 재물을 탈취하여 일시적으로는 자만할 것이다. 그러나, 오래가지 못한다. 폭군은 반드시 하늘과 백성에 의해서 멸망된다. 그것이 하늘의 도리이다. 덕치(德治)만이 오래 가고 경제적으로도 풍성할 수 있다. 이것이 유교의 '덕치사상(德治思想)'이다.

大全疏註 ① 陳氏曰 此古人生財之政也 蓋與後世異矣.

진씨가 말했다. 이와 같이 하는 것이 옛사람들의 재물 생산의 기본정책이었다. 대체로 후세의 방식과 다르다.

어구 설명 ㅇ蓋與後世異矣(개여후세이의)－대체로 혹은 근본적으로 후세와 다르다. 후세의 타락한 정치는 '침략과 탈취(奪取)'를 바탕으로 '자기의 탐욕을 채우고 사치와 쾌락'을 일삼는다. 그 결과 파멸한다. 그러나 성현(聖賢)의 덕치(德治)는 '근검(勤儉)·생산(生産)·절용(節用) 및 공평분

배'를 강조한다. 그 결과 함께 번성한다.

大全疏註 ② 雙峯饒氏曰 財者末也 財雖是末 亦是重事 若要生財 亦自有箇大道理 生衆至用舒 此四者不可缺一 乃生財之正路 外此皆邪徑也.

쌍봉 요씨가 말했다. 재물은 (덕에 비하면) 가지에 해당하는 것이다. 그러나 재물은 비록 가지에 해당한다고 해도 역시 중요한 것이다. (만약) 재물을 생산하고 증식하려면 역시 스스로 따를 큰 도리가 있다. '생중(生衆)에서 용서(用舒)'까지의 그 네 가지 사항은 하나도 결할 수 없는 것이며 (그것들이) 재물 생산과 증식의 바른 길이다. 그것 외는 다 사악한 도리다.

어구 설명 ㅇ生財(생재)-'재물의 생산과 증식'으로 풀이함이 좋다. ㅇ生衆至用舒(생중지용서)-앞(8절(1))에 있는 '생지자중(生之者衆), 식지자과(食之者寡), 위지자질(爲之者疾), 용지자서(用之者舒)' 네 가지가 '생재(生財)의 대도(大道)' '생재의 정로(正路)'다.

大全疏註 ③ 玉溪盧氏曰 國無遊民 而不奪農時 民之財所以足 朝無幸位 而量入爲出 國之財所以足.

옥계 노씨가 말했다. 나라에 유민(遊民)이 없고 농사짓는 때를 빼앗지 않는 것이 백성의 재물이 풍족해지는 바탕이다. 나라에 행위(幸位)가 없고 수입을 헤아려 지출하는 것이 나라가 풍족해지는 바탕이다.

大全疏註 ④ 仁山金氏曰 天地間自有無窮之利 有國者亦本

有無窮之財 但勤者得之 怠者失之 儉者裕之 奢者耗之 故傳之四語 萬世理財之大法也.

인산 김씨가 말했다. 천지간에는 스스로 무궁한 이득이 있다. 나라를 다스리는 자에게도 역시 본래 무궁한 재물이 있게 마련이다. 다만 근면하면 얻고, 태만하면 잃는다. 검소하면 여유가 있고 사치하면 결핍한다. 그러므로 전문(8절(1))에 있는 '네 가지〔생지자중(生之者衆), 식지자과(食之者寡), 위지자질(爲之者疾), 용지자서(用之者舒)〕'가 바로 만세에 걸친 이재(理財)의 대법(大法)이다.

전문 10장 8절(2)

원문 仁者以財發身 不仁者以身發財.

인자(는) 이재발신(하고) 불인자(는) 이신발재(니라).

직역 어진 사람은 재물로써 자신을 높이 돋아올린다. 어질지 않은 사람은 자기의 몸을 위해 재물을 밝히고 낭비한다.

어구 설명 ㅇ仁者(인자)-어진 사람이나 임금, 인덕(仁德)을 베푸는 사람이나 임금. ㅇ以財發身(이재발신)-재물로써 자신을 높이 나타낸다. 이때의 '발신(發身)'은 '자신을 드러내다' 즉 '자신의 존재와 지위를 높이고 명성을 얻는다'는 뜻이다. ㅇ不仁者(불인자)-어질지 않은 사람이나 임금은. ㅇ以身發財(이신발재)-몸으로써 재물을 돋아나게 한다. '이신(以身)'은 '자기 한 몸을 위해, 혹은 육신의 쾌락을 위해', '발재(發財)'는 '재물을 밝힌다' 즉 '노골적으로 재물을 모아들이고 사치 낭비한다'는 뜻이다.

章句集註 (1) 發猶起也 仁者散財以得民 不仁者亡身以殖貨.

'발(發)'은 '기(起)'와 같은 뜻이다. '인자(仁者)'는 재물을 분산해서 백성을 얻는다. '불인자(不仁者)'는 자신을 망치면서 재물을 늘이려 한다.

어구 설명 〈原註〉 '식(殖)은 승(承) 직(職)의 반절'

大全疏註 ① 朱子曰 仁者不是特地散財買人歸己 只是不私其有 人自歸之而身自尊 是言散財之效如此 不仁者只務聚財 不管身危亡也.

주자가 말했다. 어진 사람이 특별히 재물을 뿌려서 남을 매수하고 자기에게 귀속시키는 것이 아니다. 다만 자기가 지닌 재물을 사유(私有)하지 않고 (고르게 분산해 씀으로써) 남들이 스스로 귀속하고 또 자신도 스스로 높아지는 것이다. 이는 곧 재물을 분산해 쓰는 효과가 그러함을 말한 것이다. 어질지 못한 사람은 오직 재물을 모으려 하고 자신이 위태롭고 또 망하는 것도 상관하지 않음을 (말한 것이다).

大全疏註 ② 雙峯饒氏曰 散財民聚 此以財發身 財聚民散 此以身發財.

쌍봉 요씨가 말했다. 4절(4)의 '산재민취(散財民聚)'가 여기의 '이재발신(以財發身)'이고, 4절(4)의 '재취민산(財聚民散)'이 여기의 '이신발재(以身發財)'이다.

大全疏註 ③ 新安陳氏曰 紂聚鹿臺之財以亡 武散之以興 卽其證也.

신안 진씨가 말했다. 주(紂)는 녹대(鹿臺)에 재물을 모았으므로 망했고, 주무왕(周武王)은 재물을 잘 분산했으므로 흥했다. 이것이 역사적 증거이다.

참고 **폭군 주왕**(紂王)

하(夏)의 걸왕(桀王)과 은(殷)의 주왕(紂王)을 폭군의 대표자로 친다. 그들은 다 백성을 학대하고 백성의 재물을 탈취하여 사치하고 방탕했다. 그 결과 나라를 잃고 자신도 피살되었다.

＊ 참조 : 《삼황오제(三皇五帝)의 덕치(德治)》—明文堂 刊

전문 10장 8절(3)

원문 未有上好仁 而下不好義者也 未有好義 其事不終者也 未有府庫財 非其財者也.

미유상호인(이면) 이하불호의자야(니) 미유호의(요) 기사부종자야(며) 미유부고재(이) 비기재자야(니라).

직역 위가 인(仁)을 좋아하면 아래가 의(義)를 좋아하지 않는 법이 없다. 의를 좋아하면서 일을 잘 끝맺지 않는 법이 없다. 국고(國庫)의 재물이 임금의 재물 아닌 게 없다.

어구 설명 ㅇ未有(미유)－그런 일이 없다. ㅇ上好仁(상호인)－윗사람이 인(仁)을 좋아하고 행하는데. ㅇ而(이)－그러한데 혹은 그러나. ㅇ下不好義者也(하불호의자야)－아래의 신하나 백성이 의(義)를 좋아하지 않는 일이 없다. '미유(未有)'는 여기까지 걸린다. '자(者)'를 반드시 '……하는 사람'으로 번역할 필요가 없다. ㅇ未有好義(미유호의)－의(義)를 좋아하면서. '미유'는 다음까지 걸린다. ㅇ其事不終者也(기사부종자야)－자기의 일을 잘 끝맺지 않는 일은 없다. '미유(未有)'는 여기까지 걸린다. ㅇ未有府庫財(미유부고재)－나라 창고의 재물이. ㅇ非其財者也(비기재자야)－(인덕 있는 임금의) 재물이 아닌 게 없다. 즉 '임금이 국고(國庫)의 재물을 바르게 쓸 수 있다'는 뜻.

章句集註 (1) 上好仁以愛其下 則下好義以忠其上 所以事必有終 而府庫之財 無悖出之患也.

윗사람이 인(仁)을 좋아하고 아랫사람들을 사랑하면 아랫사람들이 의(義)를 좋아하고 윗사람에게 충성(忠誠)한다. 그러므로 모든 일을 반드시 잘 매듭짓는다. 아울러 국고(國庫)의 재물이 패악(悖惡)하게 유출될 걱정이 없게 된다.

大全疏註 ① 問如何上仁下便義 朱子曰 只是一箇道理 在上喚做仁 在下便喚做義 在父便謂之慈 在子便謂之孝.

'어떻게 위가 인(仁)하면 아래가 의(義)하게 됩니까'하고 묻자, 주자가 말했다. 오직 같은 하나의 도리이다. 위의 경우는 인이라 부르고, 아래의 경우는 의라 부른다. 아버지의 경우는 자(慈)라 하고, 자식의 경우는 효(孝)라 한다.

大全疏註 ② 陳氏曰 惟上之人不妄取民財 而所好在仁 則下皆好義以忠其上矣 下旣好義 則爲事無有不成遂者矣 天下之人 皆能成遂其上之事 則府庫之財 亦無悖出之患 而爲我有矣 非若不好仁之人 財悖而入 亦悖而出也.

진씨가 말했다. 오직 윗사람이 함부로 백성의 재물을 취해 쓰지 않고 좋아하는 바가 인(仁)에 있으면, 아랫사람도 다 의(義)를 좋아하고 윗사람에게 충성한다. 아래가 의를 좋아하면 (위의) 하는 일이 수행되지 않는 것이 없다. 천하의 모든 사람들이 다 능히 위의 일을 수행할 수 있으면, 국고의 재물 또한 패악(悖惡)하게 유출될 걱정이 없다. (그러므로) 인을 좋아하지 않는 사람처럼 재물을 패악하게 모아들이고 패악하게 유출시키는 것과 같지 않은 것이다.

大全疏註 ③ 玉溪盧氏曰 此所謂循天理 則不求利而自無不利者也.

옥계 노씨가 말했다. 이것이 이른바 '천리를 따르면 이(利)를 구하지 않아도 스스로 이롭지 않음이 없다'고 하는 것이다.

大全疏註 ④ 新安陳氏曰 此章自仁人放流之後言仁不一 與此節皆當參玩.

신안 진씨가 말했다. 이 장에는 '어진 사람만이 나쁜 사람을 추방하고 유배할 수 있다(仁人放流, 6절(2))'는 말 다음에도 인(仁)을 말했으나 (내용이) 같지 않다. 마땅히 이 구절(8절(3))을 참조하고 살펴야 한다.

전문 10장 8절(4)

원문 孟獻子曰 畜馬乘 不察於鷄豚 伐氷之家 不畜牛羊 百乘之家 不畜聚斂之臣 與其有聚斂之臣 寧有盜臣 此謂國不以利爲利 以義爲利也.

맹헌자 왈 축마승(은) 불찰어계돈(하고) 벌빙지가(는) 불축우양(하고) 백승지가(는) 불축취렴지신(하나니) 여기유취렴지신(으론) 영유도신(이라하니) 차위 국(은) 불이리위리(요) 이의위리야(니라).

직역 노(魯)나라의 대부(大夫) 맹헌자(孟獻子)가 말했다. 마승(馬乘)을 기르는 대부가 되면 닭이나 돼지를 살펴보지 않는다. 겨울에 얼음을 베고 떠서 상례(喪禮)나 제례(祭禮) 때 쓰는 집안, 즉 경(卿)이나 대부는 소나 양을 기르지 않는다. 전차(戰車) 백 대를 차출하는 경의 집안에서는 취렴(聚斂)하는 신하를 두지 않는다. 취렴하는 신하를 둘 바에야 차라리 도둑질하는 신하를 두는 편이 낫다. 이를 일컬어 나라는 이(利)를 이로 여기지 않고, 의(義)를 이로 여긴다고 하는 것이다.

어구 설명 〈原註〉 '축(畜)은 허(許) 육(六)의 반절' '승(乘)과 염(斂)은 다 거성(去聲)'. ㅇ孟獻子(맹헌자)－노(魯)나라의 대부(大夫) 중손멸(仲孫

蔑)이다. 총명한 명신(名臣)으로, 경(卿)으로서 약 50년 간 나라를 다스렸다. ㅇ畜馬乘(축마승)−마승(馬乘)을 기르다[畜]. '마승'은 '수레를 끄는 네 마리의 말'을 뜻한다. 사(士)가 새로 대부(大夫)가 되면 수레를 타기 때문에 비로소 마승을 기른다. ㅇ不察於鷄豚(불찰어계돈)−닭이나 돼지를 살펴보지 않는다, 즉 사육하고 돈을 벌려고 하지 않는다. 서민들의 돈벌이가 되는 계돈사육(鷄豚飼育) 같은 일을 안한다는 뜻. ㅇ伐氷之家(벌빙지가)−겨울에 얼음을 베고 떠서 저장했다가 상례(喪禮)나 제례(祭禮) 때 쓰는 집안, 즉 경(卿)이나 대부(大夫) 이상의 신분. ㅇ不畜牛羊(불축우양)−소나 양을 기르지 않는다. 즉 가축사육(家畜飼育)으로 돈을 버는 '서민들과 이(利)를 다투지 않는다'는 뜻. ㅇ百乘之家(백승지가)−전차(戰車) 백 대를 차출하는 경이나 영주(領主)의 집안. 경이나 영주는 나라에서 봉지(封地)를 받고 가신(家臣)을 두고 영토와 백성을 다스린다. ㅇ不畜聚斂之臣(불축취렴지신)−취렴(聚斂)하는 신하를 기르지 않는다. '취렴'은 '백성들로부터 재물을 가혹하게 거둬들인다'는 뜻. '불축(不畜)'은 '녹(祿)을 주고 먹이고 쓰지 않는다'는 뜻. ㅇ與其有聚斂之臣(여기유취렴지신)−취렴하는 신하를 둘 바에야. ㅇ寧有盜臣(영유도신)−차라리 도둑질하는 신하를 두겠다. ㅇ此謂(차위)−그러므로 말한다, 이를 두고 말하는 것이다. ㅇ國(국)−나라에서는, 혹은 나라를 다스림에 있어서는. ㅇ不以利爲利(불이리위리)−이(利)를 이로 여기지 않고, 앞의 '이'는 '악덕하게 모아들인 재물'의 뜻. ㅇ以義爲利也(이의위리야)−의(義)를 이로 여긴다, 친다.

章句集註 (1) 孟獻子 魯之賢大夫 仲孫蔑也 畜馬乘 士初試爲大夫者也 伐冰之家 卿大夫以上 喪祭用冰者也.

'맹헌자'는 노(魯)나라의 현명한 대부 중손멸(仲孫蔑)이다. '마승을 기른다(畜馬乘)'는 곧 '사(士)가 처음으로 등용되어 대부가 된 사람'을 가리키는 말이다. '얼음을 베고 떠서 쓰는 집안(伐冰之家)'은 '경(卿)이나 대부(大夫) 이상의 집안에서 장사나 제사 때에 얼음을 쓰는 것'을 (가리키는) 말이다.

大全疏註 ① 新安陳氏曰 孔氏疏曰 按書傳 士餙車駢馬 詩云 四牡騑騑 大夫以上 乃得乘四馬 今下云 伐氷之家是卿大夫 今別云 畜馬乘 故知士初試爲大夫者也 左昭四年 大夫命婦 喪浴用氷 喪大記云 士不用氷 故知卿大夫也 士若恩賜 亦得用之 但非其常 故士喪禮賜氷則夷槃可也.

신안 진씨가 말했다. 공영달(孔穎達)의 《서경주소(書經註疏)》에 있다. 《서경》 풀이를 보면, '사(士)는 수레를 장식하고 두 말을 나란히 맨다(士餙車駢馬)'고 했다. 《시경(詩經)》에는 '네 마리의 수말이 나란히 달린다(四牡騑騑)'라고 있다. 대부 이상이 네 마리의 말이 끄는 수레를 탈 수 있었다. 지금 아래에서 말한 '얼음을 떠서 쓰는 집안(伐氷之家)'은 곧 경(卿)이나 대부의 집안이다. (그와는) 별도로 '마승을 기른다(畜馬乘)'고 말했으니, 결국 '사(士)가 비로소 대부가 된 자임을(士初試爲大夫者)' 알 것이다. 《좌전(左傳)》 소공(昭公) 4년에 '대부와 명부의 시신 목욕에 얼음을 쓴다(大夫命婦 喪浴用氷)'고 했으며, 《예기(禮記)》 상대기(喪大記)에는 '사는 얼음을 쓰지 않는다(士不用氷)'고 했다. 고로 경(卿)이나 대부임을 안다. 사(士)도 만약 은사

(恩賜)가 내리면 얼음을 쓴다. 그러나 정상이 아니다. 고로 사의 상례(喪禮)에 (은사로) 얼음이 내리면, 즉 이반(夷槃 : 평탄한 쟁반)에 담는다.

＊ 綈(꾸밀 희), 骿(나란히 할 변), 牡(수컷 모), 騑(곁마 비), 槃(쟁반 반).

大全疏註 ② 禮喪大記 君設大槃造氷焉 大夫設夷槃造氷焉 士併瓦槃無氷.

《예기(禮記)》 상대기(喪大記)에 있다. 군주는 대반(大槃)을 설치하고 얼음을 담는다. 대부는 이반(夷槃)을 설치하고 얼음을 담는다. 사는 와반(瓦槃)을 늘어놓고 얼음을 담지 않는다.

어구 설명 ○大槃(대반)－큰 쟁반. ○造氷(조빙)－쟁반 속에 얼음을 담는다. ○夷槃(이반)－작은 쟁반. ○瓦槃(와반)－오지로 만든 쟁반. 〈原註〉 '조(造)'는 넣다와 같은 뜻이다(造猶納也). 《예기》에 있다. 중춘(仲春) 이후는 쟁반 안에 얼음을 채우고, 그 위에 시신의 상을 설치하고, 시신을 옮겨놓고, 가을에 선선해지면 그만둔다(禮仲春之後 納氷槃中 乃設牀於其上 而遷尸焉 秋凉而止). 사(士)는 얼음을 쓰지 않고, 오지로 만든 쟁반을 늘어놓고 물을 채울 뿐이다.(士不用氷 以瓦爲槃 併以盛水耳).

大全疏註 ③ 周禮天官 凌人掌氷 正歲十有二月 令斬氷 三其凌 春始治鑑 凡內外饔之膳羞鑑焉 凡酒漿之酒醴亦如之 祭祀共氷鑑 賓客共氷 大喪共夷槃.

《주례(周禮)》 천관편(天官篇)에 다음과 같이 있다. '능인(凌人)'이 얼음창고를 관장한다. 매년 12월에 얼음을 베어서 3배의 얼음을 저장한다. 봄에 처음으로 감(鑑)을 만들고 모든 내외의 잔치에 쓸 음식이나 반찬에 감을 넣어둔다. 모든 술이나 간장 단술에도 역시 감을 넣어둔다. 제사에는 빙감(氷鑑)을 쓰고 빈객 대접에도 얼음을 쓴다. 대상에는 이반을 쓴다.

어구 설명 ㅇ淩人(능인)－옛날에는 어른이 사망하면 즉시 매장하지 않고, 시신(屍身)을 수년 간 집안에 안치했다. 그때에 시신을 부패하지 않게 돌보는 사람을 '능인'이라 했다. ㅇ掌氷(장빙)－얼음이나 얼음창고를 관장한다. ㅇ正歲十有二月(정세십유이월)－바로 매년 12월에. ㅇ令斬氷(영참빙)－(사람을 시켜) 강 얼음을 베고 뜨게 한다. ㅇ三其淩(삼기릉)－(수요되는) 얼음의 3배가량의 얼음을 (저장한다). ㅇ治鑑(치감)－'감(鑑)'을 만든다. '감'은 독이나 항아리 같은 오지그릇. ㅇ饔之膳羞鑑焉(옹지선수감언)－조리한 음식이나 반찬을 '감'으로 차게 한다. 饔(조리할 옹). ㅇ酒(주)－술. ㅇ漿(장)－국 같은 음식. ㅇ酒醴(주례)－단술. ㅇ祭祀共氷鑑(제사공빙감)－제사에는 빙감을 쓴다. 공(共)＝공(供). ㅇ賓客共氷(빈객공빙)－빈객에게는 얼음을 바친다. ㅇ大喪共夷槃(대상공이반)－대상에는 이반(夷槃)을 쓴다. 〈原註〉 '빙릉(氷淩)은 얼음 창고〔氷室〕다.(氷淩氷室也)' '감(鑑)은 항아리 같은 것으로 입이 크며 속에 얼음을 넣고 음식이나 술이나 단술 속에 놓고 열기를 막고 맛이나 빛이 변하는 것을 방지한다.(鑑如甀 大口以盛氷 置食物酒醴于中 以禦熱氣 防失味變色也)' '추(甀)는 음이 추(縋)다. 지금의 큰 오지동이 같은 것이다.(甀音縋 今大瓦盆 屬)', 甀(항아리 추), 縋(매어달 추). '정현(鄭玄)이 말했다. 이(夷)는 시신을 말한다. 얼음을 쟁반 안에 채워서 시상(尸牀) 아래에 놓는다. 그래서 시신을 차게 한다.(鄭氏曰 夷之言尸也 實氷於槃中 置於尸牀之下 所以寒尸)' '(정현의 말) 시신 아래에 놓은 쟁반을 이반(夷槃)이라 하고, 시신이 누워있는 상을 이상(夷牀)이라 하고, 시신을 옮기는 것을 이우당(夷于堂)이라 하며, 모두 시신을 두고 말한 것이다.(尸之槃曰夷槃 牀曰夷牀 移尸曰夷于堂 皆依尸而言也)' '이반(夷槃)은 넓이가 8척, 길

이가 1장 2척이다.(夷槃廣八尺 長一丈二尺)'

章句集註 (2) 百乘之家 有采地者也 君子寧亡己之財而不忍傷民之力 故寧有盜臣而不畜聚斂之臣 此謂以下釋獻子之言也.

'전차 백 대의 집안'은 봉지(封地)를 가진 (경대부)이다. (영지를 다스리는) 군자는 (도둑질하는 신하를 두어서) 차라리 자기의 재물을 잃기를 바랄지언정, (가렴[苛斂]하는 신하들이) 백성의 힘을 손상하는 일을 참고 견디지 못한다. 그러므로 '차라리 도신(盜臣)이 있으되, 취렴(聚斂)하는 신하를 두지 않는다'고 말한 것이다. '차위(此謂) 다음의 말'은 맹헌자(孟獻子)의 말을 (요약해서) 풀이한 구절이다.

어구 설명 〈原註〉'채(采)는 음이 채(菜)다. 채지(采地)는 신하의 식읍(食邑)이다.(采音菜 采地臣之食邑也)'

大全疏註 ① 朱子曰 如食祿之家 又畜牛羊 却是與民爭利便是不絜矩 所以道 以義爲利者 義以方外也.

주자가 말했다. 나라의 녹을 먹는 집안에서 또 소나 양을 기르면 도리어 백성과 이를 다투는 것이 되며 따라서 혈구가 아니다. 그래서 '의를 이로 삼는 것(以義爲利者)'을 곧 '의로써 행실을 방정하게 한다(義以方外)'와 같다고 말한다.

어구 설명 ㅇ義以方外(의이방외)—의로써 밖으로 나타나는 행실을 방정하게 한다. 《역경(易經)》 곤괘(坤卦) 육이(六二)의 효사(爻辭) 문언전(文

言傳)에 있다.

大全疏註 ② 雙峯饒氏曰 此段大意 在不畜聚斂之臣 見用人與理財相關.

쌍봉 요씨가 말했다. 이 구절의 대의는 취렴(聚斂)하는 신하를 두지 않음에 있다. 즉 용인(用人)과 이재(理財)의 상관관계를 볼 수 있다.

大全疏註 ③ 玉溪盧氏曰 國不以利爲利 以義爲利 蓋古語 觀此謂字 可見引之 以證獻子之言也 獻子嘗師子思 能知義理之分 故能知絜矩之道.

옥계 노씨가 말했다. '나라는 이(利)를 이로 삼지 않고, 의(義)를 이로 여긴다(國不以利爲利 以義爲利)'는 말은 아마 고어(古語)일 것이다. '차위(此謂)'라는 글자를 보면 인용해서 맹헌자(孟獻子)의 말을 증명했음을 알 수 있다. 맹헌자는 전에 자사(子思)에게 배웠으며, 능히 '의(義)와 이(理)'의 구분을 알고 따라서 능히 혈구의 도를 알고 행했을 것이다.

大全疏註 ④ 東陽許氏曰 上之人當絜矩 不可侵下之利 雖養鷄豚之小利 尙不可與民爭 而況爲君者專事聚斂以虐民乎.

동양 허씨가 말했다. 윗사람은 당연히 혈구해야 하며, 아랫사람과 이(利)를 다투면 안된다. 비록 닭이나 돼지를 사육하는 작은 이득이라 해도, 백성과 다투면 안된다. 그러하거늘 하물며 임금이 취렴을 마구 해서 백성을 학대해서 되겠는가.

大全疏註 ⑤ 以利爲利 快目前之意 而爲禍深 以義爲利 儉目前之用 而福自還.

재물의 이득을 이로 삼는 것은 목전의 뜻을 즐겁게 하지만 그 화(禍)가 깊을 것이다. (그러나) 의(義)를 이로 삼는 것은 목전의 씀씀이를 절약하지만 복(福)이 스스로 돌아오게 마련이다.

전문 10장 8절(5)

원문 長國家而務財用者 必自小人矣 彼爲善之 小人之使爲國家 菑害竝至 雖有善者 亦無如之何矣 此謂國 不以利爲利 以義爲利也.

장국가 이무재용자(는) 필자소인의(니) 피위선지(하야) 소인지사위국가(면) 치해병지(라) 수유선자(나) 역무여지하의(니) 차위국 불이리위리(요) 이의위리야(니라).

직역 나라의 어른이 되어서 백성의 재물을 취렴(聚斂)하고 낭비하는 일에 힘을 쓰는 (까닭은) 반드시 소인으로부터 연유한다. 임금이 그를 착하다고 생각하고, 소인으로 하여금 나라를 다스리게 하면, 여러 가지 재해가 함께 나타날 것이며, (그렇게 된 다음에는) 비록 착한 사람이 나타나도, 역시 어찌할 수 없게 된다.

이를 가리켜 '나라는 물질적 이득을 이(利)로 여기지 않고, 의(義)를 이로 여긴다'고 말하는 것이다.

어구 설명 ㅇ長國家(장국가)－국가의 어른이 되다. '장(長)'은 '어른이 되어 다스리다'의 뜻. 〈原註〉 '장은 상성(上聲)이다.' ㅇ而務財用者(이무재용자)－그러면서 '재용(財用)'에 힘을 쓰는 것은. 이때의 '재용'은 '백성들의 재물을 혹독하게 거둬서, 나쁘게 유용(流用)한다' 즉 '취렴(聚斂)하고 사치 낭비한다'는 뜻이다. ㅇ必自小人矣(필자소인의)－반드시 소인으로부터 비롯된다. 임금이 소인을 등용해 쓰기 때문이다. ㅇ彼爲善之(피위선지)－'임금[彼]은 그 소인[之]을 좋다고 생각하다, 혹은 잘한다고 여긴다'로 풀이한다. 정현(鄭玄)은 '임금이 인의(仁義)로써 잘하려고 해도'로 풀었고, 주자(朱子)는 '잘 알 수 없다, 아마 앞뒤의 글자가 잘못되었을 것이다'라고 했다. 그러나 여기서는 등퇴암(鄧退菴)의 비지(備旨)에 따랐다. ㅇ小人之使爲國家(소인지사위국가)－소인으로 하여금 나라를 다스리게 하면. 목적어 '소인(小人)'을 앞에 내놓고, '지(之 : 그를)'와 사역동사 '사(使 : 시켜서)'를 뒤에 놓았다. ㅇ菑害竝至(재해병지)－재해가 함께 나타난다. 菑＝災(재앙 재). ㅇ雖有善者(수유선자)－(일단 여러 가지 재해가 나타난 다음에는) 비록 (뒤늦게) 착한 사람을 등용해 쓰고 (고치려 해도). ㅇ亦無如之何矣(역무여지하의)－역시 어찌할 방도가 없다. ㅇ此謂(차위)－그러므로 말하는 것이다. 이와 같은 것을 두고 말하는 것이다. ㅇ國(국)－나라에 있어서는, 나라를 다스림에 있어서는. ㅇ不以利爲利(불이리위리)－물질적 이득을 이(利)로 여기지 않고. ㅇ以義爲利也(이의위리야)－의(義)를 이로 여긴다.

章句集註 (1) 彼爲善之 此句上下疑有闕文誤字.

'피위선지(彼爲善之)', 이 구절은 앞뒤에 빠진 글이나 혹은 오자가 있을 것으로 의심이 간다.

章句集註 (2) 自由也 言由小人導之也 此一節 深明以利爲利之害 而重言以結之 其丁寧之意切矣.

'자(自)'는 '말미암을 유(由)'의 뜻이다. 즉 '소인(小人)에 의해서 인도(引導)된다'는 뜻을 말한 것이다. 이 구절(8절(5))은 물질적 이득을 이(利)로 삼는 해독을 심각하게 밝히고 또 거듭 말함으로써 끝을 맺었다. 그렇듯이 간곡하게 훈계하려는 의도가 절실한 것이다.

大全疏註 ①-1 玉溪盧氏曰 長國家不務絜矩 而務財用 小人導之也 務絜矩者義也 務財用者利也 君子喻義 人主用君子 則能絜矩矣 小人喻利 人主用小人 則不能絜矩矣 此天下治亂之分也.

옥계 노씨가 말했다. 나라의 장이 되어 혈구(絜矩)에 힘쓰지 않고 재물을 취렴(聚斂)하고 낭비하는 데 몰두하는 것은 소인이 잘못 인도하기 때문이다. 혈구에 힘쓰는 것이 의(義)이고, 재용(財用)에 힘쓰는 것이 이(利)다. 군자는 의를 밝힌다. (그러므로) 인주(人主)가 군자를 등용해 쓰면 곧 혈구하게 된다. 소인은 이를 밝힌다. (그러므로) 인주가 소인을 등용해 쓰면 혈구하지 못한다. 이것이 천하의 치란(治亂)이 나뉘는 근본이다.

大全疏註 ①-2 又曰 財者天所生 而民所欲 事聚斂 則失人心 而干天怒 故菑害並至 菑由天降 害自人作 旣已並

至 此時雖用君子亦晩矣 無救於禍矣 所謂徇人欲則救利未得 而害已隨之者 此也 國不以利爲利 以義爲利.

또 말했다. 재물은 하늘에서 나오지만 백성이 욕구하는 바다. (그러므로) 취렴(聚斂)을 일삼으면 인심을 잃고 하늘의 (뜻을 어기고) 노여움을 산다. 고로 재해가 함께 닥쳐온다. 재(菑=災)는 하늘에서 내리고, 해(害)는 사람이 만들어낸다. 일단 (재해가) 함께 닥쳐오게 된 다음에 비록 군자를 등용해 써도 이미 때가 늦는다. 화(禍)에서 구제받을 수 없다. 이른바 '인욕을 따라 이득을 구해도 얻지 못하고 도리어 해가 먼저 따른다'고 함이다. 이로써 '나라는 이득을 이로 여기지 않고, 의를 이로 여기는 것이다.'

大全疏註 ①-3 上所引就理上說 固足明絜矩之當務 下所引就利害上說 尤足明絜矩之不容不務 言愈丁寧 遏人欲而存天理之義 愈深切矣.

앞의 인용은 도리를 말한 것이며 마땅히 혈구에 힘써야 함을 밝힌 것이다. 뒤의 인용은 이해(利害)를 말한 것이며 더욱 혈구의 도를 받아들이고 힘쓰지 않으면 안됨을 충분히 밝힌 것이다. 그 말이 더욱 간절하고 인욕을 억제하고 천리를 따라야 옳다는 뜻이 더욱 깊고 절실하다.

大全疏註 ①-4 自生財有大道以後 凡四節 前兩節 自君身

言 後兩節自君之用人言 進君子退小人 乃與民同好惡之大者 是又所以爲絜矩之要道也 故此章言絜矩之道必以進君子退小人終焉 旣致嚴於君子小人之辨 復致嚴於義利理欲之辨者 乃大學反本窮理之意 卽本心存亡之幾 決天下治亂之幾 正以明德新民皆當止於至善故也.

'생재유대도(生財有大道)'(8절(1)) 다음에 있는 네 구절 중 앞의 두 구절(8절(2), (3))은 임금의 몸가짐 자체를 말하고 뒤의 두 구절(8절(4), (5))은 임금의 용인(用人)을 말한 것이다. 군자를 내세우고 소인을 물러나게 하는 것은 곧 백성과 호오(好惡)를 같이하는 큰 일이며 또한 혈구하는 바탕이 되는 긴요한 길이다. 그러므로 이 장에서 혈구의 도를 말하면서, 반드시 군자를 내세우고 소인을 물리치는 것으로 끝을 맺은 것이다. 이미 군자와 소인의 분별을 엄격하게 했으면서 다시 '의(義)와 이(利), 천리(天理)와 욕심(欲心)'의 분별을 엄하게 한 것이 곧, 즉《대학》에서 (강조하는) '반본궁리(反本窮理)'의 뜻이다. 즉 (그것이) 본심(本心)의 존망(存亡)의 기틀이며 또 천하의 치란(治亂)의 기틀이다. 바로 '명덕(明德)이나 신민(新民)'이 '지어지선(止於至善)'해야 하기 때문이다.

大全疏註 ② 勿軒熊氏曰 指用人而言 又結以務財用 必自小人始 而深致嚴於義利之辨 用君子則自有義中之利 用小人則利未得 而害已隨之 此章前以理財用人分爲

二節 後乃合而言之 其實能用人 則能理財 不過一道 而已.

물헌 웅씨가 말했다. 용인(用人)을 지목한 말을 하면서, 결국 '(임금이) 악한 재용(財用)에 힘쓰는 것은 반드시 소인으로 인해서 비롯된다' 아울러 '의(義)와 이(利)의 분별이 엄격함을 제시하고, 군자를 쓰면 자연히 의 속에 이가 있으나, 소인을 쓰면 이를 얻기 전에 해(害)가 따른다'고 결론을 지었다. 이 절 앞에서는 이재(理財)와 용인을 나누어 두 구절로 말했고, 뒤에서는 합해서 말했다. (허나) 실지로 능히 용인하면 곧 능히 이재를 하므로 결국은 하나의 도리에 불과한 것이다.

어구 설명 '차장(此章)……분위(分爲) 이절(二節)'의 '장(章)'은 '절(節)'의 오기일 것이다. 즉 '전문 10장의 8절'을 말한다.

大全疏註 ③ 雲峯胡氏曰 右第八節 生財大道 亦卽絜矩之道 能使天下之人皆務本 而上之人自不節用 非絜矩矣 第六節言仁人 此節言仁者 皆因絜矩而言也 絜矩爲恕之事恕爲仁之方 好惡不能恕 安能如仁人能愛人能惡人 財用不能恕 安能如仁者 以財發身 末又擧獻子之言者 用人亦當取其絜矩也 於好惡不能絜矩者 媢疾之人也 於財用不能絜矩者 聚斂之臣也 皆小人不仁之甚者也 故曰菑必逮身 曰菑害並至 皆指其不能絜矩之禍言之 爲戒深矣 義利之辨 大學之書以此終 孟子之書以此始 道學之傳有自來矣.

운봉 호씨가 말했다. 앞의 (전문 10장) '8절'은 (다음 같은 내용을) 말했다. '재물 생산의 대도가 역시 혈구의 도이다. (그러므로) 천하 만민들로 하여금 근본에 힘을 쓰게 하면서, 윗사람 자신이 절약하지 않는 것은 혈구의 도가 아니다.' (전문 10장) '6절'에서는 '인인(仁人)'을 말하고 이 '8절'에서는 '인자(仁者)'를 말했으나, 모두가 혈구(絜矩)를 바탕으로 했다. 혈구는 '서(恕)함'이다. '서를 일삼는 것이 인(仁)을 이루는 방도다. 호오(好惡)에 있어, 서하지 못하면, 어찌 인인(仁人)같이 남을 참으로 사랑도 하고 남을 참으로 미워도 할 수 있겠느냐. 재용에 있어, 서하지 못하면, 어찌 인자(仁者)같이 재물을 선용해서 발신(發身)할 수 있겠느냐. 말미(8절(4))에서 맹헌자(孟獻子)의 말을 내세운 것은 용인(用人)에도 역시 마땅히 혈구를 취해야 함을 말한 것이다. '호오'에 있어 혈구하지 못하는 자가 곧 '모질하는 사람(媢疾之人)'이다. 재용(財用)에서 혈구하지 못하는 자가 곧 '취렴하는 신하(聚斂之臣)'이다. 이들은 다 '심하게 불인한 자(不仁之甚者)'이다. 그러므로 재해가 몸에 닥쳐온다. 재해가 함께 온다고 말한 것은 '혈구하지 못한 모든 재화를 지적해서 한 말이므로 깊이 경계해야 한다.' '의(義)와 이(利)의 분별'을《대학》에서는 끝에서 말했으나,《맹자》는 책 앞에서 말했다. (이로써) 도학(道學)의 전래(傳來)가 스스로 있게 된 것이다.

大全疏註 ④ 東陽許氏曰 言有天下者 當用善人 若用惡人 至於天災見於上 人害生於下 國勢將崩 此時雖有聖賢 欲來扶持 亦不可爲 再三戒用人之詳也.

동양 허씨가 말했다. 천하를 지니고 다스리는 사람은 마땅히 선인을 등용해 써야 한다. 만약에 악인을 쓰면, 위에는 천재가 나타나고 아래에는 인해가 발생하고 또 나라의 운세가 무너지는 지경에 이른다. 그렇게 된 때에는 비록 성현이 다시 잡아 일으키려 해도 할 수 없게 된다. 거듭 용인(用人)을 세밀하게 경계해야 한다.

大全疏註 ⑤ 災如日食星變水旱蝗疾皆是 害如民心怨叛寇賊姦宄兵戈變亂皆是.

천재(天災)는 일식, 별의 이변, 홍수나 한발, 황충이나 질병 등이다. 인해(人害)는 민심이 원망하고 배반하는 것, 떼도둑이나 간악한 좀도둑이 극성하고, 무력 난동 등이 다 이에 속한다.

* 蝗(황충 황), 叛(배반할 반), 寇(도둑 구), 姦(간사할 간), 宄(도둑 귀).

章句集註 (3) 右傳之十章 釋治國平天下.

이상이 전문 10장이며 치국(治國)과 평천하(平天下)를 풀이한 것이다.

章句集註 (4) 此章之義 務在與民同好惡 而不專其利 皆推廣絜矩之意也 能如是 則親賢樂利 各得其所 而天下平矣.

이 장의 대의는 '힘쓸 바를 백성과 호오(好惡)를 같이하고 재물의 이득을 전단(專斷)하지 않음에 두라는 것이다.' (이는 곧) 모두가 혈구(絜矩)의 도를 미루어 넓히라는 뜻이다. 능히 그와 같이 하면 즉 (군자나 소인이 다같이) '친현락리(親賢樂利)'하고 각자가 자리를 얻고 천하가 태평하게 된다.

어구 설명 ㅇ親賢樂利(친현락리)－'전문 3장 5절'에 '군자현기현이친기친(君子賢其賢而親其親)' '소인락기락이리기리(君子賢其賢而親其親)'라고 있다. 군자(君子), 즉 나라를 다스리는 윗사람은 문왕(文王)과 무왕(武王)의 현덕(賢德)을 현명하게 높이고, 주(周)나라 왕실의 일가 친족을 친애한다.' (그렇게 해서 국가의 정통을 지킨다) 한편 소인(小人), 즉 만민이나 백성들은 저마다의 '즐거운 생업(生業)을 즐기고, 바른 이득(利得)을 이롭게 활용한다'는 뜻이다.

大全疏註 ① 朱子曰 絜矩章 專言財用 繼言用人 蓋人主不能絜矩者 皆由利心之起 故徇己欲而不知有人 此所以專言財用也 人才用舍 最係人心向背 若能以公滅私好惡從衆 則用舍當於人心矣 此所以繼言用人也.

주자가 말했다. 혈구(絜矩)를 말한 이 장은 재용(財用)을 주로 논하되 뒤에 용인(用人)을 붙여 말했다. 대개 임금이 혈구하지 못하는 근본은 결국 이득을 탐내는 마음에서 일어나는 것이다. 고로 자기 욕심을 따르면 남의 존재를 모르게 된다. 그래서 (이 장은) 주로 재용을 주로 말했다. (허나) 인재를 잘쓰고 못쓰는 관건이 사람 마음의 향배(向背)에 매여 있다. 만약 공덕심(公德心)을 가지고 사사로운 호오(好惡)를 억누르고 대중을 따르면, 즉 용사(用舍)가 모든 사람의 마음에 합당하게 된다. 그래서 용인을 뒤에 이어서 말한 것이다.

大全疏註 ② 陳氏曰 此章之義甚博 大意則在於絜矩 其所以說絜矩之道 在於分義利別好惡 其所惡者利 所好者義 須是能公好惡別義利 如此則天下均平 而無一夫不遂其所矣.

진씨가 말했다. 이 장의 뜻은 심히 깊다. 대의는 혈구에 있다. 혈구의 도를 말한 이유는 (다스림의 요체가) '의(義)와 이(利)를 분별하고, 호(好)와 오(惡)를 (바르게) 분별하는 데 있기 때문이다.' 싫어할 바는 이고, 좋아할 바는 의다. (그러므로) 모름지기 (자신의) 호오(好惡)를 공적(公的)으로 하고 또 (바르게) 의와 이를 분별할 수 있어야 한다. 그렇게 되면, 즉 천하 만민이 고르게 평등하고 따라서 한 사람일지라도 자기의 소망을 달성하지 못하는 자가 없게 될 것이다.

大全疏註 ③ 此章反覆援引 出入經傳者 幾千言 意若不一 然求其緒 卒不過好惡義利之兩端 又從而要其歸 則亦不出於絜矩之道而已 絜矩之道 以己知彼 以彼反己 而好惡義利之理明矣.

이 장은 반복해서 (글을) 인용하고 또 들락날락한 경문이나 전문도 몇천의 말이 되며, 그 뜻이 하나가 아닌 것 같다. 그러나 그 단서를 바르게 구하면 결국 호오(好惡)와 의리(義利)의 양단(兩端)에 지니지 않고 또 (줄기를) 따라서 그 귀결점을 요약하면 역시 '혈구지도(絜矩之道)'를 벗어나지 않는다. '혈구지도'를 바탕으로 하고 '나를 가지고 남을 알고, 남을 가지고 자기를 반성하면' '호오·의리의 도리가 밝게 나타날 것이다.'

大全疏註 ④-1 雙峯饒氏曰 大學一書 多說好惡 誠意章說如好好色 惡惡臭 齊家章說 好知其惡 惡知其美 所令反其所好 天下章說 民之所好好之 所惡惡之 與好人所惡 惡人所好 畢竟天下道理 不過善惡兩端 初言格物致知時 便要分別此二件分明 自誠意章以後 只是好其所當好 惡其所當惡而已.

쌍봉 요씨가 말했다. 《대학》 속에는 '호오(好惡)'를 말한 글이 퍽 많다. '성의장(誠意章)'(전문 6장)에는 '미색을 좋아하고 악취를 싫어하는 듯(如好好色 惡惡臭)'이라 했고, '제가장(齊家章)'(전문 8장)에는 '좋아해도 그 잘못을 알고, 싫어해도 그 아름다움을 알다(好知其惡 惡知其美)'고 말하여 '좋아하는 바와 반대되는 것을 (알라고) 했다.(所令反其所好)' '천하장(天下章)'(전문 9장)에는 '백성들의 좋아하는 바를 좋아하고, 싫어하는 바를 싫어하며(民之所好好之 所惡惡之)' 또 '남이 싫어하는 바를 좋아하고, 남이 좋아하는 바를 싫어한다(好人所惡 惡人所好)'고 말했다. 결국 천하의 도리는 '선(善)과 악(惡)'의 두 극단으로 요약된다. 처음 '격물치지'를 논할 때는 '선과 악' 둘을 분명하게 구분해야 한다. '성의장' 이후에는 '오직 당연히 좋아할 것을 좋아하고 당연히 싫어할 것을 싫어해야 한다.'

大全疏註 ④-2 又曰 此章大要不過理財用人二事 自先愼乎德以下 是說理財 自秦誓以下 是說用人 自生財有大道以下 又說理財 二事反覆言之 然所用者君子 則君子之心公 必能均其利於人 所用者小人 則小人之心私 必至專其利於己 所以末後 又說長國家而務財用 必自小人矣 如此則理財用人又只是一事.

또 말했다. 이 장의 큰 요점은 다만 '이재(理財)와 용인(用人)' 두 가지다. '선신호덕(先愼乎德)'(4절(1)) 다음에는 '이재'를 말하고, '진서(秦誓)'(6절(1)) 다음에는 '용인'을 말했다. '생재유대도(生財有大道)'(8절(1)) 다음에는 다시 '이재'를 말했으며, 이 둘을 반복해서 말했다. 그러나 등용되는 사람이 군자면 그 군자의 마음이 공평하므로 반드시 능히 이득을 모든 사람에게 균등하게 해줄 것이다. (그러나 반대로) 등용되는 사람이 소인이면 그 소인의 마음이 사욕(私欲)에 치우치므로 반드시 이득을 자기 혼자 독점해 쓸 것이다. 그러므로 말미에서 다시 '국가의 어른이 되어 악덕한 재용에 몰두하는 것은 소인들 때문이다'라고 말했다. 이와 같이 이재와 용인은 역시 한가지 일이다.

大全疏註 ⑤ 玉溪盧氏曰 絜矩所以明明德於天下 親賢樂利各得其所 而天下平 則明德明於天下 而無不止於至善矣.

옥계 노씨가 말했다. 혈구(絜矩)는 '명덕(明德)을 천하에 밝히는 바탕'이다. '친현락리(親賢樂利)'하고 저마다 자리를 얻고 천하가 태평해야 곧 '명덕을 천하에 밝히는 것이며(明德明於天下)' '지어지선(止於至善)' 아닌 것이 없게 된다.

어구 설명 ㅇ親賢樂利(친현락리)－'전문 3장 5절'에 있는 '군자현기현(君子賢其賢) 이친기친(而親其親)' '소인락기락(小人樂其樂) 이리기리(而利其利)'를 줄인 말이다. 즉 군자(君子), 즉 나라를 다스리는 사람도 현덕(賢德)을 현명하게 높이고, 소인(小人), 즉 만민이나 백성들도 저마다의 '생업을 즐기고, 바른 이득을 얻는다'는 뜻이다.

大全疏註 ⑥ 東陽許氏曰 此章大意 治天下 在乎絜矩 而絜矩於用人聚財處爲要 然得失之幾 全在忠信驕泰上 發於心者忠 接於物者信 則事皆務實 好善惡惡 皆得其正 而能盡絜矩之道 存於心者矜驕 行之以侈肆 必不能絜矩 則遠正人 而讒諂聚斂之人進矣 故忠信驕泰治亂之源也.

동양 허씨가 말했다. 이 장의 대의(大意)는 '천하를 다스리는 요점은 혈구(絜矩)에 있으며, 혈구는 용인(用人)과 취재(聚財)를 중요하게 여긴다'는 뜻이다. 그러나 득실(得失)의 기틀이 전적으로 '충신(忠信) 혹은 교태(驕泰)'에 걸려있다. 마음의 발현이 충성되고 사물에 대해서 신실(信實)하면 모든 사물을 알차게 하려고 애를 쓸 것이다. 선을 좋아하고 악을 싫어함에 있어서도 바른 도리를 얻고 능히 혈구의 도리를 다할 수 있을 것이다. (그러나) 마음속에 자만과 교만을 품고 있으며 행하는 바가 사치하고 방자하면 반드시 혈구하지 못하고 바른 사람이 멀리 가고, 참언하고 아첨하고 또 (백성의 재물을) 취렴(聚斂)하는 자들이 나선다.

그러므로 '충신(忠信) 혹은 교태(驕泰)'가 '치(治) 혹은 난(亂)'의 근원이다.

章句集註 (5) 凡傳十章 前四章 統論綱領旨趣 後六章 細論條目工夫 其第五章 乃明善之要 第六章 乃誠身之本 在初學 尤爲當務之急 讀者不可以其近而忽之也.

전문은 모두 열 개의 장이다. 그중 앞의 네 장은 삼강령(三綱領)의 취지를 통합적으로 논하고, 뒤의 여섯 장은 팔조목(八條目)의 공부를 세론(細論)했다. 특히 제5장은 곧 '선을 밝히는 요점'을 말하고, 제6장은 곧 '몸을 성실하게 하는 근본'을 말했다. 처음 배우는 사람은 더욱 마땅히 서둘러 힘써야 할 것이다. 독자들도 비근한 가르침이라고 소홀히 하면 안된다.

大全疏註 ① 格物致知 爲明善之要法.

'격물·치지(格物致知)'가 선을 밝히는 요법이다.

大全疏註 ② 誠正修 皆所以誠身 而誠意 爲之本始.

'성의(誠意)·정심(正心)·수신(修身)'이 다 '몸을 성실하게 하는 바탕이고, 그 중에서도 '성의(誠意)'가 근본적인 시발점이다.

大全疏註 ③ 節齋蔡氏曰 明善之要 誠身之本 朱子於篇末尤懇切爲學者言之何耶 蓋道之浩浩 何處下手 學者用

工夫之至要者 不過明善誠身而已 明善卽致知也 誠身卽力行也 始而致知 所以明萬理於心 而使之無所疑 終而力行 所以復萬善於己 而使之無不備 知不致 則眞是眞非莫辨 而後何所從適 行不力 則雖精義入神 亦徒爲空言 此大學第五章之明善 第六章之誠身 所以爲學者用功之至切至要.

절재 채씨가 말했다. '선을 밝히는 요점과 몸을 성실하게 하는 근본'을 주자가 책 말미에서 더욱 간절하게 학자를 위해 말한 것은 어째서일까? 무릇 도는 넓고 넓어서 어디서부터 손을 대야 할지 모른다. (그러나) 학자가 공부함에 있어 가장 긴요한 것은 '선을 밝히고 몸을 성실하게 하는 것(明善誠身)'에 불과하다. '명선(明善)은 즉 치지(致知)', '성신(誠身)은 즉 역행(力行)'이다. 처음에 치지함으로써 마음속에 만물의 도리를 밝게 알고 또 의심나는 것을 없게 한다. 끝으로 역행함으로써 모든 선을 나에게 되돌리고 갖추지 않는 것이 없게 한다. 앎을 이루지 못하면 참된 시비를 분별하지 못하니 무엇을 따라 나가는가? 실행에 힘쓰지 않으면 정밀한 의리가 신령한 마음속에 들어왔다 해도 역시 쓰지 못할 빈말이 될 것이다. 그래서 《대학》 제5장의 명선(明善)과 제6장의 성신(誠身)을 학자들이 공부해야 할 가장 절실한 요점으로 삼는다.

大全疏註 ④ 玉溪盧氏曰 十章之傳 綱目相維 讀者須卽綱領而考其條目 卽條目而貫諸綱領 使一書之義了然於胸

中 庶幾有受用處 第五章明善之要 是明明德之端 第六章誠身之本 是明明德之實 明善誠身之旨 大學中庸所以相表裏者在此 曾子子思所以授受者亦在此 故朱子揭此以示學者急先之當務云.

옥계 노씨가 말했다. 전문 10장에는 《대학》의 삼강령(三綱領)과 팔조목(八條目)이 서로 연계되어 있다. 독자는 모름지기 강령을 가지고 조목을 생각하고 또 조목을 가지고 강령을 꿰뚫어서 《대학》 전체를 가슴속으로 분명하게 이해해야 한다. 그래야 (《대학》 공부의) 효용이 있게 될 것이다. 제5장의 '명선지요(明善之要)'는 곧 '명덕을 밝히는 단서이다.' 제6장의 '성신지본(誠身之本)'은 곧 '명덕을 밝힌 실효이다.' '명선과 성신의 기본 취지(明善誠身之旨)'에 있어, 《대학》과 《중용》이 서로 표리를 이루고 또 증자(曾子)와 자사(子思)가 서로 학문적으로 수수하고 있는 것이다. 그래서 주자가 이를 내걸고 학자의 급선무임을 말한 것이다.

大全疏註 ⑤ 雲峯胡氏曰 明善誠身 中庸言之 孟子又言之 其說元自大學致知誠意來 章句之末 擧此二者 以見曾思孟三子之相授受焉.

운봉 호씨가 말했다. '명선과 성신(明善誠身)'은 《중용》에도 있고 《맹자》에도 있다. 그 학설의 근원은 대학의 '치지·성의(致知誠意)'에서 나온 것이다. 〈장구〉 말미에서 이 두 가지를 들고 '증자, 자사 및 맹자' 세 사람이 서로 학문적으로 수수한 것을 알게 한 것이다.

대전소주(大全疏註) 학자약설(學者略說)

ㅇ신안진씨(新安陳氏, 1252~1334) : 이름은 역(櫟), 신안(新安) 사람, 자는 수옹(壽翁). 주자학을 깊이 연구하고 또 선양했다.

ㅇ신안예씨(新安倪氏, 연대 미상) : 성이 예(倪), 이름은 사의(士毅), 자는 중굉(仲宏). 진력(陳櫟)에게 배웠다. 영락제(永樂帝) 때에 호광(胡廣)이 칙명을 받고 사서대전(四書大全)을 편찬할 때에 참가했다.

ㅇ신안오씨(新安吳氏, 연대 미상) : 이름은 호(浩), 자는 의부(義夫).

ㅇ신정소씨(新定邵氏, 연대 미상) : 이름은 갑(甲), 자는 인중(仁仲).

ㅇ귀산양씨(龜山楊氏, 연대 미상) : 이름은 시(時), 자는 중립(中立), 호가 귀산(龜山), 정자(程子)에게 배웠다.

ㅇ북계진씨(北溪陳氏, 1159~1223) : 이름은 순(淳), 자는 안경(安卿), 복건성(福建省) 장주(漳州) 사람. 주자의 고제(高弟)로 주자학을 선양했다.

ㅇ면재황씨(勉齋黃氏, 1152~1221) : 이름은 간(榦), 자는 직경(直卿), 민현(閩縣) 출신. 주자의 고제(高弟)로 주자의 사위가 되었으며, 주자학을 선양했다.

ㅇ동양허씨(東陽許氏, 연대 미상) : 금화(金華) 사람, 이름은 겸(謙), 자는 익지(益之), 만년의 호는 백운산인(白雲山人), 시호는 문의(文懿). 김이상(金履祥)의 제자.

ㅇ운봉호씨(雲峯胡氏, 1250~1333) : 이름은 병문(炳文), 자는 중호(仲虎), 호가 운봉(雲峯), 무원(婺源) 출신. 특히 주자의 역학(易學)

을 깊이 연구했다.

ㅇ교봉방씨(蛟峯方氏, 1221~1291) : 이름은 봉진(逢辰), 자는 군석(君錫). 벼슬은 병부시랑(兵部侍郎)에 이르렀다.

ㅇ쌍봉요씨(雙峯饒氏, 연대 미상) : 요주(饒州) 출신, 성이 요(饒), 이름은 노(魯), 자는 백여(伯輿)·중원(仲元), 황간(黃幹)의 제자. 평생 벼슬을 하지 않고 학문에 열중했다.

ㅇ번역심씨(番易沈氏, 연대 미상) : 이름은 귀보(貴珤), 자는 성숙(誠叔).

ㅇ괄창섭씨(括蒼葉氏, 연대 미상) : 온주(溫州) 사람, 이름은 미도(味道), 자는 지도(知道), 시호는 문수(文修).

ㅇ삼산진씨(三山陳氏, 연대 미상) : 이름은 공석(孔碩), 자는 부중(膚仲), 호는 북산선생(北山先生). 어려서부터 장식(張栻), 여조겸(呂祖謙)과 어울렸으며, 주자에게 배웠다. 벼슬은 비각수찬(秘閣修撰)을 지냈다.

ㅇ서산진씨(西山眞氏, 1178~1235) : 이름은 덕수(德秀), 자는 경원(景元)·희원(希元), 시호는 문충(文忠). 참지정사(參知政事)의 벼슬을 지냈다. 대학연의(大學衍義)를 저술했다.

ㅇ인산김씨(仁山金氏, 연대 미상) : 이름은 이상(履祥), 자는 길부(吉夫), 난계(蘭溪) 사람. 인산(仁山) 아래에 살았다.

ㅇ물헌웅씨(勿軒熊氏, 1247~1312) : 이름은 화(禾), 자는 거비(去非). 송나라가 망하자 벼슬을 버리고, 학문에 전념했다.

ㅇ절재채씨(節齋蔡氏, 1148~1236) : 이름은 연(淵), 자는 백정(伯靜), 채침(蔡沈)의 형. 벼슬하지 않고 역학(易學)을 연구했다.

ㅇ임천오씨(臨川吳氏, 1249~1333) : 원대(元代)의 정주학자(程朱學者), 이름은 징(澄), 자는 유청(幼淸), 호는 초려(草廬). 국자감승(國子監丞), 한림학사(翰林學士)를 지냈다.

색 인(索引)

ㅈ

ㅊ

ㅌ

新完譯 大學章句大全

初版 印刷●2004年 9月 6日
初版 發行●2004年 9月 13日

譯註者●張 基 槿
發行者●金 東 求

發行處●明 文 堂
서울특별시 종로구 안국동 17～8
대체 010041-31-001194
전화 (영) 733-3039, 734-4798
(편) 733-4748
FAX 734-9209
Homepage www.myungmundang.net
E-mail mmdbook1@myungmundang.net
등록 1977. 11. 19. 제1～148호

정가는 표지에 표기되어 있습니다.
ISBN 89-7270-759-7 93140